抗倭英雄

张元勋传

李椒良◎著

作家出版社

图书在版编目（CIP）数据

抗倭英雄张元勋传 / 李椒良著. -- 北京：作家出版社，2019.9

ISBN 978-7-5212-0424-7

Ⅰ．①抗… Ⅱ．①李… Ⅲ．①张元勋（1533-1590）–传记 Ⅳ．①K825.2

中国版本图书馆CIP数据核字（2019）第047623号

抗倭英雄张元勋传

作　　者：李椒良
责任编辑：苏红雨
装帧设计：意匠文化·丁奔亮
出版发行：作家出版社有限公司
社　　址：北京农展馆南里10号　　　邮　　编：100125
电话传真：86-10-65067186（发行中心及邮购部）
　　　　　86-10-65004079（总编室）
E-mail:zuojia@zuojia.net.cn
http://www.zuojiachubanshe.com
印　　刷：北京明月印务有限责任公司
成品尺寸：170×240
字　　数：372千
印　　张：23.25
版　　次：2019年9月第1版
印　　次：2019年9月第1次印刷
ISBN 978-7-5212-0424-7
定　　价：50.00元

一、张元勋故居

二、五龙山石夫人峰

三、长屿硐天观夕硐

四、长屿硐天文圣硐

五、新河明城墙遗址

六、新河城披云山烽火台

七、明·周世隆　太平抗倭图

八、张元勋建造的新河文笔塔

九、新河中学"文运天开"

十、乡村名校新河中学

十一、新河中学教学楼

十二、新河中学美丽校园一隅

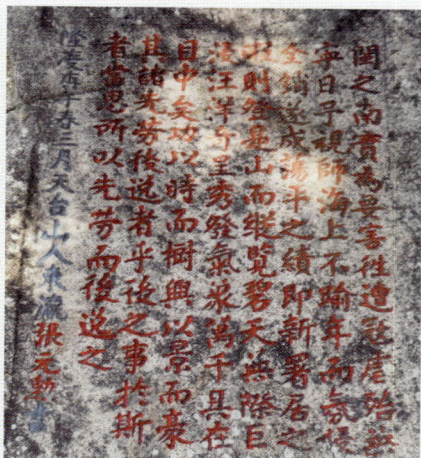

十三、张元勋手书摩崖石刻

十四、张元勋诏安悬钟手书摩崖石刻

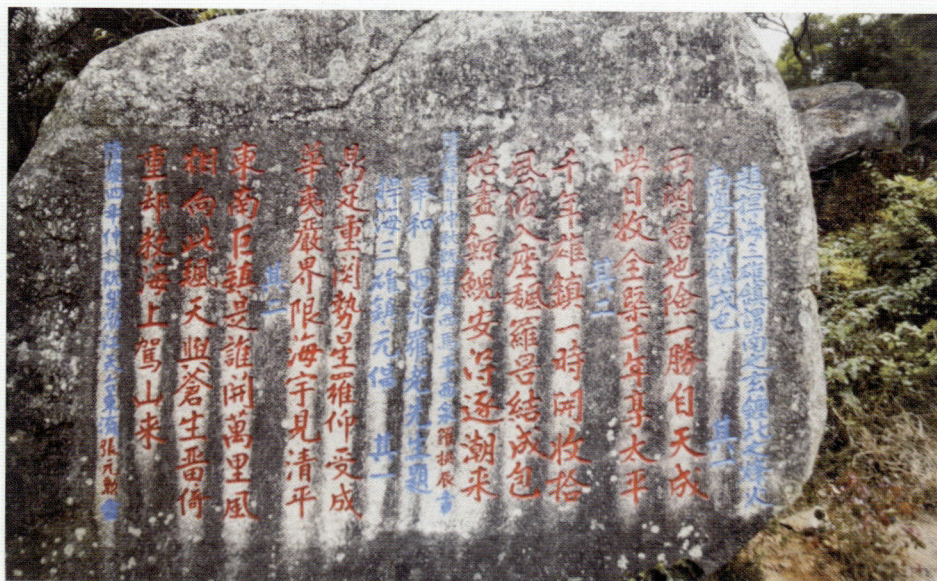

十五、张元勋和诗摩崖石刻

十六、连滩张公庙庙会盛况

十七、连滩张公庙庙会盛况

《抗倭英雄张元勋传》序

　　浙江台州沿海地区是明朝抗倭的主战场，诞生了众多抗倭战将，仅太平县（今温岭市）就有张元勋、李超、季金、葛浩等多位抗倭将军。本书主人公张元勋是台州籍抗倭将军中的佼佼者和台州抗倭将士的杰出代表。他鞠躬尽瘁，保国为民；率身垂范，英勇善战；决断若神，指挥若定；所向披靡，锐不可当；水上平倭，陆上克寇；"初定八闽，再平五岭"；"大小百十战，威名震岭南"；"首功甚盛，殊勋盖世"；"身历三朝，宠遇日渥"。官至正一品五军都督府都督，入《明史·列传》。

　　习近平总书记在中国文联十大、中国作协九大开幕式发表的重要讲话中指出："祖国是人民最坚实的依靠，英雄是民族最闪亮的坐标，歌唱祖国、礼赞英雄从来都是文艺创作的永恒主题，也是最动人的篇章。我们要高扬爱国主义主旋律，用生动的文学语言和光彩夺目的艺术形象，装点祖国的秀美河山，描绘中华民族的卓越风华，激发每一个中国人的民族自豪感和国家荣誉感。"温岭市宣传部、文化局、社科联、新河镇人民政府，积极响应、努力落实习近平总书记的指示精神，精心组织研究、发掘温岭市抗倭历史文化，大力支持创作宣传抗倭民族精神与抗倭英雄光辉业绩的文艺作品，促进了温岭市的文艺繁荣。

　　省儒学学会常务理事、温岭市儒学学会会长李椒良先生，热爱家乡、敬仰先烈、勇于担当，凭借其与张元勋是同乡、熟悉张元勋相关旧闻逸事，以及在部队军事机关工作多年、对古代兵家经典著作研习颇有心得的有利条件，主动请缨为张元勋撰写传记。历经四年昼夜伏案、笔耕不辍的艰辛劳作，终于完成了这部记录张元勋生平事迹、展现明朝抗倭历史画卷、弘扬爱国主义精神、激发中华民族正能量的《抗倭英雄张元勋传》。作者投入之深、用力之勤、乡情之切，于书中随处可见。

　　"夫越乃报仇雪耻之乡，非藏污纳垢之所。"在浙江历史上，爱国主义是浙江文化的生命线，捍卫主权、反抗侵略、抵御外侮是浙江人民的优秀传统。先贤英烈们以坚贞不屈、刚健有为的崇高气节和历史作为，谱写了中华民族爱国主义正气歌中的华彩乐章。我相信，读史能点亮人生，励志能改变命运。《抗倭英雄张元勋传》的出版，对发掘温岭优秀传统文化、丰富温岭当代文化建设内涵、提升温岭文艺创作成果品质，对增强读者爱国主义精神、激励读者英勇顽强的民族意志、培育社会主义核心价值观，均将发挥多重促进作用。

是为序。

陈野

2018年12月

陈野　浙江省社会科学院副院长、研究员。兼任浙江省历史学会副会长、地域美术史研究会会长，浙江省伦理学会副会长，浙江省哲学社会科学规划"十三五"学科组专家等职。长期从事文化史、文化理论等研究。主持出版地域文化研究、美术史研究等多种丛书和个人专著，发表各类论文百余篇。

目 录

第一章
生于人杰地灵邑 祖辈军功立根基

张元勋，字世臣，号东瀛，明嘉靖十二年（1533）四月初十日生于浙江省台州府太平县新河所东门荷花池旁张家故里（见彩图一）。

因"太平"是中华民族共同愿景，在明、清时，国内的浙江、山西、四川、安徽诸省均有太平县名。在民国三年（1914），浙江省太平县更名为温岭县，1994年撤县设市，新河系温岭市属下一个镇。

浙江省太平县（今温岭市），人杰地灵，是每年中国陆上太阳最先眷顾的地方。它地理位置优越，北接宁波、绍兴，南连温州、丽水，东临浩瀚大海。系浙江东南沿海甬、台、温经济中心。气候温和湿润，一年四季分明。境内丹山碧水，河网交织；植被茂盛，苍松成荫；峰岩秀逸，石窟雄奇；形胜遍布，风光旖旎（见彩图二、三、四）。

太平县境内有一条当地百姓的母亲河，名叫金清港（江）。这条河虽然流径不是很长，流域面积也不是太大，但由于雨量充沛，足以保持河水长年累月川流不息地由西向东流淌，加上东海惊涛骇浪不断向陆岸搬运泥沙，经千万年的造化，终于成就了以迁浦为中心的一片面积广袤、土质肥沃、物产富饶的台州黄（黄岩）太（太平）冲积与海积共生的平原，吸引了先民大量涌入，在此开疆拓土、落地生根、繁衍生息。

史载汉惠帝三年（前192）曾立东瓯国，留有东瓯国都城遗址。境内的迁浦里是西汉回浦县县治所在，当时回浦县管辖的范围，南及温州、丽水，北及宁波、舟山等四区，其范围不可谓不大。

随着宋王朝的南迁，这里更成了人丁兴旺、烟火稠密的风水宝地，是名副其实的浙江东南沿海粮仓。宋淳熙九年（1182），朱熹提举浙东，曾来到当时还隶属于黄岩的迁浦一带海口考察。他发现此处平原地势偏低，流到此处入海的迁浦河浅且窄，极易引发洪涝灾害。他本着"唯水利修，则黄岩无水旱之灾；黄岩熟，则台州无饥馑之苦"的理念，为保一方旱涝无虞，决定在此兴修水利，并以他知行统一的救世哲学及聪明才智，亲力亲为，亲率能工巧匠共同勘定闸桥位置，亲临工地督造，用石拱的形式建造了六座举世罕见的闸桥，成就了水利史上的奇迹。

至明朝洪武年间，朱元璋听取谋士朱升提议的"高筑墙、广积粮、缓称王"的战略方针，为抵御外来侵略，保社稷的安全，在全国各地大大小小的都城、战略要冲，全面建造城垣，挖掘护城河道。并派遣已解甲归田的开国功臣信国公汤和巡察东南沿海，议定于台州沿海设海门、松门两卫，海门卫下设左、中、右、前、后五个千户所，以及健跳、桃渚和新河三处守御千户所。由时已归顺朱元璋的地方农民起义统领——方国珍的侄儿方明谦任广洋卫指挥，督筑新河所城，且命通城为军营地。后又大规模疏浚河道，引迁江之水入西门出东门，再汇入金清港入海。自挖掘了新的河道开始，"新河"也顺理成章成了这里的地名。

新河是一处不可多得的形胜之地。在新河城的四角，屹立着金、鼓、旗、牛四座小山，犹如护卫城池的坚不可摧的堡垒。新河城池于洪武二十八年（1395）全国筑城热潮中应运而生（如图一）。

当年建筑城墙的设计师，瞄准新河四角的四座山丘，遵循"因地形，用险制塞"的筑城经验，依山就势，巧夺天工，以土石将四座小山相连，城墙里外以砖石砌面，形成周围五里六十步，高两丈三尺，宽一丈三尺的城墙（见彩图五）。城上筑有女墙一千六百多个，垛口七百来个，开东、西、南、北四门和水门，门上有楼。南门与西门有两重城门，内外城门错开，可屯兵御敌。墙外又辅以宽三丈的护城河，登高俯视，城下陡绝。在冷兵器为主、热兵器尚处初级的时代，如此坚固的城墙，易守难攻，确能起到"一夫当关，万夫莫开"的御敌制胜的作用。

城垣设计者，为了能眼观六路，耳听八方，及时准确掌握敌情，实现先敌发现，赢得战争主动权，又在新河城南二里处的披云山、城西南六里处的铁场山、城西北四里处的北闸山、城东南四里处的察屿山，筑有四座烽火台（见彩图六），彼此连成一圈，组成新河抗倭的"千里眼"。

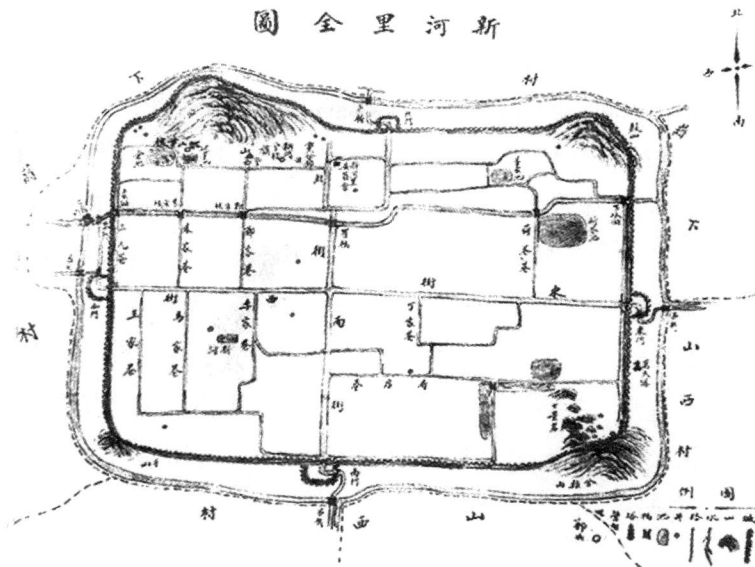

图一、新河古城图

有了城外四座烽火台，凡沿江、沿海及城外倭寇一举一动尽收眼底。烽火台警戒、城墙防卫，二者彼此遥相呼应，为克敌制胜增加了"地利"的因素。

明洪武年间组建的新河千户所，据《嘉靖太平县志》记载："本所（新河所）正千户五员，百户十员，总计旗军八百六十三名。"

最早驻扎新河所城的明军指挥不详，只知广洋卫指挥方明谦在此负责筑城。

据张元勋墓志铭所载，正统八年（1443），新河所领军是张元勋高祖张贵，张元勋的家族由此与新河结缘。

张元勋高祖张贵的爷爷，即张元勋的曾祖父的曾祖父，谓烈祖，名德山，"居顺天（今北京）之东安（明系北京东安县，现为廊坊市安次区），元末为别驾，善天文，望见白下王气，曰：'真主出矣！'遂弃绥聚士兵，部从太祖（朱元璋），历战有功，授锦衣副千户。"（韩世能《张元勋墓志铭》）

另据湖南省临澧县新安金鉴堂张氏家谱记述：张德山有长兄张德胜，同

003

属元朝巢湖水军，随统领俞通海举兵反元，加入朱元璋农民起义军。有的史料将张德胜说成是巢湖人，疑是将从军的地方误以为籍贯。其实张德山、张德胜兄弟俩同是顺天东安人。他们有相似的经历，满门皆忠烈。

《明史·卷一百二十三·列传二十一》对张德山胞兄张德胜有详细的记述：张德胜，字仁辅。至正十五年（1355）五月，随俞通海等人率舟师自巢湖归附。从太祖渡江，攻克采石、太平。陈兆先前来进攻，他与汤和等人打败来犯之敌，张德胜被授予太平兴国翼总管。攻破蛮子、海牙水寨，生擒了陈兆先。攻下集庆，攻克镇江，张德胜被授予秦淮翼之帅。攻取常州，提升为枢密院判。攻克宁国，收编了长枪兵。攻下太湖，占领了马迹山。攻打宜兴，占领了马驮沙和石牌寨。赵普胜攻陷池州，张德胜率兵去增援未赶上，回师配合徐达攻占了宜兴。至正十九年（1359）三月，赵普胜占领了青阳、石埭，张德胜在栅江口与敌交战，又和俞通海合力打败了赵普胜主力，收复了池州。率兵自无为进攻浮山、青山、潜山，接连取胜。陈友谅大将郭泰在潜山被斩首。陈友谅大军进犯龙江，张德胜率领舟师迎战，战事惨烈，双方死伤相当。和诸将一起追敌至慈湖，纵火焚烧了敌船。至正二十年（1360）五月，龙湾之战，总领水军到采石，与敌大战，张德胜战死于沙场。被朱元璋追封为蔡国公，谥号忠毅，肖像归于功臣庙，侑享太庙。

张德山在胞兄张德胜战死后，继续在朱元璋的率领下，于至正二十三年（1363），到自古称为"襟三江而带五湖，控蛮荆而引瓯越"的兵家必争之地——洪都城（今南昌市），与陈友谅的军队进行战略决战。该年四月，陈友谅乘朱元璋出兵救援安丰（今安徽寿县），江南洪都人力空虚之隙，发兵六十万围攻。守将朱文正（朱元璋侄）按朱元璋坚壁挫锐的策略，顽强坚守，沉着应战。洪都城门被攻破，朱文正手下名将邓愈带兵用火枪轮番射击入城的陈友谅汉军，逼迫汉军退回城外。朱文正忙派人修补城墙，如此翻来覆去，攻守相持长达八十五天，双方踩着尸体作战，伤亡都很惨重。后来，朱元璋战罢安丰，又亲率二十万大军，千帆竞扬，浩浩荡荡再战洪都。朱、陈两军在鄱阳湖大战，结果陈友谅战亡，全军覆没，奠定了朱元璋的王朝霸业。而张元勋的六世祖张德山也在战役中不幸壮烈牺牲。"庙祀南昌十三忠臣间，赠锦衣指挥佥事。"从《明末纪事本末·卷三》记述的"乙已，命建忠臣祠于南昌府，祀赵德胜、李继光、刘齐、朱叔华、许圭、朱潜、牛海龙、张子明、张德山、徐明、夏茂诚、叶深、赵天麟等十有四人。"以及明郎瑛《七修类稿·卷十·国事类》国初忠臣一节记载的"……张德山等十四人，国初壬寅岁三月，南昌降将祝宗等复叛，癸卯夏伪汉陈友谅围南昌。文武忠臣与之战死者，朝廷追念忠义，命有司立庙南昌城中塑像，岁时祀之"，可以进一步得到佐证。

又据《张元勋墓志铭》所载，张德山有二子，长子张陆，次子张升。张升"以才德授官江西参政"，张陆"袭职山西镇武卫百户"，属朱棣统辖的燕军。

洪武三十一年（1398），开国皇帝朱元璋去世，明王朝发生了惊天动地的"靖难"大事变。朱元璋在世时改立的太子次子朱允炆皇太孙即位（太子朱标先于朱元璋六年病故，太子的长子又早亡）。朱允炆称帝后，为了巩固帝位，采纳了大臣齐泰、黄子澄的建议，决定实行"削藩"。他先削掉几个力量较弱的亲王爵位，然后准备向势力最大的燕王朱棣开刀，由此王族内部矛盾迅速激化。建文帝朱允炆察觉朱棣不轨，命令亲近将臣监视朱棣，并伺机对他实施逮捕。

朱棣早有所备，得到这一重大消息，并不慌乱，立即诱杀了前来执行监视逮捕任务的将臣，又凭借朱元璋的"朝无正臣，内有奸逆，必举兵诛讨，以清君侧"的《皇明祖训》，声称朝中齐、黄皆为奸臣，须予讨伐。于建文元年（1399）七月，公开起兵反抗朱允炆，将自己的举动称为"靖难"。

朱棣隅居燕京，总体势小力弱，与建文帝朝廷的军事力量无法相比，但起兵后凭借统辖的燕军齐心合力和战略战术得法，一路攻城略地，势如破竹。建文四年（1402）正月，进入山东。四月突破淮河，攻下扬州，直捣金陵。是年六月十三日，燕王朱棣进入南京城称帝，改年号为永乐。

朱棣称帝后，为了把控全国的局势，对浴血奋战为他夺取政权的燕军将士，论功行赏，授予军职，分驻各地。

张元勋的天祖张陆跟随朱棣得胜后，因张陆"靖难"有功，被授予南京锦衣百户军职。张陆无子，其弟张升有贵、荣二子，宣德八年（1433）张贵"疏改复南京锦衣百户"。正统八年（1443），调新河卫所。后贵生清，清生恺、怀。张元勋之父恺袭职。由此算来，张元勋家四代都是新河百户军职。

按照明朝当时军队体制，皇帝独揽军事大权。由皇帝统率中央所设五军都督府。再由五军都督府分掌全国所有卫所军籍。凡征讨、镇戍、训练等皆听命于兵部。遇有战事，兵部奉皇帝旨意调兵，任命领兵官，发给印信，率领从各地卫所调拨的军队出征。战争结束，领兵官缴印于朝，官兵各回卫所。这种统军权与调军权分离，"将不专军、军不私将"的制度，保证了皇帝对军队的绝对控制。在地方，则设都指挥司，置指挥使，为地方统兵长官。一般卫指挥使，指挥下辖五个千户所，每个卫五千六百人；一个千户所管十个百户，每百户管一百一十二名军人；一个百户管二个总旗，一个总旗五十五人；每总旗管五个小旗，每小旗十人；百户属正六品官职，年俸一百二十石。洪武年间，全国共有都司十七个，行都司三个，留守司一个，内外卫三百二十九个，守御千户所六十五个，兵额最多达二百七十余万人。依明朝《垛集令》的征兵办法，民三户为一组，每组其中一户为正户，出军丁，其余为贴户。正军亡，贴户丁补。官、民严格分籍。有兵之家入军籍，称军户，属都督府，不受地方行政官吏管束，优免差役，固定承担兵役，父死子继，世代为兵，随军屯戍，住在指定卫所。卫军又实行屯田制，按规定，边地军丁，三分守城，七分屯种；内地军丁，二分守城，八分屯种。每个军丁授田一份。

明中期以后，为了招收更多的兵员以应急，辅以推行募兵制。当时，戚继光的戚家军和俞大猷的俞家军就是通过募兵制而组建的。

明朝武官实行世袭制，其来源按照《明太祖实录》记载，系朱元璋在与开国功臣对饮时说的一段话："你们帮我打下了大明江山，对我忠心耿耿，我还希望我的子孙继续由你们的子孙来保卫，这样我们不就世世代代共享太平了吗？"，自此以后，明朝制定了相关规定，除了都督、都指挥使需要按军功升任外，其他下级武官都可子承父职，一朝有功，世代享用。

张元勋的父亲张恺任新河卫所的百户之职，正如前述，就是从其曾祖父的祖父跟随朱元璋"平定天下"有功而封爵，自此已享用五代。只要家里男丁不绝，这个官爵就会薪火相承，绵延不断。

日月如梭，光阴似箭。张恺的始迁祖张贵从扎根新河所开始，不觉已有九十多年。他的孙子张恺的媳妇也眼见肚子越来越大，马上要诞生张德山的第六代世孙。

据张元勋墓志铭记载，张元勋的母亲"朱夫人娠公，梦日光入怀"。是否真的如此，很难考证，但可以说明的是朱夫人怀孕后，对肚子里的孩子寄予厚望，望子成龙心切。

嘉靖十二年（1533）四月初十日，此系四季分明的春夏之交。按正常天候，太平县新河城应是阳光明媚、气候适宜、大地花香、万物催长、令人心旷神怡的时节。可是，当年的这一天，适逢新河东门街张百户家的媳妇临产，天候却反常，"风雨昼晦，有青龙见屋角"（韩世能《张元勋墓志铭》）。

该日，张百户家的厢房里，坐满了前来护生的左邻右舍女眷。按照当地乡风民俗，遇有邻居临产，周围有过生育经验的老孺人，责无旁贷都要去产妇家护生。这一方面反映了当地民风淳朴，邻里间互相关心的社会风尚；另一方面也反映了当时卫生保健落后，妇女生产都是土办法接生，母婴死亡率高，生孩子好似过鬼门关，产房里多些人坐着，可以增加人气，祛除生孩子时的恐惧的气氛，特别是有众多经产妇参加护生助产，便于互相切磋各自分娩的经验，增加产妇安全生产的自信心，提高产妇分娩的安全系数。

产房助产的女眷叽叽喳喳地议论着生孩子的事，产房外站着的彪形大汉，就是产妇的丈夫，号称张百户的张恺。只见他皱着眉头，心绪不宁，来回在天井中踱步。他担心着母婴的安危，特别是听到夫人撕心裂肺的呻吟，他真想冲进产房助夫人一把。可是，碍于当地乡风民俗，女人的产房，丈夫是不能随意进去的，他爱莫能助，只好在门外干着急。另外，他脑海中还反复思忖着即将出世孩子的性别。他想到明朝军户官职世袭的规定，他家百户的军职需要男丁来世袭，因此，他特别企盼自己的老婆能帮他生个男丁。

经过多时的折腾，产房里传出"哇"的一声婴儿洪亮的啼哭声。陪产的老孺人压抑不住心头的喜悦，异口同声发出："好了！好了！总算平安分娩了！"

张恺的老婆经过生产的折腾，脸色苍白，身体已是十分虚弱。但此时她急于想知道自己孩儿的性别。

当陪产的老孺人告诉她生下的是男孩的时候，她露出了幸福的笑容，心里想着总算为张家世袭百户军职完成了重托！她自然感到满足，感到欣慰！

陪产的女眷们仍七嘴八舌地对新生儿评头品足，有的说："这个小孩五官端正，大头大面，前庭饱满，前额开阔，浓眉大眼，头发乌黑，肯定是个有福之人。"

有的说："这个小孩哭声洪亮，四肢舞动有力，像他爹一样，会是一个有出息的武将。"

产房里的人只管一个劲地议论，可是忘了派个人去给在天井焦急等待信息的孩子父亲张恺道贺。急得军人出身的张恺只好自己开口向产房里主动询问："生下来了吗？是男是女？"

听到张恺的问话，产房里的人这才想起忘了给张百户报喜，赶紧回复说："生了！生了！是个男孩！""要请客！"

张恺听到母子平安，又获悉新生娃娃是个男的，其高兴劲儿不可名状。心想，"自此我张家戍边保国后继有人了！"紧接着对要求请客的陪产左邻右舍女眷回应："好！我这就安排请大家吃长寿面、鸡蛋红糖酒。"这是当地感谢陪产孺人的惯例。张恺自然得依例而行。

躺在产床上休息的张夫人朱氏，以低微的声音让大家传话："问一问孩子他爹，孩子的名字想好了没有？"

张恺听到传来夫人的问话，忙不迭回答："我早就想好了！生男的就叫张元勋吧！"他怕大家不明其意，又进一步对众人补充解释道："让他长大后成为我们张家卫国戍边的最有出息的功勋子弟。"

听了张恺给孩子起的名，大家都说起得好，纷纷称赞这个名字既吉利，又充满了父辈对孩子的殷切期望。

张夫人朱氏躺在床上，听到老公给孩子取的名字，微笑着点了点头表示认可。

有人又问："元勋的字为何？"

张恺早就成竹在胸，随口答道："字为世臣。"

众人听说异口同声表示："很好，很好！"

不知是谁又补充问了一句："元勋的号呢？"

张恺好似早已深思熟虑，毫不迟疑对询问者回答道："号为东瀛，你们看如何？"

听说是"东瀛"，闻者沉默无声。

张恺猜透众人心思，是嫌东瀛与日本称呼相关。他知道，当地沿海民众因日本倭寇经常骚扰，不论男女老幼，无不恨之入骨。张百户将儿子元勋字号称为东瀛，难免令大家百思不得其解。继而，张恺向众左邻右舍补充解释道："我家祖姓是张，依我们太平当地方言，'张'其中含义是抓住之意。现在倭寇猖獗，屡屡侵犯我东南沿海，欺我同胞，我就希望儿子能牢记使命，不忘乡民重托，不负家庭厚望，从小立志，长大后为国出力，将侵犯我们同胞的东瀛倭寇统统抓住、彻底消灭。"

经张恺如此解释，众人听后异口同声称赞说："这个号也起得好。既志存高远，又有历史印记，还有太平乡土风情韵味，不愧为百户，有肚才！"

听罢张恺给婴儿起了名，立下字号，满屋子的妇人，抱着襁褓中的婴儿，一边摇着，一边一个劲儿地"小元勋""小元勋""张东瀛""张东瀛"地叫开了！

张元勋脱离了母体朱氏的安乐窝，来到自主呼吸的新环境，不知是有点不适应，还是有意展现一下自己强大的生命力，不管你怎样摇着还是轻声哄着，他总是不领情，不断用力摆手踹腿，声嘶力竭地"哇""哇"叫唤。

有经验的妇人，察觉小元勋要求给予喂奶。在房内助产的孺人中有一位哺乳期的妇女，高兴地从别人手中接过小元勋。转过身子，敞开胸怀，将饱满的乳头熟练地塞入元勋婴儿的小嘴，又按压了一下自己满盈鼓胀的乳房，一股充满母爱的乳汁射入了元勋口腔，元勋自此接受了社会的恩赐，尝到了生长的源泉，凭着天性，开始尝试吸吮乳汁。不一会儿，吸足了营养，安静地入睡。

接着几天，这位未见史载名字的女乡亲，每天按时过来给元勋义务喂奶。

本来，产妇分娩后，两三天自身就会有乳汁分泌，邻舍代哺两三天就不用麻烦。无奈张恺夫人分娩后，不幸得了产褥病，一直高烧不退，并且病情日益加重，汤米难进，连说话也无力气，根本谈不上给儿子哺乳。元勋自出生后一直由别人代哺。

张恺在夫人产子后，没有高兴几天，就面对夫人日益加重的病情而心急如焚。他四处寻医问药，替夫人诊病治疾，但限于当时医疗条件，一直未见能治朱氏疾病的神医出现。

朱氏的病情日益加重。她面色苍白，眼窝凹陷，双目紧闭，气若游丝，已无力与人说话。

陪护在朱氏床边的左邻右舍，眼看这位宽厚仁慈、乐善好施的乡邻将不久于人世，无不暗暗啜泣。

不知是心灵感应还是哪里不适，小元勋也跟着啼哭不停。

张元勋的慈母，不知是听到孩儿的哭声还是回光返照，她用力睁开双眼，转动眼珠，四处探寻。陪护的乡邻看到朱夫人突然睁开眼睛，又喜又惊，探过头去询问："你有何话要说？"

朱氏泪水不禁夺眶而出，嘴唇微动了一下，但此时已无力发出声音。

乡邻急忙试探着问她是身体不舒服还是想吃点什么。

只见朱氏轻微摇了摇头，示意不是。

突然有乡邻意识到，是不是她想见一见宝贝儿子，继而把脸贴过去询问："你是不是想要看一看宝贝儿子？"

只见朱氏眼睛放光，用尽全身力气点了点头。

得到朱氏肯定的答复，乡邻急忙将襁褓中的张元勋抱到她的病床前。

朱氏目不转睛地看着亲生儿子，泪水不住涌出，慢慢模糊了她的眼睛，看着看着，猛然喘出一口大气，头往一侧无力倒去，脸色黯淡了下来，双目渐闭。陪护乡邻含泪竭力呼唤，但再也没有把她叫醒。

张元勋的慈母就在他出生的第十天，抛下亲骨肉，撒手人寰。从此，母子俩阴阳相隔，音容莫亲。说起来，张元勋从出生至母亲弃他而去，母子相处仅仅十天，在他幼小心灵里，根本形不成对慈母音容笑貌的美好记忆。

当左邻右舍帮助张恺家料理完丧事，都为襁褓中嗷嗷待哺却幼年失慈的张元勋而唏嘘。在当地淳朴民风的影响下，他们纷纷伸出援手，协力帮助张百户共渡难关。街内哺乳期的妇女，相约轮流为小元勋送奶，有的主动帮小元勋寻找奶妈；也有乡下养殖户，听闻张百户丧妻，留下出生只有十天的儿子，主动牵着奶牛来到张家，要为张百户无偿提供奶源。

对此，这位在战场上叱咤风云的硬汉，面对新河心地善良民众伸出的援手，再也控制不住激动的心情，任凭两颊流淌着热泪，只是一个劲儿地感谢新河百姓。

这些伸出援手的百姓，几乎都重复着相同的话："你张百户为保卫新河百姓，打击倭寇骚扰，不惜个人生命，我们百姓为你排忧解难是应该的。"

军护民，民爱军，新河城内，洋溢着军民共同浴血抗倭凝成的浓浓鱼水情。

第二章
襁褓丧母自砥砺 志存高远展翅飞

幼年丧母，被视为人生三大不幸中首位不幸。这个不幸就偏偏摊落在张元勋身上。自他出生十天，慈母就极不情愿地离他而去。从此，他再也得不到亲生母亲发自内心的赞美与疼爱，更得不到母亲的指点与栽培。他在婴儿时，靠的是新河古城里无数个奶妈的乳汁共同哺育。他在新河千百个善良母亲的共同关爱下，与命运抗争，在逆境中成长。

小元勋接受"千家奶"哺育时，出于本能，为了能得到更多的乳汁填饱肚子，免不了与其他婴儿争食，这就不知不觉培养了小元勋争强好胜不服输的精神。因经常出入邻居家，也早早为他与年龄相仿的邻里孩子相识相熟提供了机会，使他更善于融入社会大家庭。自从他懂事起，他就特别喜欢与新河城里的同龄孩子相处。又受职业军人家庭环境耳濡目染的熏陶，他也特别喜欢玩父亲为他制作的兵器玩具，经常带着一二十个孩子挥刀舞棒、刺刺杀杀、摆弄阵法。

张恺看到孩子在家里打闹，不但不烦厌，反而鼓励乡邻孩子来家里玩。他把家里的天井铺上厚厚稻草，任凭元勋与一帮孩子打闹。这里成了这帮天真无邪孩子的乐园。元勋也俨然成了这群年龄相仿的儿童的孩子王。他又是为年龄相仿同伴布置游戏项目，又是一本正经地对伙伴们进行分组，从小就有一股战地指挥员居高临下、说一不二、善于调度众人的非凡气度。

军人出身的张恺，看着孩子们躲躲藏藏捉迷藏做游戏，在一起抢刀舞枪打打闹闹，看在眼里，喜在心里。认定儿子元勋具有男子汉阳刚之气，只要好好培养，定可成为保家卫国的栋梁。他时不时为这帮孩子指点指点，教这帮孩子如何徒手格斗，如何用长矛刺杀，如何用大刀抡劈，如何用盾牌防卫，如何隐蔽自己，不被敌人发现，有时还用几粒石子，在地上摆阵，充当了孩童们的义务教头。张恺努力为襁褓丧母的儿子创造快乐童年，让从小缺少母爱的心灵得到抚慰。

元勋七岁时（1539），到了上学年龄。"七岁入传舍"（韩世能《张元勋墓志铭》），父亲把他送到离家不远的当地一位私塾先生家开蒙念书。自明嘉靖十九年（1540），民间办学风气渐盛，新河的一位有识之士创办了五龙书院。元勋改入五龙书院求学。

五龙书院，位于新河所的西北角，坐落于新河龙山之阳。书院山上，苍松翠竹，绿树成荫，清风吹拂，松涛滚滚，发出沙沙的响声，犹如千万学子摇头晃脑、齐声诵读儒家经典的萌态，充满诗情画意。若逢春秋佳日，登山西眺，迂江如带，清河似练，城垣倒影隐约可见。如此秀丽风光，环境静雅，令人心旷神怡，此乃办学的不二选址。

元勋在这所学堂里，在教书先生面前循规蹈矩。在老师精心教育下，上课认真听先生讲学，熟读"四书五经"，学习八股文写作技艺。凭着他机警聪敏的天资，广猎经典，学识长进很快，三四年下来所作诗文，已令人称奇。

元勋在书院又不死读书。他生性刚强好动，课余生活丰富多彩。他从家里带来箍桶的铁环，在一个竹竿端上安上小铁钩，用来支撑推动小铁环，在学堂的操场上与小伙伴一起滚铁环。既锻炼身体耐力，又培养灵动性。他胆子也大，学堂里放着的运动器械，他总是抢着踏脚板足有三尺高的高跷，作为自己骑具，潇洒站在高跷上。他还敢去与骑低跷的同学碰撞，设法把低跷的同学撞倒。每天书院放假回家，他还要继承祖辈的练武家风，完成父亲下达的练武课目。他要充分利用空余时间，外练筋骨，内练气息。他坚持每天跑步、压腿、踢腿、劈叉、下腰，练习耐力和柔韧性、灵活性；然后练习马步、弓步、仆步、歇步、虚步组成的五步拳，以练习身体协调的基本功。早晚还在父亲的指导下，抛石锁、举杠铃，增强自身体魄。

俗话说："近朱者赤，近墨者黑。"元勋从小受军人家庭熏陶，就有军人天赋，他对军体充满兴趣。孩童时，"每画兵甲马山谷如行军状。与群儿戏，辄为兵法，以果实赏之"（韩世能《张元勋墓志铭》）。他凭着军人天赋，又经过书院五六年勤奋学文，在家苦练学武，逐渐成为新河城里文武兼备的英俊少年。

张恺作为军人，并不以儿子取得的成绩而满足。他深知成为一个合格的带兵的人，不但要有文化，要有武艺，还需要懂得兵法。为了培养元勋军队指挥员的素质，他在张元勋长至十二三岁后，按明朝规矩，应袭军职的子弟需入卫所设置的武学接受训导的要求，又在卫所安排专人辅导儿子学习"武经七书"。所谓"武经七书"，是指孙武《孙子兵法》、吴起《吴子兵法》、吕尚《六韬》、司马穰苴《司马法》、黄石公《三略》、尉缭《尉缭子》、李靖《李卫公问对》等七部兵法。它们是中国古代军事学基础，中国古代兵法的精华，中国军事理论殿堂里的瑰宝，是培养军队将领必不可少的基本论著。

张恺考虑到，军旅生涯充满着艰险，培养儿子成为合格军人，不但要有军事本领，还需要有吃苦耐劳、不怕艰难困苦的坚强意志。他开始有意识安排儿子干苦活、吃苦头。在安排儿子读书练武之余，又让他去给别的人家放鸭干活。

当地民间至今流传着张元勋放鸭的故事。据传张元勋帮助人家放鸭，每天早上赶着一群鸭子在稻田里觅食田螺、小鱼小虾以及蚂蚱、水稻害虫。每到傍晚，他举着放鸭竿，口里吹着招呼鸭群的口哨，将在水稻田里游荡一整天、浑身沾满泥浆的鸭子，赶往离他家不远的荷花池的水塘里清洗。鸭子在他握在手里长长竹竿的指挥下，一只只鱼贯入塘，头颠尾翘在池中戏耍，一派快乐祥和的景象。元勋在长年累月的放鸭中，练就了清点鸭群数量的快速反应能力。对于没有亲身经历清点鸭群数量的人，可能认为清点鸭群数量并不是什么难事，但一经接触实际，就会发现，几百只鸭子乱糟糟哄聚在一起，要将它们准确无误地清点一遍，确是一项看似简单实则复杂的麻烦事。元勋凭着日积月累，练就清点鸭群的基本功，他清点的鸭子的数量，必定准确无误。

有一天，他发现从荷花池洗完澡回栏的鸭群中少了一只。他感到十分纳闷，苦苦思索着鸭子可能丢失的地方。为了查明真相，第二天，他事先将赶入荷花池洗澡的鸭群清点了数量，再对洗完澡回栏舍的鸭群重数一遍，结果发现鸭子是在荷花池洗澡时少了一只。一连几天，进入荷花池洗澡的鸭子每日总是减少一只。他开始留意跟踪鸭群在池中戏水时的水面变化。不看不知道，经仔细观察，发现的结果让他吓一跳。果不其然，只见鸭群游过池边的碗口大的暗洞时，突然洞口翻起一股浊水，惊得鸭子四处飞窜；只见黄光一闪，眼见一只鸭子沉入水中被拖进幽洞中。张元勋明白了一切。这几天原来每天丢失一只鸭子，是洞中怪物所为，他又气又恨。

当天回到家，他说干就干，立即提刀去山边砍来篁竹，翻箱倒柜找来网片，动手设计制作了一只迷魂阵的网兜。该网兜，直径一尺左右，每节长度三四尺，由口大底小的四五节的网兜叠加，最后一节网兜底部扎紧而成。只要水中鱼类、蛇类钻入迷魂阵的网兜，就有进无出，乖乖就擒。

迷魂阵加工完毕的第二天，张元勋在鸭子赶入荷花池前，先将迷魂阵的网兜布置在池中的暗洞口。然后，照例吆喝着将鸭子赶入荷花池洗澡。

此时洞中怪物还不知有人已为它设置了陷阱，仍然兴冲冲地猛然蹿出，想不到顷刻间落入迷魂阵的网兜中，虽经左冲右突，无奈始终逃脱不得。

元勋将迷魂阵网兜拖上岸来，看清水中怪物是一条臂膀般粗，足有五六斤重的大黄鳝。这条黄鳝被网上后，仍然闪动着矫健的身躯，还不时发出"卟、卟"的响声，显得很不服气的样子。只是无奈网眼太小，就是有天大的神力，也难逃出元勋为它设计的罗网。

张元勋赶着鸭子，提着束缚大黄鳝的网兜，兴高采烈把鸭群赶回栏舍交了差，接着把大黄鳝提回家。因黄鳝太大没有盛具可供圈养，又怕这怪物晚上逃跑了。他一不做，二不休，不管三七二十一，取来菜刀。他把对大黄鳝偷吃鸭子的怨恨全部集中到刀把上，一边说"看你还偷吃我的鸭子不"，一边高举菜刀砍下了大黄鳝的头。这时，天井庭院站着一条狗，正瞧着元勋宰杀黄鳝。元勋便随手将砍下的黄鳝头抛给狗吃了。

因为这条黄鳝实在太大了，加上皮色黄底带有黑色花斑，充满着霸气，一般人看到都感到可怕，更不要说把它吃掉。张元勋可不管这些，他将宰杀后的大黄鳝洗净，将黄鳝切成一段一段，放在大砂锅里，加上枸杞子、当归、熟地、生姜等中药材清炖起来。足足让他吃了三四天才吃完。

没想到，这条大黄鳝，经多年修炼，大补离奇。元勋自吃了大黄鳝后，热血沸腾，大汗淋漓，燥热无比，身躯日渐健硕，四肢更加发达，浑然成了顶天立地的大金刚。可是，让人不可思议的是其脑袋瓜子却不见增大，仍似少年长相。有人言，"食鳝弃首，故如此也。"元勋听罢，仔细观察食过鳝头之犬，确是犬头越长越大，而犬身却如常。他深知人言有理，遂将吃了黄鳝头的犬杀了，又将犬头清炖食之。从此往后，张元勋脑袋也开始逐日变大，身躯头颅变得相称。整个人变得头大体壮，宽额长眉，面色紫红，目光如电，声如洪钟，形态威武，神力似虎，百人莫近。

嘉靖二十六年（1547），张元勋时年十五岁。他自感身高力大，已是成人。经过几年书院的刻苦学习，已熟知"四书五经"的义理，能代圣贤立言，可按八股文的程式破题、承题、起讲、入手、起股、中股、后股、束股书写文章策题应对。特别是他出身军人家庭，对军营官兵生活耳濡目染，且长年坚持练武，能驰马开弓，又经卫所军职教官教授，能熟背"武经七书"，自认若参加科考上榜不是问题。为此，他正式向父亲提出要赴县城报名参加科试的要求。

按照明朝科举制度，科举考试分童试、乡试、会试和殿试四级。童试包括县试、府试和院试三个阶段。童试三年两考，县试由县官主考，府试由知府主持，院试由各省学政主持。学政又称提督学院，故称这级考试为院试。

童试应考者称"童生"，童试考中者俗称"秀才"，正称为"生员"。考得"秀才"是求取功名的起点，继而才有参加"乡试"的资格。

乡试考试地点在各省城贡院。每三年，即逢农历子、午、卯、酉年份为正科考试，另遇朝廷庆典，新皇登基等重大庆典则举行加科（恩科）考试。乡试考中者称"举人"，头名称"解元"，第二名为"亚元"，第三、四、五名为"经魁"，第六名为"亚魁"。各省每次录取举人名额根据参加考试人数有所变化。据有关资料统计，成化至嘉靖三十七年间，全国乡试中举率为近百分之四。乡试是四级考试中竞争最激烈的考试。每省录取举人数量在一千一百至一千四百人之间。

会试由礼部主持，于乡试第二年举行。举人在京师会试，考中者称"贡士"，第一名称"会元"。

殿试在会试后当年举行，由皇帝亲自主持。取得"贡士"资格者才能步入殿试会堂，贡士在殿试中均不落榜，只是由皇帝按照应考者考试表现排定名次。录取者分三甲，一甲三名，赐进士及第，第一名称状元，第二名为榜眼，第三名为探花；二甲赐进士出身；三甲赐同进士出身，通称"进士"，进士发榜用黄纸书写，中进士故称金榜题名。以上说的是文科科举考试。

明朝皇帝朱元璋为延揽英雄，广储将领，不赞成文武分途，力主培养文武兼备人才，重新开设武科科举考试。考试分科、乡、会、殿四级。科试一般在府城或直属省的州县治所举行，它为乡试做预备工作。科试达一二等武林艺人才有资格参加乡试。根据正德十三年（1518）《武举乡试条格》规定："每遇子、午、卯、酉年十月，武举乡试，各卫所送都司，府、州、县送布政司，类送巡按御史……其十月内，考验日期，并选取之法，一仿武举会试例行。"这是明朝科举考试制度大致情况。

知子莫如父。张恺对儿子的成长看在眼里，喜在心里。站在面前魁梧威武的儿子提出参加县里的科试，张恺心里明白，凭儿子的文韬武略，考个武秀才绰绰有余，但仍不忘叮咛几句："你读了几年诗书，练了几年武艺，文武都有一定功底，但你要知道，凡是去县里科考的童生，也是个个饱读诗书、武艺高强的不凡之辈，你可不能掉以轻心，要善于应变，重视临场发挥，方可战胜对手获取功名。"

张元勋对父亲的嘱咐点头称是。

张元勋按照明朝武科考试的程序，过了春节，就去太平县礼房处报名。提起毛笔，饱蘸墨汁，端端正正地填写了自己姓名、籍贯、年岁、三代履历，并以同考五人互结，复请廪生作保。

县试试期设在二月。武科考试分内场考试与外场考试。内场考试的内容与文科一样，但武科着重考查"武经七书"默写应知应会。武举外场考试主要考核弓、马、刀、剑的基本技能。武举考试又按照明朝正德三年《武举条格》规定："初九日初场，较其骑射，人发九矢，中三矢以上者，合试。十二日二场，较其步射，亦发九矢，中一矢以上者为合试，俱于兵营将台前校阅。十五日，三场试策二道、论一道，于文场试之。"

张元勋初次参加科考，到了县城的校场，看见监考官威严地坐在台上盯着，又见一大群文武官员在边上评头品足，从未见过这种场面，即使功底深厚，也难免心里紧张，手心出汗。就在元勋出场应考舞刀时，刀柄湿滑，大刀飞出了手掌。说时迟，那时快，他急中生智，凭着他平日练就的武功，眼疾手快，手脚并用，飞起一脚，将要落地的大刀凌空踢向胸前，右手顺手一攥，顷刻把大刀刀柄又牢牢捏在手里，继续左挥右舞，刀舞生风，刀光闪闪，寒光夺目。只见一会儿刀龙潜水，人刀伏地；一会儿蛟龙展翅，凌空而起，似有直上云霄之势，令人拍手叫绝。

主考官从未见过舞刀有勾脚拾刀动作程式，启口问张元勋："舞刀一抛一捡为何程式？"

张元勋不慌不忙答道："此为落马勾枪，是检验应考者临机处置能力的程式。"

答毕，考场上主考官与观摩者，对这位考生刀法娴熟，超群绝伦，坐若山岳，动若游龙，又善于随机应变的武艺赞不绝口，考场上响起经久不息的掌声和喝彩声。

这一随机应变的成功让张元勋心里变得更加平静，更加信心百倍。他在应试骑射科目时，更是得心应手。他从小在家拉弓策马，就是放鸭当儿，也都带上自制的弹弓，裹上小泥丸，对不听招呼的鸭子教训一下，十有九准。现在上场科考骑马射术，若是按照标准过关，好似囊中取物，是轻而易举的事。只见张元勋神采奕奕，背靶疾驰到达百步之外的考场，突然勒紧马头，举臂拉弓放箭，那箭嗖嗖朝靶心飞去，箭箭中靶，箭无虚发，又一次赢得考官满堂喝彩。

考官暗叹：此生员凭他武功，就是去乡试、会试也会合格无虞，日后必是栋梁之材，定会前途无量！

考了武科外场，时隔三天又是内场考文。由县令出题主考，依据"四书五经"传统义理，遵循八股程式，需撰写两篇时文。

文科考试对张元勋来说并非难事。他在考场坐定，面对引自"四书五经"的考题审视一遍，默默对考题诠释形成腹稿，继而大笔一挥，单刀直入破题二句；又巧妙下申四句，谓之承题；然后道出贤人何发此言，谓之起讲；再环环紧扣，层层深入，如抽丝剥茧，直达精髓。对起股、中股、后股、束股四个部分，又做到每个部分都有两股排比对偶文字，四副对子平仄对仗，理尽一言，语无重出，合起来八股。通篇行文，圣贤立言，短小精悍，行云流水。

武科考文的另一场题试，主要考核应试者对"武经七书"应知应会能力。限于考试时间，主考官从"武经七书"中随机点出数段，让考生回答。张元勋对"武经七书"早已熟记在心，对主考官的提问，一概对答如流。

主考官浏览了张元勋文科考试的答卷，又听了对"武经七书"的掌握程度，频频称赞："人才难得！人才难得！"

没过几天，县府发榜，张元勋获县试童生头名，送县儒学署备案，并取得府试资格。

第三章
严父抗倭勇捐躯 血海深仇心中记

张元勋所处年代，正值倭寇侵扰我国东南沿海最猖獗的时候。

元末明初，日本国内正当南北分裂，诸侯割据，互相攻伐，战争延绵不绝。在战争中失败了的南朝封建主失去依托，流落海上，盘踞于海岛。他们妄图寻找新的出路，将贪婪的目光瞄向了我们富庶的东南沿海，不断组织武士、商人、浪人到我国沿海地区劫掠烧杀，历史上称这些侵扰我国东南沿海的日本浪人为倭寇。由于明初开始时国力较为强盛，朱元璋重视海防建设，曾亲自下诏"筑山东、江南北、浙东西海上五十九城，咸置行都司，以备倭名"。洪武朝的几十年间，就先后在辽东、山东、南直隶、浙江、福建、广东等地设立了五十八卫及八十九所，置兵数十万，有兵舰千余艘，抗倭兵力占绝对优势，倭寇面对明军强大的海防，只能搞一些偷鸡摸狗，抓一把就走的小规模骚扰的勾当。那时，倭寇尚未成为大患。

正统（1436）以后，明朝政治逐渐走向腐败，及至明世宗皇帝登基，政权稳固后，变得日益昏庸腐朽，每日沉迷于修仙斋醮、炼丹延年，甚至不惜摧残宫女获取炼丹原料，逼得宫女起事反抗。嘉靖二十一年（1542）十月二十一日夜晚，宫女杨金英等十六人暗中谋划，共同组织起来反抗。他们乘世宗朱厚熜熟睡之际，用事先准备的绳索勒其脖子，因心情紧张，仓促从事，未将世宗皇帝勒死，反遭残酷镇压。自此，朱厚熜更加疑惧不安，竟不敢在宫中就寝，朝仪尽罢，群臣不见，稍有不合之言，即予残酷诛杀；而那些阿谀逢迎、献媚取宠的贪官却大行其道。特别是让赞成玄修、善写青词的严嵩把持朝政，放任其重用、庇护、纵容通倭官吏，打击陷害抗倭将领，造成海防松弛，战斗力锐减。在此政治生态下，国内走私集团开始有恃无恐，他们为牟取暴利，不顾朝廷海禁命令，不顾民族利益，亡命海外，公然与倭寇勾结，使得东南沿海倭患越来越严重。

嘉靖三十二年（1553），徽商出身的走私头目王直亲率大批倭兵，攻破舟山海防据点昌国卫，明目张胆地在松江拓林镇建立据点。这帮由日本浪人武士组成的倭寇，生性凶悍，作战勇猛，手持大刀，一路长驱直入，烧杀抢掠，荼毒生灵，危害极大。据有关史料统计，当时倭寇已发展至二十余万人之众，拥有武装渡海船只数百艘，已形成强大的武装劫掠集团，对我沿海民众生命财产造成极大的危害，直接危及国家的安全。

据《明朝倭寇考略》记载，东南沿海一直是倭患重灾区，仅1552年至1567年的十五年间，倭寇较大规模侵扰就有六百零九次，占明朝倭寇侵扰记录八成左右。地处海防第一线的太平县新河所更是首当其冲。时任新河所指挥的张恺，对倭寇嚣张气焰切齿痛恨，忍不住破口大骂"倭寇是畜生"。他为了争取更多的民众加入抗倭行列，毅然将自己积蓄的钱财毫不吝惜地用来招兵买马，尽可能多地充实卫所缺编的兵员，设法提高卫所战斗力。

东南沿海各个卫所，时有被倭寇攻陷；而新河所，虽然地处沿海交通要冲，是倭寇劫掠黄太平原必经之道，但拥有张恺祖辈培育的军护民、民爱军、军民相依为命的良好社会环境，特别是张恺世袭所城指挥后，不惜"散巨资聚众抗倭"，随时枕戈待旦，保持高度警惕的战备状态，新河城池从未被倭寇攻破过，这在国内沿海抗倭斗争史料中并不多见。浙江省的抗倭指挥使，也深知台州人的"硬气"，了解台州海门卫新河所的战力优于其他卫所，总乐于调动台州海门卫新河所的官兵去各地参加抗倭的战斗。

嘉靖二十六年（1547），曾任四川兵部副使、广东左布政使的朱纨，改提督浙闽海防军务巡抚浙江，统一指挥浙江、福建两地的备倭抗倭。

据有关史料记载，朱纨在嘉靖年间，为官清正，是个难得的贤臣。朱纨到闽浙后，很快发现，所谓沿海的"倭寇"，并非明朝初年那样的单纯是由日本浪人组成的海盗。倭寇的成分已发生了很大变化，除了一些日本浪人之外，还有大量与贪官互相勾结、狼狈为奸的从事走私贸易的海商大贾。这些内外勾结、上下串联的海上走私盗抢集团，为了牟取暴利，不顾朝廷的海禁命令，公然出卖民族利益，竟然与番舶夷商勾结共谋，武装掩护走私，形成内外勾结的海上武装走私盗抢集团。有的更是亡命海外，与占据沿海各岛的日本倭寇联手，杀人放火，无恶不作，疯狂劫掠沿海居民。

于是，朱纨上任伊始，痛下决心，整治海防败坏的乱象。他下令在沿海厉行保甲连坐的社会管治制度，并大力整顿海防卫所。还多方探测倭寇盘踞沿海岛屿的兵要地志，积极做好清剿倭寇巢穴的军事斗争准备。经过数月探测得知，宁波、台州外洋的双屿港，是侵扰东南沿海的倭寇最大据点。在据点里，麇集着许栋、王直、卢七、徐海、叶麻、毛海峰等一批倭寇和通倭头目。他们经常以此为前沿阵地，带领武装人员，使用倭人服饰旗号，乘坐挂有八幡大菩萨旗帜的八幡船，挑选海防薄弱地区登陆袭扰沿海各地，大肆烧杀抢掠，无恶不作，给广大沿海民众带来深重灾难。

这个双屿港地理位置自古至今未变，是浙江台州、明州外海的六横岛与佛渡岛东岸之间的水道。对面是明州梅山港——舟山港区的深水港道。这一带港湾曲折，山抱水绕，易于商贸船只隐蔽出入，处于国际海上航线与中国大陆的连接点上，系扼多条国际航线之要冲。双屿港有广袤内陆腹地。从这里出发，可直达宁波，可再顺浙东运河至杭州，直通明朝经济大动脉——京杭大运河，地理位置优越，经济价值远胜荷兰人占据的澳门岛。

朱纨对双屿兵要地志考察后，在《双屿填港工完事疏》中记述："前两项地方，悬居海洋之中，去定海县六十余里。虽系国家驱遗弃地，久无人烟住集，然访其形势，东西两山对峙，南北俱有水口相通，亦有小山如门障蔽，中间空阔二十余里，藏风聚气，巢穴颇宽"，"入港登山，凡逾三岭，直见东洋中有宽平古路四十余里，寸草不生。"说明当时这里被踩踏得寸草不生的贸易区规模很大。

在岛上，日本、葡萄牙等国走私集团与许栋二兄弟、李光头、王直为首的中国走私集团狼狈为奸，以此为据点，在岛上修路筑房。"岛上有千所房屋，包括教堂、医院等；居民三千多人，其中有一千两百名葡萄牙人。"双屿港俨然成了朝廷法外之地，成了倭寇武装走私集团的独立王国。

朱纨了解了沿海倭寇据点分布情况后，他按照三十六计中"摧其坚，夺其魁，以解其体"的擒贼先擒王之计，决心"射人先射马，击蛇先击首，擒贼先擒王"。决心抓住倭寇的要害，端掉倭寇的大本营，把盘踞在双屿港的倭寇彻底消灭掉。他在战前进行了充分准备，为了"静不露机"，不暴露战略意图，不走漏点滴军情消息，千方百计对双屿港的倭寇实行消息封锁。

本来双屿港与明州镇海卫比较近，但朱纨只怕调动镇海卫兵力会引起双屿港守敌警觉，会破坏了突然袭击的战场效果，朱纨不惜舍近求远异地用兵。他置镇海卫兵力纹丝不动，却暗地里神不知鬼不觉从遥远的外地调兵遣将。他下令让福建指挥佥事卢镗指挥福清卫官兵以及浙江海门卫官兵长途奔袭，实行南北夹击。由于朱纨实施的军事计划密不透风，双屿港的倭寇做梦也想不到明军会调动兵力对他们发起大规模围剿。

张恺奉命带领新河所的官兵紧随海门卫指挥使前去参加这次抗倭战役。临行前，张恺特别把儿子叫到身边，深情对儿子嘱托："军人保卫祖国海防是义不容辞的天职。养兵千日，用在一朝。今日为父带兵远行抗倭，作为军人随时有为国捐躯的准备。若有不幸，你要继承遗志，世袭军职，不辜负为父对你的厚望，你已长大成人，要保家卫国建功立业，不辱你'元勋'之名。"

张元勋面对父亲的临行嘱咐，心情沉重，含泪表示："孩儿定会记住，还望父亲保重身体，孩儿在家等待你战斗胜利，凯旋回营，我们全家为父亲庆功。"

嘉靖二十七年（1548）四月初，朱纨派遣都指挥使卢镗为攻打双屿港倭寇总指挥。卢镗率备倭指挥刘恩至、海道副使魏一恭以及战将张四维、张汉等征调了战船四百八十艘，调遣集中了浙江海门卫以及福建福清的兵力六千多人，以商船正常航线为掩护，于四月初六晚，趁着夜色，各路兵力乘战船悄悄接近双屿港。

四月初七清晨，天刚放亮，明军借着晨曦以迅雷不及掩耳之势，对倭寇据点发起了猛烈进攻。明军火炮装填的铁砂、碎石一股脑儿飞向倭寇营地。双屿港顿时陷入一片火海。还在睡梦中的倭寇被突如其来的隆隆炮声打得晕头转向，嗷嗷直叫："怎么回事？怎么回事？"他们来不及穿衣戴帽，慌忙提着武器应对，且战且退，千方百计寻找有利地势负隅顽抗。毕竟这些海盗是一批杀人不眨眼的魔鬼，是一群亡命之徒，且又是训练有素、武器精良的有组织武装集团。当他们明白是被明军包围后，立即按战斗序列投入有组织的抵抗。这些日本倭寇与荷兰海盗，凭着手中优于我国制造的枪炮热兵器，开始凭借工事，坚守巢穴，疯狂向登陆的明军射击，垂死应战。明军虽经奋力强攻，但始终未克。

官军改而四面夹击，分路包抄。

那些穷凶极恶的日本浪人负隅顽抗，提着武士刀从营房疯狂冲杀出来。冲在进攻队伍前面的明军与敌营倭寇搏斗中也有不少伤亡。

由于明军人多势众、兵力集中，最终，这些海盗难于抗衡明军进攻，死的死，伤的伤。

卢镗率军生擒李光头、许六、姚大及窝主顾良玉、祝良贵、稽天破、刘奇十四等，击毁倭船数十艘，击杀倭寇、海盗数百人。

到了晚上，恰逢风雨交加，海雾大起，倭寇心知明军兵力众多，难于继续固守，决计趁着浓雾笼罩突围转移他岛（如图二）。

在四月初七夜，倭寇倾巢而出，夺舟奔逃。盗首王直乘隙夹杂在小股倭寇中逃往他岛躲藏。

战后，朱纨又下令将双屿港海盗所建房屋、港中船只全部焚毁，并用沉

图二、明军双屿抗倭作战示意图

船、石块堵塞航道，实行了海禁。双屿港战役以海盗彻底失败而告终。双屿港恢复了宁静。

卢镗在取得双屿港抗倭战役胜利后，并未马上撤兵。他围击倭船，生俘从双屿港逃往其他岛屿落脚的许栋，继而征讨南麂、磐石卫诸岛的倭寇。连续转战三个月，进一步扩大了战果。

在这次双屿港抗倭战役中，张恺继承了祖辈燕兵敢打敢拼、冲锋在前、退却在后的战斗作风，消灭了敌人，保存了自己，为双屿抗倭的胜利作出了重大贡献。

双屿倭巢铲除后，原来以双屿为据点，进而袭扰浙江东南沿海的倭寇，在一段时间内销声匿迹。倭寇纷纷逃往广东、福建接合部走马溪建立据点。

朱纨又于嘉靖二十八年（1549）二月率兵穷追猛打，将抓获的九十六名海盗奸商全部处决。不料此举却遭到了闽浙豪绅与朝廷的弛禁派联手诬陷。

嘉靖二十八年四月，嘉靖皇帝听信谗言，将朱纨罢官免职，遣送老家吴县，听候发落。

有了此变故，那些受打击的奸商开始勾结倭寇重操旧业，重新集结，更加疯狂地对浙江东南沿海烧杀抢掠。

根据《明史·世宗本纪》记述：嘉靖二十八年秋，倭寇又开始频繁侵扰浙江沿海。有一天，一帮海盗冒充海边渔民驾船沿金清大港水道逆流而上，伺机在防备薄弱的沿江村庄进行抢劫。

张恺接到倭情报告，怒火中烧，迅速穿上战袍，集合队伍，对部属战前动员说："吾家世受国恩，誓歼此贼以报。"（韩世能《张元勋墓志铭》）他又"散资率所统"（韩世能《张元勋墓志铭》），出城奔向杀敌的战场。张恺身先士卒杀入敌阵，"贼众，援绝"，不幸被敌寇火铳击中，"死时犹尸行七步而仆"（韩世能《张元勋墓志铭》）。没想到张恺在双屿大兵团激烈作战中能幸运存活下来，却牺牲在家乡与小股海盗的战斗中。

第二天，张元勋未见父亲回营，离家前去询问新河所相熟的官兵。只见被问的官兵脸上都不自觉地流露出哀伤之情，有的竟忍不住泪水夺眶而出。他心中产生一种不祥的预感，但仍不想父亲有什么意外。为了证实父亲尚活着，他壮着胆子怯生生地询问班师回所的士兵："怎不见我父亲回营？"

被问的士兵，再也抑制不住悲痛之情，放声向元勋哭诉："你父亲在沿海清剿倭寇时，不顾个人安危，冲锋在前，不幸被海盗暗中用火铳击中。他负伤之后，还尽力向前追杀倭寇，直到流尽了最后一滴血！你父亲是令人尊敬的抗倭英雄！"

张元勋听闻父亲在抗倭战斗中壮烈牺牲，顷刻天旋地转，站立不稳，差一点跌倒路边。他泪如泉涌，脑海中一片空白，对着苍天大吼："天呀！你怎能如此不公？我自幼丧母，现在尚未成年，又失去父亲这棵参天大树，这让我如何是好？"

新河所其他官兵听罢张元勋的哭诉，也为他流下了同情的眼泪。但他们想到，此时此刻更需要对元勋多加开导，让他面对现实，尽快坚强起来。他们怀着对张恺烈士无限崇敬之情，频频安慰张元勋："你的父亲为国捐躯，死得光荣，死得其所。你要坚强，要挺住！日后家里全靠你这根顶梁柱，卫所也需要你来接班。你要节哀顺变！"

新河所一位曾经辅导张元勋学习"武经七书"的老师对他劝慰说："亚圣孟子曾经说过：'天将降大任于斯人也，必先苦其心志，劳其筋骨，饿其体肤，空乏其身。行拂乱其所为，所以动心忍性，曾益其所不能。'你所经历的磨难，是天要降大任给你呀！你不能怨天恨地，不能埋怨自己的命运，而要挺起胸膛，负起男子汉勇于担当的责任，勇于接受大任。"

张元勋在所里官兵劝慰下，强忍悲痛，擦干了眼泪，重新打起精神，决心化仇恨为志向，化悲痛为力量。他当着众人面，咬牙切齿发誓："父死国，子死父，男儿生不万户封，死即马革裹尸葬耳。"（韩世能《张元勋墓志铭》）

在场的官兵异口同声赞曰："有志气！好样的！"

第四章

依规赴京承袭替 保国为民遗志继

朱元璋建立了明朝，天下大事已定。他为了褒酬帮他一起打天下的官兵，综合了汉屯田、唐府兵、宋尺籍的军队建设经验，提出了"军民分籍"的独特建军办法。

明朝规定，对兵士，每人赏官田五十亩，以后世代有一人为兵。对军官，分指挥使、指挥同知、指挥佥事、卫镇抚、正千户、副千户、百户、试百户、所镇抚等九等，授予世袭官职。此法既解决了改朝换代后的庞大军人队伍的去向问题，又保证了维持大明帝国长治久安的国防军队。朱元璋对自己创立的军民分籍、军职世袭制度而感到自豪，曾不无得意地说："朕养兵百万，不费国家一钱。"明朝后世皇帝也承袭祖制，一直遵循"军民分籍、军职世袭"的制度。

张元勋的父亲张恺，在嘉靖二十八年（1549）台州抗倭战斗中壮烈牺牲。其祖辈自明朝建立以后，一直世袭百户军职，按明朝军职世袭规定，张元勋作为张恺的长子，有资格去京城五军都督府办理世袭军职手续。

可是在世风每况愈下的年代，即使铁板钉钉的事，办起来也需要打通很多关节，并非轻而易举。

据《俞大猷传》记述，俞大猷父亲当年在办理世袭泉州卫前所百户军职时，尚在嘉靖年代初，当时内阁首辅还不是严嵩，史上也未见主政者有贪腐受贿记载，但俞大猷父亲俞原瓒办理世袭百户军职时，因俞大猷家族到了其父亲这一代，"嫡系长房五世六袭绝后"，眼看祖职无人继承，父亲念在俞家世勋的功德分上，不忍放弃，决定承袭。俞大猷的父亲为先祖俞敏支系曾孙，也符合继承条件，原以为只要办一个"过户"手续即可，没想到具体办理袭职却十分艰难。他四次前往京城，疏通关节，耗尽资财，好不容易才办理成功。

俞大猷父亲办理袭职还不是严嵩当政时就这么艰难，而张元勋办理世袭军职的时候，已是世宗皇帝登基二十七年了。这时的世宗皇帝行事作风与他开始登基时已判若两人。世宗即位之初，他还重视内阁作用，注重裁抑宦官的权力，不忘上朝问政，朝政曾为之一新。随着在位时间的增长，皇权逐渐稳固，他日渐贪图享乐，堕落腐朽。他不仅滥用民资、民力大事营建，而且极度迷信方士，崇尚道术，一心修玄，整日寻求长生不老之术，不问朝政，以致吏治败坏，边事废弛，民怨鼎沸，百姓苦不堪言。特别是这个时期，朝中首辅是老奸巨猾的严嵩，他从嘉靖二十七年（1548）正月进，至四十一年（1562）五月罢，历任首辅十五年，加上前期在朝廷任职，先后在朝廷任官二十一年。他趁着皇帝荒淫无度、不理朝政，凭借三寸不烂之舌，以青词赢得世宗皇帝的宠信。凡是与他存有芥蒂的朝中权臣，都被他施放暗箭，恶意中伤，以各种莫须有的罪名逐个清除。并趁机提拔了宠爱的儿子严世藩为工部侍郎，由此父子狼狈为奸，里应外合，互相照应。一方面由其儿出面收买世宗左右的宦官，掌握皇上动态，迎合皇上需求。另一方面，又由儿子出面在朝廷结党营私，形成权谋势力，让严家权倾一时。严家父子被朝中大臣戏称为大、小丞相。

据有关史料记载，严嵩父子权倾天下二十年，天下怨恨。在严嵩首辅主政把持下，"政以贿成，官以赂授"，"每一开选，视官之高下而低昂其值，及遇升迁，则视缺之美恶而上下其阶"。如七品州判，售银三百两，六品通判售银五百两。刑部主事项治元，用银一万三千两就可转任吏部稽勋主事。贡士潘鸿业用银两千二百两，就当上了临清知州。武官中则指挥售银三百两，都指挥售银七百两，夺职总兵官李凤鸣出银两二千两，起补蓟州总兵；老废总兵官郭琮出银三千两，使督漕运。严嵩还巧取豪夺存世古人墨宝名画不计其数。嘉靖四十一年（1562），严嵩失宠势倒，其子被处斩，其宅邸被查抄。据统计，从其宅邸中共抄得黄金三万多两，白银二百多万两，相当于当时全国一年的财政总收入。此外严嵩还拥有田地上百万亩，房屋六千多间，以及无数的珍稀古玩、名人字画，其中有一幅巧取豪夺而来的北宋著名画家张择端的《清明上河图》。从罚没的严嵩的家产，可测知严嵩当政时，贪腐之风何其猖獗。凡去朝廷办事，不送上一份贿礼是很难办成事的。办理袭职的艰难不用说也可想而知。

俗话说，世上没有不透风的墙。京城贪腐的丑事，发生在北京，但穿越数千里，在民间也被传得沸沸扬扬。张元勋的继母雷氏，在为夫君张恺亡故悲伤之余，一直为儿子张元勋去京城五军都督府办理百户袭替一事犯愁。因为张恺在世时，为了凝聚军心，发动当地民众合力抗倭，不惜将家里钱财分发百姓，使得家中积蓄基本耗尽。现在张元勋袭替军职，需要钱财打通关节，她实在无计可施，为此整天长吁短叹，愁眉苦脸，夜不能寐。

张元勋看到继母为自己袭职操碎了心，不断劝慰继母："母亲，你不用操心！我父亲在抗倭战斗中牺牲，我父亲的上司浙江巡视海道副使沈翰曾指挥我父双屿歼倭战斗，浙江巡抚朱纨也是双屿战斗的总指挥。他们都是父亲的顶头上司。知道我父亲是一位冲锋陷阵、英勇杀敌的猛将。他们都对父亲英勇作战有极高的评价。一定会主持正义，重视保护军队兵丁利益，会帮我们说话的！"

雷氏听了元勋的劝慰，强打精神回应道："但愿如此！若他们会挺身而出，帮助我们说话那就好了！"

张元勋按照当地风俗，从父亲亡故之日起的每逢七日设席祭拜，连续四十九天均如此。为祭拜父亲亡灵，还请了和尚赐焰口、做水陆道场。第一年春节，又接受左邻右舍亲朋好友的祭拜，完成了民间风俗约定的服丧各种程式。

嘉靖庚戌年（1550）新年伊始，张元勋走上办理袭职之路。

按照明朝袭职的程序规定，袭职者需是原军职的嫡系子孙，若无嫡系子孙则由庶长子袭替，若嫡庶子孙俱无，方可弟侄袭替。袭职者的年龄需在十五岁以上。张元勋作为嫡长子，无疑符合条件。

张元勋按袭替有关手续规定，需带父亲在新河所任百户的印信，先到离家四五十里路的海门卫，经初审合格后，开具袭职文书。海门卫在开具文书前，按规定对袭职军官先行培训，使他"素习弓马"，并要保证弓马娴熟。这对张元勋来说不在话下，走走程序罢了！张元勋取得卫指挥使依规对他袭替军事素质考核合格的书证，又取得卫所为其出具父亲张恺在台州抗倭捐躯的书证。张元勋带着相关书证，日夜兼程赶到杭州省城，找到浙江巡抚府第。按要求挂号领取一份限定袭职期限的"花栏号票"，并向巡抚当面陈述父亲张恺是世袭百户身份，在嘉靖二十八年（1549）与侵扰台州倭寇激烈战斗中，不幸以身殉职、为国捐躯的实情，并恳请巡抚大人能为他去京城办理袭职美言。

张恺参加双屿决战时的浙江巡抚是朱纨。朱纨是明正德十六年（1521）的进士，为官清廉，是难得的贤臣。嘉靖二十五年（1546）擢升为副都御史。次年（即1547），任提督闽浙海军防务，巡抚浙江。在嘉靖二十八年四月，组织指挥福清卫以及海门卫官兵清剿双屿港倭寇，赢得了全胜，是有功之臣。但不幸的是，朱纨因双屿抗倭之战触犯了浙闽地主豪绅利益，被御史陈九德劾其擅杀，继而被革职。朱纨以死抗争，愤而自杀。张元勋这次在省巡抚府第见到的不是朱纨，而是新来的与张恺没有交集的官员，他对张恺为国捐躯的壮举也有所了解，作为带兵作战的指挥官深知爱护部属是带兵的秘诀，他不但未对张元勋设置障碍，而且对他进行安慰勉励，并修书一封，按规定为张元勋办理了应办的证明书信。

张元勋在省城辞别巡抚，无暇欣赏杭州西湖的美景，心急火燎地北上京城。凭着他的强壮体魄，一路上风餐露宿，日夜兼程，不到一个月时间，就到了北京。

按照明朝嘉靖年间上层机构的分工，凡武官世官、流官、士官之袭替、优养、优给等项，皆上报所属都督府，再送转兵部请选。选定后，经府下达都司卫所。首领官之选授和给由，皆由吏部。其他如武官诰敕、水陆步骑之操练、军伍之清勾替补、俸粮、屯费与屯种之器械、舟车、军情声息、边腹地图文册、薪炭荆苇诸事，移与相关机构会同处理。五军都督府的各府只有统兵权，没有调兵权，调兵之权在兵部。每逢战事发生，由皇帝命将为帅，调领五军都督所辖卫所之兵佩印出征。征战军还，所辖兵权佩印归于朝廷，兵回卫所。五军都督府和兵部互为制约，互不统属。兵部有出兵之令而无统兵之权，五军都督府有统军之权而无出兵之令。每当军情危急，需有军事行动时，兵部奏请委派某一都督府某一都督率兵出战，而分调其他都司、卫、所的兵丁归其指挥。在军事行动结束后，将帅即归回原都督府，兵丁归回原卫所建制。这次张元勋办理百户世袭，依规需找管理军籍的五军都督府办理。

张元勋初到京城，首先映入眼帘的是纵横交错的街井，两边屹立着鳞次栉比的商肆、旅邸，还有街道上行走的熙熙攘攘的人群，全是乡下未曾见过的繁华。都市中心的紫禁城，看上去占地不少于千亩，金碧辉煌的建筑更令人叹为观止。这对从未出过远门，习惯于乡村风景的张元勋来说，京城的繁华使他头晕目眩。他无心体味京城韵味，只是一心想早点找到他要办理袭替的地方。虽然人生地不熟，以他的机敏，经多方打听，他很快找到五军都督府中分管浙江军籍的左军都督府。

张元勋气宇轩昂、堂堂正正地拾级走上左军都督府厅堂，以他良好的个人修养，举手投足彬彬有礼、不卑不亢，庄重地递上世袭百户的印信，以及海门卫、省巡抚为他出具的父亲张恺在台州抗倭战斗中壮烈牺牲的证明文书以及"花栏号票"。

作为烈士之子欲世袭百户军职，按说是顺理成章的事，但左军都督衙门里官员见张元勋未携带礼物，一开始给人一派门难进、脸难看、话难听的感觉。不过，左军都督府办事文员抬头再看张元勋一眼，只见元勋身材魁梧，气宇轩昂，一派大将风度，料想日后会是栋梁之材，又加上元勋是烈士之子办理袭替手续，也没有胆量从中公开作梗，节外生枝。于是，就依规告诉他，办理袭替程序规定需进行武艺比试，科目是骑马射箭、跨越障碍，以及骑马使枪两人对刺。经比试合格后，方可到兵部武选清吏司，再由武选清吏司根据卫所开具文书在内外花名册上填写袭替者姓名、年龄、籍贯、职务及父祖姓名职务等，次日还要到内府在内外黄文簿附贴上注明。最后由兵部发给籍职者证明。袭替者可凭此证明去卫所报到。袭替手续方可谓完成。

张元勋办理世袭百户军职整个流程，用了整整四个月的时间，说起来还算比较顺利，也没有经历其他人世袭军职碰到的被刁难的各种情况。

在这四个月的所见所遇中，张元勋感到，虽然相传朝廷污浊，但也不能一概而论，朝廷中正直的严守职业操守的人还是不少。他们对于精忠报国、为国捐躯的志士还是十分认可与尊重的，对他们的后代充满着关心与爱护。

张元勋办完袭职相关手续，拿到百户的任职书，心里充满着喜悦。当想到家里继母对他的挂念之情，想到新河所官兵等着他领兵的责任，他归心似箭，踏上了返回太平县新河所的路程。

一路上，他怀揣百户任命书，既为人生道路发生转折而兴奋，也为自己嫩竹扁担能否挑起这副沉重担子而担心。他在路上边走边思考着：到了新河所后，怎样烧好新官上任三把火，怎样开辟新河卫所防倭训练新局面，让所里官兵信服，让新河百姓拥戴，将新河城真正建成抗倭铜墙铁壁。

自此，他好像突然长大了，着眼点已从过去家庭小圈子，转向朝廷大社会，成为一个有担当的男子汉。

第五章
新官上任三把火　厉兵秣马备抗倭

张元勋办妥任职公文，回到太平县新河所。

上任伊始，他首先面对的问题是新河所兵员缺编，老、弱、病、残者占比太高，官兵待遇低下、人心涣散、士气低落、战斗力弱等嘉靖年间全国军队卫所的通病。其内在原因，在于朱元璋1368年建立明王朝实行卫所军屯军职世袭制，已沿袭一百八十多年，卫所军士不论屯兵、屯田已历经五六代。这些军士除从征和归附者外，谪发和垛集都是强征而来。他们有的不乐意从军又不得不来，在制度的强逼之下只得世世代代从事这一职业。卫所按规定军士月粮一石，不够养家糊口，妻儿食不果腹、衣不遮体。特别是在嘉靖年间严嵩专权、上下贪腐成风的情况下，克扣军粮是常事，致使军士有病无钱求医，死后买不起棺材丧葬，故士卒逃亡甚多，或回原籍，或改做商贩等其他行当。据《筹海图编》《明经世文编》《武备志》所载，广东沿海廉州、雷州、神电、广海、南海、碣石、潮阳等七卫，每卫均辖五个千户所，以每所一千一百二十人计，当有军卒三万九千三百名，按三分守城，七分屯田计算，应有守城军一万零七百六十人，而实际却只有八千二百八十一人，缺额三分之一以上。广东海安所缺编达七成，双鱼所缺额七成多，浙江海门卫本来城内驻军编制应是一千二百多兵员，却只剩六百八十三人，缺编也在五百多人。"浙中卫所四十一，战船四百三十九，尺籍尽耗。"全国官兵无论沿海卫所军卒，还是巡检司弓兵缺额平均在一半以上，有的高达七成多。山东登州卫是个大卫，下辖七个千户所，即使三分守城，七分屯田，也应有屯军二千三百五十二名，可是当时屯军只剩一百一十四名，还不到满编二十分之一。虽然新河所前些年由张恺百户主政，为了稳固军心合力抗倭，不惜倾囊散财，情况相比其他卫所要好一些，新河所处在抗倭一线也从未被倭寇攻破过，但社会层面、体制层面、律法层面造成卫所的通病仍在所难免。

张元勋为了整治卫所存在的通病，利用一切可以利用的时间，手不释卷，重新翻阅曾经熟读过的兵书。现在身为百户带兵的人，重读兵书与原先学习有不一样的体会。当张元勋重新读"武经七书"中《孙子兵法·形篇》，看到书中说："一曰度，二曰量，三曰数，四曰称，五曰胜。地生度，度生量，量生数，数生称，称生胜。"他结合社会实际，真正理解了《孙子兵法》上述的"度""量""数"的含义，懂得了这里的"度""量""数"就是指疆域的大小、物产的多少、人口的众寡，由这些形成"称"，即实力的强弱，从而决定战争的胜负。他明白孙子说的经济实力在战争中起着直接作用。他又想起《孙子兵法·九地》中说的"夫霸王之兵，伐大国，则其众不得聚；威加于敌，则其交不得合。是故不争天下之交，不养天下之权，信己之私，威加于敌，故其城可拔，其国可隳"。他从中更加懂得孙子说的是实力强大的军队，在讨伐大国的时候，即使其军民来不及动员集中；当强大的军事威胁施加到敌人头上时，就能使诸国不敢与其结交。因此，不必争着同天下诸侯结交，不必在各诸侯国培植自己的势力，只要发展、依靠自己的实力，将强大的军威指向敌国，敌人的城邑就可以攻占，敌人的国都就可以攻克。张元勋认识到军事家孙子不仅是重视"上兵伐谋""兵者诡道"等的军事谋略大师，更是一位务实的军事实力论者。实力是兵法的基础，实力是第一位的，实力重于谋略。离开了军事实力，谋略就成了无源之水，无本之木，作战的胜利更无从谈起。而军事实力，又与"度""量""数"相关。

张元勋任职新河所百户后，从《孙子兵法》中得到滋养，得到启发，从着眼于如何提高新河卫所军事实力开展工作。首先解决本所"度""量""数"的问题。他深知"知己知彼，百战不殆"的军事要诀，若要提高卫所实力，就要摸清卫所兵员基本情况。他找来本所人员花名册，传令全所士卒集合。当全所士卒跑步入场后，张元勋面对军士，高声下令："各旗注意，面向我，按旗纵列。"操场上军士迅速按旗归位，以齐整的军容，纵队排列。

张元勋对面前的军士用威严目光扫视了一遍，然后一字一顿地说："从今天开始，我就是新河所百户指挥官，你们必须服从我指挥，全所军士务必令行禁止，若有违反，军法从事。大家听清没有？"

众军士齐声回答："听清楚了！遵命！"

"好！现在开始点名！"张元勋又以短促的口气接着说，"凡点到名字者，应喊'到'！"

说完了这些，张元勋对所里在编军士逐个点名认识。

对点到名的士卒，还让他们出列，令其使用各种兵器、施展拳脚，做一番表演。然后根据各人军事特长在花名册上标上各种符号。他还利用休息时间，与兵卒促膝谈心。如此往复，一个月下来，他对卫所标下兵卒已全部认识，对各人特长已经了如指掌，对所里的武器装备、粮草储备等基本情况也熟记在心。

张元勋摸清所里情况后，整顿卫所的决心更大。他深知所里历史遗留的问题，拖得越久，解决起来越棘手，危害也越大，小洞不补，会成大洞，小小蚁穴会毁千里大堤。他趁着自己新官上任之际，凭着"初生牛犊不怕虎"的精神，以快刀斩乱麻的方法，努力以最快的速度解决卫所组织体制存在的顽疾。

张元勋将整顿卫所的方案请示上级获得批准后，雷厉风行，对所里年老体弱的军士，要求年轻力壮的家庭成员进行置换，其中的经济损失给以适当补偿；对缺编的兵员，努力动员当地青年，尤其是一起习武、上学的发小弃农投戎，加入到守卫海防、保家卫国的事业中来。经过一段时间的整治，新河所的兵员情况发生了显著的变化。兵员满编了，年龄结构合理了。在此基础上，张元勋紧接着开展系列的军事训练，解决新入伍军士从农民向军人的转变问题；以及解决亦军亦农的屯田军士，首先是军队战斗员的问题。

他从军人基础队列训练抓起，采取典型引路，骨干示范，新兵、老兵搭配，以老带新的方法。所、旗分训合训结合，以旗训练为主。这种训练方法，看得见，摸得着，学有榜样，赶有目标，训练效果卓著。

他亲自给军士授课，讲清向前就是对着前身走，向后就是转过身子走；向左就是朝着左手方向走；向右就是朝着右手方向走；跪下，就是左腿跪地，右腿弯立；起立，就是两脚直立。并不厌其烦地阐明具体动作要领，对每个动作讲了就要求做，错了就马上纠。直到人人都会做，全所整齐划一为止。

在抓了军人队列训练取得成效后，他又集中时间抓装备武器使用训练。

按照明朝卫所军队编制及武器配置标准，一个一百二十人的所中旗军，火铳手十人，弓弩手二十人，牌刀手三十人，长枪手四十人。时至正德十二年（1517），佛郎机人来到广东，带来了新的火器，其铳以铁为之，长五六尺，巨腹长颈，腹有长孔，以小铳五个轮流贮药，安入腹中放置，铳外以木包铁箍，以防裂开。海船舷上，每边置四五个于舱内，暗放之，他船相近，经其一弹，船板打碎，水进船漏，以此横行海上，他国无防。正德十四年（1519），明朝把这种兵器仿制成功，开始批量生产，并将这种火器命名为佛郎机。按1560年戚继光所作《练兵实纪》记述："此器最利，且速度无比，但其体重，不宜行军，比无车营，只可边墙守城用之。今有车营，非有重器，难以退虏冲突之势。其造法，铜铁不拘，惟有坚厚为主。每铳贵长七尺为妙，则子药皆不必筑矣，五尺为中，三尺则仅可耳，再短则不堪矣。……其放法，先以子铳酌大小用药……今制铁凹心送一根，送子入口，内陷八分，子体仍圆，而出必利，可打一里有余，人马洞过。"明嘉靖年间，据有关史料记载，军队火器有较大发展，重武器除了佛郎机外，还有改进型大将军重炮、虎蹲炮、盏口重炮、霹雳炮、连珠炮；轻型热兵器，则有鸟铳、手把铳（防身手铳）、火箭等。此时明朝军队使用枪炮等火器的士兵已占军队兵员总数达一半左右。

张元勋分析当时军队武器发展情况，按照《孙子兵法》中"水因地而制流，兵因敌而制胜。故兵无常势，水无常形，能因敌而取胜者，谓之神"的教诲，他觉得社会在发展，技术在进步，兵器在更新，安排军队的训练内容就要立足兵器发展的实际，改进学习使用兵器的教材内容，既要训练传统的冷兵器，更要教会兵士学会使用当今新式的热兵器，只有这样才能够占据兵器使用训练的制高点，真正让军士做到一专多能，一兵多用。平时多会几手，战时必有用武之地，更不会在战时因新的热兵器不会使用而败于敌手。

张元勋按照他想好的兵器使用训练思路，首先启发全体军士训练武艺的自觉性。他对军士动员说，学习武艺，并不是应付官府的公差，而是为了你自己防身立功、杀敌救命。你身强力壮，武艺高超，你眼尖手脚敏捷，先杀了敌，敌又如何能杀你；你身弱体衰，武艺不如敌，动作迟缓，敌就会杀了你。平时多苦练，战时就少流血。军人不下苦功练武，是傻子，是自己和自己过不去。张元勋一番深入浅出的动员，把军士练武的积极性充分调动了起来。

他安排全体军士进行体能训练，要求年轻士兵进行下叉、压腿、踢腿、摆腿、下腰、压肩等增加柔韧度、灵敏度、协调性的基本功练习，又要求自制沙袋，进行负重训练。每个军士从开始每腿绑扎二斤，腰部绑扎五斤，逐日提高沙袋重量，直至一个月时，每腿绑扎达到十五斤，腰部绑扎沙袋三十斤的负重。一天到晚，在负重情况下短跑、变速跑、俯卧撑、深蹲跳、收腹跳、跨步跳、台级跳。还安排军士杠铃、石锁练习，提铃、抓举、挺举轮着做。他把父亲培养自己的练习武功的方法搬到卫所训练士兵。数个月下来，所里的士兵，个个体能大增，一改参差不齐、萎靡不振的病态。身上沙袋解脱，人人矫健如燕，疾步如飞，刚烈如火，凡行军操练，地面踩踏之处，寸草不留。新河卫所到处呈现热气腾腾、奋发向上的景象。

士兵有了强健的体魄，为使用冷兵器训练打下了坚实的体能基础。

紧接着，张元勋开始亲身示教士兵怎样使用大刀。他告诉士兵，在十八般武艺当中，要数大刀威武凶猛、杀伤力强。大刀有"百兵之帅"之美誉。使用大刀，须有强壮的体魄和臂力才能操持使用。大刀的握持方法：右手在前（上），左手在后（下），右手在距离刀盘五寸处握持，左手在刀柄下半部中间位置握持。右手握把要牢固，以防滑动脱手为度，不能过僵过死，以便调整刃口方向和角度。左手以虚握为主，虚实结合，该紧则紧，该松则松，根据需要上下滑动变换把位。整体大刀握持方法力求做到"前手钳，后手管"。在身法上，操持大刀经常运用闪、转、俯、翻、腾、纵、跃等动作。在步型上，经常运用马步、弓步、虚步、插步、独立步；在步法上，经常运用行步、跟步、跃步、箭步、倒行步、盖步等。要求使用大刀，全身放松，下盘稳固、步法灵活，以腰为主，手、眼、身、步法互相协调，相助相生，全身化而为一，形成整体合力，做到"人刀合一"，让力产生于足下，放大于腰，贯于双臂，最终集中释放于刀刃。充分发挥大刀劈、砍、斩、剁、撩、挂、抹等主要进击手段，力求刀速要快，发力要猛，动作到位，力点准确，动作连贯，刀法流畅，刃口与刀的运行方向一致。张元勋在台上讲得细致入微，兵士在下面睁大眼睛听得津津有味。张元勋对各种刀法逐一演示，又按自己参加科考的内容连贯起来表演，获得了全所兵士的喝彩。新河所士兵对自己带头人更增加了几分信任。

教会了大刀使用方法，他又教长剑使用方法。他告诉士兵，剑在十八般武艺中被誉为"百兵之君""剑如飞凤"，是古已有之延续数千年的冷兵器。长剑基础握法：双手同持，"利手"（惯用的手）在前，大拇指与中指相扣，力压食指与无名指；后手则是大拇指与食指相扣，力压中指。双手间距一拳，前手紧靠剑格，后手紧握剑柄，达到剑一上手，就握得牢靠。他又对士兵说："剑术讲究轻盈、灵活，用剑者有'剑走轻灵，刀走厚重'之说。用剑要汲取古代太极、八卦变易之理，强调剑无成法，因敌变化而制胜。'用剑之要诀，全在观变，彼微动，我先动，动则变，变则着。'交手时，'顺人之势，借人之力，以静待动，后发先至，避实击虚，以斜取正，迂回包抄，使敌不能善其后。'其动作要领，强调以身运剑，身法、步法、剑法融为一体，力求身行如龙，剑行如电，步法灵活，身法柔韧，力贯剑锋，气贯剑端，稳如山岳，一发即至，置敌方疲于应对，无还手之招。"张元勋谈了剑术的精髓，又对剑术中击、刺、格、洗、撩、带、抽、截、斩、扫等技术要领逐一分解演示，保证每个士兵听了能懂，学了能会。

长枪是卫所主要装备，士兵所持武器三分之一是长枪。一般老兵都会使用，而新来的士兵却不得要领。张元勋还是把大家召在一起，共同学习长枪知识。他告诉士兵：长枪之物，由来最古，车战时代，将士利用大刀、弓矢之外，唯有枪矛最为适宜，故矛有丈八之称，枪之来，实始于此。善枪者，舞动枪械，寒星点点，银光闪烁，泼水不能入。用以御敌，矢石不能摧。两阵相对，借此兵器，可遥相击刺。虚实尽其锐进不可当，速不能及，而天下称无敌者。故长枪在冷兵器时代经久不衰。张元勋又告诉士兵持枪的手法：门户式对敌站立，利手（惯用的手）在后，大拇指与其他四指紧握枪柄末端，枪要藏把，让敌离我更近，而我可出枪防击更远，又可原地迈步前攻，增加出击功能。前手活把，与后手距离二分之一身长为宜。学习枪术，学之易，用之利，大有益于行阵。明朝将领推崇杨家枪的技法，公认杨家枪，以快制快，虚实兼备，刚柔相济，出招时锐不可当、虚实相生，回撤时迅疾如风，稳重大气。杨家枪有一绝，一旦得手后便乘势一戳，敌人再无翻盘机会。杨家枪法，在战场上比较实用。张元勋着重讲授杨家枪法，要求全体士兵融会贯通。

弓弩适合远距离攻防战中使用，弓弩手在明朝卫所编制中虽只占两成左右，但在远距离攻城时，牌刀手、长枪不能派上用场，若要充分发挥卫所士兵战斗力，让每个士兵远战能用火铳、弓弩，近战能用刀、剑、枪，一兵多用，战斗力就会成倍增加。张元勋要求所里士兵既有分工，又有合作，突出主职，兼顾他业。在训练兵器使用时，要求全员学习，不能遗漏任何一项兵器使用技能。弓弩使用是张元勋的强项，在科举考试时他箭无虚发。现在，他上训练课时，结合自己实践，将弓弩使用方法娓娓道来。他对士兵说，弓能打击百米开外敌人，弩射击距离更远。弓弩是冷兵器时代远距离作战的神器。用弓弩作战，要求力大气静，拉弓吸气，放箭呼气。具体操作：向敌侧身而立，双脚分开与肩同宽，身体的重心要平均落在双脚上，头部平抬正视前方；左手握弓，右手扣弦，两肘与肩持平。握弓手主要使用拇指和食指将弓夹住弓把正中心，顺着手掌虎口的下方到达拇指根部，手背呈半直角（45度角）斜向侧边。搭箭在食指弯上，拉弦手三指开弦，夹箭在食指和中指中间，将弦拉至颌下，箭尾定位嘴角，停止呼吸，努力减少弓弩的晃动，眼睛顺箭杆方向，将箭头对准目标中心，当瞄准线在目标中心附近轻微晃动时，适时击发，观察射击效果，及时修正瞄准点位，以利再战。

刀牌手是一手拿刀一手拿盾牌的士兵，在明朝卫所编制中占三分之一。张元勋在谈到刀牌使用时，他对士兵说：打仗就是消灭敌人，保存自己。盾牌就是阻挡敌人弓箭、刀、枪的最有效手段。军队在列阵打仗时，刀牌手要站在阵营前列，用手中盾牌遮挡敌人进攻的武器，便于我方其他兵种施展进攻的兵器。他告诉士兵，盾牌可以用金属、木头、皮革等各种材料制作，但是我们南方用老藤编织成藤盾，不但自重轻，而且耐穿戳，所里使用的就是这种盾牌。盾牌呈椭圆形状，截面略带弧度，内有挂带与手柄。使用时，先将左手的手臂穿套在挂带内，然后用手握住多功能手柄，身体半面向左转的同时，右脚向右后撤一步，两脚距离略比肩宽，左手持盾牌护于左胸前，距离身体约六寸，盾牌上沿略高于下颌，上举置于头部右侧，成格斗姿势。防守作战时，目视前方敌阵，发现敌方射来弓箭，左手持盾牌向前推挡，并迅速收回盾牌，保持整体防守队形。发起冲锋时，继续一字列在阵前，以掩护后面进攻队伍免受伤害，最大限度发挥整体战力。两军接近，一面变换身位，以盾牌推挡护身，一面手持大刀由上向下对敌劈击或上下舞动、左右开弓，特别要注意，自身重心要稳，推击盾牌要猛，撩劈下砸要狠，力求在防护自己的同时消灭敌人。

张元勋开展全员冷兵器使用培训后，又着眼卫所热兵器装备应用的实际，有针对性地进行热兵器使用培训。他对冷兵器比较熟悉，而对热兵器不是很了解，他特地请海门卫里派来教官讲授鸟铳火器的知识，自己也如饥似渴地跟班参加学习。

教官讲授说：鸟铳，又称鸟嘴铳，因可以射落飞鸟而得名。嘉靖年间由境外传入，较我国原有的管身火铳先进。鸟铳重六七斤，长六七尺，每次用火药七钱，铅弹四钱。鸟铳由铳管、照门、照星、铳托、铳机、装发药的发药罐后膛弹药仓、火绳弹丸等部分组成。使用时，先将装入枪管弹药仓中火药注入，再装入弹丸，用搠杖送至火药处方止，弹须捺之，入者为准。将铳以左手横持，右手取发药罐，用口衔出塞口之物，倒火药于门池内，将盖盖上，以左手将铳微侧转，令火眼向上，以右手轻敲，使发药入眼与筒内火药相接。装毕门药，以右手取火绳，夹置龙头内。一切准备就绪，进入战斗状态，双手端枪，肩顶铳托，根据地形可立姿、跑姿、卧姿，以眼睛通过照门对准铳筒前端准星瞄准至目标位，对准毫厘，机发弹出，命中方寸。鸟铳因筒长气聚，威力非冷兵器所能比拟，可以致远摧坚。

张元勋请来的教官讲授完鸟铳火器使用后，张元勋又安排教官为所里士兵介绍火炮的使用方法。教官结合兵器实物对所里听课的士兵介绍说，明军装备的火炮主要有国产的大将军、发熕等器，后从西洋引进佛郎机、虎蹲炮、红夷炮几种。这几种火炮原理基本相同，构造也近似，只是炮筒口径、长短有异。如洪武十八年（1385）铸造的碗口铳，全长为一尺五寸六，口径在三寸二分左右，重五十三斤；国产的大将军炮，全长二尺四寸三，口径六寸六左右，重六百九十多斤。进口火炮也没有统一尺寸，只是西洋大铳，精工坚利，命中致远，猛烈无比。且国产火炮没有瞄准装置，凭经验射击，命中率低。而从西洋引进的火炮，在炮身前增加照星，炮管后部又设照门，从照门孔内对目标瞄准，千步外皆可对照；在进口佛郎机火炮的炮管两旁铸有炮耳，便于架设在炮车或炮架之上，可方便调整上、下、左、右射击角度，操作灵活。根据火炮大小，每门火炮都需要配备多名士兵共同操作管理。操作火炮，先将炮身直起，根据目标远近决定装填火药的数量，并将装填的火药捣实，再装上石弹、金属片等杀伤性弹头、弹片，然后放回炮架上，移动炮身，通过准星、照门瞄准目标，击发点燃装置，炮弹就被强大推力射向目标。这些重型火炮，"一发十里，当之无不立碎"。若是海战攻船，"海船舷下每边置放四五个，于船舱内暗放之。两船相近，经此一弹，则船板打碎，船漏水进。能制寇也"。教官一边介绍，还一边让士兵动手操作。经过几天教官讲授热兵器知识下来，士兵对军中各种热兵器有了进一步了解，基本上都能掌握操作要领。

张元勋根据每个士兵特长及掌握各种兵器的技术熟练程度，对卫所每个人的兵器配置进行了重新分配。并要求卫所的士兵，以所分配的兵器为主，兼顾其他兵器进行训练，做到一专多能，一兵多用。

功夫不负有心人。新河卫所经过张元勋不懈的整治，人员编制充实，士兵体能素质提高，军事技能得到长进。新河卫所整体战斗力明显增强，与以前不可同日而语。

嘉靖三十二年（1553），也就是张元勋任职新河所刚满三年，倭寇经过几年的蛰伏，又重新大规模集结活跃起来。他们到处骚扰，接连"围太仓（今江苏太仓），破吴淞（今上海宝山），入上海，攻海盐（今浙江海盐），犯松门（今浙江温岭松门镇），陷昌国（今浙江象山南昌国镇），犯定海（今浙江宁波定海），陷临山（今浙江余姚西北临山镇），攻海宁（今浙江海宁西南），破乍浦（今浙江平湖东南乍浦镇），攻新河（今浙江温岭新河镇）、台州等"（《戚继光传》）。

据民间相传，倭寇攻新河时，趁着夜幕的掩护，从新河南面的金清大江上岸，气势汹汹向新河城杀来。此时被设在披云山顶上的值更明军发现，立即点燃烽火堆的干柴，顷刻熊熊大火燃起。

新河城值守的明军一眼瞧见烽火堆发出警讯，知道有倭寇进犯，立即向全城军民发出战斗警报。新河所城里明军官兵立即奔向城头各自战斗岗位，城内的百姓也纷纷出动助阵。

张元勋在新河南门城头一站，振臂高声呼喊："弟兄们！养兵千日，用在一朝，考验我们的时刻到了。给我看准倭寇狠狠打！"

城上的明军，听到张元勋下令，城头万箭齐发，安装在城头的多门火炮齐齐拉响，顿时发出震耳欲聋的响声，炮膛中弹片、石子伴随着烈焰与烟雾像雨点似的飞向敌阵；打得倭寇鬼哭狼嚎，晕头转向，四处逃命（见彩图七）。

张元勋考虑是夜战，敌情不明，外围又没有兵力支援合围，他按照《管子·七法》中"故不明于敌人之政，不能加也；不明于敌人之情，不可约也"，遵循《孙子兵法》中"归师勿遏，围师遗阙，穷寇勿迫"的教诲，他觉得还是以谨慎为宜，以守城为要，下令不得贸然出城追击倭军。

张元勋首次指挥军卒保卫新河城旗开得胜，经受住了战火的考验，大大振奋了新河所的军心。他们深感，有张元勋带领他们作战，克敌制胜更有把握了！

全所上下沉浸在首战取得战斗胜利的喜悦中，张元勋按照唐朝陈子昂《劝赏科》中说的："劳臣不赏，不可劝功；死士不赏，不可励勇"，遵循吴起兵法"举有功而进飨之，无功而励之"的教诲，带兵要重视按功论赏，需依据功劳大小，对有功者给以不同奖励，以激励士兵英勇杀敌。他觉得，这次保卫新河的抗倭战斗，是整顿卫所后取得的首战胜利，更有必要对忠于职守、作战勇敢、为这次战斗胜利作出贡献的将士给予重奖。他召集手下各旗的旗长，听取他们对这次战斗的讲评，并要求各旗上报战功突出的请功军卒名单。最后，张元勋确定杀猪宰羊举办庆功宴，对全所军卒予以嘉奖。并对及时报警、作战英勇，特别是对战斗胜利起了重大作用的几位炮手，给予记功并奖励银两。如此赏罚分明，学有榜样，全所官兵更是战斗热情高涨，战斗积极性被充分调动起来，积极投入练兵，争立新功。新河城固若金汤，继续保持着未被倭寇攻破的不败纪录。

第六章
谭纶来台任知府 慧眼识才亲关注

张元勋世袭新河所百户军职,时在嘉靖二十九年(1550),正值清廉峭直、为官清正、勇于任事的贤臣——浙江巡抚朱纨含冤被罢官革职。

史载,朱纨行海禁,究奸豪,每当军事行动取得重大胜利,谣言则立即蜂起。"一闻九山之捷,平时以海为家之徒,邪议蜂起,谣惑人心,沮丧士气。"

嘉靖二十七年(1548)浙江沿海双屿一战,更是怨言四起;同月柯乔捣毁灵官澳,"漳人大恐,往聚观,偶语藉藉,纨益排根究治,豪右恶于朝"。

特别在嘉靖二十八年(1549)二月走马溪之役后,汀、漳盗巢全部被铲平。四月,朱纨处决了九十六名被俘违犯海禁令的走私奸商。此举直接触犯了闽、浙地方豪绅,顷刻引发阴风阵阵。浙江鄞人、左都御史屠侨,唆使御史陈九德弹劾朱纨"擅专刑戮"。而朝中士大夫与闽、浙豪绅势力沆瀣一气,合力倾陷朱纨。

为此,朱纨虽竭力上书申辩,认为自己之所以杀掉这些奸商,是为了防止奸商与倭寇互相勾结,是免"将来之患,永绝祸本";他所做是"鞫论明确,宜正典刑"。

他的奏章到了兵部,但侍郎詹荣上疏却认为"纨所论坐,俱关重刑",同时,御史周亮也弹劾朱纨"举措乖方,专杀启衅"。终是手臂拗不过大腿。

嘉靖二十八年四月,朝廷将朱纨免职,罢官回苏州老家,听候发落。嘉靖二十九年七月壬子,兵部又派杜汝贞考察审问。而后,杜回复朝廷,朱纨俘斩之人皆是泛海商人,并非倭寇。是年十二月,世宗皇帝下诏,将朱纨从江苏长洲(今吴县)押解至京城。

朱纨闻讯不堪受辱,以死抗争,悲愤流泪说:"我贫穷且有病,又孤高自负，不能对簿公堂。纵使皇帝不想杀我，闽、浙人定会杀我。我死，自己解决，不须他人。"遂写墓志、作绝命词，于农历十二月十六日（1551年1月3日）在家服毒自杀。

朱纨自杀后，跟随朱纨的柯乔、卢镗等一批抗倭名将也被株连下狱。

朱纨以及跟随朱纨的柯乔、卢镗等抗倭将军被判下狱或死刑，标志着嘉靖朝廷抗倭政策转向，朝中海禁派完全失势。以嘉靖朝廷首辅严嵩为代表要求放弃海禁的弛禁派在朝中的地位上升，在朝廷彻底占据了主导地位。

自此，朝廷罢巡抚大臣不设，上下不敢再言海禁之事。"船主、土豪益自喜，为奸日甚，官司莫敢禁。"闽、浙沿海海防废弛。"浙中卫所四十一个，战船四百三十九艘，军籍尽为耗散。"不久，海盗大作，荼毒东南多年。闽、浙一带沿海百姓，叫苦连天，民不聊生，陷入深重灾难。朝廷官员却无视百姓苦楚，只顾尔虞我诈，争权夺利，官斗不断，各级官员也是走马灯似的变换，在官位上屁股没有坐热就被撤换。而浙江巡抚一职，自嘉靖二十八年（1549）朱纨被罢巡抚大臣官职后，三年多没有再设。

朝廷的放任，致使倭寇气焰更加嚣张，逐渐从闽、浙沿海蔓延至闽、浙、粤等省的腹地。社会的动乱，已经开始危及明朝社稷的安全、政权的稳固。使得嘉靖朝廷不得不重新审视弛禁政策的得失。由此，朝廷内抗倭的呼声又重新抬头，首辅严嵩的政治地位也开始松动。

嘉靖三十一年（1552）七月，世宗皇帝面对倭寇劫掠猖獗一发不可收拾的危机，逼得无奈，不得不亲自下诏重新恢复巡抚官制，并任命佥都御史王忬提督军务，巡视浙江及福州、兴化、漳州、泉州四府。

都御史王忬到职后，巡视浙江海防时，了解到卢镗熟知兵法、智勇双全，是难得的将才，遂向朝廷奏请赦免卢镗的死罪，并委以都指挥（正二品）之职，同时被赦免的还有当时一起被定成死罪的柯乔、尹凤等战将。卢镗与柯乔、尹凤等被赦免的战将，不忘重托，统率狼土诸兵，严督休整浙闽沿海防御工事，多次发兵对倭寇据点围剿，重创进犯闽、浙沿海的多股倭寇。

嘉靖三十二年（1553），通倭头目王直贼心不改，变本加厉勾结诸倭寇，连船数百艘，大规模、频繁袭扰浙江沿海各府县。卢镗奉命与俞大猷、汤克宽等分别率兵逐击倭寇于舟山（东岳宫山）、太仓、南汇、吴淞、江阴、嘉定、海盐、乍浦（今平湖县东南）等处。卢镗布阵欲智斩倭寇首领萧显，然而，千户高才却私通资敌，引寇入城，导致乍浦一战功亏一篑。卢镗也因该役战败，折损指挥金事周应祯及崇明知县唐一岑，又遭御史赵炳然弹劾革职，被朝廷责令在军中戴罪立功，将功补过。

嘉靖三十三年（1554），朝廷任命主张抗倭的兵部尚书张经总督浙闽军务，卢镗被张经重新授予参将军职，分守浙江东海海滨诸府县。都御史王忬则在长涂、沈家门一线设防。

是年三月，王直与萧显率倭入浙，在普陀山洋面与官军不期而遇，发生激战。

卢镗闻讯率部飞驰增援。参将俞大猷亦率兵合力包抄阻击，明官兵协同作战，取得了重大胜利，共同歼敌二百多名。

嘉靖三十四年（1555），盘踞柘林（今上海奉贤东南）、普陀等地倭寇不时攻掠乍浦、海宁、德清、杭州等地。四月，总督张经率明军议定了分进合击，攻敌于嘉兴与平望一线的作战方略。右路兵马由卢镗率领至石塘湾（今桐乡县西），设伏待敌，逼迫倭寇进入王江泾地域，阻止倭寇向杭州方向逃窜，伺机围歼；左路兵马由参将汤克宽负责，率水师由乍浦向嘉兴机动，寻机与敌作战。此次战斗，敌我双方投入兵力巨大，摆出一副决战的架势。

当时，倭寇四千余人，测知明军的作战意图，竭力避开其主力，指挥大部队从柘林出发，直奔李塔汇、张庄、小昆山等地，旋自茆湖（今上海青浦西南）北上，意欲进攻苏州。

该路倭寇行踪被卢镗侦得，遂率狼兵追堵，且尾随不舍，迫使倭寇主力退向其预设的王江泾伏击地域。届时，张经指挥卢镗、俞大猷所督各部兵力包抄合击，大败倭寇于王江泾（今嘉兴市），斩倭寇一千九百八十余人，焚溺死伤者不计其数。此役为抗倭以来第一大捷。

但令人愤慨的是，严嵩的亲信赵文华，为篡夺其功，竟在张经报捷之前秘密上疏，谎称王江泾之战是他督师出战的结果。同时诬陷总督张经"养寇糜财，屡失进兵机宜"（《明史·卷二百十·王宗茂传》第5557页）。赵文华的干爹——首辅严嵩，又趁机将此事添油加醋禀报嘉靖皇帝，致嘉靖皇帝大怒。五月十六日，下诏逮捕一代抗倭名将——张经，六月张被押解到北京，并于同年十月二十九日，与李天宠、杨继盛一起被斩于西市。

张经被杀，"天下冤之"，军心解体，互相猜忌，将士再无斗志，不能同心协力抗倭。

倭寇闻悉明军上层钩心斗角、互相攻讦，不禁心中大喜。他们并不甘心在浙北沿海的失败，转而改变战略，将袭扰矛头再次指向浙江东南沿海。嘉靖三十四年（1555）六月，倭寇百余人从浙江上虞县登陆，犯会稽（浙江绍兴）高埠，然后由杭州向西，掠于潜、昌化（今均属浙江），至严州淳安，突入歙县，流劫绩溪，掠旌德（今属安徽），过泾县，陷南陵，流劫芜湖，趋太平（今安徽当涂），犯江宁，直趋南京，由溧水流劫溧阳、宜兴，越武进，直抵无锡，掳掠数千里，杀戮民众四千余人，气焰嚣张。

同年八月，海盗林碧川出没台州外海，频繁上岸掠杀浙江东南沿海诸县民众。

卢镗以大局为重，接报即率兵转战进剿，遣都指挥王沛在大陈山海滩大败倭首林碧川。但由于张经被冤杀，造成军心涣散，战斗力削弱，明军在以后追剿沿海各县倭寇的战斗中并不顺利，接连受到挫折，因此惊动了朝廷，卢镗再次被夺职戴罪。这时的浙江总督如走马灯似的，张经去职后，总督一职由周珫担任，周珫任职仅三十四天，又被赵文华弹劾去职，而以杨宜代之。杨宜在嘉靖三十五年（1556）二月又被赵文华弹劾，又以胡宗宪代之。

面对浙江东南沿海特别是台州沿海复杂严峻的抗倭形势，为改变抗倭的被动局面，嘉靖三十四年（1555）十月，朝廷决定派遣南京兵部郎中谭纶前往台州任知府，统揽台州军政事务。

台州新任知府谭纶，字子理，号二华，江西省宜黄县人，生于明武宗正德十五年（1520）。他自幼饱览诗书，思维敏捷、智力过人、性格沉稳、处事周全、文韬武略样样兼备。二十四岁中进士。在嘉靖晚期至万历初期三朝中，他是最杰出的儒将。谭纶进士及第后，最初的官，是南京礼部主事，负责文化教育工作。他多才多艺，精通音律，诗词歌赋极有造诣，经常撰写戏文，其诗词作品一度传诵京城。而后，众同僚却发现这位才子尤为杰出的特长还是打仗。经举荐，他被调入南京兵部任郎中。

嘉靖二十九年（1550）五月，倭寇大举侵犯长江一带，杀气腾腾奔至南京城下，当时南京只有几千老弱残兵，众人无不惊慌失措。关键时刻，谭纶挺身而出，在一无兵二无权的情况下，在南京郊区招募了五百壮士，临时救急上了战场。由于谭纶治军有方，就凭这些兵力，竟然将来犯的倭寇打得大败而逃。此役，共斩首倭寇一百多人，岌岌可危的南京转危为安。更让大家惊讶的是，这位平日温文尔雅的大才子，竟然还有一身好武艺，在战斗中身先士卒，凭手中一把长剑，砍杀倭寇如入无人之境。谭纶一战成名，引起朝廷的高度重视。朝廷派他出任倭患严重的台州知府，让他独当一面，独揽军政大权，不失为一着明智的好棋。

谭纶掌握一府的军政大权，时势将他推向抗倭前线，自此他投袂荷戈，为国效命的人生抱负有了实现的平台；他蕴藏的聪明才智、文韬武略、理政治军才能，终于如鱼得水，有机会得以尽情发挥，可谓英雄有了用武之地。

谭纶深知，这次到台州任知府受命于危难之时，重任在身，担子不轻，要干出一番事业，让台州六县百姓认可，首要的任务是要清除倭患，让台州的百姓安居乐业。

饱览诗书的谭纶知府，赴任台州后，首先想到孟子说的"权，然后知轻重；度，然后知长短"（《孟子·梁惠王上》）。他懂得，孟子说的意思是，称一下，才知道它的轻重；量一下，才知道它的长短。孟子在这里教诲人凡事只有经过调查研究才能发现问题解决问题，没有调查就没有发言权。他脑海中又想到姜太公在《六韬》中说的："目贵明，耳贵聪，心贵智。以天下之目视，则无不见也；以天下之耳听，则无不闻也；以天下之心虑，则无不知也。辐辏并进，则明不蔽矣。"他明白，太公说的是"眼睛贵在能看清事物，耳朵贵在能听到声音，头脑贵在能思维敏捷。如能借助天下人的眼睛去看，就没有看不见的事物；用天下人的耳朵去听，就没有听不到的消息；用天下人的心智去思考问题，就没有考虑不周的事情，四面八方的情报都汇集到君主那里，君主自然就能洞察一切而不受蒙蔽了"。他从先贤的教诲中吸取了滋养。上任伊始，着手准备做的第一件事就是轻车简从先到台州六县去跑一跑，设法与各县官员接触了解一下基本情况，特别是重点了解一下台州海边防的卫所情况。

当时，台州是明朝海边防的重中之重。台州府设有二卫九所。其中，海门卫辖左、右、中、前、后五个千户所，辖新河、桃渚、健跳三个千户所；松门卫则辖隘顽、楚门两个千户所。

谭纶马不停蹄地走访沿海卫所、边防要塞，边走边看。真是不看不知道，看到沿海的边防情况后着实让他吓了一跳。此时的卫所满目疮痍，边防废弛真是触目惊心，远远比他在衙门里想象的要严重。最初由信国公汤和在洪武年间负责建立的卫所边防要塞，部署严密，兵员充实，各卫所都设有水军战船。可是，一百八十多年后，特别是前几年朝廷由弛禁派主政，边防已马放南山，朝廷也不拨款维修战船，任其朽烂。卫所能用于作战的完好战船所剩无几。一旦遇到海警，卫所官兵只能借用百姓的渔船应敌，名曰"私哨"。临时征用的"私哨"，心理上畏战怯战，军事上又未经过严格专业训练，战斗力极弱，根本不能对敌作战，只能用来摆摆样子。相比之下，嘉靖二十七年（1548）双屿战斗胜利后，有志抗倭的浙江都御史朱纨，为征剿双屿倭寇调遣的福清船（大吨位尖底海船的总称），其战斗力为现在台州卫所中的"私哨"所望尘莫及。当时朱纨为加强沿海水军兵力，将参战的水军舰船，分拨各卫所，其中留给海门卫四十多艘福清船，但可悲的是后来因养护经费缺乏，在弛禁声浪中，全部被海道副使丁湛遣散。在此期间，台州沿海一旦遇有倭警，一直是临时征用渔船应战。如此敌我战力强弱悬殊，明军一触即溃，战败自在情理之中。而战败所造成的恶性循环，让倭寇的气焰愈来愈嚣张。

嘉靖三十一年（1552），倭寇驾船突破海门卫明军防守，继而长驱直入黄岩城，如入无人之境，黄岩县城被倭寇占领七日。倭寇在县城烧杀抢掠，满城惨不忍睹。这几年，台州其他各县都与黄岩有相似遭遇，台州普遍深受倭患威胁。究其缘由，这与台州沿海边防水兵战船缺失有直接关联。

谭纶考察中发现，不但水上军队存在的问题严重，陆上的军队同样问题不少，甚至有过之无不及。台州沿海边防各个卫所普遍存在员额缺编。即使在编的屯军兵员，也是老、弱、病、残占有很大比例。屯军人员的待遇普遍低下，战斗意志丧失，战斗力更是无从谈起。卫所的痼疾，让谭纶心急如焚、五味杂陈，脑海中不断思量根治卫所的良方。

这时，谭纶想到了新河所的张元勋。这些年倭寇经常袭扰台州，各地时传城池沦陷，而小将张元勋领军新河所城，在嘉靖三十二年（1553）曾遭到倭寇大规模围攻，但张元勋带领本所有限兵力与当地民众一起，却击退倭寇进犯，守住了城池不失。迄今，新河所城一直保持未被倭寇攻陷的光荣纪录。他很想借此考察机会见见这位名声在外的新河所领军张元勋。

到了新河所，他一眼看到虎背熊腰、体态魁梧、精神抖擞的百户正在带兵操演，料想这就是张元勋。这与他在其他卫所看到的士兵纪律松散、无所事事的情况截然相反。不觉眼睛一亮，引起他的浓厚兴趣。谭纶从张元勋身上，看到台州兵的潜力，看到台州兵中蕴藏着的未来将星。这一幕让他对台州兵的认识发生了升华。他分析台州抗倭作战历史，明白新河城之所以从未被倭寇所破，特别是嘉靖三十二年，倭寇大举进攻新河，但在张元勋率兵抗击下，新河城岿然不动，其原因就在于有张元勋这样朝气蓬勃、勇于担当的带兵人。他感到，不能责怪台州卫所纪律松弛，也不能怪台州兵缺乏战斗力，基层卫所暴露的问题，根子还是在上面。说到底，还是受弛禁政策影响，将帅战备意识松弛，缺乏对军队严格管束造成的后果。正反两方面的实例表明，只要我们决心抗倭，选好将帅，加强训练，消灭倭寇，巩固海防，指日可待。想到这些，谭纶心中燃起了抗倭必胜的信心与希望。

正在操演的张元勋发觉海门卫的指挥官陪同地方官员来到所里，察访他带领官兵操演，赶忙喊出整理队伍的口令。然后，毕恭毕敬跑到视察官员面前，磕头致敬，并以如钟的嗓门，高声向视察的台州军政要员报告："卑职新河所领兵张元勋，正在率兵操练，请长官大人训示。"

谭纶目视张元勋，聚精会神倾听张元勋铿锵有力的报告，更对张元勋的良好职业军人素质产生了好感。他依明朝军队的规矩，简洁回应："按计划继续操练。"

张元勋又一个短促有力的应答："遵命。"再以一个磕头谢礼，跑回操演的队列前，继续着当天的操练课目。

谭纶觉得观摩卫所操演，是对军队现状最实际的了解。他带领的台州府文武官员，不动声色、一眼不眨、津津有味地观摩张元勋操演的全部课目至结束。

待张元勋操演结束，谭纶将他叫到跟前，了解新河所的情况，听取他对巩固沿海边防整顿卫所的真知灼见。

谭纶还询问张元勋个人基本情况。

张元勋简要向谭纶汇报："卑职张元勋，祖籍顺天府东安县人，烈祖张德山反元建明有功，被明太祖诏封世袭百户。父亲张恺，承袭新河所百户军职，忠于职守，于嘉靖二十八年（1549）与入侵台州沿海的倭寇作战中，不幸为国捐躯。次年卑职去京依规在都督府办理了袭替百户军职，至今已五年。"

谭纶又问张元勋："这五年，你在任上做了哪些事？"

张元勋不慌不忙回答："五年来，在上级军政长官的支持下，首先对卫所的编内进行了整顿，清退、替换了老、弱、病、残的兵员；动员当地青壮年百姓充实缺编的兵员，现在基本已满编。我们在完成了在编兵员组织整顿后，接着有计划进行全员体能训练以及军事技能培训。"

"搞了哪些体能、军事技能训练？"谭纶插话追问。

张元勋回答道："为使全所兵员都能适应对敌作战艰苦环境，举抛石锁、杠铃器械，做俯卧撑练臂力，爬山、攀登、长跑练耐力。又对全员进行冷兵器、热兵器培训，要求每个士兵除了要学会使用大刀、长矛、长剑、弓箭、盾牌等各种传统兵器以外，还聘请教员讲授现在军队装备的鸟铳、佛郎机、火炮等各种新式兵器的使用技能。经过一系列的学习培训，所里的士兵都会操作使用这些兵器。在我们所里，每个士兵一专多能，战时可以一兵多用。只要长官指到哪里，就能打到哪里，绝不会给台州人丢脸。嘉靖三十二年，倭寇侵犯新河城，我们就给予坚决打击，履行了保卫新河城的职责，让新河城安全无恙，让新河百姓生命财产无虞。"

谭纶看着站在面前伟岸的张元勋，听着他掷地有声的汇报，不禁脱口夸道："好！好样的！有志气，像个军人！你领兵很出色，要戒骄戒躁，继续发扬光大，争取更大的进步！"

张元勋对知府的鼓励，以军人特有的简洁语言，高声回答："遵命！"

谭纶满意地点了点头。

谭纶看了张元勋带兵操演，现在又听了张元勋简要的汇报，他反复品嚼、琢磨着张元勋治军的实践经验，从中得到了启发，思路慢慢展开，渐渐理出一些门道。心想，张元勋在新河所整治过程中已经做的，就是台州府治军整顿卫所要全面推广的。不过，谭纶觉得张元勋身处军队基层，现在他做的仅是基层治军方面的成功经验，像他这样有才华的军人，还应鼓励他眼睛再看远一点，应向更高层次治军提升。于是进一步指点张元勋：治军还需"立束伍法，自裨将以下节节相制。分数既明，进止齐一，未久即成精锐"（《明史·卷二二二》），提醒他还要懂得带兵打仗的战略战术。

元勋点头称是。他也深知，自己对严格管理部队还缺乏要领，对率兵打仗的战略战术知之不多。没想到自己的短板被谭纶一眼识破。不禁为谭纶的才识所折服。

张元勋向谭纶表示决心："一定在知府的统领下，继承父亲的遗愿，在抗倭的战场上建功立业，作出贡献，决不辜负台州百姓寄予我们台州兵的厚望。"

谭纶非常满意张元勋的表现，继续鼓励张元勋说："要不断总结带兵经验，发扬长处，克服弱项，不断提高自己带兵打仗的水平，抗倭战场需要你这样的军人。"

自此，谭纶将张元勋纳入了自己的视野。

张元勋成才，与社会上多数成功人士的经历有着相似之处，就是人生中遇到一位伯乐的提携。

自古以来伯乐相马被百姓津津乐道。仔细想想，这其中蕴含一定的哲理。

试想，姜太公河边垂钓多年，满怀壮志，心系天下，若没有遇到周文王重才视其为上宾，那他的才能说不定被埋没，仍会虚度时光郁郁而终。孔明隐居隆中十数载，即使才高八斗，满腹经纶，若不是刘备识才，三顾茅庐请其出山，那说不定他始终只是一名乡间野夫。如果文学大家韩愈没有遇到明君，那么，他终将是一个小小的县令，也不会有位居"唐宋八大家之首"的成就。

若世上少了伯乐，会有不计其数的英才被湮没。如屈原虽然学富五车、胸怀强国壮志，却得不到怀王赏识，最终苦闷无度，自投汨罗江，只留下

《九歌》《离骚》传世。抗金英雄岳飞，壮志满怀，披肝沥胆，取得抗金斗争节节胜利，收复大片国土，最后却只能仰天长啸，冤死于杭州风波亭。这些反面例子也告诉人们，若缺失伯乐，或昏君统治、奸臣当道，即使是社会上最优秀的精英、人才，不但不会被发现、被重用，反而可能有杀身之祸。

综观中华悠悠历史，审视正反两方面的实例，不难让人发现其中存在的客观规律，一个人若要成为社会英才、有所作为，除了自身固有的内在素质以外，还与当时的社会环境，伯乐的识才提携密不可分。

谭纶始终关注着张元勋在军中一点一滴的表现，时刻关心着张元勋的每一步成长。每当张元勋在战斗中英勇杀敌，总是不忘向朝廷疏议表彰，按功论奖，及时擢升。张元勋仕途的进步与谭纶这位伯乐的惜才爱才、广揽人才、知人善任、因才授事密切相关。在一定意义上说，没有谭纶对张元勋的关注与扶持，也就没有张元勋在抗倭历史上的功绩与地位，明朝的名人列传也可能不会有张元勋的英名。

第七章
继光率军新河驻　言传身教真谛授

嘉靖三十四年（1555）十月，南京兵部郎中谭纶调任台州知府。一代抗倭名将戚继光，于当年七月，从山东总督备倭任上调任浙江都司佥书。后一年，即嘉靖三十五年（1556）七月，擢升宁绍台参将。开创了谭纶、戚继光主导浙东沿海抗倭斗争的新局面。自此，张元勋也有了一位直接指挥他夺取战斗胜利的好上级——戚继光。

戚继光，生于嘉靖七年（1528）十月初一，字元敬，号南塘，晚号孟诸，卒谥武毅。山东蓬莱人（一说祖籍安徽定远，生于山东济宁微山县鲁桥镇）。自幼受其父严格教育，博览群书，精通文韬武略。嘉靖二十五年（1546），正式任登州卫指挥佥事，管理本卫屯田事务。嘉靖二十八年（1549）十月，乡试中武举。次年九月，参加北京会试，被任命为总旗牌，督防九门。嘉靖三十年，奉命戍守蓟门。嘉靖三十二年（1553）六月，擢升署都指挥佥事、山东总督备倭。嘉靖三十四年七月，调任浙江都司佥书，十月到任，司屯田事。嘉靖三十五年（1556）七月升任宁、绍、台参将。

戚继光当时职位虽然还不高，在国内名气也不是很大，但由于他勤职敬业，逐渐崭露头角。在他初出茅庐，袭替登州卫佥事，管理本卫屯田事务时，就一身正气，竭力铲除积弊，整顿军屯，并因此获得上司的赞誉。甚至连兵部主事计士元也称赞他："留心韬略，奋迹武闱。管屯而俗弊悉除，奉职而操持不苟。才猷虎变，当收儒将之功；意气鹰扬，可望千城之寄。"（《戚少保年谱耆编·卷一》）他被任命京城总旗牌官督防九门后，又尽职尽责，还将自己治军的经验，结合俺答东犯蓟州的边防情势，条陈防御鞑靼方略十余事。戚继光所言《备俺答策》的防虏方略，引起了兵部高度重视，奏请朝廷同意，将此方略刻印，发给将士学习，作为退敌致胜之计。戚继光的才干也因此为朝廷所知。而后，有大臣上疏推荐，称他"青年而资性敏慧，壮志而骑射优长"（《戚少保年谱耆编·卷一》）。戚继光的军事才华逐渐得到朝廷有识之士的赏识与重视。

嘉靖二十九年（1550），戚继光奉命率领卫所士卒，远戍明廷九边的蓟镇，担负着保卫京师的重任。在戍守蓟门的岁月里，戚继光"南北驱驰报主情，江花边草笑平生。一年三百六十日，多是横戈马上行"（《戚少保年谱耆编·卷一》）。他全身心投入保卫边疆的事业中，处处留心边防事务，既考虑边防战略，也考虑如何整饬军队。戚继光戍边业绩突出，深得上级赞赏。山东巡抚王绩疏称："才猷出众，骑射兼人。应武闱而每多中式，领民兵而颇服民心。勇略独冠群英，志节更超流俗。"（《戚少保年谱耆编·卷一》）

嘉靖三十年（1551）三月，戚继光破格晋升为署都指挥佥事，总督登莱沿海兵马备倭都指挥司，简称备倭都司。接替任职仅几个月的冯时雍任总督备倭，履行他父亲在嘉靖六年（1527）至嘉靖八年（1529）曾担任的军职。当时山东沿海设十卫十四所，论编制应有六万三千人，共分成京操军、捕倭军和屯军。但由于屯田遭破坏，军士逃亡甚多，实际兵员数不到原数的一半，只有二万五千三百一十八人。去掉每年入卫京师的班军和屯军，实际用于备倭的兵力只有四千零一十七人。对于长达几千里的山东海岸线来讲，区区四千多人防守，无异于杯水车薪。戚继光深知这一点。他接手备倭重担后，就着力整顿卫所，整饬营伍，加强防卫。他撤换了一批老、弱、病、衰的卫所军官，代之以"年轻精壮，干理有为"的新生力量。他又倾听属下呼声，稽查监守自盗俸粮、侵占官款的指挥佥事刘世昌，保障军队俸粮供给发放，确保军心稳定，增强部队凝聚力。他又抓卫所军纪、作风建设，狠刹赌博歪风邪气，强调军队令行禁止，服从命令，听从指挥，若有违犯军法从事，严惩不贷，决不宽恕。山东备倭军队经戚继光整顿，面貌焕然一新，战斗力大大增强。河道御史何熙更是对戚继光刮目相看，向朝廷上疏推荐说，戚继光"英敏绰兼乎文事，器宇不群于武流。持己老成，有凝定不扰之守；驭军安静，多从容应变之才。任可寄乎干城，艺尤长于弓马"。御史雍焯在推荐疏中说戚继光"即举措而见其多才，占议论而知其大用。海防之废弛料理有方，营伍之凋残提调靡坠，谋猷允济，人望众孚。用是誉溢朝端，佥曰良将才也"。从以上疏章可知，戚继光在署都指挥佥事任上，整顿海防、整顿营伍的业绩可圈可点，不愧是卫国保民的良将。

戚继光在嘉靖三十四年（1555）七月，上任浙江都指挥司佥书。这时，知人善任的胡宗宪任浙江巡按，于嘉靖三十五年（1556）二月升任浙直总督。戚继光到职后，在胡宗宪属下勤勤恳恳管理屯田和军器局等事务，对督造兵器颇为得法。当徐海勾结倭寇于嘉靖三十五年四月进攻桐乡的时候，戚继光为胡宗宪总督解桐乡之围出了不少好主意。这使胡宗宪认识到，戚继光的军事指挥才能非同一般。于是，他向朝廷提议由戚继光担任宁、绍、台参将之职。朝廷应允胡宗宪的疏请，于嘉靖三十五年七月，正式下达了戚继光任宁、绍、台抗倭参将之职的任命，由其率兵防守这三郡的沿海边防。

这位疏议擢升戚继光的胡宗宪，生于正德十六年（1521）十月，安徽省绩溪华阳镇龙川村人。出身缙绅世家，从小受到良好教育，少年时喜兵法谋略之书。嘉靖十七年（1538）中进士，先任益都知县、余姚知县，后以御史巡按宣府、大同等边防重镇，整军纪，固边防，为明王朝的边疆安宁作出了贡献。嘉靖三十年（1551），胡宗宪又巡按湖广，参与平定苗民起义。在胡宗宪踏入仕途后十多年里，他一步一个脚印，政绩卓著。他的从政经验和能力都毋庸置疑。嘉靖三十三年（1554）四月，世宗钦点胡宗宪出任浙江巡按监察御史。此时，正当浙江倭患严重之时，胡宗宪临危受命，深感责任重大。据有关史书记载，他在临行前曾立下誓言："我这次任职，不擒获王直、徐海，安定东南，誓不回京。"上任伊始，胡宗宪针对辖区内朝廷军队存在纪律松弛、软弱涣散的积弊，以严明的赏罚为手段，大刀阔斧整顿卫所。浙江沿海边防各级明军卫所经过胡宗宪下重药的整治，官兵军容风纪有了明显改观，军队兵员士气也开始逐步复元。

不久，工部右侍郎赵文华受内阁首辅严嵩的推荐，以"祭海神"的名义，被派往江南督察海事军务。赵文华是严嵩的义子，为人奸诈骄横，他排挤、陷害忠良，浙江总督张经、浙江巡抚李天宠都先后因其陷害而被杀。如何和这种人搞好关系，彼此相安无事，而不至于误了正事，胡宗宪对此十分在意，因此处处小心谨慎，总算取得了赵文华的认可和赞赏。他不但没有如他前任一样惨遭诬告迫害，相反左右逢源，在赵文华的大力推荐下，被朝廷擢升为兵部左侍郎兼都察院左金都御史，又加任浙直总督，负责浙江、南直隶和福建等处的兵务。此时，胡宗宪权力达到了顶峰。

戚继光受到朝廷信任的胡宗宪的重视，经他提议擢升为倭患最严重的宁、绍、台地区的参将，是胡宗宪广揽重用杰出人才、大展抗倭宏图的重要举措。这对年仅二十九岁的戚继光来说，是仕途的重大跨越，也是人生发展重要的机会，同时，更是压力不轻的担子。

戚继光自担任宁、绍、台参将不到一个月，也就是在嘉靖三十五年（1556）八月，通倭的徐海勾结倭寇率八百多人的队伍流窜至慈溪，并以慈溪的印王镇为巢，进攻慈溪东南的龙山守御千户所。胡宗宪为消灭这股倭寇，除使用刚上任的该防区的戚继光参将攻敌以外，又调集驻守在浙的参将卢镗、副使许东望、王恂、把总卢琦，各率兵两千人，还调遣游击尹秉衡率兵三千人，集中了十倍于敌的兵力参与作战。但令人遗憾的是却没有歼灭敌人，而让倭寇从容地撤退，逃出包围圈。此役，让戚继光猛醒，深感浙江抗倭军队存在着协同作战不周、各作战单位纪律松弛、战力不强的致命弱点。

同年九月，倭寇经过整合，又一次窜犯龙山。浙江巡抚阮鄂亲督浙直总兵俞大猷、宁绍台参将戚继光、台州知府谭纶等多支明军围剿龙山倭寇。虽然说起来三战三捷，但也没有全歼倭寇，整体上被打成击溃战。并且明军在追击倭寇时，误中敌人埋伏，军士纷纷自保逃命，差点陷入危局。幸亏戚继光治军严格，加上谭纶所率部队有张元勋辖下经过整治的新河卫所明军，做到令行禁止，方稳住了阵脚，不至于反胜为败。

这次龙山之役，系戚继光、俞大猷、谭纶三位抗倭将军首次协同作战，彼此首次见面，他们仨人就龙山战斗胜败得失彻夜长谈。他们对朝政、抗倭形势、敌情判断、抗倭斗争策略都有相似的看法，对解决危局有相似认识，认可彼此提出的意见。凭着他们待人处事有相同的原则，对局势有相同见解，开始建立真挚友谊，真有相见恨晚之感。谭纶还建议已任宁、绍、台参将的戚继光战斗结束后就去他所管辖的台州府进行考察，共商台州抗倭大计。

戚继光上任伊始正需要了解台州防区的备倭情况，以便制订抗倭全盘方案。他愉快接受谭纶建议，没过几天就直接从慈溪龙山风尘仆仆直奔台州府防区。

谭纶自嘉靖三十四年（1555）十月来到台州，比戚继光这次到台州早来九个月。台州对谭纶来说已是熟客熟主人。他主动向戚继光介绍了台州社会政治、经济、军事情况，辖区六邑军事要塞兵力部署以及抗倭斗争形势。

谭纶告诉戚继光，自己来台州后对当地卫所全面考察了一遍。发现普遍存在缺编、兵卒老弱病残居多、战舰失修、水军名存实亡、部队战斗力不强、沿海边防整体废弛等问题，若要负起抗倭重任，必须兴利除弊，鼎力革新，来一番脱胎换骨的整治，这样，才能不辱使命，负起抗倭的重任。

谭纶又告诉戚继光，海门卫新河所的百户领兵张元勋袭职五载，新官上任三把火，整顿卫所成绩突出，战斗力大增，在前年依靠卫所有限兵力和当地民众的大力支持，打退了倭寇的疯狂进攻，使新河的城池毫发无损，保持了新河自建所城一百多年以来城池从未被攻破的不败纪录。新河所抗倭的经验与他们整顿卫所的经验，对浙东南沿海抗倭斗争很有借鉴意义，值得推广学习。

谭纶还告诉戚继光，这次龙山战斗他所率的台州兵中，就有张元勋新河所的将士，他们在这次战斗中有很好的表现。

戚继光一边听着谭纶的介绍，一边盘算着早日去新河所，亲眼见见这位令谭纶知府盛赞的张元勋。

两位将军还摊开军事地图，仔细研究了宁、台、绍抗倭指挥机构的落脚点。

谭纶分析认为，杭嘉湖方向与都督府邻近，有明军重兵把守，特别是嘉靖二十七年（1548）四月双屿一战，嘉靖三十四年五月王江泾一战，把浙江北部沿海倭寇的嚣张气焰打下去了，现在倭寇更多的是南下靠近台州、温州、福建方向。而三地倭患互相比较，台州方向又比宁波、绍兴两府更严重一些。

两位将军经反复比较斟酌，从便于快捷机动指挥部队抗倭出发，一致认为，宁、台、绍备倭指挥部应设在台州为宜。

戚继光还进一步认为，台州的府治离海门卫、松门卫都有百多里距离，《六韬·三略》兵法说："以身先人，故其兵为天下雄"，《孙子兵法》也说："帅与之深入诸侯之地，而发其机"，备倭指挥部更要设到沿海抗倭前线去，更宜设在卫所的军营里。

谭纶对戚继光的想法拍手叫好，表示两人想到一起去了。谭纶还对戚继光说："最近，抗倭是台州知府的第一要务，我也要离开府治，与你一起共同战斗。"

戚继光爽快地回应说："那敢情好！"

他们两人越谈越密切，越谈越投机，越谈越深入。

接着，他们两人分析了台州卫所的情况。谭纶认为，海门卫地处椒江入海处，是台州府的门户，向西沿江可逆流直达台州府治，并可深入天台、仙居各县纵深；向东可率舰船带领水军前出袭击进犯海陆倭寇，又可方便两翼支援沿海各地抗击倭寇战斗，海门卫应是首选之地。

另外，谭纶还提供了备倭指挥首脑机关进驻的备选之地——新河。谭纶向戚继光介绍，台州有两大水系，椒江水系与金清江水系，新河地处金清江水系的出海口，北可直达海门卫，东南可达松门卫，是台州的海门卫与松门卫两卫的连接中间点，新河所可以与左右两卫遥相呼应，机动策应十分灵活方便。特别是新河所，临江有披云山及其他三方的山上设有烽火墩，对河道来往船只及城外人来人往一览无余，一旦倭寇入侵即可先敌发现；并且新河所城垣四角各有小山，四边城墙择山为支点而建，四角小山居高临下对防御作战十分有利；再则，新河所里领兵张元勋百户，带兵打仗有方，军民关系亲密。综合以上各方面因素，新河无疑也成为备倭首脑机关驻守的备选之地。

戚继光认为谭纶分析得很有道理，为他提供了很有价值的备倭指挥机关落脚地的建议。特别是新河卫所整治的成功经验，更让他产生浓厚的兴趣。他一面向谭纶道谢，一面表示，指挥机关按知府的意见，先在海门卫驻扎，根据抗倭形势，视情况再作适当变动，可告诉新河也作好指挥机关驻扎的营房准备。

戚继光一贯重视"兵事须求实际"[《纪效新书·卷十四》（十四卷本）]。他从事军职以来特别强调按照实际情况决定工作方针，一贯认为军事工作"因敌转化,因变用权,因人异施,因情措法"[《纪效新书·卷首》(十八卷本)]。他主动向谭纶提出,备倭指挥部到海门卫驻扎后,设法领他到各个卫所全面考察了解卫所的实际情况,特别是存在的问题,更希望在新河所多住几天,亲身体察新河所的整治经验,便于向其他卫所推介。谭纶也一直有这样的想法。

说干就干,雷厉风行是军人的共同行事风格,戚继光更是如此。他说过后就马不停蹄一个卫所接着一个卫所考察,了解各个卫所抗倭备战情况。

到了新河所,他听取了张元勋散财聚民抗倭、上任三把火对卫所整治的汇报,又观察了张元勋带领军士操演。他也为张元勋的气质所震撼,深感张元勋的确是一位具有远大抱负、高尚情操,自持一钱不取、报主视死不回的忠义之士;是练兵有法、爱士如身的优秀领兵军官。他从张元勋身上看到一股常人不具备的正气与志向。经过实际考察,他完全认同谭纶对张元勋的评价,也认为张元勋是一位值得培养的难得的将才苗子,并从心里喜欢上了这位威武的卫所指挥官。

戚继光在充分肯定张元勋军人优秀品格以及整治卫所成绩的同时,也不忘向他叮咛几句治军的要诀。他告诉张元勋:将道贵严,无信不立。作为将领,在军中就应该严格执行条令条例,使全军养成唯言为行、唯令是听的习惯。"宁此身可拼,此令不敢不守;此命可拼,此节不敢不重;视死为易,视令为尊。"[《纪效新书·卷十四》(十四卷本)]对违军令的,不管是谁,定行惩治,决不姑息迁就。但严而不苛,对小错,初犯免究,二犯记录,三犯惩治。对违犯军纪重大情事,不管初犯、二犯都一定严惩。"凡每甲,一人当先,八人不救,致令阵亡者,八人俱斩。""凡当先者,一甲被围,二甲不救;一队被围,本哨各队不救;一哨被围,各哨不救;致令陷失者,俱军法斩其哨、队、甲长。""凡一人对敌先退,斩其甲长。若甲长不退而兵退,阵亡,甲长从厚优恤,余兵斩首。若甲长退走,或各甲俱退走,斩其队长。"(《纪效新书·卷三》)

在法令禁约上,戚继光告诉张元勋:"逃亡奸盗等事,不诘首,专罪队长与同队甲兵。""凡责成之例,不拘平时临阵,凡违误迟玩、畏避退缩、器钝事犯等项,每甲三人以上,连坐甲长;每队一甲以上,连坐队长；每哨一队以上，连坐哨长；五分以上，连坐领兵官哨官。""凡器械不鲜明，专罪哨长；号令不明，专罪把总；武艺不精习，专罪哨官。"（《纪效新书·卷五》）

张元勋听了戚继光治军必须要军纪严明的教诲，茅塞顿开，他在心里暗暗琢磨：军队若有了这样严明的纪律，又有哪一个军士还会畏缩不前，又有哪一个军士还敢保命后退；如此威武之师，定能攻无不克、战无不胜、永远立于不败之地。他觉得，以后跟着戚继光将军，定能打胜仗。张元勋对戚继光的敬畏之情油然而生，并向戚继光表态："卑职一定严格执行军令，听从戚将军指挥。戚将军指挥到哪里，我就打到哪里，一定打出台州兵的威风！"

戚继光对张元勋认真倾听与表示的态度很满意。又根据观察，发现他率兵操演在军事技术、武艺方面表现突出，而战术思想、战术队形方面尚存在欠缺，就提醒说："打仗要讲究阵法。各种阵法要'内外相维，大小相包，四面如一，触处为首'（《续武经总要·卷一》）；'贵为奇正，有分合，利于相救，便于攻守'（《续武经总要·卷五》）。我们可以采取一头两翼一尾阵。一头两翼一尾阵的头、翼又各分为前、后、左、右四哨，实际上又是一个一头两翼一尾阵。这哨的最小单位是鸳鸯阵，这就体现了'内外相维，大小相包'。这个阵法的头、翼、尾不是固定不变的，哪个营先接敌，那个营就是头，它的两侧就是翼，后边就是尾，这就是说的'四面如一，触处为首。'它的头为正兵，两翼为奇兵，尾还可出伏兵，翼护头，尾策应。这种阵法，既能进攻敌人，也能防御敌人进攻。也就是'贵为奇正，有分合，利于相救，便于攻守'。这种阵法可以使我军立于不败之地。"

戚继光一边对张元勋面对面讲解阵法，一边捡起小石子代表兵卒进行棋盘摆阵推演。

张元勋对戚继光讲授的阵法，听得津津有味，看得真切入迷，他从心底里更加信服戚继光的军事才能，更加坚定要好好向戚继光学习指挥艺术的决心。

戚继光又给张元勋说了设伏和防伏的战术思想。戚继光告诉张元勋："设伏主要有两种：一种是设伏于敌军来袭的路上的隐蔽处，待敌军过去，按照统一命令与敌交战，使敌腹背受敌。一种设伏于敌军之后，跟随敌军一起运动前进，进入预设埋伏圈，当正面与敌开战，切断敌退路，首尾两头夹击，将敌围歼。这种出其不意，攻其不备，往往可以出奇制胜，实现以少胜多的效果。防伏是指追击敌人时，留下一队一哨士兵在隐蔽处，守住出口，免遭伏击，留有退路。可以说，设伏为了歼灭敌人，防伏是为了保存自己。两者巧妙结合，方能不给敌人可乘之隙，就可使自己立于不败之地。"

戚继光给张元勋上了生动的治军与战术的军事课，张元勋受益匪浅。张元勋再三要求戚继光将军以后多多指教。

戚继光对张元勋说："以后在一起战斗，机会多多！"他还勉励张元勋，"要善于从战争中学习战争，多动脑筋，每战打了后，要善于总结经验教训，仗就会越打越精，兵会越带越多，胜利天平会越来越向你倾斜。"

张元勋不住点头称是。

戚继光又让张元勋在前面带路，拾级登上新河城垣东南角的金鸡山。戚继光站在金鸡山向东眺望，只见东海岸边，广袤大地一望无际，夏收夏种后新植的二茬水稻秧苗已经泛绿，微风吹拂，绿浪滚滚，江南的秀色令人心旷神怡。戚继光面向西北新河城区望去，只见江南砖木结构的五凤楼遍布街区，不太宽阔的街道上人头攒动，熙熙攘攘、川流不息，好一派令人称羡的乡村市井风貌。戚继光不禁沉思，如此物阜民丰的乡村小镇若没有倭寇骚扰，百姓安居乐业，该有多好呀！

军人的职业习惯将戚继光的思绪带回到了新河的防御工事上来，他低头察看新河城墙的建筑，看到新河的城墙有用条石堆砌的，顺口问张元勋："这些条石哪里来的？坚固程度如何？"

张元勋告诉戚继光："这些条石是新河城附近长屿石矿的特产，至今已开采近千年，现被就地取材用于墙垣工事，比土砖坚固，经得起热兵器攻击。"

戚继光随口说道："新河城从未被倭寇攻破，看来新河就地取材的石头立下了大功！"

张元勋回答说："有这方面的因素。"

戚继光随张元勋一边说一边走，不知不觉沿着新河城头转了一圈。他边看边问，逐渐对新河城防御有了感性认知，对新河如何备倭心中有了底。他也赞同谭纶所持的"新河城位于海门卫、松门卫之间，可以左右呼应互相策应"的观点。经现场勘察地形，他也认定，新河城确实是宁、绍、台备倭指挥部安营扎寨的好地方。

后来，戚继光根据抗倭形势需要，就把新河作为抗倭的大本营，将军队的眷属都安置在新河城内。这从后面写的戚继光的王夫人率兵新河抗倭的战例可以得到佐证。

因为戚继光台州抗倭的大本营就设在新河城，张元勋有了更多机会与戚继光接触。俗话说："与智者同行，你会不同凡响；与高人为伍，你能登上巅峰。"一个人的素质高低往往与他周围的那些朋友的素质密不可分。甚至一个人的身份高低，也受他周围朋友身份影响。正是有了戚继光的言传身教，张元勋的韬略水平得到进一步提升；也正是在戚继光的直接提携下，张元勋的成长进入了快车道。

第八章
跟随参将戚继光 岑港温州将敌抗

嘉靖三十五年（1556），浙江东南沿海的抗倭形势发生了不少重要的变化。以前袭扰祸害浙江东南沿海的敌寇主要头目王直，在嘉靖三十二年（1553）三月以来，接连遭到浙直总兵俞大猷、浙西参将汤克宽率领的精锐部队的打击，元气大伤，不得不放弃在普陀山据守多年的巢窟，亡命逃往马迹潭。俞大猷、汤克宽两位将领不给敌寇喘息的机会，率兵穷追猛打，逼得王直不得不逃离沿海岛屿而前往日本。王直在日本占据五个岛屿，拥众自保。

王直最初在浙江沿海打家劫舍，都会带大量财富到日本，在那里很吃得开。后来，他率领日本岛民侵入中国沿海劫掠，却受到明军沉重打击，总是有去无回，倭人逐渐对他产生埋怨，失去信心。其在日本的影响力与日俱下。

此时，另一帮倭寇头目徐海、陈东、麻叶（叶明）尚未受到明军致命打击，他们趁着明军重点打击倭首王直之际，乘机扩充实力，逐渐坐大，成了祸害东南沿海的新的寇首。

嘉靖三十五年三月下旬，徐海与日本大隅岛主之弟辛五郎勾结，率日本萨摩岛的一批海盗，分驾数百艘战船，从浙江沿海柘林登陆，并与在柘林筑巢为营的倭寇头目麻叶（叶明）的武装力量汇合，形成万余兵马的倭寇海盗武装集团。

四月十九日，倭首徐海率兵分路大举内犯，进攻浙西，声言"席卷杭、嘉、湖，袭杭省以窥金陵"，气焰嚣张至极。

相比之下，这时驻守浙江的明军力量过于孱弱。原从四川、湖广、山东、河南征调来浙江东南沿海抗倭的客兵，打了几仗，取得了一些战绩后，已大部遣返回原籍，只剩士兵千人；加上剩下的河朔兵八百，以及临时招募的三千兵员，全部合在一起不到五千，在数量上远不及倭寇；更不用说征募的新兵未经系统军事训练，其战斗力尚未形成，与凶悍的倭寇战斗力根本不在一个档次，敌我力量无法同日而语。

浙江巡抚阮鄂闻讯，急忙率军前往嘉兴增援。开始在外围与零星的倭寇发生三次遭遇战，均取得了战斗的胜利，但后来却不幸在三里桥被徐海所率倭寇主力伏击，由于缺乏大战的心理准备，敌我双方开战后，明军大败，不得不退守桐乡县城。

徐海自此更是不可一世，自恃力量强大，根本不把明军放在眼里，反将阮鄂驻守的桐乡县城包围得像铁桶一般。

浙江巡抚阮鄂力不从心、无计可施，眼看着率兵坚守的桐乡就要被倭寇攻陷，后果不堪设想，只得紧急写信向浙直总督胡宗宪求援。他信中言辞恳切，既有抱怨又兼求情，信言："兄何忍弃弟至此？不以忧国家为念，保城池为心，而反以好兵为词，恐非豪杰本心也。祸福自有天命，不当推避如此！"又说："弟之轻躁，不过去官，不救桐乡之难，又干灭族之诛。"总之，他软硬兼施盼着胡宗宪派援兵前去相救解困。

胡宗宪心知肚明，凭自己掌握的现有明军兵力，若轻率去与徐海对决，犹如火中取栗，不但不能取胜，反而会损兵折将，给自己带来被动，甚至灭顶之灾。

其实，胡宗宪在抗倭策略上，与阮鄂一直存在明显分歧。阮鄂认为倭寇是一群亡命之徒，攻心无效，一意主剿；而胡宗宪的抗倭指导思想则是"攻谋为上，角力为下"，拟对倭寇实施宽猛相济、软硬兼施、恩威并用、剿抚结合的谋略。

胡宗宪实行对倭"攻谋为上"的策略，并非他软弱，其实他有着坚定的抗倭决心。据胡桂奇《胡公行实》记载，他升任总督后，曾拔剑指天，立下誓言："倘天不助我，唯有一死报朝廷耳！"他在浙江任上，努力施展抱负，运用独到的谋略，纵横捭阖，全力保境安民。他在人才使用上，除重用谭纶、俞大猷、戚继光、卢镗、刘显等一批抗倭将领外，还开设幕府，将徐渭、郑若曾、茅坤、沈明臣、王寅等颇负盛名的文人谋士纳入麾下。一时间，东南文武英才，皆被胡宗宪"收之幕中"，为他出谋划策，驱驰效命。当时，胡宗宪在浙江抗倭有很高声望。

现在，遇到阮鄂求援的紧急关头，胡宗宪冷静分析了战场上敌我力量对比，认定不能以匹夫之勇，轻率出兵，冒着风险实施强攻解围。如果这样，只能是飞蛾扑火、自取灭亡。他决计继续坚持以攻谋为上的方针，拟采用离间计，设法分化瓦解倭寇营垒，实施智取。他运筹帷幄，设法招抚徐海，以期以柔克刚。

胡宗宪幕僚茅坤闻计，不觉心生忧虑，忍不住在一旁提醒道："招抚徐海的谋略当然不错，但是一旦招抚不成，总督大人的命运又会怎样呢？"

胡宗宪听后，不禁仰天长叹："犯奴肆毒地方，惨祸已极，愿苍天保佑社稷生灵，使得此计成功，万一天不成我，哪怕身败名裂，也在所不辞！"

茅坤等幕僚听了胡宗宪心声，感动不已，纷纷解囊，主动捐出万金，作为招抚备用资金。

胡宗宪遂派擅长书画，又善于言词应变的徽州府歙县人——罗文龙，以"故人"（同乡）身份前往徐海军中。

罗文龙以关心故人的口吻，言辞恳切地告诉徐海："王直已派义子、养子入朝归顺。"

徐海听后不禁露出诧异神色，罗文龙趁机向其规劝道："故人不乘此解甲自谢，他日必将为虏。"

与此同时，胡宗宪又遣出使日本归来的夏正、童华等人偷偷潜入徐海营垒，对其营中下属进行离间，设法使敌军中的大小头目、兵卒"自相疑畏"。

夏正还拿出一封模拟王直义子王漱笔迹、口吻写就的求降书递给徐海。

徐海阅后不禁疑问："老船主也降了？"

夏正正色告诫道："总督胡爷（指胡宗宪）将调动苗、狼等劲兵二十万，马上就要开始反击了。若你再执迷不悟，王江泾之战可谓前车之鉴。"

徐海当时正在病中，渐感精神不支，听了这些消息，似心有所动。他既不拒绝，也不答应，只是推诿说："此次我们兵分三路，联合行动，我一个人做不了主。"

夏正又进一步离间攻心道："我们与另一路首领陈东已有约定，所担心的就是你了！"

徐海闻言，不禁对陈东也产生了怀疑。

陈东那一边接报，听闻徐海军营留有胡宗宪派遣的使者，正在洽谈归顺事宜，也惶恐不安，茶食不思，生怕徐海私下出卖了他，遂对徐海心生疑虑。

随着时间推移，徐海、陈东、麻叶不仅与王直所率倭寇矛盾加剧，就是徐海与陈东、麻叶三者之间也彼此互相猜忌，不断发生矛盾、摩擦，裂痕逐渐加深。

嘉靖三十五年（1556）五月二十日，徐海在夏正的反复劝导下，终下决心归降。他放回掳掠的三百多平民百姓，自动撤去桐乡之围，率领所部倭寇退离三十里。并随夏正一道，前往省府杭州拜会胡宗宪总督，表示称谢致意。

陈东见徐海连招呼也不打一个，就突然撤围，确信徐海已经背叛了他，愤而大骂徐海不仁不义。

徐海听闻陈东对他大骂，也对他反唇相讥。

从此，两人离心离德，形同陌路。

陈东一气之下，凭一己之力，独率所部继续攻打桐乡。

由于徐海决意接受招抚，已放弃攻打桐乡之念，又加胡宗宪调动各地明军陆续赶往桐乡增援，陈东面对胡宗宪实力雄厚的大批人马参战，自感势单力薄，眼看攻城无望，不得不悻悻撤退。

历时一个多月的桐乡之围，经胡宗宪巧妙施行离间计、招抚之策，终于成功化解。

胡宗宪经多年与倭寇交战，已摸透其心理特点。他深知倭寇系为劫财而来。故他择其所好，投其所需，进而向他们宣示："愿归者听，资之以舟；愿降者留，封之以职。"

他再派罗龙文携带大量金银财宝，收买徐海的两名爱姬王翠翘与绿珠，让她们在徐海身边大吹枕边风："大事必不可成，不如降也。降且得官，终身当共富贵。"

在多方攻势下，徐海见胡宗宪对他如此厚道，如此仗义，终于加快了受抚投降的步伐。

六月中旬，徐海特地设宴招待麻叶及其他倭寇大小头目十八人，趁着众倭酒酣之时，分别将他们五花大绑送至总督衙门交给胡宗宪。

七月十二日，徐海又计诱一股来犯新倭，生擒真倭七十三名，献给胡宗宪，作为"投名状"，以此获取胡宗宪进一步的信任。

七月二十八日，徐海又设计赚取陈东，将其捆绑，派人押至杭州总督府。

然后，徐海派人与胡宗宪约定于八月二日归顺。但不知何因，徐海突然提前一天，于八月一日率千余兵卒屯兵平湖城外，亲领部众二百多人入城请降。

徐海此举被视为颇有要挟之意。且平湖城中官民，对徐海突然入城，大为惊讶，惶恐不安。

胡宗宪与监督受降仪式的官员研判，徐海是贼心不死，非诛杀不可，认为他"釜中之鱼仍张扬跋扈，实在是愚蠢至极"。他一面紧急调动兵马云集浙东，对徐海驻地形成包围之势；一面放回陈东，将他安置在西沈庄，借以挑动敌营内部两军相斗，同时下令撤销对麻叶的监禁，让其秘密潜回营中，伺机对徐海报复行事。

这时候徐海率一千多兵马驻扎平湖城外的东沈庄（今平湖林埭乡清溪桥一带），正静等胡宗宪来招抚，但却迟迟未见踪影。徐海已感杀机隐隐袭来。因他与王直及日本真倭结怨，已无法回到日本；想自保，又已自剪羽翼，遣散部众，势单力孤。陷入四面楚歌中的徐海，后悔不已，可是，事已至此，绝无好计可施，只得低三下四再次向胡宗宪请降，并发誓"永远归顺，不渝前盟"。

胡宗宪接到徐海信札后，未予回信答复。徐海预感情况不妙，处境险恶，开始准备逃离平湖。

八月二十日，各路明军接连赶来，逼向徐海营垒，继而发起总攻。

此时的徐海与几月前挥师万余所向披靡，已判若两人，现在其身边的残倭已不到两千。

这时，曾被徐海五花大绑送给胡宗宪作为见面礼的另一倭寇头目陈东，为报一箭之仇，乘夜助胡宗宪部队攻击徐海，引发两部倭营互相残杀。

胡宗宪坐山观虎斗，尽享倭寇内部相斗之利。

胡宗宪利用离间谋略，分而战之，沈庄之战，明军杀倭一千六百余人。猖狂一时的倭寇头目徐海、陈东、麻叶、辛五郎、徐洪等五人，分别被胡宗宪的明军擒获。九月初，在嘉兴北教场逐个斩杀，首级献于京师。

沈庄之战侥幸逃脱的倭寇走投无路，只得重新逃回舟山沿海一带岛屿，与据守老巢的匪寇重新结合，形成新的团伙。

嘉靖三十五年（1556）十二月二十日，胡宗宪摸清新的敌情后，又命俞大猷乘夜督兵，对舟山岛的倭寇进行围剿。

踞守巢穴的倭寇，全部出营作战，拼死抵抗。

俞大猷抬头观看天象，眼见风卷残云，耳闻北风呼啸，断定此乃《孙子兵法》中机不可失的火攻"天时"良机，遂命令士兵在上风处点燃棕叶，对敌营垒实行火攻。

顷刻，火仗风势，火光冲天，敌营突遭火焚，众寇无法抵御，拼命冲出火海四散逃窜，被斩首一百四十多级，其余全部烧死。此役，救出被掳掠百姓一百多人。

舟山剿倭攻坚战结束后，浙江沿海大规模倭患基本平息，但从浙江沿海倭巢逃窜的一批倭寇，不甘心失败，反而带着一股强烈报复的情绪与及早获得补偿的渴求，勾结新倭，伺机将活动地区转至南直隶江北地区。

嘉靖三十六年（1557）初，倭寇进入江北地区，四处劫掠。四月八日，数千倭寇分乘八十多艘战船，在江苏泰州阻截朝廷漕运粮船。四月中旬开始，相继侵犯如皋、海门、泰兴、高邮、宝应、天长、盱眙、海州、泗州、清河、淮安等地。五月，又进犯扬州，明军迎战，结果不敌大败。对此，夏燮《明通鉴》写道："是时，浙江自徐海、陈东等斩首后，诸寇略平。而倭之在江北者，犯常（常州）、镇（镇江），烧漕艘，官吏不能御，至是势复炽。"倭寇侵扰，此起彼落，此消彼长，仿佛割不完的韭菜，割了又长，倭寇侵扰的范围也越来越广，危害也越来越烈。

胡宗宪一直认为，"海上贼惟王直机警难制，其余皆鼠辈，毋足虑"。胡宗宪除掉徐海、陈东等倭寇海盗武装集团后，逐渐腾出手来，转而把攻击目标重新对准了汉奸头目王直。

此时，王直正滞留在日本的岛上。因多次率当地倭人去浙江沿海劫掠均遭惨败，岛民久而久之对他怨言渐深，其号召力越来越低，生存空间越来越小。徐海、陈东等被处死，他更感大势已去，难于再聚众与明朝廷对抗。

嘉靖三十六年十月，胡宗宪乘机派人对王直游说。王直的心理防线进一步松动，对前来游说的蒋洲、陈可愿说："是俞大猷对我下手太重，想赶尽杀绝。若朝廷赦免我，恢复通市，我愿为朝廷效力，愿意接受招抚。"

据有关史料记载，胡宗宪招抚汉奸头目王直，从其个人来说，确有其意。他对王直并无杀心，有收归己用之意，曾上疏皇帝赦免他。但对于专制朝廷，无论对内对外的战争，只要一涉及和谈、议和之事，上下都格外敏感，议和者往往备受诟病；而主战派往往能得到上自朝廷下至百姓的拥护。

嘉靖皇帝接到胡宗宪招抚王直的疏章后，也不愿直接做主，而是将其疏章交由兵部复议。可见，在当时政治氛围下，连皇帝也不敢专断招抚而生怕背负骂名。

胡宗宪当时提出招抚王直的意见后，立即引来朝臣对此沸沸扬扬的传言，声称胡宗宪肯定收受了王直大笔贿赂，故而力争赦免这个海盗头子的死罪。虽然胡宗宪宦海沉浮多年，为人圆滑，但听到这些传言，也是有苦难言，顶不住各方压力。他为撇清关系，摆脱被动局面，而对前来杭城接受招抚的王直，不得不翻脸不认人，变更此前作出的承诺，断然将王直交给浙江按察司处理。

王直不傻，面对风云突变，他冷笑一声，仰天长叹道："胡公误我也！"

王直接受招抚反被下狱后，其义子王滶暴跳如雷，厉声谴责胡宗宪言而无信，继而亲率其义父王直手下的兵马三千多人，据守岑港，植列木栅，构筑寨堡，四处劫掠，囤积粮草，准备长期与明廷对抗，誓死为义父王直报仇。

胡宗宪心知，招抚王直之计流产后，王滶对招抚必定再无恋念，自此敌我进入军事对抗不可避免。为了防止王滶势力不断蔓延扩张，对沿海百姓安宁造成新的危害，必须尽快决策割掉据守岑港倭寇这颗毒瘤就成了浙江官府的唯一选项。胡宗宪遂决心率兵组织岑港战役，对王滶进行彻底清剿。

岑港位于舟山之西，其地山岭逶迤崎岖，山径狭隘坎坷，岙口众多，地形复杂，易守难攻，倭寇可居高临下，据险死守，对明军组织进攻极为不利。

嘉靖三十七年（1558）二月，胡宗宪明知山有虎，偏向虎山行。他调兵遣将，决定兵分五路，实施对岑港倭寇的围剿。其中水师兵分两路，一路由把总任锦、指挥甘述宗等率领，将兵力配置于岑港水道的南口；另一路由都指挥李泾、指挥张天杰等率领，配置于岑港水道的北口，堵击敌人。又以总兵俞大猷等率福船并叭喇唬、八桨等船作为机动兵力策应。

陆路则兵分三路，右路由指挥杨伯桥率领桑植、镇溪、麻寮等地兵员三千人，从碇齿向岑港北面进攻；左路由戚继光率兵三千人由小岭向岑港南面进攻；因当时戚家军尚未组建，其部主要由台州的海门卫、松门卫的官兵组成，张元勋率新河所守军也在其中参战，中路由指挥周官率领大刺士兵约一千人，由小沙岭向岑港东面进攻。而以卢琦、杨永昌、鲍尚瑾、方升、吴成器所率各部为机动兵力，作为预备队。同时令参将王恂和刘焘、副使陈元珂等负责督战。总督府中军都司为前线总指挥。

王㵽诸寇经多年盘踞经营，岑港已成"绝塞诸道，止通一径，隘险难行"（如图三）。

三月，北路明军冒险于隘道鱼贯而入，对敌发起猛攻，给倭寇以重大杀伤，很快突入敌阵地。然"行将尽，贼兵自尾击之，明军大溃，死者过半"。且三月，风雨交加，山洪暴发，溪涧涌溢，倭盗"于山之高堑处，相其堤者

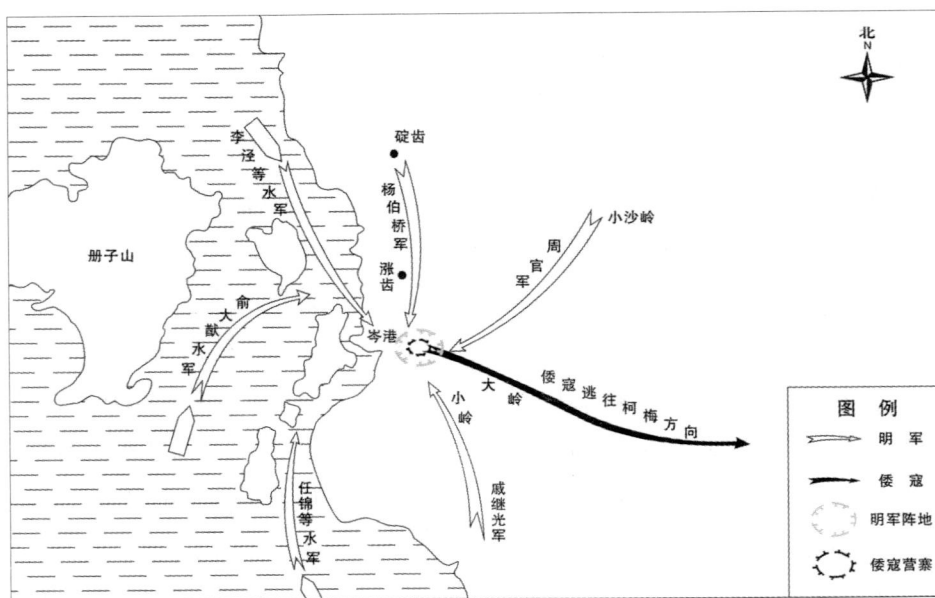

图三、张元勋跟随戚继光岑港作战示意图

堤之，后官兵进击，决而注之，兵多漂死"。首次开战，敌我双方死伤数不胜数。中路与南路明军均未能冲入敌阵，首战进攻受挫。

戚继光面对《孙子兵法》说的形下强攻是大忌的情况，加上所率部队隶属时间短暂，尚缺乏系统磨合训练，不能打硬仗，他向胡宗宪建议改变原来多路强攻打法，采取围困与截援并举的作战方略。"惟坐困，不忧不全胜也。"

正当两军激战，胜负难解难分之际，大批新倭又乘春汛接踵而至，先是泊舟山普陀小道头，继而又窜至沈家门与岑港倭贼汇合为一，其势大涨。

岑港这边久攻未克，朝廷不断催促尽快灭敌，那边后院温台两府烽火又起。

是年夏四月，倭寇看到温台两府卫所的明军出征岑港，后方基地兵力空虚，趁机聚兵侵犯。

胡宗宪一面部署兵力继续围堵岑港倭贼，一面令戚继光率兵于四月二十三日"自舟山渡海"，驰援台州府城，对袭扰台州的倭寇赶尽杀绝。

当戚军战船过奉化将至台州时，前方传来消息，倭寇已占据温州，温州的军情更加危急。戚继光遂放弃先到台州围剿倭寇的计划，转而直接带兵日夜兼程赶往温州。

四月二十七日，戚继光率军宿营乐清。探明倭寇已渡过瓯江焚劫盘石卫之乌牛（今浙江永嘉东南乌牛镇）。遂于二十八日冒雨向战地进发。二十九日，戚继光率军到达盘石（今永嘉西南的盘石镇），扎营城外。决计兵分三路，对进犯乌牛的倭寇实施围歼。南路命百户胡守仁、义士徐世忠等部由绞头沿瓯江而进；北路命千户刘意、武生张延禀等部由白塔而进；中路由戚继光亲率以新河百户张元勋所部为主体的大队人马，"倍道兼行"，直插乌牛山主战场。

敌军见戚继光率领明军来势凶猛，逃奔馆头（今乐清东南，盘石西北），越过乌牛溪（今乐清市和永嘉县之间的界河，流入瓯江），继而以溪为险，抵抗戚军进攻。

戚军的队长汤加一、王良忠，勇士周祖、王良久冲锋在前，挫败敌锋，大部队乘胜涉水向敌发起进攻。

敌顽强抵抗，用鸟铳火器压制戚军。

敌我冲锋反冲锋犬牙交错，历经五次反复，戚军终于击溃敌防线。

倭寇见势不妙，逃入深山密林躲避。

戚军在这次战斗中，斩敌首二十余级，敌数百人溺水身亡，并救出倭寇所掳男丁、妇女三百余人，己方阵亡汤加一等三人，以小的损失换取了大的胜利。由于决战后天色已黑，戚军无法深入密林搜山，只好列营山下，严控要道，欲围敌于圈内，待天明后再剿。

敌军识破戚军意图，自知处势不利，凭借对当地道路熟悉，摸黑寻小路突围逃匿。

嘉靖三十七年（1558）五月初二，距乌牛这场战斗结束两三天，倭船八十余艘，载倭兵四千余人，再次在乌牛、馆头一带集结，流窜至盘石的北斗门劫掠。

戚继光闻讯率军三千余人进抵北斗门十里桥。因倭寇藏匿民房中，进剿不便，戚军决定诱敌出巢，假装倭军隔桥擂响集合的鼓声。众倭数百人不知底细，闻鼓纷纷走出民房，立即遭到一旁驻守的戚军鸟铳、弓箭齐射。敌挡不住戚军攻势，纷纷向田间小路乱跑，又被戚军截获，遭斩首六十余级。其余侥幸逃脱的倭寇撤向白塔小岭，吹螺举火，众多倭寇听到号令从四面八方涌向白塔小岭增援施救。

戚继光在敌情不明的情况下，不敢贸然率兵夜攻，遂回到十里桥村落扎营。第二天戚军主动挑战，倭寇坚守不敢出。

初九，藏匿在瓯江南岸龙湾（今温州市龙湾镇）的倭寇进攻宁村所（今温州市东南宁城）。戚继光令刘意率部渡江支援宁村所明军，倭寇见明军里应外合，自知取胜无望，连夜退走。

初十，四十艘倭船在龙湾集结，妄图进攻盘石。戚继光已掌握倭军动态，沿江十里屯兵。倭寇望见戚军军容威严，不敢近前，遂调转船头沿瓯江逐流而下，停泊于黄华（今乐清市黄华镇）一带江面，并趁戚军无兵驻守该地段，竞相上岸劫掠。

戚继光苦于没有船只，不能在水上歼敌。他让同知尹尚贤临时在民间征集船只，又令把总梅奎、邢镇等率部乘坐临时征用的民船从水路进攻。他自己督张元勋所部等陆兵沿江由陆路进攻。戚军水陆夹攻，敌不支，纷纷败退。戚军越战越勇，对敌紧追不舍，斩敌四十余首级，溺死、烧死者无数。泊于黄华一带倭船，听闻戚军杀声如雷，火烧战船浓烟冲天，为了保命，不敢前去救援，只得慌忙向大海逃命。

五月，入侵温州的倭寇在戚军的进剿下全线败退。虽然戚军限于当时实力未能将倭寇全歼，但打退倭寇对温州各地侵扰，已属不易。这一连串战斗，把倭寇不可一世的嚣张气焰打压了下去，大大振奋了军心，赢得了广大百姓对戚继光统率的明军的信任，同时也换来了温州一方的安宁。

秋七月，为继续清剿岑港倭寇，戚继光又奉命带领张元勋等战将杀回岑港这个老战场（《戚继光大事年表》）。

此时朝廷因岑港战事不顺，刚下诏将俞大猷、戚继光各路战将革职留用，戴罪杀敌，并限期一个月内力克岑港。据《沿海倭乱》载："秋七月，以浙江岑港海寇未平，诏夺俞大猷、戚继光职，期一月内荡平，命胡宗宪督之。"胡宗宪奉旨亲莅定海，分遣将领，克期大举进击。

敌寇王激等"依山阻水列栅"，固守其寨，利用囤积的颇多火器，有效阻击了明军进攻。

俞大猷、戚继光等诸将奉旨率部舍生忘死、冒险挺进。虽"陷阵先登者间多被害"，仍冒死强攻。明军官兵"逼垒而陈""更番迭战""折其锐气"，又施计惑敌"互相猜疑至持刀自击"。明军将士乘隙进攻，众寇大乱，死者无数。夜间，明军纵火焚倭舟，余寇多逃奔其巢，官兵蹑踪，砍栅直入，斩首百余，其余倭寇亡命柯梅岭。

岑港倭寇溃退移巢柯梅岭后，胡宗宪于冬十月督兵讨伐，奈何柯梅岭倭巢坚固，屡次进攻，均未能攻克。

是月，朝廷派郎中唐顺之携旨视师浙江沿海，与胡宗宪协谋剿倭事宜。

十一月十三日，柯梅倭盗眼看明军攻巢坚决，兵力集结越来越多，担心久困必败，遂移师出海避战。

俞大猷、戚继光等明军将领接报，率舟师自沈家门海域拦截，并乘胜追击，倭盗被逼扬帆南去。事后，胡宗宪上言道："舟山残孽，移往柯梅，即其焚巢夜徙"，南奔闽广。

冬十二月，戚继光率兵清剿岑港，并"获白猿白鹿以献"（《戚少保年谱耆编》）。

对于岑港久攻不克，在戚继光心里留下了久久的思索。他一直在思考：明军集中了万余兵力，为何岑港却攻打十个月的时间未克，除了岑港要地易守难攻的因素外，就明军本身来讲，亦有许多值得探讨的战略战术问题。

戚继光有意识征询身边爱将张元勋："岑港战斗为何会久攻不克？"

张元勋稍作思索，回答说："《孙子兵法》说：'地形有通者、有挂者、有支者、有隘者、有险者、有远者。……隘形者，我先居之，必盈之以待敌。若敌先居之，盈而勿从，不盈而从之。'岑港之战，敌已先占据了隘口有利地形，并以重兵据守隘口，易守难攻，围困强敌，自然消耗时日。"

戚继光又进一步追问张元勋："除此之外，还有其他造成久困不克的原因吗？"

张元勋又大胆谈了自己的看法。"古代兵家认为，'兵之贵合也。合则势张，合则力强，合则气旺，合则心坚。'（《白豪子》）'凡胜，三军一人，胜。'（《司马法》）《吴子》又说：'兵贵其和，和则一心，兵虽百万，指呼如一。'这次岑港之战，把天南海北的军队集合在一起，兵虽万余，但互相之间缺乏协同作战的磨合，兵多了，指挥起来不能像一个人那样，正如《武备集要》讲的'将权不一则败，同役而不同心者亦败'。这次战斗旷日持久，未能全歼倭寇，我认为：协同作战方面存在不足，有待提高。"

张元勋说完，像学生请求先生批改作业一样，怯怯地看着戚继光，请教说："在参将看来有否这方面因素？"

戚继光听了张元勋的分析，觉得身边爱将懂得古之兵法，又善于结合战场实际，分析中肯，微笑着点头肯定了张元勋的看法。他自己又继续补充说："我率兵先后两次参加岑港战役，又两御温州，我觉得所辖部队官兵军事素质差，不能打硬仗更是重要原因。"他嘱张元勋不忘继续提高士卒素质，提升部队战斗力。

张元勋向戚继光表示，决不辜负参将的殷切期望，一定把任职的卫所军队训练成铁军。

第九章
偃旗示弱诱敌军 新河歼敌担重任

每当春汛，倭寇侵扰沿海活动便会更加频繁。嘉靖三十八年（1559）春汛到来之后，倭寇对东南沿海全线袭扰。北起南直隶，南至广东，倭警频传。浙江东南沿海更是遭到有史以来最大规模倭寇的侵扰。"台郡一府六邑，沿海三五百里，悉为倭穴。"（《戚少保年谱耆编·卷一》）倭寇占据了台州府的海门卫西的栅浦、临海东的桃渚以及三门县的海游镇。另外，温州府的平阳至乐清沿海倭寇活动也十分猖獗。

由于明军在上一年大规模围剿岑港倭寇的战役打成了"夹生饭"，朝廷很不满意。据《明世宗实录》记载，嘉靖三十七年（1558）七月，明廷"以浙江岑港海寇未平，诏夺总兵俞大猷、参将戚继光、把总刘英职级，期一月内荡平，如过限无功，各逮系京问"。足见世宗皇帝对岑港久攻不克，已经恼怒至极。但对浙直总督胡宗宪，朝廷却网开一面。这与胡宗宪为人比较圆滑，与朝廷首辅严嵩的干儿子赵文华相处比较融洽有关。胡宗宪堪称识时务者。当时严嵩、赵文华正是得势之时，经他们美言，世宗皇帝并未对岑港战役负总责的胡宗宪追责，也未对岑港战役前线总指挥中军都司追责，却将全部怨气洒向并不负主要责任的俞大猷、戚继光、刘英等战将。俞大猷、戚继光、刘英均被撤职。特别是俞大猷，嘉靖三十八年三月，胡宗宪听信谗言，对俞产生误会，以不实之词弹劾俞大猷："舟山残孽，移住柯梅，即共焚巢夜徙，力已穷蹙，势易成擒。而总兵俞大猷，参将黎鹏举邀击不力，纵之南奔，播害闽广，宜加重治。"（《明世宗实录·卷四百七十》）加之俞大猷是明军中享有盛誉的老将，对严嵩时有不敬，严嵩早想加罪于俞大猷，借机小题大做。俞大猷在劫难逃，噩运降临，被剥夺世荫，逮捕至京，下狱训治。

在胡宗宪眼里戚继光是个抗倭不可或缺的人才，他要成就大业，需要论才任用，故对戚继光网开一面，戚继光因岑港"久不克，坐免官，戴罪办贼"（《明史·列传·第一百》），给予戴罪立功机会。

其实，胡宗宪对岑港战役打成夹生饭，内中原因心知肚明。戚继光表面上代人受过被停职处罚，但实际上胡宗宪并没有把他打入另册，仍然对他充满信任，继续赋予他较大的指挥权力，令其依然统领指挥卢琦、梁守愚所率的处兵，指挥张佑、把总娄楠、武举丁邦彦所领的义兵，都指挥祁云龙的广兵，以及都司戴冲霄的鸟铳手等主客兵，继续全权负责进剿侵扰台州的倭寇。

戚继光并没有因受到错误处罚而产生消极情绪，愉快地受领胡宗宪给他下达的任务。当谭纶与戚继光相见，长时间地握住他的手，长吁短叹，深深为他惋惜时，戚继光反过来劝慰谭纶说："韩信起用于逃亡，岳飞出身于行伍。他们所建立的功业如何？但两人最后都没有得到善终。我遭受之祸又远远轻于他们，所以没有什么可以叹息的。"正是这种精忠报国的高尚品格，使他不背包袱，不懊丧，不颓废，继续勇往直前，以高昂斗志投入新的战斗。他抓紧时间与自己敬重的台州知府谭纶坐在一起总结岑港战斗胜败的原因，共同分析敌情，讨论下阶段歼灭倭寇的作战计划。他俩商定，根据所率部队当时地处宁波的实际情况，确定先近后远，由北向南，由宁及台，逐个歼灭浙江沿海倭寇的作战方针。

据《嘉庆太平县志》记载："嘉靖三十八年（1559）二月，珠村人王泽民战于石牛岭，为火器所伤。三月，贼破楚门，又攻松门卫，由夏公岙入犯，城几危。"

四月初五日，张元勋紧随戚继光率领的主客兵从宁波出发，南下台州。一路上，张元勋心中早早做好了到家乡打仗的准备。他暗下决心，一定要率兵在父老乡亲面前打个漂亮仗，以此报答父老乡亲对他无微不至的关爱。

初七日，戚继光率军到达宁海西南桑洲镇，不料与小股倭寇相遇。俗话说，狭路相逢勇者胜。戚继光督先锋黄汝忠等战将勇猛应战，首挫倭贼前锋，将小股倭敌全歼。

初战的胜利，振奋了军心，鼓舞了士气，为台州沿海剿灭倭寇开了个好头。

四月十三日，戚继光率军抵临海涌泉，原盘踞在涌泉的敌寇已闻悉明军在桑洲全歼数十人同伙。这股倭寇再也不敢与明军正面直接交战，仓皇拔营逃往桃渚巢穴。

四月十四日，戚继光率军进驻临海（台州府治所在地），得知有百余倭寇屯居章安（今台州市椒江区章安镇）。戚继光遂令部将胡守仁率部飞奔章安主动出击。胡守仁不负众望，以迅雷不及掩耳之势，率部迅速包围这股流寇，共斩敌五人，余敌乘隙逃遁。

四月十五日，滞留海上倭寇不知陆上明军部署情况，数百倭寇竟然有恃无恐、毫无顾忌地从临海东南面的连盘登陆，一路杀人放火，洗劫沿海村庄。

戚继光接警，立即率兵水陆并进清剿。

敌眼见戚继光亲率主力前来清剿，在两军尚有五里距离之时，就准备登船逃跑。戚继光料敌如神，测知倭寇意图，立即派先锋汤时茂追上。明军火铳、弓箭齐发，又派兵纵火焚船，断敌退路。此次战斗共斩敌五酋，焚溺死者无数，只有少数残余倭寇侥幸挽舟逃逸。

四月十六日，戚继光扫清了桃渚卫所外围之敌，准备调动兵力对围攻桃渚的倭寇实行反包围。他秘密派遣数十名鸟铳手潜入桃渚卫所城内支援守军，以防力量薄弱被倭贼破城；又命城中广张旗帜虚张声势，让敌误以为明军大部队已经入城。

此虚张声势之招，真的迷惑了敌人，倭寇被吓得不敢继续攻城，匆忙下令退兵。三百余倭寇撤出桃渚东北的肯埠，逃往章安，伺机与江对岸栅浦的倭寇合势共同对付明军的围剿。

戚继光针对倭寇企图，指挥若定，就势对兵力作了如下部署：以卢琦、梁守愚、张佑、丁邦彦等部为前锋，以任锦、杨宪、解洪、胡守仁等为策应，而他自己则亲率张元勋等部设伏，各部协同作战，歼敌于运动之中，力求全胜。

当栅浦倭寇过江准备与章安倭寇汇合之时，戚继光亲自击鼓，指挥明军列好阵势，对过江立足未稳的登陆倭寇立即发起攻击。

由此，倭寇被置于背水一战的绝境中，不得不死命抵抗。敌我攻防，战斗打得异常激烈。

明军的处州义士胡元伦，冒着频频发射的敌火器，不顾矢石横飞，毅然带头冲锋，所隶众兵紧跟其后。胡元伦手刃数敌，自己却不幸身中数枪，流尽最后一滴血，壮烈牺牲在台州的抗倭战场。

敌我双方经一个上午多次冲锋反冲锋，倭贼终于兵力不支，四处逃逸，有的跑回船上，有的寻隙躲避到山岙中。

戚继光乘势穷追猛打，不给敌以喘息的机会，亲督张元勋部急追倭寇至章安西的黄焦山下。对敌发起更猛烈攻击，斩敌五十五首级，生擒二贼，缴获兵器一百六十件，获得此役全胜。

四月二十四日，倭寇又流窜至桃渚，"然攻桃渚者势最急"（《戚少保年谱耆编·卷一》）。

戚继光闻报督兵向桃渚进发。与此同时，谭纶也根据胡宗宪的命令，率兵冒雨日夜兼程赶往桃渚。

敌闻戚继光、谭纶多支部队向桃渚奔袭（《谭襄敏公年谱》引《张传》），"贼愕曰：'谭兵至矣！'弃巢遁去。"谭、戚两军终解桃渚之围。

四月二十六日，戚继光率兵由北鉴向梅澳进发，真是冤家路窄，突与外出抢劫的敌寇相遇。当时紧随戚继光的张元勋立即策马挥舞大刀，冲在队伍最前，势贯长虹，勇猛莫当，迫使倭贼扭头退回老巢自守。戚继光对准倭寇巢穴再次发起攻击，楼楠、丁邦彦等部兵浮水先登，队长杨贵直入敌巢；卢琦等部根据戚继光命令，焚西南敌一巢。

敌在陆上无法立足，逼得纷纷逃回船上，乘着夜色掩护挽舟逃跑，并入栅浦倭寇据点。

此战共斩敌九十余级，解救男丁、妇女千余人，又一次获取台州抗倭的重大胜利。

桃渚解围，栅浦外围流寇已被打败逃回海上。谭纶、戚继光分析，倭寇贪婪成性的本质决定其在台州劫掠接连失手后，绝不会就此罢休，倒极有可能收集残部，再次集结兵力向浙东门户、水陆重镇的台州海门卫或松门卫进袭。

五月初一日，谭纶、戚继光率兵先敌抵达海门卫布防。果然，紧接着接到临海、黄岩两县的倭情报告：有倭寇三千多人，水陆并进，一路从海门葭芷方向，一路从临海的桃渚方向窜来，伺机袭击海门卫。谭纶、戚继光立即对城防进行了周密部署，对手下守城官兵反复叮嘱："晚上要对交通要道、战略要地加强守备。随时准备对渗入城内的倭寇开展巷战。有喧哗者斩。"

守城官兵异口同声回答："我辈军人享受国家俸禄，守城作战是我辈本分，请参将放心！"

话虽这么说，但这些守城的明军，凭着经验，耍起小聪明，心里暗暗盘算，倭寇这些日子连续遭到谭、戚挥师清剿，已被打得抱头鼠窜，现在又有明军大部队驻扎在海门城内，倭寇哪有胆量在夜里偷袭，思想麻痹大意，放松了对敌警惕。

可是，倭寇也是瞅准海门守城官兵可能会被胜利冲昏头脑，产生麻痹心理，故选在深夜，组织了几百人的兵力从海门防卫薄弱的西门偷袭。其中三十多人爬上了城墙，正意欲窜入城内。

此时，守城官兵才发现敌情，慌乱中紧急鸣锣告警。枕戈待旦的谭纶，立即披挂上阵，率兵赶往城头；戚继光对敌情十分敏感，听到报警也立即全身戎装飞身上马，向报警方向冲去。武生章延凛、陈其可、张元勋等将士看到参将披挂上阵，也纷纷紧跟冲向城头与敌短兵相接。

张元勋力大无穷，挥刀左砍右杀，只见刀锋去处寒光闪闪，逼得攀上城头的倭寇左避右躲忙于招架，瞬间六倭被斩，其他吓得纷纷堕城，逃回老巢。

这一仗虽然取得了胜利，但也反映了守城部队军纪松弛，严重失职。为严肃军纪，戚继光毫不留情按律究办，处斩失职的守城士卒，以儆效尤。

战后，谭纶、戚继光又一次对倭寇新的动向进行缜密分析。两人一致认为，倭寇在台州北面沿海接连遭到打击，但各次战斗都是击溃战，倭寇并没有伤筋动骨，实力依然存在。倭寇受利益驱使，不会就此善罢甘休，会如割韭菜一样不断生长。他们会顽抗到底，只是战术不会重复。根据敌寇新的动向，重新攻打海门卫可能性较小，而倭寇最大可能会走海门至新河水道，伺机在沿途抓一把后，然后从新河入海口金清闸出海，往沿海南部，进一步寻求劫掠空间。谭纶、戚继光决定，根据台州东南沿海抗倭战局的发展，接下去重点做好在新河打仗的准备。

张元勋听说要回新河打仗，早已摩拳擦掌，决心在家乡打个漂亮仗，向父老乡亲汇报。

不出所料，这帮攻打海门后逃遁的倭寇，在五月初五日，趁着这几天连日下雨，河水湍急，他们挽舟顺流而下，从海门经路桥（今台州市路桥区）、泽库（今温岭市泽国镇）向新河进发。但这帮倭寇始料不及的是虽然天下大雨河水湍急、行船迅速，但另一方面，因河水猛涨，行船与河上所架桥梁净空减少，船桅不时被桥梁阻挡，须拆掉桅杆才能通过河面桥洞。再加上倭船数量众多，船与船拥挤在一起，行船更加困难。倭船不得不走走停停，耽误了不少时日。直至五月初七日，倭船还被阻滞在泽库地段。

谭纶、戚继光摸准了敌方意图与行进情况后，决定组织兵力向新河机动，先敌于新河排兵布阵，伺机在新河一带歼灭倭寇。遂命令张元勋在前面带路，马不停蹄，抄近路，赶在初七夜抵达新河卫所。

张元勋在新河土生土长，对这里地理地貌太熟悉了。这次到了他的地盘打仗，无疑是他大显身手的时候。

谭纶、戚继光熟知手下张元勋有勇有谋，又熟悉新河兵要地志，特征求他对这次排兵布阵作战的看法。

张元勋大胆向谭纶、戚继光建议："新河城的四角有金、鼓、旗、牛四座小山护卫，易守难攻。又有披云山位于金清大港岸边，居高临下，火炮可直接对江中倭船射击。若在金清大港牛桥至六闸这一段江面，堵截倭船出海，这里的江面正是《孙子兵法》中说的险形之地。'险形者，我先居之，必居高阳以待敌。''知天知地，胜乃不穷。'我经多年琢磨，认为对进犯新河的倭寇，牛桥至横板桥这一地段是最好的歼敌的战场。"

谭纶认为，张元勋熟读兵法，胸有谋略，又驻守新河所多年，对当地战场了如指掌，他赞同张元勋的建议。

戚继光也驻在新河不少时日，曾全面考察过新河周围兵要地志，也十分认可张元勋的建议。

戚继光让张元勋立即派员向附近村民征集圆木，征调木船，在金清港中打桩、沉船，堵塞航道，以此迟滞倭船通过，以便把敌寇围歼于金清大江中。

张元勋从小在这一带放鸭，与当地村民非常熟悉，能直呼老老少少村民的大名。他受领任务后，到新河城附近各村转了一下，很快就落实了戚继光征调树桩、船只的指令。初八晚上，他安排兵工在河道内打下一根根又粗又长的圆树桩，又凿沉两艘大船，完成了阻敌出海的相关准备。

倭船因通航不畅，一路耽误了时间，直至初九日，才陆续进入江面宽阔的温岭主河道——金清大港。因航道堵塞吃尽了苦头的倭寇，眼见到达宽阔的江面，有点喜出望外，正在高兴之时，却接前锋探路者报告，金清港的六闸口已设满各种树桩及沉船障碍，大小船只无法顺利通过闸口入海。

倭首闻报，惊慌失措，霎时脸青。倭首由此估计戚继光主力部队已抵新河，可能在该地段已有设伏，全队将陷入险境。于是，一面指令前锋不惜一切清理河道障碍，准备夺路出海，另一面让全体倭寇做好战斗准备，以应付明军设伏袭击。

谭纶与戚继光两人在任何时候均不忘"以谋为上，以角力为次"的作战原则，他们为了麻痹敌人，共同商定：按《战国策》说的"将欲败之，必姑辅之；将欲取之，必姑与之"的方法，巧设"欲擒故纵"之计。故意示弱，给敌方一点物质利益，"欲取先予"，骄纵敌方，使之产生麻痹情绪，然后伺机加以歼灭。

谭纶与戚继光又一次召唤张元勋听令，让其派员深入敌营，执行骄纵诱敌的任务。

张元勋听说要深入敌营，知道责任重大，关系着谭、戚领军的战略决策，关系着整个战斗的胜败，心知那可不是玩的。况且这些倭寇都是一批嗜血成性、输红了眼的赌徒，此计一旦被识破，深入敌营的人就成为被杀戮的人质，随时有生命危险。张元勋处事坚守一条准则，宁愿将危险留给自己，也决不把危险转嫁给他人。每逢生死关头，他总是把生的希望留给别人。当下，他主动向谭纶知府与戚继光参将请战，要求由自己亲自出马深入敌营完成诱敌的光荣使命。

谭纶笑着摇摇头说："你去肯定不妥。你身强力壮，武功高强，举手投足都不像普通百姓，明眼人一看你就是位军人。说不定你到了倭营，马上会有人认出你是曾与他们战场相搏，共历刀光剑影的敌手。你去倭营，岂不是直接告诉倭首，'明军主力部队已回新河'，怎么让他们能相信你的偃旗示弱之举呢?"

张元勋憨厚地笑着说:"我怎么没有想到这些?"

戚继光补充说:"我们打仗需要勇敢,需要有勇于自我牺牲精神。但我们打仗的目的,是既要歼灭敌人,又要保存自己,要努力减少不必要的牺牲,更需要智勇双全的将领。"

谭纶接着说:"你最好物色一位机智勇敢,巧言善辩,精于察言观色,随机应变,能以恳切言辞扰乱对方判断的年长平民百姓担当此任。你想想看,新河城里有无具备这样条件的年长老翁。"

张元勋沉思良久,对新河城里的老人逐个筛选过滤了一遍,然后兴奋地说:"有了!新河西门的陶氏族长,足可担当此任。"

戚继光马上让张元勋去把陶氏族长唤至帐前。

陶氏族长到后,戚继光向他阐明诱敌任务的重要意义,再三叮嘱他深入敌营后一定要装得厚道、真切,体现身为地方长老,心系当地百姓安危,真诚希望不要因为发生战争而生灵涂炭,求倭寇能对新河城内平民百姓网开一面。并当面向倭寇承诺,只要不发动武力攻城,不危及城内的平民百姓,愿代表新河所城全体百姓送上绸缎千匹。

于是,这位新河陶氏族长奉命前往泊于牛桥港(今新河镇城西南四五里的牛桥村)的倭营,依计向倭首乞和。

倭首将信将疑,谨慎审视来人——陶氏族长,看他年岁已高,话语恳切,神态自若,不像有假。倭首又分析认为:若是新河城明军主力已经到达,即使大军压境,百姓也不会怯战乞和。现在新河百姓对倭军胆战心惊,派老人前来请求馈赠绸缎千匹以免灾,由此表明明军主力不在新河所城。倭首判断:今日军中侦得河道上所设障碍,并不是为了堵截内陆下海的倭军而设,疑是当地百姓为防范倭军从海上进攻内陆而设。倭首心想:出兵动武去抢夺还需一番周折,现在有人主动将财帛送上门来,何乐而不为?于是放松了警惕,爽快地答应了陶氏族长的乞求。倭首只是担心时间拖久了明军主力会赶到,恐怕夜长梦多,情况有变,遂以不可商量的口气,要求陶氏族长务必在明日午后未时前,筹齐财帛准时送来,若有食言,刀戎相见,后果自负。

陶氏族长走后,倭首一直焦急地等待着他如约乖乖地把进贡的财物送来。倭寇全营上下喜滋滋地做着美梦，盘算着得到财物后，怎样赶在明军主力到来之前，能够安全撤出新河水域，窜回海岛巢穴的具体步骤。倭首禁不住回顾这次出征与明军苦苦鏖战损兵折将、疲于奔命的日子，现在眼看有了送上门来的意外收获，又从心底感叹总算这次不枉台州沿海之行！

这边的谭纶、戚继光率领的明军，以"欲取先予"的战术与缓兵之计，争取了战前准备的宝贵时间。明军紧锣密鼓地做好了与倭寇决战的周密准备。戚继光命令把总杨宪、武生吴良知为东路前锋；千户李超、武生吕光午率兵策应；千户解洪、百户徐子懿等率兵共同策应；以指挥卢琦、应袭、梁守愚等兵为中路前锋；以指挥张佑、把总楼楠等兵为西路前锋，武举丁邦彦、百户胡守仁等兵策应；都司戴冲霄、镇抚乔松、赞亘、蔡汝兰、王正亿等所部铳箭手作为先锋兵，布置于阵前，以备出奇袭击船上敌人。由张元勋率领精兵，乔装打扮，深入敌营，里应外合，与西路明军共同夹击敌人。

初十日午时刚过，张元勋率领三十余个精兵，穿着乡民衣服，戴着笠帽，抬着当地婚娶搬运嫁妆使用的串箱担，由陶氏族长在前面引路，出西门，大模大样向驻扎在牛桥的倭寇营地进发。此为《筹海图编》所说的"出牛桥，诱贼"。

戚继光率领的西路明军紧随其后出西门，至上桥向南拐，隐蔽接近牛桥倭营，配合张元勋率领的精兵诱饵对敌夹击。

驻守牛桥的倭兵，放眼北望，只见陶氏族长带着众多乡民，扛着沉甸甸的礼物，浩浩荡荡如约而至。他们喜上眉梢，纷纷出营，踮脚挂手，先睹为快。

张元勋率领乔装送礼的精兵，就在敌寇近在眼前之际，突然放下礼品抬具，刚才还满脸堆笑的"送礼乡民"，顷刻怒容满面，突然从绸缎礼品下面抽出隐藏的兵器，大喝一声："倭贼，休想逃跑！"紧接着向迎候的倭寇拼杀过去。

倭寇眼看中计，吓得丧魂落魄，转身没命地向营区逃去，妄想寻找兵器，应急对抗。

埋伏在牛桥西侧的西路明军此时也应声而起，提着兵器向敌营冲去。只见刀光剑影，杀声震天。

倭寇对突然变故缺乏戒备，逃跑不及的头颅落地、身首异处；反应灵活，身手敏捷跑得快的，扭头窜入江中船里。他们依船为险，欲向下游出海方向逃离保命。

在江中船上的倭寇看到金清港北岸沿线，明军摆着威严的阵势，心知明军主力已经到达新河，原计意在新河打家劫舍、捞取不义之财的黄粱美梦彻底破灭。遂不顾一切沿着金清港顺流而下，一心想早点避免与明军对阵，尽快逃回沿海岛屿，再从长计议。

明军哪肯罢休，轻易放过倭寇？明军以金清港北岸为基地，集中火力，用巨铳轰击敌船。

敌船冒着炮火，且战且退，拼命向东逃窜。船到新河金清港斗门桥一带河道，遇到戚继光预设的河中木桩、沉船障碍。倭寇行船不得，只得掉过船头，寻找其他逃命途径。

明军看到倭船在江中打转掉头，抓住难得机遇，大小岸炮齐齐瞄准倭船。江中的倭船接连被明军巨铳命中，其中两艘倭船当即被炸沉江中。

倭寇走投无路，又穷凶极恶登岸想与明军决一死战。

明军人多势众，乘胜用火器对倭寇猛烈射击，敌不能挡，纷纷溃退至江中，利用所掌握船只，摆渡逃奔南岸。

这时，明军面水列阵金清港北岸，只能用火器、弓箭对江中倭寇进行尾随跟进射击。

此役，击沉击毁倭双桅大船三十二艘，焚溺倭众千余，倭尸随水流漂往外海，斩获倭首十六级，生擒倭寇两人，解救被掳男女三百多人，夺获兵器五百七十余件。

那些幸免被歼的倭寇，挽船逃至金清港南岸，继续从陆路南逃。当夜宿营于铁场（新河西南八九里）。第二天，向太平方向逃去。

明军苦于交战时没有水兵船只，一时对逃往南岸的倭寇束手无策，不能跟踪打击，只能眼巴巴看着这伙倭寇从金清港南岸登陆后扬长而去。

战后，戚继光对谭纶说："敌人已吓破了胆，应设法乘胜弯道取直跟进追击。"

谭纶也接过戚继光话题，随口以《左传·曹刿论战》中的一段名言回应："夫战，勇气也，一鼓作气，再而衰，三而竭，彼竭我盈，故克之。夫大国，难测也，惧有伏焉，吾视其辙乱，望其旗靡，故逐之。"接着说："今天我们打了胜仗，应该乘胜追击。只是天色已晚，倭寇在铁场岭夜宿，恐会利用铁场岭两边是山，中间是路的有利地形设伏，晚上不宜贸然追击。待明天清早，征集渡河船只，摆渡过河后，再急行军追击为宜。"

戚继光也欣然同意谭纶的意见。谭、戚两个文武官员心往一处想，劲往一处使，同心协力，配合默契，为东南沿海抗倭取得胜利奠定了坚实基础。

当天晚上，张元勋根据谭纶的指示，凭借自己长期生活、守卫在新河，人头熟的有利条件，走家串户，很快调集了用于摆渡乘载的舟船，集中停靠在新河城外的金清港边码头。为了把夜里追击的时间补回来，张元勋向谭纶、戚继光报告船只准备完成后，又向上司建议："倭寇夜宿铁场，向太平方向逃跑，从铁场到太平县城是二十多里，我们明军乘船至麻车桥（新河西南十五里，金清港上游水埠），再从麻车桥上岸至太平县城，却不到二十里。我们可安排天亮前从新河乘船到麻车桥，在天亮后再从麻车桥陆路行军至太平，与倭寇天亮后拔营启程向太平方向逃窜，时间上完全可以赶得上，把追击倭贼损失的时间补回来。且我们的士卒又可在晚上得到休息，养精蓄锐，岂不两全其美。"

谭纶与戚继光对视了一眼，微笑着对张元勋赞扬道："打仗就需要你这样有勇有谋的军人。"接着以征询的口吻对戚继光说："你看张元勋的行军方案如何？"

戚继光沉思了一会儿说："这是个好方案，既可让部队养精蓄锐得到休息，又不误战机。是两全其美的方案。"

谭纶、戚继光两人当即决定：晚上先让部队官兵睡个好觉，明早卯时起床集合，走金清港水路，先乘船至麻车桥，而后在南岸登陆向太平进发，追击倭寇。

明军依作战方案而行。天未放明就从金清港北岸的新河城码头登船，然后挽舟逆流而上。当船行了八九里水路，戚继光所率明军在金清港南岸麻车桥登陆后，按部队战斗序列，开始陆上追倭行动。

这些天，适逢太平地区连降大雨，道路泥泞，明军在谭纶、戚继光统领下，一直在泥水里行进。天气对敌我双方军队来说是一样公平的。倭寇也是在山间泥水小路上跋涉。双方的行进速度都受泥泞道路的影响。倭寇为了及早摆脱明军追歼，提心吊胆在前面逃跑，明军裁弯取直在后面紧追不舍。

倭寇本想在经过太平县城时，顺手牵羊抢点浮财，苦于明军在屁股后紧追不放，容不得停下片刻在太平县城劫掠。倭寇只得直接向南湾（今温岭西南、乐清湾沿岸）逃遁。并在南湾北侧的五百尺高地建立防守据点，凭借山险，阻挡明军追击。倭寇进而在南湾海边劫掠了数十只渔船，为出海逃跑预做准备。

戚继光根据当时战场态势，作出相应的战斗部署：以指挥卢琦、梁守愚等部一千士兵由山阴夺取山岭，居高临下，击敌侧后；以武生章延廪、舍人陈其可等所部两千人，分左右翼从两边夹击敌人；武生吴良知、义士胡良瑶所部兵一千人为中阵正兵，拒敌前锋；都指挥祁云龙所督千百户罗天与、丁汝时、武举唐钟等广兵从北面攻敌，把总杨宪、武生吕光午等部协助；指挥张佑、武举丁邦彦、义士楼楠等所部义兵从西南攻敌，百户胡守仁、许国镇等部协助；赞亘、蔡汝兰、王正亿等所部箭铳手为游兵，往来督战；太平县知县赵孟豪所督乡兵为声援，牵制敌人。整个战场形成三面包围，只留给倭寇滩涂一面看似"活路"的逃命出口。

十二日，战斗打响，倭寇分屯占据南湾的各个山巅，居高临下阻击明军。

明军仰攻，在地理上不占优势，明军对占据山巅的倭寇发起冲锋遇到极大困难。

倭首自恃得势，情不自禁探出头来挥动旗帜自我陶醉一番。

戚继光之弟戚继美，眼尖手快，看到倭首伸出头来，立即张弓搭箭射向敌酋。敌酋应声倒地，众贼惊吓，躲在树后岩边再也不敢露身。

担任正面进攻的吴良知等部，抓住时机，加大仰攻力度，又指挥士兵奋勇攀援登山。部署在山背面的卢琦等部，利用敌在山背面陡坡未设防的漏洞，使用绳索等攀援工具，逐个登上山顶，掌握了制高点，自山巅往下击敌。其他各部也利用一切有利条件，对敌发起进攻，逐渐向敌逼近合围。

敌我双方鏖战，自午时至申时，明军越战越勇，倭寇渐渐不支，遂从山上匆匆撤下，往明军未布置进攻部队的滩涂方向逃遁。哪知这些滩涂看似杂草丛生，其实底下都是淤泥，脚踩在上面，必深陷其中，不能自拔。倭寇完全陷入被动挨打的局面。

明军如猛虎下山，对着陷入泥中不能自拔的倭寇，集中火力展开猛射猛打。

据《嘉庆太平县志》记载：此战，明军"出奇兵夺其巅，以拊其背，游兵四面环攻，贼遂大败，奔乐清黄华，据舟出海"（如图四）。

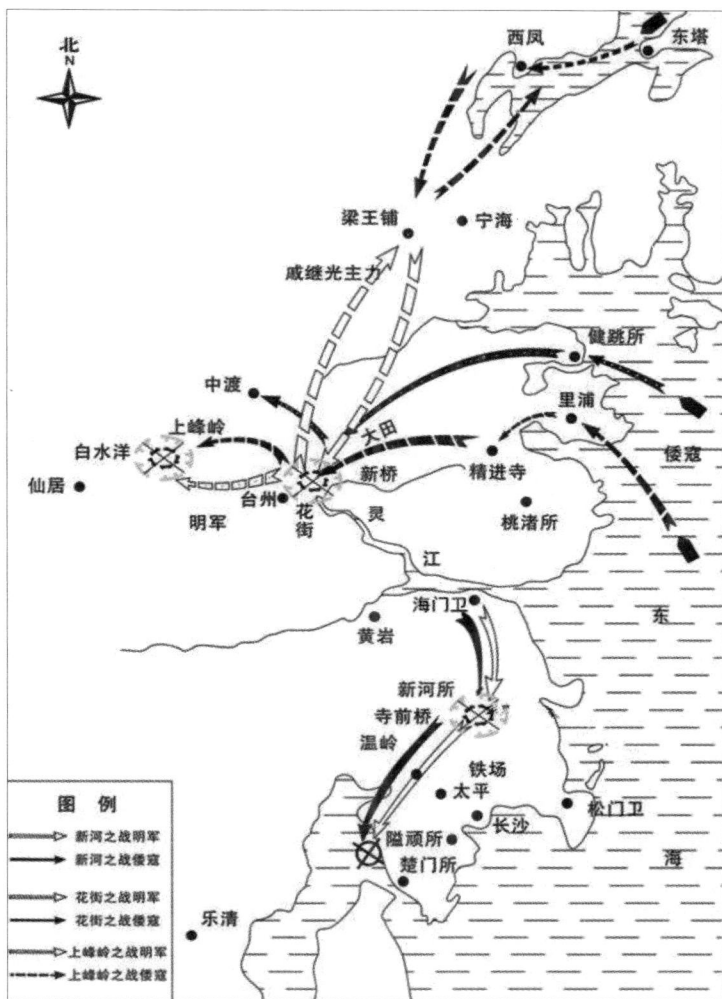

图四、张元勋随戚继光征战台州新河等地作战示意图

此役，先后共歼灭倭寇二百七十九人，生擒倭首两人，缴获各种兵器一百五十多件，解救被掳男丁、妇女三百余人，而明军仅伤四人，无一人阵亡，取得了新河及南湾抗倭战斗的彻底胜利。

张元勋跟随谭纶、戚继光征战台州各地，特别是在自己守卫的新河家门口，努力发挥土生土长熟悉当地人文环境以及自然地理环境的优势，不折不扣贯彻谭纶、戚继光"偃旗示弱""欲取先予"的作战意图，积极出谋划策，勇于担当，起到其他将士起不到的作用，为新河抗倭以及南湾追击战斗作出了卓越的贡献。

第十章

继光组建戚家军 元勋奉命新兵训

自嘉靖三十七年（1558）二月，胡宗宪大规模发兵对盘踞岑港倭寇进行清剿以来，至嘉靖三十八年（1559）五月，在这一年多时间内，谭纶、戚继光相继组织了章安、菖埠、南湾、栅浦、桃渚、新河等多地围剿倭寇的战斗。谭、戚只要发现倭寇在哪里露头，就会组织协调各路明军进行打击。台州强劲抗倭态势，让倭寇的嚣张气焰逐渐有所收敛。但作为抗倭参将的戚继光并没有被胜利冲昏头脑，他牢记古训"天下虽安，忘战必危"（《司马法·仁本第一》），"居安思危，思则有备，有备无患"（《左传·襄公十一年》），利用戎马倥偬之余，静下心来认真思考各次战斗的得失，探讨百战百胜的秘诀。

戚继光对孙膑说的"兵之胜在于篡卒，其勇在于制，其巧在于势，其利在于信，其德在于道"有同感。他也认为，军队的战斗力最关键在于选拔士兵，士兵的勇敢在于纪律严明，士兵的作战技巧在于指挥得当，士兵战斗力强大在于将领的信用，士兵的品德在于教育。他回想刚上任不久参加八月龙山战斗，所率部队是临时从各卫所抽调以及从各地临时征集而来的杂牌军，官兵不和，没有节制；士兵冗杂，身无武艺；不听从指挥，不服从命令；装备不齐，身无盔甲；行军不带干粮，驻军没有营垒。结果与敌交战，数千明军在凶悍倭寇面前一触即溃。九月，他与总兵俞大猷率兵追击敌人，在雁门岭遭敌埋伏，各部官兵不堪一击，纷纷败走。岑港之战，当时倭寇只有区区七百多人，却久攻不下，除了倭寇占据有利地形外，在他看来，部队的素质更是主要原因。至于明军在后来的日子，之所以能够接连取得浙江东南沿海抗倭战斗的胜利，主要是得益于建立行之有效的统一集中指挥体系，始终把卫所的部队抓在手里，强化了军队令行禁止的纪律，重视了卫所军卒的训练，训练了一支有战斗力的部队。他深知，倭寇如割不完的韭菜，割了又长，这边把倭寇打败了，没过几天，倭寇又会转移到其他地方重新冒出来。自己在台州沿海抗倭，所率的台州卫所官兵，经过这些年的磨合、整顿、训练，尚能抗击倭寇侵扰，若到其他地方抗倭，指挥异地原不隶于自己手下的卫所明军，同样会遇到刚被委任宁绍台参将时所遇到的棘手问题。戚继光痛定思痛，认真汲取正反两方面的经验教训，他觉得，凭现有这样素质的部队根本挡不住强悍的倭寇侵扰，根本完不成抗倭的历史重任。他更加坚定了前几年就曾有过的募兵建立自己军队的设想。

明朝的军队一直以来沿用卫所世袭制度，为应急之需，曾于正统二年（1437），在陕西招募民壮四千二百人守戍边疆。在正统末、景泰初曾招募北方各地民壮为兵，以抵御瓦剌的内犯。成化二年（1466），又曾募兵守紫荆、倒马二关。这些应急募兵的案例当时仅局限于北方。到了嘉靖年间，由于卫所制逐渐衰败，特别是东南沿海边防失守严重，抗倭临时调用客兵应急又屡试不佳，募兵制才逐渐被有识将领推行。当时在北方为抗击外族入侵，在蓟镇就招募了一万五千人应急。在东南沿海为抗击倭寇，南京兵部尚书张鳌曾尝试募兵组成振武营。总督漕运的副都御史郑晓招募盐民当兵，武举朱先也募盐民，太学生乔勇则募勇士，台州知府谭纶在嘉靖三十四年（1555）到任后，也曾招募乡兵千人建立了谭家军，在东南沿海抗倭斗争中发挥了积极的作用。因此，戚继光要求募兵建立戚家军已有先例可循，并非他别出心裁、标新立异。

恰在这时，在浙江义乌发生了当地人与永康等外地人为开矿而引发的械斗。而义乌的农民、矿徒为保护当地的利益，坚决不允许异地人入境采矿，双方互不相让，积怨甚深，终于爆发双方各有数千人参加的械斗。而义乌人在械斗中"同仇敌忾"、剽悍勇敢，最终以暴力赶走了外来的矿徒。其间，义乌一方的"参战"者所表现的视死如归的精神，让戚继光不得不刮目相看。他想，若将义乌矿工械斗不怕死的精神，引导到抗倭斗争中来，岂不是对明军兵卒中普遍存在的怕事畏死的致命弱点的最好救赎！

戚继光主意已定，再次向浙直总督胡宗宪提笔上书说："无兵而议战，亦犹无臂指而格干将。乃今乌合者不张，征调者不戢，吾不知其可也。闻义乌露金穴括徒，递陈兵于疆邑，人奋荆棘御之，暴骨盈野。其气敌忾，其习慓而自轻，其俗力本无他，宜可鼓舞。乃今简练训习，即一旅可当三军，何患无兵也。"（《戚少保奏议》）他要求罢去自己原来所辖之军卒，重新到义乌招募剽悍不怕死的矿徒和农民进行训练，对所辖军队来一番伤筋动骨的彻底改造，从根本上改变了部队兵员素质低下的问题。

对此奏请，时任海道副使的谭纶，因这些年与戚继光一直并肩战斗，感同身受。他完全支持戚继光去义乌募兵、练兵。而浙直总督胡宗宪，通过这几年来对戚继光人品及军事才能的了解，对这位参将也评价甚高。当他接到戚继光的奏议后，很是赞赏，马上批准了他的募兵计划。

嘉靖三十八年（1559）九月，戚继光前去义乌募兵。他考虑到要招募这些剽悍的乡勇，必须要有让他们诚服的方法；再则，募兵后，还需带兵入编组织训练，必须准备一些德才兼备、身手不凡的教官与各级领军。他特地挑选了一些经过平日考察使用起来得心应手的台州卫所的精兵强将组成募兵团，一起前去义乌募兵组建新军。他属下的张元勋，身为武举人，少善射驭，膂力过人，手格猛兽，身手不凡，且跟随自己已经三年多，参加大小抗倭战斗十多次，经受了战火淬炼，像这样的练兵骨干，这次当然少不了要带在身边。同时，他又带去胡守仁（祖籍句容，出生于镇海）这位随自己战岑港、龙山的猛将；还带去杨文（台州临海大汾人），杨文是谭纶自乡兵征召从戎的，每战他均奋勇先登，也是戚继光所器重的极力培养的领兵。

戚继光在义乌募兵，开始并非一帆风顺。当时政令不统一，金华知府听闻戚继光在下辖的义乌县募兵，令人马上贴出告示，公开阻止百姓应募，给戚继光募兵带来很大障碍。好在义乌县令赵大河能够识大体顾大局，理解戚继光在义乌募兵是为了抗倭，此乃维系国家安宁大局的需要，他不顾知府的极力反对，顶住压力，毅然支持戚继光在其管辖的义乌县募兵。

在得到当地县令支持后，戚继光进而又做起当地社会上悍勇头面人物陈大成的工作，对他动之以情，晓之以理，努力争取他的支持配合。但陈大成不是一般的人，他性情暴躁，武功高强，总有一股不服输的劲儿。他告诉戚继光："不论挖矿还是当兵，都要先把永康人彻底打败了再说。"

戚继光心知肚明，面对陈大成这个绕不过去的拦路虎，若不把他的傲气杀一杀，不拿出让他彻底服气的撒手锏，自己的募兵工作就无法顺利进行。

为了使陈大成臣服，戚继光针对他唯我独尊的性格脾气，提议来一场单挑比武。戚继光告诉陈大成："你不要太好强，不要认为老子天下第一，要知道武林强中还有强中手，世上一物降一物。你若不信，不用我出面，我手下百户张元勋就可与你单挑比一比！"

这下可把陈大成激怒了。他亮开嗓门说："比就比！若你手下的兵能赢，我臣服了听你的！若赢不了，就休想在我经营的地盘招兵买马！"

戚继光说："大丈夫一言既出，驷马难追！"戚继光唤来张元勋。

陈大成一眼看到虎背熊腰、两眼炯炯有神、举手投足间充满英雄豪气的张元勋，心里就开始犯嘀咕："看来善者不来，来者不善！"但嘴里仍使犟："比吧！比吧！"

只见张元勋与陈大成两人裸着膀子，分头走到房外场地，互行武林作揖之礼，紧接着各自扎好马步，伸开两臂，双眼紧盯对方，互窥破绽，寻机进攻，一来一去，没有几个回合，张元勋就瞄准陈大成防守漏洞，将陈大成打了一个趔趄。

戚继光立即喊停张元勋中止比武。

陈大成心领神会，知道自己的确不是张元勋对手。戚继光突然喊停比武，纯粹是为了保全他的脸面。他从心底里感激戚继光对他的关照，稽首道："愿投奔戚将军麾下，不枉此一生！"此后，他还主动动员手下乡勇投军。

戚继光在做好关键人物工作的同时，又让随团而去协助募兵的人员深入矿山，发动矿工积极应募入伍。功夫不负有心人，在上下的共同努力下，矿徒中素有威望的王如龙，也带头率矿友走出深山应募。一时间，招募现场人山人海，上万名应募者前来接受戚继光率领的募兵将领的挑选。

戚继光按照《孙子兵法》选兵要则，以及自己长期带兵打仗中摸索出来的"四要四不要"的选兵标准，对应募人员进行筛选：对在城里生活的油滑之徒不要；对见惯官府人，心里毫无顾忌的人不要；对皮肤白皙，养尊处优，吃不了苦的不要；胆子太大，举止莽撞，不守纪律，以及胆子太小不敢上战场打仗的也一律不要。戚继光亲自到场目测，只挑那些看起来黑壮勇猛善战之人，皮肉坚实能吃苦耐劳之人，目光炯炯有神善于领会上级意图之人，以及见到官府心存胆怯之意能服从命令听从指挥的乡野之人。一句话，戚继光所需要的是服从命令听指挥、老实健壮、吃苦耐劳的乡野农作开矿之人。

凡经过戚继光目测合格的新兵，由张元勋等募兵团队从上而下地精选编组。再由戚继光挑选确定把总，每个把总统领四位哨官；选好哨指挥官再选哨长，每个哨指挥官统辖四位哨长；选好哨长再选队长，每四队为一哨；再由队长选兵，每队十二兵。选好兵后，张元勋等前来协助戚继光募兵的人员，又对各个士兵逐个进行造册登记编伍。至此，全营设四位把总，一次募齐三千多人。其中包含民间头面人物陈大成及陈子銮等一千五百多名乡勇，以及王如龙等义乌、永康一千五百多名矿徒。戚继光通过台州带去的张元勋、杨文、胡守仁、李超等募兵骨干，分别充实经过实战考验的台州乡勇近千名，混合组成四千多人的戚家军。自此一支由戚继光出任总指挥的名副其实的戚家军在东南沿海抗倭第一线诞生！

戚继光为了形成所募兵员的整体合力，特封陈大成、矿工首领王如龙以及武举出身的吴惟忠、叶大正等义乌县数得上的头面人物为把总、哨指挥官。义乌知县赵大河也没让他闲着，在戚继光的坚请下，经胡宗宪同意，委派赵大河为戚继光的监军。由于知县赵大河掌握着义乌所募兵士的户籍，这样一来，这些士兵始终受当地父母官监督，士兵如有脱逃，随时可以缉拿。且在当时朝廷实行连坐法，招募的士兵若有逃跑，全家都会被牵累责罚。戚家军有了赵大河出任监军，士兵将被牢牢束缚在军队编制中。若有谁欲中途变卦逃回家乡，那是根本不可能的。

戚继光征集的兵员按把总、哨官、队长层级组编成戚家军后，在募兵团队张元勋等协助下，与各哨指挥官商议，针对各个兵员的特点，确定每个单兵使用的兵器。从第一哨第一队开始，依次进行。对每队年龄、力气大的一人安排使用长牌；年龄小，手足便捷的一人安排使用藤牌；体格健壮，为人老实的两人使用狼筅；三十岁上下，有精神、有杀气的四人为长枪手；再选两人为短兵手；最后选老实能背负肩担的一人为火头军。整个队伍分工明确，各司其职，只待进行系统训练，提高全队战斗力了！

是年冬，这支全新的明军在台州灵江边的校武场安营扎寨。他们在戚继光直接统领下，在张元勋等骨干积极协助下，开始了对新成立的戚家军的严格训练。

一支四千人的军队，怎样组织训练的课题摆在了戚继光面前。那个年代，操场上不会有扩音设备，四千人的队伍，即使台上高声喊叫，下面根本不可能听清。将全部兵员集合起来授课根本不可能实现。戚继光知道张元勋在前些年主抓卫所兵员训练上比较成功，故派人把他叫到帐前，听取他对全员训练的真知灼见。

张元勋说："我以前放鸭，重点要管住领头公鸭，领头公鸭管住了，其他鸭都会学样跟进。现在几千人部队训练，也需要先把这些哨长以上军事主管集中起来训练，这些人训练有素了，他们回到各哨再组织训练，整个部队军事素质就有把握提高，参将梦寐以求建立英武之师的目的就会实现。"

戚继光赞许道："我们想到一起了！我这次对部队的训练，也想先抓好各级主官骨干的训练。待下属主官、骨干训练有素了，再通过他们这些种子，把我们作战技能、阵法战术等思想，在各哨、各队全面贯彻落实，形成整体战斗力。"

戚继光还对张元勋说："古人有言：'上为之，下效之。'我准备组织训练示范哨，让各队学有榜样，赶有目标。这个示范哨的哨长就由你担当，由你负责挑选技术过硬的四位队长，再由队长挑选十二人组成一队。"不容张元勋推辞，戚继光用命令的口吻说："训练的方案就这么定了！以后我讲课，你就带领示范哨的兵士按照我说的规范进行演示，不得有误！"

张元勋深知军人服从命令是天职，既然参将看重自己，就按参将之意尽力而为，决不能给参将丢脸。

训练开始，戚继光首先亮出了张元勋武举的王牌，让张元勋在这支刚组建的部队的主官、骨干的面前进行了舞刀与射箭表演。

戚继光号令一出，只见张元勋精神抖擞，手持大刀，左挥右舞，寒光夺目。一会儿刀龙潜水，人刀伏地；一会儿蛟龙出海，凌空而起，令全体参训官兵拍手叫绝。舞罢大刀，又见张元勋策马提弓，对着练兵场的箭靶，嗖、嗖、嗖射出三箭，箭箭射中靶心。那些刚从义乌募集而来的各级主官、骨干，看到张元勋刀法娴熟、箭法精准、武艺超强、坐若山岳、动若游龙、超群绝伦的表演，不禁面面相觑、啧啧称奇，无不为张元勋的高强武功所折服。

待张元勋演示完毕，将弓箭交回戚继光手里，戚继光一面对张元勋的表演点头赞许，一面自己也即兴拉开架势，绷紧弓弦，搭上利箭，对着空中盘旋的老鹰，瞄准后就是一箭。只见利箭脱离弓弦，极速射出，空中老鹰应声而下。

戚继光、张元勋施展的高超武功，镇住了参加习训的各级主管与骨干。他们心里明白，在戚家军里担任把总、哨官，不能空有其名，必须要有真才实学，要有真本事。担当各级领兵的官员，既是荣誉，更是职责。

戚继光接着对参加习训的各级主管、骨干动员说："夫武艺，不是答应官府的公事，是你来当兵，防身立功，杀贼救命，本身上防身的行当。你武艺高，决杀了贼，贼如何又能杀你？你武艺不如他，他决杀了你。若不学武艺，是不要性命的呆子。况吃着官府银两，又有赏赐，又有刑罚，比那费了家私，请着教师学武艺的，便宜多少？"（《纪效新书·卷四·论兵紧要禁令篇》）戚继光首先在思想上启发属下懂得练好武艺的重要性，提高学武练兵的自觉性，积极投入全军大练兵运动。

为了保证练兵的效果，戚继光又规定了定期考核制度。首先对每个练兵项目进行分解考核，考手法、步法、身法、进退之法，然后为了提高练兵实战对抗性，又采用两两捉对比武。凡捉对比武胜利者与考核成绩优秀者一律给予奖励，而对考核不及格者给予相应处罚，特别是对军中始终没有长进的各级领军者，毫不留情给予降职、革职。戚继光有话在先，又从思想上、制度上保证训练效果的落实，有效地促使这支新组建的戚家军成为英武之师。

戚继光还重视对各级主管、骨干进行"练心"。他反复强调："（朝廷）养你一年，不过望你一二阵杀敌制胜。你不肯杀贼保障他，养你何用？就是军法漏网，天也假手于人杀你。"（《纪效新书·卷四·论兵紧要禁令篇》）这些话对憨厚朴实，相信天命的新兵来说，无疑具有很强的震撼力。他自己更是以身作则，率先垂范，凡是要求各级带兵的人做到的，他自己首先身体力行做到。他爱护士兵，尊重士兵，关心士兵。士兵有病，总是亲自探望；士兵有了困苦之事，想方设法给予解决；士兵做出了成绩立了战功，就及时给予奖励；士兵作战牺牲，更是亲自祭奠亡灵，抚慰烈士家属。在戚继光以身作则的模范精神带领下，戚家军中形成了一种将领"爱兵如子"，士兵亲附将领、服从将领的良好官兵关系。军中始终保持上下团结、士气高昂的状态，士兵愿为将领赴汤蹈火，很有一种敢打敢拼的大无畏精神，心理素质提升很快。

戚继光非常看重军事上的"练手足"，他说"练手足"主要就是练武艺，就是使用各种器械进行格斗的技艺。戚继光本身是武举出身，又向俞大猷学过棍法，也谙熟俞大猷的《剑经》，认为武术击敌，概括起来三个步骤：首先，是抵挡对方的招式或虚晃一下调动敌人，俗称接招；其次，是虚晃转变为直击准备，也就是拆招；最后，就是进行反击，施出反击绝招，即施招。这里有实有虚，有阴有阳，讲究虚实变换、阴阳交替，是"致人而不致于人"。

戚继光进一步强调，学习武艺要从实战出发，要为实战所用；要坚决摒弃"好看不好用"的花架子，要真正掌握实战的真本领。戚继光举例说："长枪，单人用之如圈串是学手法，进退是学步法、身法。除此，复有所谓舞者，皆是花法，不可学也……钩镰叉钯，如转身跳打之类，皆是花法，不惟无益，且学熟误人第一。"还针对平时在操场上学的枪法，认为不少也是虚套，"面前好看花法之类，及至临阵，全然不同，却要真正搏击，近肉分枪，如何得胜？""凡武艺，务照穀习实敌本事，真可搏打者，不可仍学花法。"戚继光说完使用长枪武艺的基本要诀后，又让张元勋将长枪冷兵器一招一式的使用方法演示了一遍。

戚继光要求练武艺，还必须进行体魄训练。要求部属官兵练足力，一气跑一里路不喘气；练手力，要拿打仗用的兵器，随手拈来轻巧灵活；练身力，平时穿重甲，背重东西；又练心力，平时"劳其筋骨，饿其体肤"，经得起艰难环境的考验。戚继光让张元勋将练体力、体魄的各种器械杠铃、石锁等逐一演示一遍。只见张元勋将练功带腰中一扎，伸伸手、扭扭腰，蹲蹲腿，做了练功前准备运动，然后伸手一抓，一二百斤的石锁腾空而起，顺势举过头顶，惊呆了参加培训的各级军事主官。戚继光告诉大家，"张元勋有这样大的能耐，也是靠长期锻炼出来。只要你们坚持不懈，都能成为武艺高强的将领。"

为了保证部属服从命令，听从指挥，令行禁止，戚继光对新组建的部队进行"练耳"的相关培训。古代作战没有现代作战的通信设备，将领传达命令指挥作战靠的是旗鼓。正如《孙子兵法·军事篇》叙述的"夜战多火鼓，昼战多旌旗"。

到了明代的嘉靖年间，旌旗指挥逐渐被淘汰，旗鼓只用于迎来送往的仪仗。但戚继光在深研古代兵法中发现，旌旗可以丰富指挥号令，能更好地实现上情下达，准确有效地对部队实施指挥。于是，他将古代纷杂的旌旗颜色进行了简化，与五行金、木、水、火、土结合起来，留下红、黑、青、白、黄五种颜色。南方五行属火，为红色；北方五行属水，为黑色；东方五行属木，为青色；西方五行属金，为白色；中央五行属土，为黄色。又规定前为南，后为北，左为东，右为西，且为便于部队识别方向，又在各种颜色的旗帜上分别画上不同图案；前朱雀、后玄武、左青龙、右白虎、中勾陈。这样，每个士兵都能从旗帜的颜色与图案上明白上级的指挥意图。戚继光又明确指挥旗帜的配置方法。明确规定总营配黄旗，四个把总配东南西北各个方向颜色的旗帜。四把总以下的各哨又以旗帜的边带不同颜色图案加以区别。如此一来，只要中军指挥官的黄旗指向哪个方向，就能传达调动该把总出征或训练的命令。而该把总一级的掌旗官看到中军指挥员号令后就需举旗响应，表示已收到指令，而后还需以旗指挥属下各层级行动。此外，戚继光还辅之以钲、锣、号、哱啰、鼓等各种响器传达不同号令。在夜间能见度低，旗语不能指挥时，又规定以火代替。这就形成了戚家军全军严密、准确的通信指挥体系。

戚继光又将指挥信号印成小册子，人手一册，要求识字的士兵帮助不识字的士兵熟记，逐级考核，若有差错，错一条要被责打一板；相反，能熟记旗语、锣号指挥讯号，则受奖励。有了小错，只要背一条，就能免一板，以此鼓励全员学习熟记。在熟记的基础上，戚继光要求士兵耳听金鼓，眼看旌旗，依令而行；除此之外，不能接受其他一切口头的命令。这一硬性规定，更加强化了戚继光号令的权威性，让它能够畅通无阻、准确无误地传达到每个士兵。可以说，有了这一规定，不论哪一级指挥官都没有胆量不贯彻戚继光的作战意图，这就确保了戚家军全营令行禁止，步调一致，从而以一往无前的气势去夺取战斗胜利。

戚继光精通《孙子兵法·虚实篇》说的"兵无常势，水无常形，能因敌变化而取胜者，谓之神"的教诲，明白"以奇用兵"（《老子·第五十七章》）是军事家克敌制胜的法宝。他认为，一支有战斗力的军队，必须懂得战法、阵法，光凭单兵的武艺，不足以夺取战斗的胜利；胜利更需要团队协同。戚继光根据东南沿海的地形特点，吸收继承了唐顺之"五人为伍"的阵法，创造了团队协同作战的新的阵法——鸳鸯阵。

对新组建的戚家军进行这种阵法训练时，戚继光先调出张元勋一哨示范，亲自进行讲解。戚继光说，鸳鸯阵，就是每队的队长列在队伍前排中间，左右两边是盾牌手，紧接着站在两边的是狼筅手，再退一步并立着四位长枪手，长枪手后面站立的是两位镗钯手，最后一位是保证全队人员饮食的火兵。战时火兵不到万不得已一般不列阵参战。队里所用藤牌系用藤条编成，直径二尺五寸以上；"其兵执牌作势向敌，以标执在右手，腰刀横在牌里，挽手之上以腕抵住。待敌长枪将及身，掷标刺之，中与不中，敌必用枪顾拨，我即乘隙径进，急取出刀在右，随牌砍杀，一入枪身之内，则枪为弃物，我必胜彼矣。……其御短兵更易"。（《纪效新书·藤牌总说篇第十一》）

戚家军使用的狼筅是用山间毛竹连枝杈，剪出锋芒，以沸油煎煮而成。狼筅也可在竹竿前端加上一把一尺长利刃，全长有一丈三尺多。"狼筅之为器也，形体重滞，转移艰难，非若他技出入之便捷，似非利器也，殊不知乃行伍之藩篱，一军之门户，如人之居室，未有门户扃键而盗贼能入者。……兵中所以必于用此者，缘士心临敌动怯，他器单薄，人胆摇夺，虽平日十分精习，便多张惶失措，忘其故态，惟筅则枝梢茂盛，遮蔽一身有余，眼前可恃，足以壮胆助气，庶人敢站定。若精兵风雨之势，则此器为重赘之物矣。"
［《纪效新书》·藤牌总说篇第十一·狼筅总说》（十八卷本）］

戚家军使用的冷兵器镗钯是中股较长的三股叉，长八尺。"每冲锋，五人为伍，用长牌一面，伍长选身长力大者一名，在前执牌，面左，只许顾左，不许顾右。后身第二名执狼筅，面右，以筅出牌右五尺，紧紧靠牌。其枪手在筅之后三步，平执枪。伍长执牌径进，余各紧紧依法随行，敌绝不敢

以枪戳牌。……至于贼之短兵刀、钩等项，必不能近。"（唐顺之《武编》）

戚家军使用特制的兵器作战时，以狼筅保护藤牌，以长枪保护狼筅，又以镗钯保护长枪，战士两两相对，四种兵器互相配合，互相掩护，相辅相成，进能共进，退能同退。

戚继光还告诉受训官兵：戚家军创造的鸳鸯阵的基本作战队形，在哨以上单位作战时，整个队伍可以变换成一头两翼一尾阵。与敌最先交战的部分称作战阵的"头"，在"头"的两侧部分称作战阵的"翼"，处于队伍最后的部分被称作战阵的"尾"。阵中的"头"最先正面与敌接战，阵的两翼用来保护支援"头"与敌作战，使"头"两侧不受敌夹击，同时阵中两翼又可伺机攻击敌的侧翼和出击敌之设伏；"尾"是作为阵中策应部队，也可随时按需支援阵中"头""翼"部队作战。戚继光告诉大家，兵无常势，阵中"头""翼""尾"也不是固定不变的，在战斗中，哪支部队首先接敌，那里就是本军阵中的"头"，而它两侧的部队就是战阵中的"翼"，后面的部队就是战阵中的"尾"。

戚继光说完，又让张元勋作为哨官带领四个队在练兵场上演练一头两翼一尾的阵法。经过实兵示范，受训官兵看得真切，心里犹如小葱点豆腐——明明白白。各哨官兵掌握了阵法基本要领，分头再摆弄操演几次，鸳鸯阵的阵法也就学会运用了！

戚继光又补充强调，随着兵器的发展，大量热兵器的应用，在实施鸳鸯阵时，也要跟着发生变化。实战中，每哨配三门大铳（佛郎机），一队鸟铳手，还配有弓弩手。列阵时，鸟铳队站在被称为杀手的鸳鸯阵之前。当敌军逼近百步之内时，进入鸟铳有效杀伤范围，鸟铳手依命令首先对敌开火。当敌军冲到五六十步时，接近弓箭有效射程，弓弩手可以依命令放箭。这样，在敌人进攻时，可以利用兵器有效杀伤距离的差异，多次组织不同兵器打击敌方，可使敌方战斗力和士气大损。即使敌人冲到跟前，我方两层鸳鸯战斗队形仍可依次冲到鸟铳手队列之前，与敌展开连续厮杀，让敌应接不暇，败下阵来。

戚继光最后还告诉受训官兵，击败敌寇后，追击也要讲究谋略。他说："夫倭性人自为战，善于抄出我后，及虽大败，随奔随伏，甚至一二人经过尺木斗壑，亦藏之。往往堕其计中。"对此，他提醒部队要使用"战胜追敌防伏之法"。凡遇林木、人家、过溪转角之处，及麦田茂草之地等容易被敌人隐藏设伏的地方，要留下兵力仔细搜索，而大部队并不停留，可继续追击。此法可成功应对倭寇伏兵，又不至于丧失追击敌寇的良机。

张元勋、胡守仁、杨文等协助戚继光练兵的主官，在协助中跟着系统学到了平时不能学到的带兵打仗的知识。他们深为戚继光创导的高效指挥体系与高超的战略战术所折服，更加钦佩戚继光的指挥才能。他们为能有机会参与戚家军的组建及培训工作而庆幸；更为这次能在戚继光言传身教之下，自己的军事水平得到的全面提高而欣喜。他们更坚定了紧跟戚继光，南征北战抗击倭寇的坚强决心。

张元勋作为戚继光练兵的"特别助理"，重任在肩，事必躬亲，兢兢业业，恪尽职守，为戚家军的创建作出了突出贡献。他的训练业绩与方法在军中受到一致称赞，被誉为"委部兵众，训练有法"（《张元勋墓志铭》）。

第十一章
驰援新河施妙计 里应外合歼顽敌

嘉靖三十九年（1560）二月，正当戚继光全身心投入练兵之时，从朝廷传来了振奋人心的喜讯，因岑港久攻不克被错怪免职留用察看处分的戚继光，朝廷又以戚继光两战温州获胜以及荡平岑港王澈倭寇营垒的功勋给予重新恢复参将职务。

这时，明朝廷为加强沿海边防抗倭作战，下令对浙江省的海防责任区域进行重新调整划分。保留嘉靖三十二年（1553）设置的杭嘉湖参将和嘉靖三十五年（1556）设置的温处参将不变，而将嘉靖三十四年（1555）设置的宁绍台参将，一分为二，新设宁绍参将与台金严参将，其中台金严参将的辖区由台州沿海防区向西延伸至金华及严州（今建德东北梅城）。这样的防区划分，便于将沿海防御与纵深腹地支援结合在一起，形成浙江沿海防御由浙直总兵之下的四位参将分工共防的体制。台金严区域由戚继光充任参将。

张元勋从初识戚继光开始，就认准戚继光是值得信赖的上司。在戚继光被免职后，他紧随戚继光毫不动摇，服从戚继光的命令不走样，听从戚继光的指挥不犹豫，戚继光指到哪里就打到哪里。戚张两人的感情与日俱增，患难之交更是弥足珍贵。这次戚继光复职后，张元勋也为戚继光错案终于被纠正、晚到的正义终究没有缺位而高兴。

戚继光担任新职后，仍然驻军台州。但他的地位却发生了变化，由前期没有官职凭授权行事，变成有职有权名正言顺行事。他更加意气风发，忠于职守，誓为抗倭保国作出新的贡献。他一面继续抓紧训练新兵，一面采取措施，加快整饬沿海边防。

戚继光提笔给胡宗宪写信，请求"假职一方便之权。凡利有所当兴，弊有所当革，悉容职随时制宜，次第修举，与兵备道计议允行。一应掌印操陆管事军官，悉容职务在得人，一面因材授能，随时便宜更置，一面疏名分巡兵备道，会详请用。及别衙门有所更置职境沿海管事军官，亦必行职查覆"（《纪效新书·总叙·新任台金严请任事公移》）。还进一步向胡宗宪总督提出了六条具体请求："一曰首正名分，使指挥、千百户、旗军、丁舍秩然有序，而卫所号令必行于上下；二曰拿治剥军贪官，以苏久困之卒，使士气渐裕；三曰重治刁军官，使卫所之官敢于任事；四曰禁所伍越序文移无印白呈，以肃军政；五曰谕以忠义，厚恤战亡，以劝亲上使长之念；六曰清理户口，均编差役，以养荷戈之力。"

浙直总督胡宗宪对此大加赞扬，并立即作出批示："所据条件数款，深为有见，且切中时弊。本官为一方大将，既肯挺身任事，则一方军务悉以委托，俱许便宜施行。"胡宗宪的批示，表达了他对戚继光的充分信任与无条件的支持，为戚继光放开手脚整饬海防提供了极为有利的条件，打下了坚实基础。

戚继光鉴于台州防区有长达四百多里的海岸线以及大量的沿海岛屿，海防线长面广，恐有警情声援不及，在军政建制上，他建议设置兵备佥事，监督海防。胡宗宪见此提议后又立即应允，并指派唐尧臣为分巡台金严佥事，监督海防诸戎务。

唐尧臣受命担任台金严监军后，戚、唐"两人雅以才相重，若平生欢"（《戚少保年谱耆编·卷一》）。文武官员珠联璧合，互相尊重，互相配合，避免了内耗，戚继光又可以减少琐事干扰，保证了全身心投入海防要务上来。

戚继光一直认为，倭寇随海而来，抗倭离不开水军，离不开战船。"水陆俱有备，濒海可恃以无恐也。"他苦于当时任宁绍台参将时，按职责分工只管陆军却管不了水军，也未能在水军建设上有所成就。而现在任台金严参将，按职责分工，既管陆上明军，又同时负责管辖官方水军。他面对台州海防战船损毁严重，觉得有必要抓紧修葺、建造，以建设一支能打仗、打胜仗的水上强军。戚继光查看沿海海防设施，在路过松门时，听说出身军事世家，世袭松门卫指挥同知的葛浩是一位生在滨海，从小与海洋打交道，既富有航海经验，又熟悉海上各种船只的构造，了解造船工匠技艺的将领。戚继光闻之如获至宝，立即向胡宗宪写信请调葛浩负责筹建适合东南沿海抗倭的戚家军水师。此请求获得了胡宗宪总督的首肯。

葛浩受领任务后，没有辜负戚继光的期望。他只争朝夕，双管齐下，一方面以最快速度组织了一批会建造海船的能工巧匠，夜以继日打造战船；另一方面，又在戚继光的支持下组织调用了一批有航海经验的挽舟舵手与善于海战的官兵，作为新组建水军的骨干力量。

经过近一年的奋战，葛浩终于完成了四十艘不同功能的战船的建造与水兵部队的组建。所建造的战船，配备了大口径的火炮兵器。建造的福船上配有大发熕一门，大佛郎机六座，碗口铳三门，鸟铳十杆，喷筒六十个，烟罐一百个，火箭三百支，火砖一百块，还配有弓弩、钩镰、标枪、藤牌等冷兵器。

按戚继光的要求，将建造的四十艘舰船，分别在松门、海门两卫布防，各有福船八艘，艨艟八艘，海苍四艘。

战船出海之日，"振旅扬帆出薄海外"，台州百姓"骈肩累迹，观者如蚁"。如此大小舰船兼备，冷热兵器互补，既适合于远海作战，又能兼顾港湾、河汊浅水区域歼敌；既能使用火器远距离对敌攻击，又可以使用冷兵器近打。有了这支水师队伍，戚家军如虎添翼，从此不但能在陆上打击倭寇，而且还能在水上消灭盗匪，为彻底歼灭侵扰台州沿海的敌寇奠定了坚实的基础。

戚继光经过这么多年带兵作战的实践，对《孙子·谋攻篇》中说的"知彼知己，百战不殆；不知彼而知己，一胜一负；不知彼，不知己，每战必殆"有着更加深刻的认识。他深感，要打胜仗，必须摸清敌情，先敌发现，先敌而动，先敌打击，掌握战争主动权。为此，他复职后，对防区侦察报警系统进行整饬。他明确规定，各地烽火堠，建住房一间，安排五人常年值守，配备生活用品，配备防卫兵器，其中碗口铳二支，小手铳三支，火箭九支，大白布旗一面，草堆三座。一旦发现倭寇登岸警情，白天摇旗放铳为号，晚上放火、鸣铳为号报警。又规定烽火堠值勤的兵员，在鸣号报警的同时，还要派员抄近路以最快速度向卫所报告敌人登陆时间与敌兵力情况。为保证报警规定的落实，戚继光还规定，若不按报警程序执行，依军法处罚。

戚继光复职后从大处着眼，从小事抓起，经过一系列整饬，台州沿海防卫能力已今非昔比。这时，在灵江边训练的戚家军，也已训练完毕，形成战力。戚继光统筹谋划，对台州沿海兵力部署进行了调整，将水军编为四营，分为海门关、松门关，每关二营，分别执行基地防守与海上巡逻。并确定海门关以任锦为总指挥，松门关以胡震为总指挥。又对水军备倭作出明确规定：要求在汛期，每营应各有一哨出海巡逻，遇上小股倭寇，各自为战；遇有大批倭寇，各营联动共同对敌，构成海上强有力的防线。对于胆敢登陆的倭寇，卫所的兵士原则上以负责守卫城池为主，已经成军的戚家军则作为机动作战主力，赴敌袭扰区域进行合力围剿。这样既有分工，又有合作；既有海域堵截，又有陆上防卫；既有攻又有守的多层攻防兼备的海防体系，为克敌制胜提供了可靠保证。台州海防旧貌换新颜，从来没有像整饬后这样的强固。

海上的倭寇自嘉靖三十八年（1559）五月在太平新河一带遭戚继光致命打击后，逐渐淡出浙江沿海，开始出现向福建沿海转移之势。浙江沿海迎来近两年时间的相对安定。但是，到了嘉靖四十年（1561）四月，春汛以后，倭寇又开始将兵力拉了回来，特别是台州沿海的桃渚、健跳（今三门县东南健跳镇）、新河（今温岭市新河镇）、楚门（今玉环县东北楚门镇）、隘顽（今温岭东南嵌环镇）等地方，更是倭情警报频传，经常有倭船数百艘，载有一两万人，在海上漂泊游荡，伺机上岸劫掠。

嘉靖四十年四月十二日，有倭船五十余艘，两千余人，聚集于台州外海。戚继光接报后，亲率舟师出海巡逻拦截倭船。

在海上漂泊的倭寇舰船，侦得台州明军预先已有准备，不敢贸然靠近海岸，转而仓皇逃离。

四月十九日，这帮倭寇改变登陆地点，选在宁绍防区的象山口海面泊船，继而在宁绍与台金严两大防区接合部的奉化西凤（今奉化东南）登陆，当晚窜至宁海一都团前大肆劫掠。倭寇企图调虎离山，吸引台金严的明军出兵解救属于自己防区的宁海县一都团前，然后乘虚进犯台州府城，进而劫掠海门、新河、松门一带城乡。

戚继光料敌如神，已经猜透了倭寇的意图。他分析了敌我力量对比，自己手中掌握经过一年多训练的四千多精兵，又有四营水军，并且宁海一都团前毗邻宁绍防区，可以协调宁波海道、总兵，实行水陆并进共同征剿进犯团前之敌；而倭寇侵扰团前之敌，系为了策应进攻台州府城的边路之敌。在团前局部区域我方战力占有绝对优势，完全可以集中兵力歼灭敌人。为此，戚继光定下决心，安排部分兵力由把总楼楠、指挥刘意率领驻守台州府城临海，将另一部分兵力交由张元勋、胡守仁率领，配合海门卫的士兵同守海门。而自己则亲率主力于四月二十二日赶赴宁海团前。戚继光在行前还向刘意、张元勋、胡守仁等交代作战意图，他们的任务就是坚守城池不被敌寇攻破。至于出城歼敌的任务，留待他从团前回师后再进行。这样可形成里应外合的夹击之势，以利彻底消灭敌人。

倭寇已经两年未来台州沿海地区，对戚继光现时战力情况尚未确切掌握。他们风闻戚继光主力已去宁海方向，以为自己调虎离山之计得逞，台州各地城池空虚，就忘乎所以，决定兵分三路，同时进发：一路五百多人，分乘五艘大倭船，意欲四月二十二日由桃渚东北的里浦登陆，进犯桃渚；另一路七百余人，乘坐八艘船只，意欲四月二十二日，于新河港周洋登岸，进犯新河城；还有一路有两千余人，分乘十八艘大小船只，泊于健跳外海，伺机而动。

据《嘉庆太平县志》记载："嘉靖四十年辛酉（1561）四月二十二日，贼三艘乘虚入新河港周洋登岸，又五艘继至。"与上述史料八艘七百余人进犯新河互相印证。

兵备佥事唐尧臣接报倭寇进犯新河城，紧急转报戚继光与总督胡宗宪。

戚继光分析倭寇新的动向后，认为入侵桃渚、健跳的倭寇警情尚不紧迫，而入侵新河的倭寇，已经逼近城下，加上这座城的主要兵力，已随张元勋驻守海门成为机动作战兵力，此时的新河城防卫空虚，形势非常危急，急需增援。

胡宗宪接报后指示说："贼虽分侵，不可堕其计中，辄便分兵应策；当并力合势，先计其重大者，然后以次剿除。"（郑若曾《筹海图编·卷九·大捷考·宁台温之捷》）

戚继光依据胡宗宪所定的作战方略，根据当时敌我态势，决定绝不被敌调虎离山之计所左右，戚家军主力围攻宁海团前方略不变；而对入侵台州各地的倭寇，采取就近调动各卫所守备及乡兵应对；并要求集中兵力首先围歼入侵新河的倭寇，而后视情再歼灭入侵其他地区之敌。《嘉庆太平县志》对戚家军要求首先歼灭来犯新河之敌也有记载："周洋逼近新河所城，贼又前后继至，宜急击。"

当时在海门卫暂驻的张元勋，也已接报倭寇有数百人逼近新河城。他想到此时新河仅存老弱病残屯农兵员，以及为数不多的台金严军官的眷属，不禁忐忑不安、心急如焚，担心养他助他与他朝夕相处的新河百姓可能会遭到不测。他为争取时间，早早就穿好战衣，备好马匹，命令部属作好晚间随时机动作战的准备。他眉宇紧蹙，压抑不住焦虑心情，不断用紧握的右拳撞击左掌，等待着戚继光奔袭新河救援的命令的下达。

终于，张元勋在焦急中等来飞奔而来的传令兵。他不等传令兵下马，就大步向前接过戚继光手令。按戚继光命令，驻守在台州临海的楼楠、刘意，以及驻守在海门的张元勋、胡守仁立即率机动兵力迅速驰援新河，太平县令徐钺、黄岩县令张思善等则立即率领乡兵前去新河策应。

粗中有细的张元勋在集合部队的间隙，与胡守仁作了简短的商量。他说："台州府与新河相距一百二十多里，驻守台州临海的楼楠率部非一天一夜不能到达，我们海门到新河也有五十多里，也需一晚上才能到达。只怕等不到援兵，新河城就被倭寇攻下。"

胡守仁不无忧虑地说："那怎么办，想想有没有其他更好的应急解救新河城的办法？"

张元勋补充道："我生在新河，长在新河，对新河及新河周围情况比较熟悉，与新河仅二三里之遥的下梁驻有梁万宁、梁万荣、梁万昌，号称梁氏三兄弟的一百多人黄岩乡兵团，我们可以策马通知梁氏乡兵团先入新河支援防卫。然后，待我们援兵到齐，里应外合，把倭寇如包饺子般全部吃掉。"

胡守仁不住赞赏："妙计！妙！就这么办！"

梁万宁等梁氏三兄弟，他们的父辈在嘉靖三十七年（1558）十月，曾与登陆台州盘马山滩涂的倭寇进行殊死决战，所带领的一百多名乡勇血洒战场。梁氏后辈与倭寇有着不共戴天的血海深仇，重新组建的梁氏乡兵团都是一些为报仇雪恨而来的梁氏后人，有很强的战斗力。

梁氏乡兵团所在的下梁屯，在新河的北面二里，虽然新河、下梁分属黄岩、太平两县，但地理位置毗邻，两地联系密切。且新河是较繁华的集镇，下梁百姓每逢二、五、七、十新河集市之日，都会成群结队前往赶集。张元勋与梁氏三兄弟又年龄相仿，早在张元勋年少放鸭、习武之时就与他们彼此相识，且一直以来保持联系。

这次，梁氏三兄弟接到张元勋要求他们率兵支援新河城防的文书后，二话不说，穿上战衣，带上兵器，集合全队兵马，连夜紧急赶赴新河支援守城。

嘉靖四十年（1561）四月二十三日，八艘倭船上的七百余倭寇陆续登岸。据《嘉庆太平县志》记载："五艘夜遁去，余屯城外鲍主簿家。"四月二十四日，倭寇以鲍主簿家为营地，开始就近在新河城外各屯抢掠，进而逼近新河城池，新河危在旦夕。

当时，台金严的明军官的家属都住在新河城内，其中就有戚继光的夫人王氏。在这危急关头，戚夫人临危不惧，挺身而出，她以不容置辩的语气命令看守兵器的仓库管理员，打开仓库分发武器，武装城内军队家属及民众共同抗倭。

看守库房的管理员心有难处，向她回话："没有将军的命令，谁敢擅自打开兵器库房！"

戚夫人严词回击："军情紧急，守卫城池是第一要务，若城池被敌攻破，库房兵器也会全部落入敌手，还不如现在打开兵器库房分发武器以御敌。若有责任，由我承担。立即执行！"

库房管理员听了戚夫人一席话，也觉得有理，就按戚夫人要求打开库房分发装备。

由戚夫人号召发动而来的这些军属女眷，平时对军人生活耳濡目染，也略懂一些军事知识。现在奉命应急女扮男装，穿上军装拿起武器，登上城墙配合士兵守卫城池，也像模像样，好似正规明军一般，从远处不加仔细分辨，很难看清真相。

顷刻，新河城头旌旗摇曳，鸟铳轰鸣，喊声震天。倭寇在城外远远望去，只见城上旌旗丛密，兵员充足，他们完全被戚夫人的空城计所迷惑，怀疑戚家军主力已入城，不由得对原先的攻城计划迟疑起来。倭首不敢冒险向新河城池逼近，很不情愿地下令暂停进军，决定先派员刺探虚实，再议下步袭扰对策。

戚夫人的空城计，为新河城防卫赢得了宝贵的时间，给明军援兵到来共同围歼倭寇创造了条件。

正在这紧急关头，梁氏三兄弟率领的下梁乡兵及时赶到，并从北门入城。军嫂们看到友邻乡兵入城支援，浑身力量倍增，情不自禁地高喊："新河城有救了！新河城有救了！"

又过了个把时辰，张元勋、胡守仁这支奉命从海门火速赶来的援军，也风尘仆仆从北门入城。张元勋看到新河城完好无损，一颗悬着的心总算放了下来。见戚夫人一身戎装，再看满城军嫂也都是全副武装，他似乎明白了新河城未破的其中奥秘。

戚夫人面对张元勋看着她一身戎装投来诧异不解的目光，加上此时援军已到，已不再担心新河守城有虞，高度紧张的神经顷刻松弛了下来，戚夫人又恢复了女强人柔情的一面。她像受了委屈的孩子，不住向他诉苦说："你们这些男人到处南征北战，连老婆孩子都不要了，我们差点都让倭寇给掳去了！"

张元勋不好意思回应说："哪能呢！哪能呢！我知道，巾帼不让须眉，戚家军留守处有戚夫人坐镇，我们家里的军嫂、孩子绝对安全无虞，肯定不会有任何闪失！"

戚夫人破涕为笑说："看你说得轻巧！要不是我们急中生智，先声夺人，使用空城计把军嫂武装起来，把倭寇吓住了、迷惑了，后果真是不敢想象。"

张元勋说："戚将军早已估计到这种情况了，特地安排了楼楠、刘意率驻台州府的机动兵力，安排我与胡守仁率驻海门的机动兵力，并让黄岩、太平两县知县率乡兵配合统一行动，我们的兵力足有千把人，加上经过一年的强化练兵，我们的战斗力大大提高，对付这七百人的倭寇还是绰绰有余。"

戚夫人接着说："这次打仗把我们这些武装起来的军嫂也算上一份，你们只管放心在外围打，把精兵强将都用在刀刃上，我们可以协助守城，不怕打不败来犯的倭寇。"

张元勋告诉戚夫人："究竟如何围剿倭寇，待唐尧臣、楼楠、刘意等率兵到达新河，再作决定。我们这些先头援兵，全部以逸待劳，秘而不宣。我们没有实力时，故意虚张声势；有了实力，故意示弱迷敌，让敌真假难辨，上当受骗，聚而歼之。"

再说倭寇这一边，前来暗察新河驻军情况的倭兵回营告诉倭首，在新河城头摇旗呐喊的明军多是一些女扮男装的军嫂和老弱病残的屯农兵士，戚继光的主力部队仍在宁海的一都团前，根本没有回防新河。

倭首听说此情报，气急败坏地嚷道："错失了良机！错失了良机！白白浪费了一天多时间！"

另一副职倭首安慰头号倭首说："戚继光从宁海回防需要三四天时间，若现在抓紧组织攻城还是来得及。望帮主千万别伤心自毁底气！"

倭首听了这番鼓励的话，像打了鸡血，立马有了精神。他歇斯底里发出号令："准备发兵，开进新河攻城。"

这些倭寇利用夜幕掩护，于二十三日夜，占据了新河城南鲍主簿家的鲍家大院，经这两天在新河城外劫掠及战前准备，决定在二十六日天亮后，以鲍家大院为前沿据点，对新河城发起攻击，伺机夺取新河城。

也在二十五日夜，楼楠、刘意驻守台州府城的戚家军，与台州兵备金事唐尧臣一起也快马加鞭，火速进驻了新河城。

此时，新河城里明军实力大增。唐尧臣虽是文臣，但戚继光对他评价极高，"倭寇大至，该尧臣调度，机如转环，策无留晷，分投剿贼，亲自当锋"（《明经世文编·卷三百四十七·戚少保奏议》）。唐尧臣在新河城隍庙军营召集楼楠、刘意、张元勋、胡守仁以及太平县令徐钺、黄岩县令张思善、临海典史韦全会共同商议歼敌良策。

唐尧臣知道张元勋是新河人，对新河城内外的地形地貌非常熟悉，他让张元勋先谈谈打这一仗的意见。

张元勋大胆提出了自己的看法。他对唐尧臣监军说："鲍家大院房舍坚固，筑有炮台，易守难攻，现在敌我双方兵力不相上下，基本对等，我方并无绝对优势。若明军直接强攻鲍家大院，没有隐身之处，把自己的兵力完全暴露在敌人面前，我们对敌贸然强攻，说不定反会损兵折将，得不偿失。依卑职愚见，在敌尚未掌握我兵力的情况下，不妨采取'引蛇出洞'之计，设法让倭寇主动离开鲍主簿大院，倾巢出动前来攻城，而我方守城部队则利用新河的坚固城墙为掩护，给敌以杀伤。并以主力对敌包抄，歼敌于运动之中。"

此计一出，监军唐尧臣与参加决策的人都认为甚好。据此议定：明军不出城攻打倭寇占据的鲍家大院，待倭寇出院攻城时，由下梁乡兵与新河所士兵坚守城池，以楼楠、胡守仁两部为中军，出南门直击倭军；刘意部为右哨从西门出，从右路钳制攻击倭军；张元勋部为左哨，率部从东门出，从左路钳制攻击倭军；黄岩、太平县令所率乡兵进行策应。

四月二十六日拂晓，倭寇并未发现明军已入驻新河城内，以一路纵队大摇大摆向新河城南逼近。

下午申时，只听得驻守南城的楼楠、胡守仁一声令下，瞬间万箭齐发，火炮鸟铳齐鸣。明军壮士王杰、朱廷玘、方其等挺身而出，立即举枪杀掉两个倭寇。

倭寇遭到明军突然反击，猝不及防，毫无戒备，立即抱头鼠窜，乱作一团。

这时张元勋率兵也从东门冲出，经新河金鸡山山麓迂回，对倭寇从左侧发起攻击；刘意率部从西门冲出，经牛山山脚迂回，对倭寇从右侧发起攻击。明军大败倭寇，斩首二十九级。

倭寇受到夹击，命悬一线，凭着有多年实战经验，奸刁鬼滑，用兵攻击事先留了一手，在鲍家大院留有后备机动兵力。这些后备之敌冷热兵器齐用，始终不让明军封闭退却逃生通道，且战且退，掩护败退倭兵复回鲍家大院躲避。明军一路追击，又杀倭寇上百人，直到天黑才撤出战斗。

侵扰新河的倭寇吃了情况不明的哑巴亏，偷鸡不成，反倒蚀了一把米，窝着一肚子怨气。不过他们也明白，这里绝不是久留之地。这一场双方实力相当之战，尚且死伤惨重；一旦戚继光解决了宁海之患，主力部队回师新河驻地，敌我双方力量更加悬殊，处境定然更加艰难，形势更加险恶，即使鲍家大院不被戚家军攻陷，长期困守也会被活活饿死。倭首越想越害怕，决意乘黑夜遁走牛桥、铁场（新河西南两村落），向太平方向退却。

四月二十七日，未等天亮，张元勋、楼楠、胡守仁、刘意等率部快马加鞭，兼程追赶敌人。在温岭莞渭岭附近追上倭寇大队人马。倭寇瞧见追来的明军阵营中，又有昨日领教过的广额修眉、赤面长须的领兵，虽不知他的尊姓大名，但早已被他勇猛无比的战斗力所震慑，顿时气短三分，不敢直面。

赤面长须的张元勋率领的明军，未等倭寇反应过来，就已快马追到敌跟前。只见张元勋手起刀落，一个个倭寇被斩于马下。敌我双方经过一阵你死我活的搏杀，敌再次被彻底打败（如图五）。

此战，明军先后斩敌八十余级，缴获冷兵器一百七十余件，明军一方阵亡姜金等三人。

这次保卫新河城及追歼倭寇的战斗，系戚家军组建以来的首战胜利，是戚继光权衡轻重缓急，不受敌施计引诱迷惑，坚持主力作战方向不动摇，既保证了主要战场对敌围歼作战，又保卫了次要战场城池不破的战略决策的胜利。

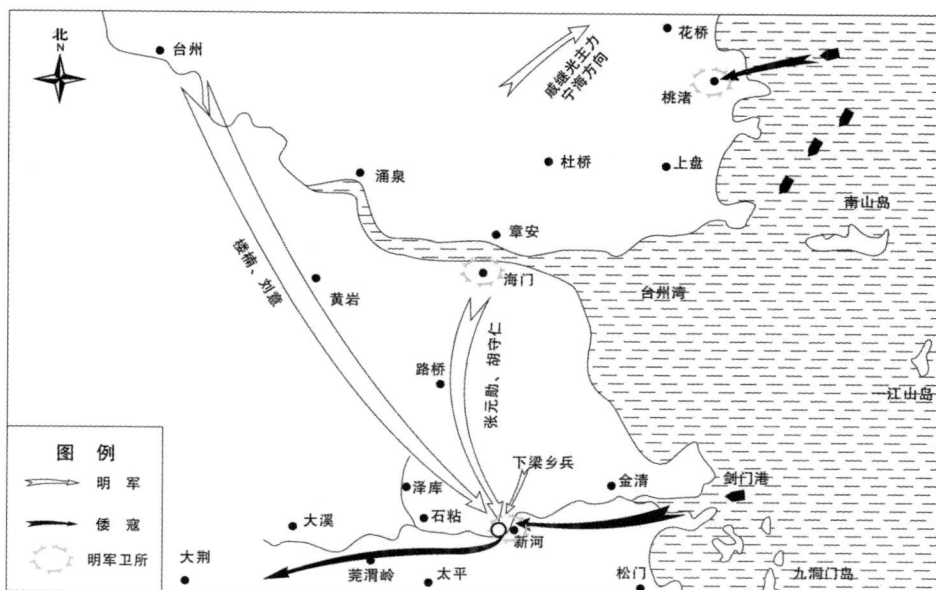

图五、张元勋驰援新河抗倭作战示意图

这次战斗，无疑是抗倭斗争历史上巾帼不让须眉的典型之一。由戚夫人带领妇女参加守城，以空城计赢得了待援的时间，为夺取战斗胜利立下大功。戚夫人以其大智大勇为中华女性争了光、添了彩，其英雄业绩永远让人津津乐道，永远载入抗倭史册。

这次战斗，也是戚继光没有直接参加指挥，而是由跟随戚继光南征北战的属下张元勋、楼楠、胡守仁、刘意等将领，在唐尧臣协调下，共同指挥的战斗。并且是由张元勋等戚家军正规部队不直接参加守城，而在城外打击敌人有生力量，借以达到保卫城池的"以攻为守"的积极防御战略的尝试；又是戚家军不以强攻据点为战术手段，施以"引蛇出洞"、诱敌出穴、列阵歼敌战术的首次运用。是首次没有戚家军主力参战而靠各哨协同作战取得的重大胜利。这次胜利，极大地振奋了人心、鼓舞了士气；预示着在戚继光的精心培养下，戚家军的积极防御军事思想已经深入人心。在明军中，一批英勇善战的抗倭将领正在迅速成长，不断走向成熟，应验了"长江后浪推前浪，中华代代有新人"的名言。

第十二章
连续转战倭营攻 长沙大捷建新功

张元勋等戚继光的部属，云集在新河鏖战之时，戚继光正亲率戚家军的主力在宁海方向与倭寇作战。他不为敌所迷惑，坚持主攻方向不动摇。

倭寇获知戚继光并没有因新河战斗而改变进军宁海的作战方针，知其调虎离山的谋略已被识破，他们乘戚继光主力未到团前，赶紧逃遁，避免两军正面交锋。

此时，唐尧臣向戚继光报告："新河的倭寇已被彻底打败，而进犯桃渚之敌，焚烧船只后，向南窜犯，现已进至精进寺（今临海东百二十里）。"

戚继光分析了当时战场的敌情后认为，敌不进犯桃渚，而进犯精进寺，醉翁之意不在酒，其目的是想趁台州府驻军去新河作战，欲乘府城兵力空虚，进犯大捞一把。

据此，戚继光率军于嘉靖四十年（1561）四月二十六日夜，急赴距台州府城七十里的桐岩岭（今临海北）。由于戚继光二十二日进军宁海时，士兵仅自带干粮三天，挨至现在已是第五天，军中早就断粮。戚继光下令加速行军，计划安排次日上午回台州府城吃饭。

二十七日上午，戚继光率部按计划先敌到达台州府城。此时，倭寇主力已进军至花街，仅距台州府城二里，情况异常紧急。戚继光向士兵发出命令，"亟须灭贼，而后会食"（《戚少保年谱耆编·卷一》），号召全体将士宁愿饿着肚子也要为保卫台州府城百姓的生命财产安全而战。

戚继光针对敌情变化作了紧急战斗部署：以领兵官丁邦彦、哨兵景良忠等部为前锋左哨，以义士赵幽甫佐之，由大路进；以领兵官陈大成、哨官王如龙等部为前锋右哨，以中军哨官王辅佐之，顺江而下；以中军把总陈濠、胡大受率部为中哨正兵，以中军哨官赵记、孙廷贤率部为左右翼，随二路兵马之后而进；又令知府王大可督乡兵在城壕边上列阵声援明军。戚继光一切部署停当，遂令各部队以一头两翼一尾阵的战斗队形，声势浩大地向花街进发，迅速抵近花街战场的前沿阵地，占据有利地形。

倭寇看到戚继光大部队以战斗队形迎面而来，马上以其惯用的一字长蛇阵迎战。

戚家军前锋将士先以火器向敌射击，压制敌军反抗，掌握战场主动权。其他部队看到倭寇被火力压制后，在战鼓声中，以严整的战斗队形，振臂奋勇直冲。勇士朱珏首先冲入敌阵，见倭就杀，一口气连斩敌兵七人，并挥刀砍死倭寇前锋大头目。

敌寇慌乱中，匆忙组织兵力对抗，策划从右翼向戚家军发起反击，马上被左哨把总丁邦彦以凌厉攻势击败。敌右翼反击失利，又以左翼向戚家军发起反击，又被右哨陈大成率军击退。敌我双方历经半个时辰的激战，戚家军越战越勇，敌人只能被动应战，终于实力不济，开始败退。

戚继光坚持兵法"夫战，勇气也，一鼓作气，再而衰，三而竭"（《左传·庄公十年》），"善用兵者，避其锐气，击其惰归"（《孙子兵法·军争篇》），他立即乘势而进，命令参战部队分兵追击，边追边打，最后将敌围于新桥，全部歼灭。

此役共杀敌三百零八级，生擒贼酋两人，缴获各种兵器六百五十件，敌落水溺亡者不计其数。在这次战斗中，戚家军还解救被倭寇所掳的五千多普通民众。

这次台州花街战斗，是戚家军组建训练以来继新河大捷后，主力部队抗倭作战所取得的又一次重大胜利。

戚家军花街战斗的胜利，极大振奋了民心，鼓舞了士气，以无可辩驳的事实证明了经过强化训练的戚家军，是一支守纪律、听指挥、懂阵法、有技术、善协作、能吃苦、敢打拼的威武之师。

四月二十七日，戚家军结束了花街战斗。紧接着，在四月二十八日，又有两千多倭寇在三门健跳登陆。五月初一日，倭寇逐步向前推进，直至临海东北的大田镇。五月初二日，倭寇见戚家军预有准备，经大田中渡迂回至大石，欲将劫掠台州府城的计划变更为劫掠处州（今丽水）府城。

戚继光根据敌人最新动向判断：若倭寇劫掠目标改为处州，必从中渡过河，经上峰岭，出白水洋（今临海西白水洋镇）窜犯仙居。他分析了敌我战场态势，考虑戚家军的张元勋、胡守仁、楼楠等部四月二十六日结束了新河的战斗，张元勋部留在新河守备；胡守仁、楼楠部四月二十七日追敌至太平方向，尚留在太平隘顽方向守备。是时，戚继光所率戚家军"可战者千五百人"（《筹海图编·卷九·大捷考宁台温之捷》）。戚家军与倭寇兵力相比处于敌众我寡的状态。面对这种局面，戚继光一方面通过监军义乌知县赵大河以父母官的身份对属下的义乌籍士兵申明大义，激励他们为保护民众而英勇作战。另一方面又对部属约法三章："毋尚首功，毋掠辎重，毋轻刃胁从。"（《戚少保年谱耆编·卷二》）并且计划对这场敌众我寡的战斗，在兵法运用上不采取正面交锋的战法，而采取设伏智取的作战谋略。

　　戚继光深入研究了战场地形后发现，上峰岭南是一条狭长谷地，两面是山，中间是狭谷小路，是兵法描述的隘形之地，"我先居之，必盈之以待敌"，非常适合军队伏击作战。

　　五月初三夜，戚继光率部先敌到达上峰岭设伏地域。即令部队迅速占据峡谷两侧高地，参战官兵用携带的松枝茅草，掩盖身体，以逸待劳，静待倭寇进入伏击圈，伺机首尾截断，实施"关门打狗"，置敌于死地。

　　五月初四日，倭寇冒雨以一路纵队浩浩荡荡向仙居进发，其队伍首尾长达二十里。初五日，倭寇长蛇阵经上峰岭南侧，面对峡谷绝地，酋首也心存疑惑，生怕有明军设伏，特派军中先锋小心翼翼地在前方探路瞭望了一番。因该日天下小雨，雨雾朦胧，视野能见度很低，加上戚继光部队伪装隐蔽得巧妙，探路倭寇始终未见山上异样。敌酋接报后便逐渐放松戒备，率队大摇大摆一路纵队行进入谷。

　　戚继光已与倭寇作战多年，摸透了倭寇行军用兵的规律，知其前后为强悍精兵，中间则是老弱之徒。戚继光待倭寇全部进入山谷，一声令下，只见山上的戚家军伏兵，扯下伪装，露出真容，瞬间鸟铳齐发，堵住山谷两端倭寇逃跑出口，指挥精兵从中间突破。走在队伍中间的老弱倭寇，碰上犹如猛虎下山的戚家军的精兵，不堪一击，前奔后窜，乱作一团。

　　倭寇遭到突然打击，被打得晕头转向，只能被动应对。其一字长蛇阵的队列，在峡谷中成了占据高地的戚家军名副其实的活靶子。

恰在这时，倭寇另一支部队赶到，直抵峡谷东端山下，妄图援救被包围的倭寇同伙。

戚继光一面指挥部队封住端口，不让敌支援部队靠近。另一面，则采用一头两翼一尾阵对被围倭寇发起冲锋。

倭寇抵挡不住戚家军猛烈攻势，抱头鼠窜，走投无路，进不能进，退不能退，成了瓮中之鳖。

戚家军乘势高喊："胁从举手！投降者免罪！"

胁从的倭众听到戚家军招降的喊声，纷纷放下武器，一个个举手投降，总计有数百人之多。那些不思悔改坚持顽抗的倭寇，大部被戚家军歼灭。

这次战斗，被斩首的倭寇有八百多人，缴获兵器有一千四百余件，解救被掳男女有一千余。戚家军凭借有利地形打了一场漂亮的伏击战，取得了以少胜多的辉煌胜利。

五月初六日，戚家军凯旋台州府城，台城民众夹道相迎，掌声雷动。一支受民众欢迎的战无不胜、攻无不克的戚家军在战火中经受住考验，逐渐成长壮大。

张元勋率部四月二十六日在新河与倭寇作战时，正值戚继光率主力在临海花街作战。两支戚家军分头在两地同时开战，张元勋以新河抗倭的胜利配合鼓舞花街抗倭战斗。张元勋作为军人，以打仗作为生活内容，只要有仗打，感到生活很充实、很过瘾。但当新河抗倭战斗结束后，他听闻戚家军主力要在上峰岭再战，而新河方向已无战事，张元勋按捺不住参加战斗的激情。他向唐尧臣监军请战，要求率兵去上峰岭参加战斗。

唐尧臣既肯定了张元勋牢记军人天职，不忘打仗使命的崇高品格；同时劝慰他说："上峰岭战斗马上就要打响，待我们从新河过去要两三天时间，不可能赶上趟。再则，接有关情报，从宁海团前溃逃的倭寇，与沿海其他流寇整合，现已经准备乘船南下，逐渐向隘顽所靠拢，很有可能从太平隘顽方向登陆，伺机劫掠太平县城。戚将军没有调我们部队一起去上峰岭作战，自有戚将军用兵的道理。我们要听从戚将军统一的指挥。"

张元勋听说接下去马上又有仗打了，也就放弃去上峰岭参战的念头，高兴得跳了起来。

唐尧臣忍不住赞道："像个军人的样子！"

上峰岭战斗结束后，戚继光回到台州府城稍作休息，根据敌情又马不停蹄地率兵进驻新河。

据《嘉庆太平县志》记载："……（五月）十七日，又前犯宁海贼十八艘至长沙登劫，将南攻隘顽，北攻县城。"

戚继光得知来自宁海团前溃败的倭寇，又聚合成军，已有部众二千多，妄图南攻隘顽，北袭太平县城，梦想利用隘顽至长沙（今温岭东南长沙）一带的有利地形建立据点，长期在太平沿海作恶。他召集兵备佥事唐尧臣、通判吴成器、知县赵大河以及李诚立、张元勋、陈大成、胡守仁等领兵研究对策。

他们经反复研究后认为：敌军进逼隘顽所，可北扼太平路于小藤岭，东扼松门路于慢游岭，南逼楚门于隘顽岭，欲置隘顽所于孤立无援、朝夕难保之险境。我军必须对盘踞隘顽、长沙一带的倭寇立即进剿，决不能让敌阴谋得逞。否则，将祸患无穷。

鉴于当时，"贼巢近隘顽，又北扼太平之路于小藤岭，东扼松门路于慢游岭，楚门、隘顽二所势孤路绝，止水道浮海可援"（《嘉庆太平县志》）。戚继光令把总李诚立立即单骑从新河飞驰松门（今温岭市东松门镇），将所练亲兵由千户罗继祖率领，分乘小船，夜渡隘顽，加强隘顽所守备力量。另外，戚继光又排兵布阵，决定水陆两军联合作战。陆路，命令把总陈大成中军进攻，孙廷贤佐之，向长沙北面突击；以把总丁邦彦为左翼，沈宾佐之，向长沙东侧突击；以把总楼楠为右翼，胡守仁佐之，向长沙西侧突击；以通判吴成器为奇兵，武生田大有佐之，迂回长沙东南，焚烧倭船，切断倭寇通往海上之路。水路，以百户陈濠率领水师，胡大受佐之，在隘顽以东海面邀击倭寇；以张元勋、胡震率领水师在长沙东南海面待敌，与陈濠率领的水师互成掎角之势，伺机歼灭一切从海上逃走之敌。同时，又命哨官赵记率领游兵往来梭巡督战。

一切安排完毕，十八日，陆路戚家军从新河出发，"十八日至铁场，大雨。十九日夜半至大藤岭，分三路进至小藤岭"（《嘉庆太平县志》）。

在这时，遇有从长沙巢穴逃脱的被掳民众向戚继光报告："倭寇从宁海、奉化、象山劫掠来的千余百姓被囚船上，如久雨而望云霓，日夜盼望将军率兵解救。"

戚继光听了百姓的控诉，仰天祈祷说："被掳去的人都是我们的兄弟姐妹，此战宁肯没有俘斩敌人功劳，只要能救出这些生灵足矣。"戚继光又向各部队传令，所属各部队在作战中禁止妄杀平民，不准使用火攻烧杀敌营。

二十日拂晓，戚继光出奇兵，进至小亭岭，各路兵马"偃旗息鼓，直趋船所，贼始觉，尽为官兵所歼"（《嘉庆太平县志》），取得了长沙外围战斗的胜利。"生俘巨酋，擒斩群丑五十有六……释系累子女千二百有奇，各听自散。其幼弱妇女无归者尚七十余人，尽收入隘顽，给衣食，出示亲属认领。"（《戚少保年谱耆编》）

紧接着，明军各部队按战斗预案逼近长沙敌巢，分头进入前沿进攻阵地待敌（如图六）。

张元勋、胡震率领的水师，也在二十日天亮前到达长沙外海待敌位置，与陈濠率领的水师在海面互成掎角之势。隘顽湾海面，悬挂大明旗的几十艘

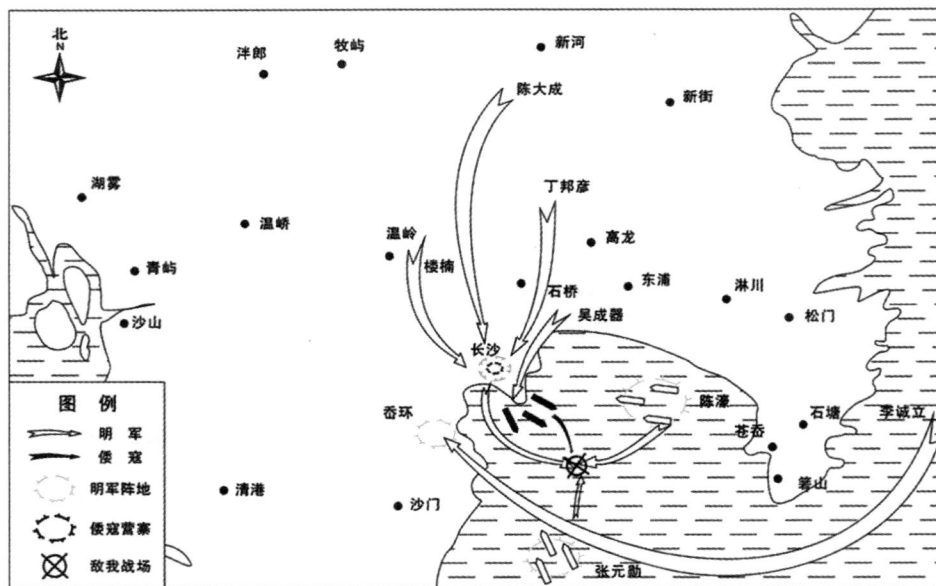

图六、张元勋随戚家军太平长沙抗倭作战示意图

明军船只，已经做好了一切战斗准备，随时准备用配备的各型火器，歼灭外逃之敌。

天亮后，倭寇突见戚家军从四面八方一齐向长沙巢穴涌来，惊恐万状，心知正面对抗不利，纷纷退往海边，欲夺船逃跑。可是，泊在海边的倭船，早被戚继光安排奇兵偷袭焚毁，迫使大批寻求逃跑的倭寇局促于海滩，进退维艰，逃跑无门，被明军乱箭射杀。有的倭寇迫于无奈，跳海泅渡，寻找生路，怎奈狂风骤起，波浪滔天，泅海之倭，也难逃淹死之下场。从宁海团前溃逃太平长沙的两千多倭寇大部被歼于长沙滩涂。

那些幸运夺得未烧船只的倭寇，全然不顾海上已经布满了戚家军天兵天将，只顾拼命划桨逃窜。

张元勋、胡震率领的水师与陈濠率领的水师听到陆上炮声隆隆、铳声咚咚，知道敌我双方已经交火，他们怒目圆睁，双眼紧盯海面动静。当发现一些未挂大明旗的船只匆匆离开岸边，正慌不择路向外海快速驶来，断定这些船只属于逃跑的倭船无疑，张元勋立即命令火炮手使用佛郎机火炮阻击。

倭船突遭明军火力攻击，抵抗无力，陷入绝境，出于求生本能，只得背水一战，露出了穷凶极恶的本性。倭寇知道，近战可让佛郎机这样的大型火器失去远距离攻击的优势，他们为了躲避明军炮火攻击，拼命向明军战船靠拢。

张元勋眼看与倭船逐渐接近，马上要短兵相接，那些远距离使用的枪炮兵器已派不上用处，他立即命令部队用随身携带的冷兵器迎敌。他圆睁双眼，倒竖虎须，手提大刀，站在船舷，看到倭船接近自己的战船，突然用足力气，双脚一蹬，纵身腾空而起，跃入倭船稳稳站立，不待倭寇反应过来，他已手持大刀左挥右舞，随着他从不吃素的大刀的舞动，顷刻有两颗倭寇人头落地。"会倭犯长沙，斩首二级。"（《张元勋墓志铭》）

张元勋的部属看到领军已跳入敌船作战，也纷纷抓住战船摆动有利时机，纵身跳上敌船，紧随张元勋身边，奋力与倭寇在刀光剑影中拼杀起来。

还有当晚驾船外出劫掠归营的三百多名倭寇，正当他们挽舟欲要停靠长沙海边，侧耳听到岸上巢穴内杀声震天，自知情况有变，再也不敢贸然回营，遂趁机驾船掉头向外海逃遁。

戚家军驻守海上的两路水师发现敌企图，怎肯放过。张元勋又亲自率领舰船，对着倭船逃跑方向穷追猛打。在洋歧下洋，张元勋、胡震率领的水军，在船上活捉了五郎如郎、健如郎等倭寇头目。戚家军犁沉倭船二艘，斩首五级，倭兵烧死无数，余寇亦被全数歼灭。倭寇"只樯不返，而贼部中之枭雄悉绝"（《戚少保年谱耆编·卷二》）。

长沙战斗是戚家军建立自己的水军以来，首次水陆联合作战。由于长沙战斗，在军事部署上水陆配合，四面围攻，烧倭船只，断倭退路；在指挥作战上，利用夜幕掩护，隐蔽接敌，致敌危而无备，仓促应战，被动挨打；特别是参加作战的将士，上下一心，纪律严明，训练有素，斗志高昂，长沙战斗获得全胜自在情理之中。该役活捉倭首五郎如郎、健如郎二人，水中淹死者无数，从宁海团前溃退长沙的两千多倭寇，除小藤岭擒斩倭寇五十六人外，其余在滩涂、海上悉数被戚家军歼灭。同时，还缴获敌兵器三千二百四十件，船只十一艘，解救被掳民众一千二百多人。

张元勋在长沙之役中，系首次率领水军作战。他在水战中的骁勇不输陆战。他身先士卒，跳梆过船，勇于近战，手刃倭首，在起伏摆动的船上亲手斩获二首级，实属英勇非凡。

经戚家军连续在新河、花街、上峰岭、藤岭、长沙等地对倭寇毁灭性打击，侵扰浙江台州沿海的倭寇，嚣张气焰已荡然无存。进犯宁波、温州、处州的倭寇也在浙江总兵卢镗与参将牛天锡的沉重打击下，非死即逃。浙江东南沿海重现太平安宁。从外地临时调入的客兵，随着浙江沿海的倭寇被清剿，已胜利完成使命，遂受命陆续返回原驻地。

战后，浙直总督胡宗宪奏疏称："嘉靖四十年四五月，倭寇分犯台州水陆诸处，台金严参将戚某，共斩擒倭首一千四百二十六夷，焚溺死者四千有余；身经百战，勇冠三军。持秉廉公而士心威服，令行禁止而军容整齐。执锐披坚，见贼则轻身先进；绝甘痛苦，遇士则推腹不疑……随锦旗之所指，即捷报之连闻。台民共倚为长城，东浙实资其保障。功当首论，破格优录，以风诸将也。"胡宗宪奏疏虽然说的是总指挥戚继光参将，实际上也是对戚家军威武之师的赞美。在浙江诞生成长起来的戚家军，不但有能力防卫浙江东南海防，而且也有能力支援异地作战。戚家军声威震敌营。

第十三章
弋阳动乱乡野漫 奉命奔袭战敌患

嘉靖三十九年（1560）后，朝廷腐败愈甚，社会动荡加剧。此时虽东南沿海的倭乱渐平，但倭寇紧接着却转而深入明军防卫薄弱的内地。这段时间，粤、闽、赣接合部的乡民骚乱此起彼伏，倭寇借机与动乱力量融合，形成新的愈演愈烈的社会动荡，整个社会管治有失控之势。

嘉靖三十九年五月，广东省饶平县乌石下仓的张琏，因不满当地的官府，铤而走险，杀死当地族长，聚众暴动，高举反对朝廷大旗，将原分散在大埔的萧晚、罗袍、杨舜，程乡（现广东梅县雁洋半径）的林朝曦，小靖的张公佑、赖赐、白兔、李东津等小股义军或山大王、流寇等反对朝廷的势力整合在一起，于柏嵩歃血为盟，形成互为依存、互相支援的军事同盟。这个军事同盟统一政治目标，统一进军路线，共同推举盟主，其势更强、更大。这些农民武装集团，因张琏为人好义，又曾为饶邑库司，有文化知识，有组织能力，能说会道，比起其他目不识丁的一介武夫，显得有智有谋，有主张，有办法，有号召力，他们共同推举张琏为首领。张琏自此称帝，名曰"飞龙人主"，国号"飞龙"，并改元造历，公开提出"等贵贱，均贫富"等看似富有号召力的政治主张。

至嘉靖四十年（1561），这支武装集团已形成十万之众，并于乌石埔筑墙围城建立大本营。成了有明确政治目标，又有根据地的人多势众、直接威胁明朝政权巩固的武装集团。农民军先后攻打福建的汀洲（今福建长汀县）、漳州（今福建漳州市），再进攻连城（今福建连城县）及江西的宁都（今江西宁都县）、瑞金（今江西瑞金县），又攻陷福建的云霄（今云霄县）、海卫和南靖（今南靖县）等地。

根据《明世宗肃皇帝实录卷·五百十四》记载："先是（嘉靖）四十年

中，流贼入江西界者十余曹，其万安、泰和之寇，由会昌等处入，杀巡检刘茂、副使汪一中、金事王应时等官民六百余人。广昌、宜黄、崇仁之寇，由宁化、石城入，杀五百余人。会（昌）、瑞（金）、雩（都）、赣南、兴国、永丰等处之寇，由福建武平入，杀二百余人，为同知袁株等所败。龙泉、万安、泰和、吉水等地之寇，由崇义县入，杀五十余人，官军与战于河均，大败之。玉山、永丰之寇，推叛兵袁山等为渠帅，杀虏二县人至二千余。临川、东郸、金溪之寇，由长汀转掠石城而入，有众万余，杀官民七千四百余人，被虏者二千五百余人……"

以上明史实录，有关农民武装流入江西与明军作战的情况，从字里行间可以让我们充分认识当时农民军从粤、闽进入江西后，整个江西广袤大地呈现的是州州点火、县县冒烟，到处是兵荒马乱的社会乱象。

农民军攻城略地，势如破竹、锐不可当，其势威震福建、广东、江西三省，引起明朝廷的极度不安，遂责令福建巡抚游震得立即率兵进行清剿。

游震得指挥王豪带领三卫兵马，与福建通判彭瀛带领的乡兵共同前去"进剿"，但力不能敌，围剿惨遭失败。

福建巡抚游震得因为辜负了朝廷期望，未能剿灭起事乡民的武装力量而心感不安，深为自责。他召集省府文武官员紧急会商，共议平乱之策。他们分析了闽省官兵与起事农民军的力量对比，以及基于他们对邻省浙江抗倭力量的了解，认为仅靠福建一己之力很难平定省内乡民动乱蔓延之势，应立即上疏朝廷，提议在浙江沿海倭寇逐渐平息后，拟借助浙江兵力，集闽、粤、浙三省的军力，共同进剿动乱的农民军，以优势兵力夺取平寇的胜利，保一方平安。

在嘉靖四十年（1561），明朝廷也已察觉粤、赣、闽乡村与官府对抗的事情越闹越大，渐成不可收拾之势，不得不痛下决心，降旨由巡抚张杲平、江伯、陈圭统率粤、闽、浙官兵七万六千人，以都督刘显为总兵，王宠为参将，并诏谕已释放出狱、被好友李文进请去在大同任镇圭参将的俞大猷与张坤秀同为统领，"移师南赣，合闽、广、浙兵讨之"，合力进剿渐成燎原之势的南赣乡民起事动乱的队伍，彻底平定闽、赣、粤接合部的兵乱，促成粤闽赣社会早日回归清平。

刘显奉诏从浙江出发，率兵征剿从福建流入江西石城、临川、东乡、金溪等地肆意残杀吏民的乡民动乱队伍，"击败之阳湖，贼乃遁"（《明史·卷二百十二·列传》）。

俞大猷到了南赣，见动乱首领张琏带兵远出，当机立断，率兵进攻张琏的巢穴。而后，又趁张琏回兵救营，采取"围城打援"的策略，斩获张琏前来救营之敌一千二百多首级。

张琏被俞大猷所率官兵连续打击，已是胆战心惊，晕头转向，没有了主意，一段时间坚守不出，竭力回避与官兵交战。后来拖延时间长了，终于耐不住固守避战的寂寞，最后还是中了俞大猷"调虎离山""围城打援"之计。其营寨最终被明军攻破焚烧，首领罗袍被斩杀，张琏自己则乘夜色掩护匆忙出逃，侥幸保住性命。

在张琏营垒被攻破后，另一动乱首领林朝曦仍坚守自己的营垒与明官兵作战，但最后也经不起明官军集中各路优势兵力的夹击，弃营撤退。林朝曦凭借他是程乡出生的有利条件，率兵退到程乡那儿继续筑营苦苦坚守。

嘉靖四十年（1561）五月，林朝曦与梁宁、陈绍禄等人，不甘心苦心经营多年的同盟军就此被明军打败，于是将四千多人的残余兵力进行整编，由他们仨人共同率领。随之，军力大增，一路所向披靡，接连得手，从福建邵武（今福建邵武市）出发，一直打到江西省万安。

戚继光在嘉靖四十年四五月春汛期间，正率兵在东南沿海与倭寇鏖战。因此，当时朝廷先调用杭嘉湖一带的刘显率明军先去江西平叛。六月份，戚继光在台州管治区域抗倭，九战九捷，倭寇被荡平。戚继光以及他所率领的戚家军，此时在朝廷文武官员中名声大振。这次朝廷有难，福建、广东、江西接合部发生大规模动乱，朝廷自然会想到要用能征善战的戚家军援赣改变平寇不利战局。

加上时任江西巡抚的胡松，对今年三月浙兵护送谭纶回家治丧守制，在江西境内出其不意地击败流入谭纶家乡的劫匪，保护了谭纶安全的事情记忆犹新。为此，他对浙兵留下了英勇善战"真义士也"的真诚感叹。他也积极上疏朝廷，并授当时率兵保护谭纶消灭劫匪的李超为江西南湖守备，并要求李超亲持谭纶的亲笔书信向戚继光求援，率兵消灭进入江西境内的农民军。

综合几方面的因素，终于促成了朝廷文武百官商议后达成共识，疏请嘉靖皇帝诏令戚继光在平息东南沿海倭患后移师江西，消灭流入弋阳一带制造动乱的流寇。

嘉靖四十年（1561）八月，朝廷面对江西"流寇未息，叛兵复作，郡县瓜残，疮痍载道，官兵缩首，黎庶争道"的乱局，命"家严（戚继光）将本部兵三千人，会同绍兴府通判吴成器，再募新兵八百名赴援"（《戚少保年谱耆编》）。

戚继光接令后考虑："兹蒙调剿江西流寇，鞠躬殚瘁，分所自尽，但维扬维荆，山河之形胜既殊，而山寇、海寇，攻取之方略亦异。此行务求成功，难以草率，就事所有十议，关系军机利钝，必和于国然后可以出军，必和于军然后可以出战，否则必致无成，有负重委。"（《戚少保年谱耆编》）

戚继光还向胡宗宪总督具体条陈："一、谋必胜"；"二、请监军"；"三、明调度"；"四、鼓募兵"；"五、议兵数"；"六、明赏罚"；"七、代信地"；"八、议主兵"；"九、议进止"；"十、期调拨"等《兵机要事》十议。并提出："夫前议既定，一面乞将所募新兵银两，交付通判吴成器，速往义乌募兵；旧兵月粮，一面解赴义乌县贮库，听职到彼给发。职先赴台州，选发器械，而后顺路义乌，以便催兵赴省。"（《戚少保年谱耆编》）

胡宗宪对戚继光所提《兵机要事》全部赞同，并让浙江兵备佥事徐公栻监军调度，绍兴通判吴成器按该方略行事。

嘉靖四十年九月，戚继光因战功卓著，被擢升都指挥使。这给戚继光率兵征战江西流寇带来莫大精神鼓舞。

戚继光接令后召集部下把总议事，积极做好长途奔袭江西平定流寇的战前准备。他决定率兵先从陆路赴杭州省城，然后乘坐舟船沿着钱塘江逆流而上，深入江西境内作战。

戚家军援赣平寇，是自组建以来，第一次跨省远距离征战。

这次跨省远距离征战，张元勋把总率兵从台州太平新河出发，途经黄岩、临海、三门、天台、新昌、嵊州、绍兴、萧山等九个州县，需翻越黄土岭、青岭、度岩岭、会墅岭等多座高山峻岭，才能到达杭州。要走八九百里的路程。行军过了黄岩的黄土岭，接着满目都是崇山峻岭，翻了一座山，又是一座山。脚下都是依山就势，沿着山边岩石开凿的山间小道，呈阶梯状，崎岖不平，蜿蜒盘旋。往往小路的一边是山崖，另一边就是深沟险壑，人行路间，必须倍加小心，若不留神，就会一脚踩空跌入沟底，断腿断臂造成终身残疾，甚至可能葬送性命魂留沟底。

张元勋所率的部队，基本上都来自沿海黄太平原，在防区内机动作战，走的是柔软富有弹性的平原泥路，连续行军三四天，也属常有的事，并不在话下。而这次是跨省远距离机动作战，装备、给养准备充足，每个士兵比平时额外增加负重四五十斤，又需翻山越岭，要走高低不平的山间碎石小路，对他们来说很不适应。这次超负荷翻山越岭，连续行军一二十天，对来自平原官兵实是严峻的考验。为方便爬山，张元勋所率部队，在临行前都装备了自编的草鞋，没想到三四天下来，不少士兵脚上磨出了一个又一个的大血泡。加上行军腿根出汗，不少士兵裆部都被湿疹感染，走起路来，裤子与裆部摩擦，钻心疼痛，令人难忍。兵员的伤痛不可避免影响部队将士的精神状态，也影响了部队的行军速度。

张元勋懂得"兵是军之基，将是军之脊"的治军道理。他铭记秦汉时张良之师黄石公说的"军井未达，将不言渴；军幕未办，将不言倦。冬不服裘，夏不操扇，是谓礼。将与之安，与之危，故其众可合而不可离，可用而不可疲。接之以礼，厉之以辞，厉士以见危授命之辞也，则士死之"（《黄石公三略》）。他深知，黄石公兵法就是要求带兵的人，平日注重广施恩德于士兵，在战场上士兵就会有以一敌百之勇，就能拼死杀敌为其效命。想到这些，他越发注意自己的形象，决心以自己坚毅的精神和对士兵的真诚关心感化士兵，以自己的实际行动去赢得士兵的尊重，共同完成艰苦卓绝的远征。

张元勋发现士兵裆部感染、脚上打了血泡带来行军不便的问题后，就把自己的乘骑让给有病的士兵。士兵的心也是肉长的，他们看到自己的把总对士兵如此尊重，对下属如此关心，那些被照顾的士兵，无不动容，顷刻振奋了精神，挺起了胸膛，咬紧了牙关，坚持徒步行军，坚持轻伤不下火线。后来，张元勋看到大家谁也不愿骑马，改而将这些伤病员的辎重放在马背上，以利于他们轻装前进。

张元勋为鼓舞士气，大踏步走在队伍的最前面。有他以身作则，率先垂范，部属紧随其后，谁也不肯掉队。

历经三四天负重行军，有病的虽然咬紧牙关坚持了下来，但已筋疲力尽。即使没病的，也是腰酸腿疼，脚肚子紧绷。当过兵的人都知道，长途行军到了三四天是关键节点，这个时间点上最让人感到疲倦！特别是那些脚上磨出血泡的士兵，以及行军引发烂裆炎症的士兵，更是走一步痛一身，完全是凭着意志力坚持紧随部队一步一步地朝前走着。

几天行军下来，部队伤病增多，整个队伍行进显得沉闷。张元勋看在眼里，急在心里。他想起在学馆读过《礼记·乐记》里说的："钟声铿，铿以立号，号以立横，横以立武。君子听钟声则思武臣。石声磬，磬以立辨，辨以致死。君子听磬声则思死封疆之臣。"张元勋懂得：钟声洪亮，洪亮就可以发号施令，有了号令就会使人充满勇气，充满勇气则战无不胜。因此，君子听到钟声，就会想到武将。磬声坚定有力，坚定有力的声音使人明辨是非，明辨是非，就会为真理而献身。再则，君子听到磬声，就会想到那些保国而捐躯之臣。这也就是《礼记·乐记》所说的"欣喜欢爱，乐之官也"。他觉得有必要在各哨中用士兵喜闻乐见的家乡曲调解乏除闷，以提振士气。遂唤过部下号称"小秀才"的士兵，令他发动几位弟兄，边走边酝酿创作几首词曲，不拘形式，可使用台州民间的快板、道情、马灯调、田洋曲等众人喜闻乐见的曲调进行表演，以调节一下行军的沉闷气氛。

"小秀才"不负张元勋信任，经他一番默默思量，不一会儿就编成了几首词曲。紧接着，在张元勋的行军队伍中响起了高亢的歌声与快板声，激荡着士兵的心扉，行军的队伍瞬间活跃了起来，行进中的士兵也有了笑声，原来紧蹙着的眉梢也逐渐开始舒展，队伍又有了虎虎生气。这一以"文"化"苦"、以"乐"激"志"的方法真灵，充分展示了张元勋带兵的才能。

走着走着，张元勋看到路边长着一棵艾叶草，他想起父亲在世时，曾不止一次教他认识车前草、鱼腥草、红天葵、穿心莲、犁头草、金银花、蒲公英、艾叶、蛇莓等等各种中草药。他回忆父亲教他熟记的各种中草药的药性与使用方法。他灵机一动，喜不自禁地击掌，大声说道："有办法了！"他边走边收集了各种草药样本，利用部队行军席地休息的间隙，召集各旗的旗长，将中草药治病的事说了一遍。并将他采集的中草药样本分发给各旗，要求各旗在行军中注意采集中草药，待晚上宿营后，由各旗火头军将草药煎成汤分发各个士兵，洗裆泡脚，活血化瘀，清疮消炎。

这个土办法也真解决大问题，用中草药泡脚活血化瘀，促进了血液循环，舒解了腿部筋骨肌肉的疲乏；用中草药浸泡敷贴，可以充分发挥消炎杀菌的功效。一夜下来，士兵裆部、脚底红肿明显消退，创口也逐渐结痂，士兵身上的病痛也得到明显缓解。张元勋部属从心底里称赞自己的领军："真有办法！"

张元勋部下行军发生的问题，在戚家军其他部队中也普遍存在着。其他部队由于没有及时采取补救措施，士兵伤口感染的比例相比张元勋哨下要明显高得多。

戚继光了解到张元勋部队行军以"乐"鼓舞士气，以及用草药救治士兵伤口感染的经验后，及时召集哨长以上的各级领军官员的会议，重点让张元勋介绍如何以"乐"活跃部队文化生活，鼓舞士气，以及怎样用中草药治疗士兵行军摩擦引发的溃烂感染。戚继光又在会上告诫各位领军，"带兵要像张元勋一样，善于在战争中学习战争。凡治军中碰到的困难、遇到的问题，要积极有为，努力开动脑筋、多想办法。只要我们努力，就没有克服不了的困难，就没有解决不了的问题，也没有跨不过去的坎。"

戚继光进而考虑，部队连续行军已是四五天，进入疲劳体感峰值。他一贯爱兵如子，每次作战首先要想到的是怎样设法减少部队伤亡，平时总是十分重视防止部队非战斗减员。戚继光按照"有劳有逸，劳逸结合，综合运用，张弛适度"的用兵原则，考虑到接下去还有更长的行军路程的实际，果断决定部队休整两天，就地宿营治伤。

部队的休整，看起来耽误了两天的时间，但实际上部队通过这两天休息，伤员得到及时治疗，非战斗减员减少。特别是对长途跋涉的参战部队来说，妥善安排休息，让士兵体力得到恢复，降低了疲劳体感，调整了生活节律，满足了行军体能要求，如此养精蓄锐，确是磨刀不误砍柴工，反而大大增强了部队战斗力。这是英明将领治军打仗所必须掌握的。

张元勋所率部队经过两天疗伤休整，又熬过了行军疲劳峰值，再上征程，显得更有生气、更有精神。后续的行军，变得越来越轻松，也越来越习以为常。如此不知不觉日复一日又走了八九天，终于到达了陆路改水路的换乘目的地——杭州。

张元勋率部随戚家军在杭城的钱塘江边，略经休整，于嘉靖四十年（1561）十月初三日，誓师乘舟启行。"自钱塘江发舟，溯富春，逾桐江，宿五里滩。"（《戚少保年谱耆编》）

十月初六日，戚继光犒谕兵士。

十月初九日，戚继光接到谭纶让指挥李超送来的书信。信中说："流寇一时飙至，三县皆残。在临川者已出金谿，在宜黄者充却四境。既焚我居，复及我廪，先世所遗已幻作虚空世界，不孝仅以身免，避难府城，且逾两月，陈蔡滋味则备尝之矣。况两出兵而皆不利，甚至五六贼追杀数千官兵，无一人而敢反戈相向者，因而贼势日炽，郡城孤危，千百万生灵苦无生意。忽闻暂借旌麾，西江人士欢声若雷，但虐焰甚炽，旌麾尚远。十三郡人士待公以更生者不啻到县。第恐雄师将临，群贼宵遁，兵退复来，是非大创难以了事。今趁聚而击之，此万全之策也。知公磊落奇伟，急以救民为心，必不吝此巍巍功德。故敢丐命于公，万代瞻仰，在此一举。惟卷甲兼程从天而下，则数万之寇平于一旦，麟阁之功垂之千载，惟公是望也。"（《戚少保年谱耆编》）从谭纶信中，可见江西弋阳一带军情紧急，急盼戚家军早日从天而降全歼贼寇的迫切心情。

戚继光接信后，感同身受，求战心切，日夜兼程，企盼早日到达弋阳，全歼贼寇，挽救千百万生灵。巧逢十月以来，老天作美，劲刮东风，运兵舟船西行一路顺风。仅九昼夜，至十月十一日，戚家军抵达常山。

十四日，戚家军不再乘舟，改为陆行。戚继光经常微服徒步深入后营巡察，见"有冠忠靖而乘舆者，即怒毁其舆"。一路上戚家军"秋毫无犯，民心咸悦"（《戚少保年谱耆编》）。

十六日，戚家军宿营信州皇华亭。戚继光接获情报，巨寇黎天明与弟黎于纲约会大帽山，遂命令部属刘相、周金公纠合上杭、邵武等处山贼七千余人，自火烧岭攻入弋阳、铅山、贵溪间。据此，江西中丞胡松欲要分一支队伍支援铅山的明官军，又欲将主力调往贵溪对付山贼。该主张，立即遭到戚继光的反对。戚继光说："此非兵法也。万一风雨，贼或变更，则兵势孤

矣。"（《戚少保年谱耆编》）

戚继光又根据谍报，"贼闻大兵入境，殊有戒心，果焚移屯上坊，去弋阳七十里而壁。"（《戚少保年谱耆编》）

戚家军所要清剿的流寇屯据的弋阳县，位于江西省东北部，东与横峰、铅山两县接壤，南与贵溪毗邻，西与贵溪、万年两县相连，北与乐平、德兴两县交界。地势呈南北高、中部低，南北两端为丘陵山地。县城处弋阳—玉山丘陵盆地西部，境内有信江和饶河流经。全县版图南北长一百五十二里，东西宽五十四里，总面积近六千四百多平方里。

县城西南的圭峰上坊毗邻信江，地处弋阳、贵溪之间，境内群山起伏，有岛龟山、牛栏坞岭、虎头石、乌牛石、高石岭等山岭，而火烧岭是其中一条岭，该岭东西长一里，南北宽一百四十步，高程近五百尺，所在的山体统称为乌石山。圭峰乡地处交通要冲，能守能攻，一旦战局不利，率兵向贵溪、鹰潭方向撤退甚为方便。

当时弋阳明军基本没有防卫的力量，据《弋阳县志·卷六·武备武事》记载：弋阳原来设正规军，"明嘉靖前原设民兵四百三十名，后增减不一"。而流寇对力量有限的民兵根本没放眼里。又据江西《弋阳县志·卷六·武备武事》记载："嘉靖四十年（1561）辛酉秋七月，流贼袁三（即袁凤）等破玉山，顺流而下。掌贵溪两县事推官姚筐张军备御，贼惧不敢入境。十月，闽、广流贼从火烧岭突入弋阳南罔湖山（即江浒山）焚掠一月。"

贼寇屯居的弋阳上坊，外围有马鞍岭为之隔绝，内有金鸡山峰能为山贼远瞭警戒，可发现二十里以外军情动向；且通往上坊山路崎岖，草木丛茂。贼寇近巢四周环以垒岭，恃险负众，是一处易守难攻之地。

戚家军为了隐蔽接敌，十月十八日，自葛阳发舟，过傍罗，根据这一带的地形、地貌，夜宿铅山县河口。

十九日，戚继光排兵布阵，令先遣余廷法率兵把守阻截铅山通往外地的隘口；令把总胡守仁，哨官朱文林等部兵为前锋，从石母岭进，以千户胡宗周佐之；把总吴惟忠、陈大成等部兵分左右翼，从雷打石进，以武生高尚节佐之；戚继光亲督把总胡大受、陈濠、张元勋各部为中军，从雷打石抄路捣巢，通判吴成器本部把总石青吏、吴元等佐之；督饷同知周公赞、弋阳县尹陈公仕、贵溪署印同知王公时共同引领民兵协助。约会二十日丙子登岸野屯，至晚上二鼓乘夜衔枚分进，疾趋六十里，直抵上坊敌巢穴。

担任右翼的戚家军首领陈大成捷足先抵，遂以本哨二百人挺入贼巢。

山贼魁首张大旗眼见戚家军攻入营寨，统众迎战。

戚家军一边斩杀贼众，一边高呼："胁从平民听便，投戈自散。"

山贼面对英勇无比的戚家军，自知不是对手。胁从者听到戚家军一阵又一阵惊天动地的喊号，临阵放下武器举手投降者有千人之多。

一鼓刚响，巨酋即被斩首。其手下尚在负隅顽抗的山贼，又遇吴惟忠、陈濠、张元勋各路统兵包围而来。自五鼓抵日中，经五度鏖战拼杀，山贼已不能支撑战局，遂星散逃匿。戚继光又令擂响战鼓，戚家军各路将士，奋勇争先，直追山顶。张元勋身先士卒，跑在追击队伍的最前面，怒目圆睁，高举大刀冲入敌阵，随着将士阵阵雷鸣般的喊"杀"之声，他举刀左冲右突，而身旁部下紧随其后，按一头两翼一尾攻防结合的战阵，左右两翼紧紧护卫，张元勋只顾向前冲杀。叛军在张元勋面前毫无招架之力。张元勋率兵如入无人之境，见着负隅顽抗的对手，刀起头落。

是役，戚家军置山贼"尸横于野千百有奇。斩馘巨魁首四、群丑一百九十四级，生擒十九俘，焚毁于巢者无算。其贼魁各总大王并贼哨张旗头具俘获无遗，释积累男妇八百余众。夺获妖书、簿票、刀杖千有余数……其余漏网亡命连夜奔窜云际岭，出境而去"（《戚少保年谱耆编》）。

至十二月，"守道杨守鲁以兵逐之弋阳为参将戚继光所歼"（《弋阳县志·卷六·武备志》）。在江西弋阳境内的叛军被戚家军彻底剿清，没有被消灭的叛军，"贼奔建宁"（《明史·列传第一百·戚继光》）。

十二月，江西巡抚胡松题上捷疏云："……会浙江参将适引兵入境，甫至弋阳，遂奋勇鏖战，大致胡捷。已而新寇再集，流集建昌，复不日破之，追剿无遗，实皆参将戚某之功。千里赴援，刻期奏捷，号令严明而部伍莫不用命，戚命震耀而盗贼因之褫魂。"（《戚少保年谱耆编》）

张元勋在戚继光统一指挥下，是次率兵远征江西，一路上率先垂范，不怕困难，坚持以"文"化"苦"、以"乐"激"志"的高超治军方法，又以其掌握的丰富的中草药医学知识，妥善解决部队行军伤病，不但保证了部队顺利抵达弋阳战场，而且有效保存了部队旺盛的战斗力，出色完成了弋阳平叛任务，获得了辉煌战果。"从征江西弋阳，斩首三十五级"（《张元勋墓志铭》）。张元勋也因援赣平叛"有功，进千户"（《明史·列传第一百·张元勋》）。

嘉靖四十一年（1562）正月初一日，戚继光班师回到浙江台州驻地。凯旋之时，受到台州民众载歌载舞欢迎。

第十四章
援闽抗倭序战胜 不愧威武戚家军

嘉靖四十一年（1562）是明朝历史上不平凡的一年。这一年，在朝廷中任职三十四年，担任首辅十七年的严嵩，伙同其子，狼狈为奸、相济为恶、擅权罔利、残害忠良、擅杀大臣、卖官鬻爵、排斥异己、遍引私人、贪得无厌、政以贿成，致使国力衰微、赋役日增、民不聊生、倭患日炽、内乱迭起，天怒人怨，恶贯满盈。朝廷上下，要求清除朋奸罔上、祸国殃民的严嵩父子呼声渐盛。

世宗皇帝迫于内外压力，加上严嵩年事已高，军国大事多由其子严世藩代为处理，受诏多不能答，所进青词也多出自他人之手，已不合嘉靖皇帝的心意，对他渐生厌恶之情。

朝廷给事中吴时来等曾多次上疏弹劾严嵩父子。在嘉靖四十一年五月的一天，御史邹应龙因避雨入皇帝内侍家，偶尔得知世宗也有罢免内阁首辅严嵩之意，胆力大增。五月二十九日，邹应龙便予专疏弹劾严嵩父子。

世宗得疏，遂以严嵩教子不严，任其为非作歹，有负国恩，下诏令其致仕还乡，并令捉拿其子严世藩入狱待审。

时任兵部尚书、浙闽总督胡宗宪，虽一直在东南沿海抗倭，但因其与严嵩义子赵文华关系密切，朝廷对其传言纷纷，也受清理严党大案牵连。此时，胡宗宪风雨飘摇，地位微妙，如坐在火山口上。他已处于泥菩萨过江，自身难保的境况。在这种局面下，胡宗宪对浙闽沿海抗倭军机大事哪有心思再去认真思考。

俗话说，篱笆扎得紧，野狼难得进。嘉靖四十一年，大明王朝掌权的大臣正处于斗争白热化阶段，海防的"篱笆"根本不可能扎紧。

日本的倭寇政治嗅觉也是极度灵敏。他们了解到明朝廷激烈党争的政治状况，本来在浙江沿海遭到沉重打击，烧杀抢掠恶行有所收敛，但这时候又伺机活跃起来，不断扩充力量，人数日渐增多。

据有关史料记载，嘉靖四十一年（1562），日本本土的倭寇，分析了东南沿海的军情，得出判断：浙江驻有戚家军，训练有素，骁勇善战，坚不可摧，几次交战，倭寇都是铩羽而归，若出兵侵犯浙江沿海很难有所作为。相对来说，福建的海防力量未得到整治，卫所空虚，军备废弛，福建的海防弱不禁风，一攻就破。于是，倭寇趁着明朝廷党争，无暇顾着海防，趁着福建当地明军兵力不敌倭寇，把进攻劫掠的矛头对准了福建沿海。

倭寇继嘉靖三十七年（1558）攻陷福清，嘉靖三十九年（1560）攻陷福宁（今福建霞浦）、福安（今福建福安），嘉靖四十年（1561）攻陷宁德（今福建宁德），又在该年由夏至冬三次侵犯兴化（今莆田）府城及周围地区。

兴化府荔浦村的民众面对倭寇入侵，合力奋起抵抗，并派人赴府城紧急求援。可是守城的参将侯熙却被倭寇吓怕了，接报不敢出兵应战，竟坐视不救。都司白震带瑶兵来莆，也不救援，只顾与本地乡兵互相仇杀。致使倭寇攻入荔浦村，村民惨遭残杀，血流成河。莆田乡民在血与火的煎熬中呻吟。

到了嘉靖四十一年，"倭大举犯福建。自温州来者，合福宁、连江诸倭攻陷寿宁、政和、宁德。自广东南澳来者，合福清、长乐诸倭攻陷玄钟所，延及龙岩、松溪、大田、古田、莆田。是年，宁德屡陷。距城十里有横屿，四面皆水路险隘，贼结大营其中。其新至者营牛田，而酋长营兴化，东南互为声援"（《明史·列传第一百·戚继光》），后又攻陷永宁（今福建晋江东南）。又有流倭来往于诏安、漳浦间。整个福建沿海，"北自福建福宁，南至漳、泉，千里萧条，尽为贼窟"（《明经世文编·卷三四七》）。

在嘉靖四十一年正月，倭寇攻陷兴化府城，城中百姓被杀一万多人，城外南北洋尸横遍野。二月，倭寇侵占安溪长泰里，该地被劫掠一空。四月十四日，倭寇从长乐攻入福清，城内百姓遭殃。五月，倭寇攻入宁德县城，官民遭屠戮，物力馨尽，数千子女被掳。六月，倭寇由三江口登陆，屯扎蔡垞、杭头等村，村民奋起反击，死伤百余人。特别是宁德的横屿和福清之峰头（今福清新厝镇的烽头）两地，更是倭寇盘踞的大本营。

一言以蔽之，在嘉靖四十一年（1562），倭寇侵扰福建十分猖獗，气焰嚣张至极。他们到处横行霸道，欺占民女，烧杀抢掠，无恶不作。福建正处于历史上倭患最严重的时期。福建的百姓，生活在水深火热之中，怨声载道。

时任福建巡抚的游震得，为人刚直，他常说："当官就该为朝廷效力，把事事当成家事。"但面对倭寇猖獗、民怨鼎沸，他又苦于福建明军官兵力量薄弱，无力清剿。

当时在浙江抗倭业绩斐然的谭纶，嘉靖四十年（1561）九月复职后，被朝廷安排在福建任参政。谭纶出于对浙江抗倭战力的了解，且曾与戚继光在浙江东南沿海合力抗倭，两人配合得天衣无缝，互相支持自不待说。鉴于这时浙江倭患已平息，援赣平叛又胜利完成，因此他主动建议游震得立刻上疏朝廷，奏请朝廷下诏借助浙江戚家军入闽支援抗击倭寇，平息倭患，以保福建的平安。

游震得觉得谭纶说得有理，遂向皇上奏请。

明世宗皇帝接到游震得巡抚的疏章，知道戚家军这几年在浙江东南沿海抗倭战果辉煌，福建倭患确是非戚家军不能平息，遂提笔即时对游震得疏章御批，明示尚在兵部尚书位上的胡宗宪，令戚继光率所辖六千精兵，以及都府中军都司戴冲霄率两千精兵，以副使王春泽为监军，共同入闽抗倭。

此时，戚家军刚于嘉靖四十一年二月从江西弋阳平乱班师回浙江台州各卫所驻地，部队还没来得及喘息休整。但戚家军作为威武之师，全军上下信奉"不想打仗的军人不是好军人"；作为习惯了打仗的军人，总想着血战沙场，为国立功。对戚家军来说，要是三四个月无战事，就觉得心里闷得慌，手心痒痒的，总盼着早日去战场冲锋陷阵，为民除害，为国立功。现在，传来朝廷要调派戚家军入闽抗倭作战的号令，又让戚家军上下顷刻兴奋了起来。将士们无不摩拳擦掌，开始张罗入闽抗倭事宜。

福建军情紧急，战况容不得戚家军在机动作战前多几天准备。好在戚家军一直执行古训，"有备则制人，无备则制于人"（西汉·桓宽《盐铁论·险固五十》），"君子安而不忘危，存而不忘亡，治而不忘乱，是以身安而国家可保也"（《易传·系辞下》）。他们平日枕戈待旦，将战备的弦绷得紧紧的，部队应对各种机动作战，早就备有预案，且每个兵士都有随时投入战斗的意识，各种装备摆放有序，只要一声令下，几分钟时间各哨就可集合完毕，整装待发。即使整个部队几千人远距离机动作战，也用不了一两天的准备时间。因此，戚继光接到朝廷命令后，未及与家眷道别，又身披战袍，横刀立马，立即率部浩浩荡荡入闽机动作战。

新河的百姓，与戚家军鱼水情深。自从戚家军驻守新河，倭寇再也不敢到新河袭扰，新河社会得以安宁，百姓安居乐业。现在闻悉戚继光又要远征援闽，心里充满依依不舍之情。太平县团浦的举人林贵兆，在饯行时，即兴作了《送戚南塘都督移镇八闽》一诗相赠。诗曰："遥闻百战知英略，细接元谈识远猷。司马自应论懋绩，将军何意话封侯。新承简命趋南省，独拥兵权制上游。衰老送君何以赠，只将一字拟中谋。"

七月二十一日晚，戚继光率部分别从台州海门卫、松门卫驻地乘船向福建方向进发。因时值七月份，海面上大多刮东南风，舰船从浙江台州往福建需由北向南顶风破浪航行，行船诸多不便，不但顶风挽舟速度缓慢，而且大风大浪中，舟船上下颠簸，乘员极易晕船。因此所属部队在海上整整花了四天时间，直至七月二十五日才到达温州平阳海岸。

面对恶劣的海况，戚继光审慎考虑后认为：若部队全部乘船水运去福建，万一遇到倭船袭扰，擅长陆战的戚家军搞不好会遭遇惨重损失；而且这批陆兵多数是"旱鸭子"，海面大风大浪让他们不断晕船呕吐，已造成体力消耗过度，严重影响了战斗力。戚继光果断决定：运兵船到了平阳后，部队的陆兵全部登岸，由水上运兵改为陆上行军。二十六日取道钱仓、灵溪、水头、桥墩门，于二十八日上午越过分水关抵达福鼎县城。

《戚继光抗倭过福鼎》（周瑞光著，载《福鼎文史资料》第四辑）记述了戚家军过福鼎的具体细节。文中描述："自古以来有兵过篱破之谣，当戚家军入闽消息传进桐山堡，堡内人民因几经倭贼、山寇的蹂躏，又备尝了明朝官军过境敲诈勒索的苦头，于是心有余悸，后来见戚家军'号令金石，秋毫无犯'，连城堡都不进，毫不惊动父老，只在塘里、岩前一带野营露宿，用自备干粮充饥，桐山堡百姓才消除顾虑，大家以手加额曰：'今日始见仁者之师矣！'所至箪食壶浆，争相馈饷，但被子弟兵一一谢绝了！"由此可见戚家军纪律严明。

戚家军马不停蹄，日夜兼程，于八月初一日顺利到达福建的福宁州。

福建的监军副使汪道昆，早已听闻戚继光治军严明，料敌如神，英勇善战，对他充满敬意。汪也早早了解到，戚家军系从义乌招募成军，军中成员大部是义乌兵。因他曾有在义乌任知县的渊源，戚家军说起来也似他的乡兵，他更对戚家军增加了几分亲近感。这次他获知戚继光率军莅临福建，自己有幸与他共事抗倭，共建伟业，特意亲自从福州赶到福宁州远迎。

汪道昆（1525—1593），字伯玉，号太函、南溟，歙县人。嘉靖二十六年（1547）进士，授义乌知县。嘉靖三十年（1551）升户部江西司主事，嘉靖三十一年（1552）改兵部职方司主事，历武库司员外郎、武库司和武选司署郎中事，嘉靖三十六年（1557）升湖广襄阳府知府，嘉靖四十年（1561）升福建按察司副使，备兵闽东海域与戚继光共同抗倭，后来戚、汪二人志同道合，并肩作战，互相依存，成为军中挚友。

汪道昆与戚继光在福宁州相见后，汪道昆主动向戚继光介绍了福建倭寇近年来活动概况、倭寇活动规律、现在倭寇大小各据点兵力分布状况，以及驻福建明军官兵及乡兵现有兵力与部署，并诚恳表示，为方便指挥，提高部队的战力，所辖闽兵可全部归戚继光调动使用，接受戚继光统一指挥。

戚继光根据汪道昆介绍的福建沿海倭情，得知宁德的横屿，是倭寇较大的老巢，常驻倭军千余人。这里的倭兵又大部来自日本九州地区，那里是日本最贫穷地区，乡民凶恶野蛮，秉性顽劣，该地区的倭寇，可谓是倭寇中的王牌。且该处倭寇，在此已为时三年，四处抢掠，作恶多端，致使宁德一路，"上下三百余里，三年渺绝人迹"（《戚少保年谱耆编·卷三》），宁德县城被夷为废墟。这个据点的倭寇对福建沿海造成极大危害。

兵法云"擒贼先擒王"，"摧其坚，夺其魁，以解其体"。因此戚继光认为，若首战能将盘踞横屿的倭寇一举歼灭，必能灭敌威风，长军民志气，能"四两拨千斤"，进而更能下好福建抗倭的"整盘棋"。另一方面，戚继光也了解到，横屿系地处宁德东北二十里的三都澳中，是一个四面环水的海上孤岛。全岛分为蛇头、蛇尾和中笼三个部分。全岛面积虽不大，岛上山峰也不算高，但中笼部位有一山坳，便于兵员隐蔽，作为战场易守难攻。岛的东北南三面距离陆地较远，只有西面离陆地较近，但仍有几里之遥，涨潮时一片汪洋，退潮时也是淤泥一片。若组织陆兵攻打，难于涉渡；若用水师进攻，则船易搁浅。加上倭寇在此又经过三年多时间的驻守经营，沿岛四周设有木栅筑就的坚固工事，故凭常规办法很难取得攻岛战斗胜利。作为首战来说，此不利因素不得不充分考虑。不过，此时戚家军拥有的兵力，与横屿的倭寇相比，处于绝对优势。戚家军在嘉靖三十八年（1559）八月开始组建时有四千人；在嘉靖四十年（1561）八月，又去义乌招兵两千人，至今有六千多人；敌我力量对比是一比六。加上这时戚家军备有战舰四十多艘，开始形成水战能力，四面环水并不构成戚家军进攻不可逾越的障碍，而坚固木栅也挡不住已装备火炮的明军的攻击。特别是戚家军经过严格军事训练，有一批经过多年实战锻炼的像张元勋那样英勇善战的将士，更是取得胜利的保证。戚继光对敌我兵力全面分析权衡后决定，将首战放在横屿，即使驻守横屿的倭寇是倭中之王，地势又易守难攻，但戚家军歼灭横屿倭寇应该还是有把握的。不过，戚继光对战前准备还是慎之又慎，不敢丝毫掉以轻心。

对这次战斗，戚继光最担心的是部队进攻道路上，需要解决的海沟滩涂泥泞道路不易通行的问题。前几年，福建的明军就因为这个难题没有解决好，几次对横屿的进剿，均以失败告终。

戚继光与汪道昆反复分析敌我战场态势，充分交换意见后，又召集浙江、福建的文武官员，共同探讨攻岛的战略战术问题。他不耻下问，虚心向大家征求陆兵跨越海涂作战如何破解泥泞道路的方法。

讨论会上有出身山区的将领，他们以前未曾见过大海，也未见过海边深不见底的泥涂；他们在山区只见过山涧小溪，以及溪流中布满砾石的溪底。他们建议去山上砍伐一些毛竹，做成竹排，每旗十二人一只，以解决渡海作战的难题。但这一方案很快被出身海边的将领否定了。其原因是陆岛之间海峡在涨潮时，水流湍急、浪涌凶险，无风也有三尺浪，对大部来自义乌内地的戚家军来说，激战前，怎么经得起搭乘竹筏横渡一二里海沟时的风浪颠簸折腾！

正当大家一筹莫展之时，张元勋站起来亮了亮嗓子，讲了自己的看法。

他说："我从小生长在海边，经常与大海打交道，熟悉大海的脾气。这个大海有大水潮、小水潮，每个月的初七、初八或廿二、廿三是小水潮，潮位相对低一些；初一、十五这几日，则是大水潮；且大海每天有二次涨潮、平潮、落潮，由此周而复始，循环往复。我们渡海作战可以尽量避开涨潮陆岛相隔的时段，选择小水潮日子，及利用小水潮大海落潮时，大海退潮后海沟有一个时辰的无水或水浅的间隙，对敌发起进攻。"

戚继光一听这个想法与他曾经有过的念头吻合，便迫不及待地继续问下去："退潮了这条海沟水没有了，但都是泥涂，发起进攻，人马岂不会陷入泥中不能自拔？"

张元勋回答说："解决这个问题不妨用我放鸭时踏入烂泥田所使用的一个办法。"

戚继光追问道："什么办法？"

张元勋说："我冬天放鸭时，少不了要到割了稻子的烂泥田去赶鸭。每逢天冷穿着棉鞋，我为了不使棉鞋陷入泥中，有时踩着稻茬前行，若遇无稻茬处，我就用稻草铺撒在田里，然后将脚踩在稻草上，就不会陷下去了！现在何不在落潮海沟无水之时采用稻草铺填的办法，在海沟淤泥上填出一条海上运兵的通道。这样既省力又安全，各位将军看看此法可行否？"

戚继光听到这个方法，拍案叫绝，称赞张元勋把放鸭的经验也用到打仗上了。遂决定采纳张元勋提出的用稻草铺填海涂淤泥的方法，"人持草一束，填壕进"（《明史·列传第一百》）。以此法破解了渡海作战在泥涂上通行的难题。

戚继光解决了海涂作战行进的问题后，进一步进行作战兵力部署。他针对横屿作战系浙闽两省联合作战，参战部队除了戚家军以外，还有浙江来的戴冲霄部；有福建本籍参将张岳率领的明军，以及福建本籍水军都司张江所率部。文官基本上都是副使，武将职级基本相同。这些将领原来互相间没有隶属关系。这一战役，如何指挥协调不同建制部队的将领，形成一个统一指挥战斗整体，这确实是一个急待解决的大问题，但戚继光又不可多说。

此时多亏福建监军副使汪道昆以大局为重，主动提出："戚继光率领戚家军在浙江抗倭百战百胜，这次领旨来到福建与我们联合抗倭，作战的主力也是戚家军，所以，在闽联合抗倭作战，理所当然应由戚将军统一指挥。"

由于汪道昆的主动提议，各部将领很快就参战部队的指挥体系达成了共识，戚继光成了在闽抗倭的部队总指挥。

戚继光为了顾全抗倭大局，又为了平衡各方利益，他在会上约法三章，着重提到：作战方略由自己先拟，再供各路军队将领共同议定；并强调各路军队在这次战斗中不许争功误事，规定前锋队伍只管向前冲锋杀敌，后援部队负责割取的首级记功领赏，对于割取的首级按参加战斗兵员数额均分。由此，则可避免友邻部队为争战功，光顾割取敌首级而忘了进攻的不愉快事件发生。

在戚继光主持下，浙闽抗倭联军形成共同歼灭横屿倭敌的作战方略。戚继光行使职权下令：由把总张谏部驻金垂渡，土兵参将张岳率部驻石壁岭，形成互为掎角的左右翼，以便随时对逃窜的敌人实行合围夹击。命令都司张汉率闽水军停泊横屿水面东南方向；命令楼楠率浙江水兵停泊于横屿水面的东北方向，主要任务是堵截倭寇从海上各地调兵增援横屿；另外，也负责对渡海作战主力部队提供火力支援，确保渡海作战主力部队的制海权；再则，防范堵截横屿倭寇失败后外逃。故张汉、楼楠所率水上部队任务非常繁重。进剿横屿守敌作战的左路由都府中军都司戴冲霄负责，以东山铺为基地向横屿开进。右路由王如龙率兵二支占据港尾后，留守该处要地，防敌逃窜。戚继光负责全局指挥，并居中亲率陈大成、吴惟忠、陈子銮、张元勋、童子明等把总直捣横屿倭寇巢穴。作战会议明确要求所有明军务必在八月初五日到达金垂渡，初六日至东墙铺，初七日至东山铺。

作战会议还要求各部队在进攻横屿前夕，召开全体官兵动员大会，组织当地民众血泪控诉倭寇残杀百姓的滔天罪行，祭祀被杀民众。通过当地民众对倭寇的血泪控诉，增强明军官兵的民族恨，激发明军官兵不把敌人消灭决不下战场的大无畏战斗精神。

在战前动员会上，张元勋聆听着当地百姓的控诉，联想起父亲被倭寇杀害，顿时怒发冲冠，眼睛圆睁，手握拳头，发出震天动地的怒吼声："我要手刃倭首，告慰父亲在天之灵！""为乡亲报仇！""不歼灭横屿倭寇誓不为人！"控诉会怒吼声响彻云霄。真可谓："三军为之心动，气倍激烈。"（《戚

少保年谱耆编·卷三》）

这些天来，当地的倭寇已风闻大量明军进驻横屿周边。特派出李时板、张十一两名奸细，妄图以投降为幌子，深入军营侦察明军虚实。

戚继光洞察秋毫，识破了敌寇阴谋。他将计就计，巧妙使用《孙子兵法·用间篇》的"因间"攻心之术，将敌之间谍为我所用。他对这两名奸细，晓之以理，动之以情，精心做通他们的思想工作，鼓励两奸细反戈一击，将功赎罪。

两间谍亲眼见到戚家军众志成城，心知倭寇末日来临。又经戚继光的训导，幡然悔悟，回心转意，表示彻底改过自新，与日本倭寇决裂，不再与百姓为敌，愿此后回到中华民族怀抱，真心为明军服务，再也不为倭寇办事。他们为表示将功赎罪诚意，特向戚继光供述了驻守横屿倭寇的兵力配置情况，并表示回营后通过各种途径在倭寇营内进行策反工作。

两奸细当即立下字据，表示永不食言。戚继光又特意聚集各官焚香盟誓。

这两名奸细，事后的确履行了诺言。在他俩的影响下，一些被迫依附倭寇的民众纷纷倒戈，不断有人逃脱倭营来到戚继光营内投降请罪。横屿外围依附倭寇势力，未打先破，先后有千余附倭民众反水归正。

八月初八日辰时，正值"到处见海滩"的天文低潮位。戚继光所率的部队在两个反水的倭兵的引路下，到了兰田渡战位，准备率部向横屿岛发起总攻。在总攻前，他不忘再次向各位把总阐明兵法"背水一战"的利害关系。戚继光说："《孙子兵法》说：'聚三军之众，投之于险，此谓将军之事也。'你们到达对岸后，潮水又要开涨了，届时横屿与陆地将被海水相隔，你们将无路可退，只有英勇作战歼灭敌人，然后屯驻岛上，才有生路；如果你们没有彻底消灭敌人的决心和胆量，这次就不要踏上泥涂渡海作战，我不忍心让你们去白白送死。"

众将士经过短暂的沉默之后，继而发出慷慨激昂的回答："养兵千日，用在一朝，今天国家有难，正是用得着我们为国立功的时候，我们不远千里到了这里，等待的就是同敌人对决，我们不上谁上？难道我们还能怯懦吗？"

张元勋也发出惊天动地的吼声："报仇雪恨的时候到了，不杀光倭奴，誓不罢兵！请将军下令给我们立功机会吧！"

戚继光听后激动地说:"好样的!像个有血性的戚家军的官兵!我将亲自为你们冲锋擂鼓!"

水军听到鼓声,知道陆兵已开始向横屿发起进攻。按照事先战役协同的约定,遂用船上大口径佛郎机对准横屿倭寇栅门齐轰,为陆兵进行火力开道。倭营的木栅怎么经得起明军炮火的集中攻击,栅木瞬间被炮弹击中起火,寨门顿时洞开。

听着戚继光亲手捶响的咚咚的战鼓声和水兵为陆兵火力开道的隆隆炮声,戚家军上下斗志昂扬。张元勋等各路把总身先士卒,按鸳鸯阵列成的战斗队形,每人除了带着武器装备以外,还额外背上一捆稻草,一边前进,一边用稻草铺填海沟泥涂。当地百姓通过战前动员,抗倭热情高涨,积极参战,帮助明军运草铺路。经过军民多次往返,一条进军通道迅速在泥涂中形成。稍事休息,戚继光调整各路战斗队形完毕,借助水军舰炮轰开的寨门,戚继光发出向横屿倭寇守军冲锋的战斗号令。

几年来,横屿的倭寇守军,多次经历明军攻打,一直凭借着海峡天堑相隔,营寨固若金汤,不曾有任何闪失。这些倭寇,天长日久逐渐形成目中无敌的狂妄之症。他们有点忘乎所以,以为横屿被水所隔,明军水兵力量有限,陆兵又为淤泥所阻,明军想要攻破他们在横屿构建的营垒,简直是痴心妄想,白日做梦。他们这次面对明军攻营,还悄悄在营垒里冷笑,等待着明军如前几次攻打一样丢盔弃甲、落败而退的旧景重演。但他们万万没有想到,这次参与攻打横屿营寨的明军与前几次进攻横屿营寨的明军,素质完全不同,且作战模式也不相同。明军这次水陆并进,借助水军对登陆滩头凶猛火力压制,陆兵乘机以迅雷不及掩耳之势,打通了海沟淤泥所隔的天堑。

从明军发起进攻战斗一个时辰不到,明军就排着整齐的阵形,登上了横屿的滩头阵地。

倭寇见状,顿时慌了手脚,立即开始整队,派出一部分兵力在滩头与明军搏杀,妄图趁着明军陆兵涉泥登陆,体力消耗大,立足未稳之机,强力阻止明军前进步伐,期待战至涨潮时,届时海沟涨满海水,明军将退无可退,全部沉入大海送去喂鱼。另外,倭首又安排主要兵力坚守木构阵地顽抗,防止明军杀入营内，主客变换，"反客为主"，反让自己退无可退，使自己处于不利境地。

张元勋率领的戚家军踩过稻草铺就的海沟淤泥，进入横屿敌方滩头阵地。此刻，戚家军将士人人明白，横屿是背水之战，有进无退，有敌无我，有我无敌，所以人人奋勇向前，个个拼死杀敌。弓箭手离敌数十步之遥就开始射箭，箭矢像蝗群一样密集飞向敌营，让敌寇抬不起头来。逼近敌营时，长枪手更是频频出击，所向无敌；狼筅手熟练使用这种独特的兵器，让狼筅充分发挥独特的刺砍威力。张元勋面对倭寇最凶残的部队，以压倒敌人的气概，在战术上百倍谨慎，不敢鲁莽行事，严格按鸳鸯阵的阵法作战。他率领部队在掩护中进攻，在进攻中掩护，攻掩配合，让敌始终无隙可乘。

这支驻扎在横屿的倭寇部队，侵占此地已有三年多。他们一直未曾与戚家军交手过，也未曾见过戚家军鸳鸯阵的阵法，搞不清这些明军怎么不一窝蜂往前冲，而只是前锋在拼杀，两边的部队却死死掩护前锋不受伤害，明军俨然是一个刀枪不入的铁军。倭寇想要找到漏洞，突入明军阵内刺杀，根本无从下手，没有一点便宜可占。

张元勋身先士卒，带着前锋部队杀入敌滩头阵地，与凶残的倭寇刀来剑去，几个回合下来，冲在前面的倭寇左挡右遮，全力防守，无奈招架不住，不一会儿，就败下阵来。只见张元勋瞅准机会，顺势大刀一挥，倭寇的小头目就身首异处，鲜血直喷，贼头骨碌碌在地上打转。

那些出征滩头的倭兵一见这阵势，自知这支明军与以前交手的明军大不相同，赶紧招呼同伴后退。

明军哪肯罢休，边追边杀直至倭寇营垒前。

营内倭寇对滩头战况看得真切，只是双方兵力纠缠一起，手中的火器也不敢贸然使用，眼看着昔日在一起作威作福的兄弟，一个接一个身首异处，此时此刻无不萌生畏惧之情。他们蜷缩营内不敢出寨支援接应。

张元勋率部冲到倭营前，陈子銮、童子明也不甘示弱，同样攻势凌厉。吴惟忠率部避开滩头倭寇，直取敌中笼山坳巢穴；陈大成也率部绕开正面，迂回敌侧后向敌巢穴发起进攻。鏖战中，王如龙也按捺不住，要求率后备部队对敌进攻，征得戚继光允许后，率部涉过泥滩，迅速投入战斗。戚家军各路兵马英勇无比，个个奋勇当先，横屿岛上刀光剑影，杀声震天（如图七）。

横屿的倭寇面对六七倍于己的戚家军，虽垂死抵抗，仍难免败局。横屿倭寇经过两个多时辰的拼命抵抗，伤亡惨重，渐渐不支，昔日的霸势已荡然无存，全队军心动摇，阵势大乱。岛上营寨逐个被戚家军击破，盘踞横屿的

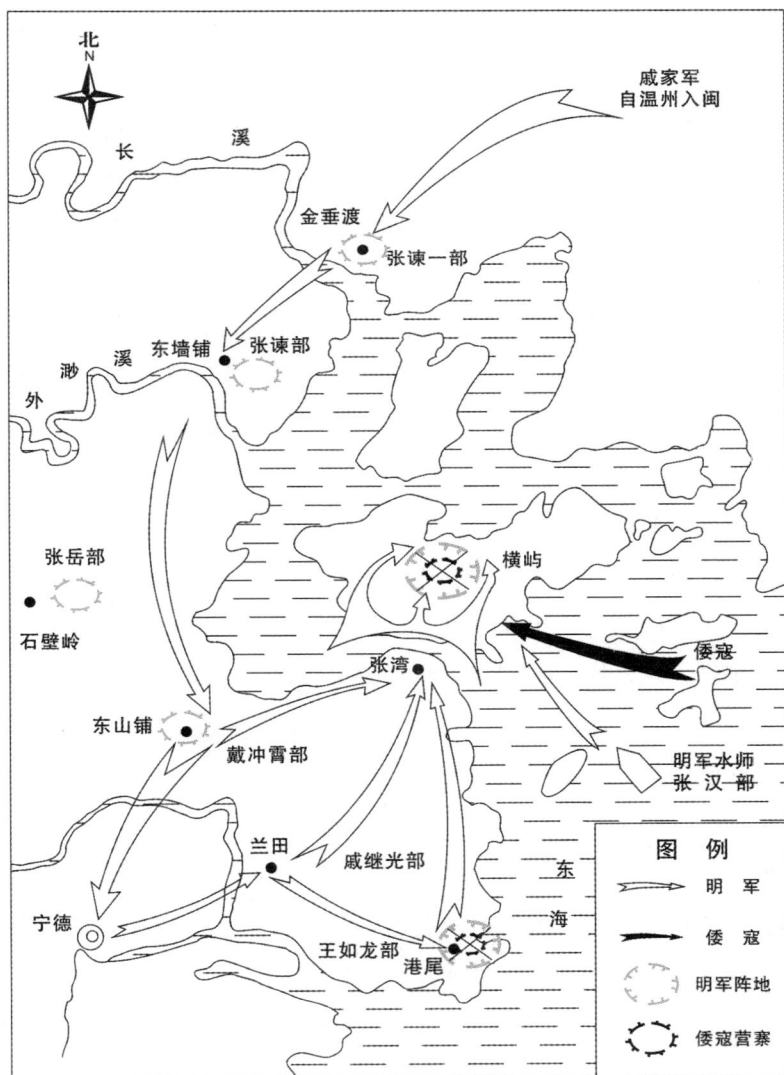

图七、张元勋随戚家军横屿抗倭作战示意图

倭寇难逃被全歼的命运。戚家军的军旗在横屿岛上迎风招展。

戚家军入闽作战，首战旗开得胜。是役，共斩杀横屿倭寇三百四十八首级，烧死和溺死的倭寇难计其数，解救被掳男丁、妇女八百余人。横屿恢复了久违的宁静。士兵们在戚继光的口授下，高声唱起了雄壮的凯歌："万人一心兮泰山可撼，惟忠与义兮冲斗牛！主将亲我兮胜如父母，干犯军法兮身不自由。号令明兮赏罚信，赴水火兮敢停留。上报天子兮下救黔首，杀尽倭奴兮觅个封侯！"军歌声在空中回荡，余音久久不绝。戚家军沉浸在战后的喜悦中。

九月，朝廷兵部题报捷音事，称赞戚继光"忠惟许国，勇可冠军。纤筹策而允合于机宜，冒矢石而深入于险阻，兵无妄杀，动有成功，庶几节制之师"（《戚少保年谱耆编·卷三》）。兵部还请求皇上给其他参战有功人员记功奖赏。

历来兵家十分重视"慎重初战"。《孙子兵法·形篇》中就强调"胜兵先胜而后求战"，即是说，要创造胜利的条件然后开战。其他兵家也强调"谋定后动""慎以行师"等用兵要诀。其原因就在于初战的胜利意义非凡，它能打乱敌人部署，破坏敌人作战企图，创造有利战场态势，鼓舞我方士气，打击敌方士气。戚家军入闽抗倭，取得横屿序战的胜利，正如其他兵家对序战认识一样，意义非凡。特别是横屿易守难攻之地，且作战对象又是极其凶残的倭寇中王牌团伙，数年来一直在福建沿海横行霸道，不可一世，这次却被戚家军全歼。这一序战胜利，彻底打破了倭寇不可战胜的神话，的确起到杀鸡给猴看的效果。此战之后，福建各地的倭寇普遍受到震慑。而福建的军民则为之欢欣鼓舞，扬眉吐气，无不精神振奋，驱散了心中惧倭暗影，增强了民族自信心。

宁德县横屿岛抗倭作战的胜利，充分证明谭纶、戚继光为首的抗倭将领，具有卓越指挥才能，他们运用战法灵活，善于集中兵力，出敌不意，攻敌不备，确实无愧于一代良将的盛名。此次胜利，是戚继光招募训练新军，提升官兵素质，建立威武之师的结果；是戚继光创造的攻防兼备，长短兵器结合的鸳鸯阵威力的体现；更是军队紧密依靠民众，建立地方乡兵，同仇敌忾，浴血奋战，联合抗倭，共同抵御外来侵略的胜利。横屿战斗的胜利，为抵御外敌，巩固海防，提供了宝贵的经验。

张元勋在此次战斗中，积极献计建言，将自己早年放鸭的生活经验移植至战场，触类旁通，为战役统帅解决部队跨越海沟淤泥的难题提供了战术对策，对解决渡海作战老大难问题作出了重要贡献。在战斗中，他奋勇当先，"剿倭之陷宁德者，斩首百五级"（《张元勋墓志铭》）。《明史·列传》也记载："从破横屿诸贼，屡进都指挥佥事。"在横屿战斗中，张元勋功勋卓著，受赏擢升，实至名归。

第十五章
福清挥刀把敌剿 闽东战场逞英豪

戚家军根据胡宗宪最初的安排，在歼灭了横屿之敌后，调回浙江驻防。但福建抗倭监军王春泽是福建当地人，当他亲眼看到戚家军这支威武之师的强大战斗力后，充满了对戚家军的崇敬。他殷切希望依靠戚家军来保卫福建的社会安宁，保护福建一方乡土的百姓安居乐业，衷心希望戚家军能继续留驻下来，清剿福建其他地方倭寇。

另一监军汪道昆，他虽然不是福建本地人，但身在福建为官，也希望为官之域能够平安无事，巴不得继续在戚家军帮助下，荡平福建倭寇，还一方清平世界，让百姓能够安居乐业，也让民众认可自己在这方土地做出的政绩，留下好的名声。

时任福建参将的谭纶，与戚继光曾在台州共同抗倭，两人情同手足，就是戚家军的建立，也与谭纶的坚决支持密不可分。这次请戚继光援闽抗倭又与他向巡抚游震得建议上疏皇帝有因果关系。戚家军在宁德横屿取得序战的重大胜利，更证明谭纶慧眼识人，用人独到，无疑也给他脸上增光添彩，给他政绩增分。他继续向游震得建议要设法把戚继光留下来，借用戚家军的军威，把滞留在福建的倭寇彻底消灭。

戚继光深知游震得、谭纶、汪道昆、王春泽的挽留之意出自肺腑，特别是他与汪道昆虽初识，但在横屿战斗中配合默契，成为莫逆之交，结下了深厚友谊，面对汪道昆以及老上司谭纶的挽留，真是盛情难却，难以任何借口拒绝。

戚继光对去留福建陷入两难。一边是主管上司胡宗宪的安排要回浙江，另一边是福建官员深情厚谊要留他在当地抗倭。不得已，他将去留的选择推给了胡宗宪。

汪道昆听戚继光将选择去留交给胡宗宪决定后，觉得自己与胡宗宪是安徽同乡，两人私交甚好，由他出面要求将戚继光留在福建抗倭的可能性还是存在的。遂提笔给胡宗宪写信："将军戚者，在浙则浙重，在闽则闽重，将军固名世者。顾福清之垒，日益滋多，寇方臑腴其间，饥则麇至，饱则鸟举，背若无人，终莫能制。亟转将军之毂，振牛田之危，则太阳下照，阴霾自为之消耳，振槁云乎哉。"汪道昆信中言辞恳切，坚决请求胡宗宪能批准戚继光率部继续留在福建抗倭。

胡宗宪接信后，考虑了抗倭的大局以及方方面面的利弊关系，又鉴于汪道昆的乡谊，欣然答应了汪道昆的请求，并马上给戚继光写了回信。他在信中说："公捍浙之藩，固公之在浙者足赖。今夷方撩闽，非公不足以当之，则向以邛棘之属，悉籍而伍旅之者，固尝衽金革，服干戈，以蓄养其锐，将有所投也。乃今大弧未解，公独善刀而藏之，可乎？曷若竭泽而渔，赭山而田，令鳞介羽毛皆以网罟尽焉，而后封京观以表勋烈，不更标奇而大愉快耶！"（《戚少保年谱耆编·卷三》）

戚继光得到胡宗宪留闽抗倭的明确指示后，就开始准备留驻在福建继续抗倭的军备。他为了鼓舞士气，记着"劳臣不赏，不可劝功；死士不赏，不可励勇"（唐·陈子昂《劝赏科》）的古训，对参加横屿战斗的各级官兵按功论赏，提振士气。另外，他对部队抓紧进行战后休整，对部队战斗减员进行补充，保证部队满编；又对消耗的弹药、武器装备进行及时补给，力求部队战斗人员充足，武器装备完整，确保部队连续作战的战斗力。

戚家军战后休整完毕，又根据福建沿海倭寇巢穴分布情况，于八月廿九日，亲自率领部队向福清方向进行临战前机动，准备集中兵力清剿福清湾沿线一带的倭寇巢穴。

此时，福清之倭主要盘踞在烽头、海口（今福清东南海口镇）、东澳、大澳等地，与"山寇"会合，有数万人之众。当倭寇侦得明军开始向福清机动后，为便于与明军对抗，也开始将分散在沿海各地的兵力集聚在一起，意欲移营于牛田（今福清东南龙田）一带，并以此为中心，以杞店、上薛、西林、木岭、葛塘、新塘、闻读等处为外围的巢穴，其"形如奕布，势若长蛇，络绎三十余里"（《戚少保年谱耆编·卷三》）。这些巢穴处于半岛与大陆的连接处，其东为福清湾，南为兴化湾，东南为海，只有北和西与陆路相通。倭寇占据这一区域，既可以利用复杂的歧路，抄袭明军侧后，夺取战争主动权；又可在打不赢时，伺机率众下海外逃避难。该战场兵力布局能进能退，被倭寇看作抵抗明军的两全之策。

根据福清一带的地形，明军若从陆路进攻福清牛田地域的倭寇，只能从北和西两个方向进攻。

盘踞在北面杞店的倭寇，也颇有防御的战略意识。他们把杞店通往西北方向之道，挖成堑壕，又将堑壕与河汉相连，这样既可阻止明军进攻，又可在战败情况下，顺势挽舟而逃。这为明军对倭进剿作战增加了难度。

戚继光对敌作战，始终坚守一条原则，若"不目见口问，不能尽知也。"（东汉·王充《论衡·实知》）。他牢记《孙子兵法》说的"夫地形者，兵之助也。料敌制胜，计险厄远近，上将之道也。知此而用战者，必胜；不知此而用战者，必败"。他长期的战斗经历养成的职业习惯，每次战前除通过各种途径了解敌情外必亲上战场察看地形，要是不经亲自察看地形，总放心不下。这次到了福清，他又单骑登上大乌岭，瞭望敌巢，对作战地形以及敌兵力部署进行全面透彻的了解，做到心中有数。

九月初一日，戚继光与王春泽、汪道昆、翁时器等在福清城里召集主客兵将领开会，研究攻打福清牛田的作战方略。

会前，戚继光首先提议各营要歃血为盟。他将事先准备的白公鸡杀掉，将鸡血倒入酒中，然后端起鸡血酒致辞说："凡不同心戮力、恃势争级、取财与观望、妒忌者，有如此血。"紧接着，与众将领一起歃血盟誓，与各营将领在庭中对拜，相互勉励。最后，戚继光又把大家召集起来，再次下拜，并进言道："将者，死绥之职也。汝不力，我惟守成调耳，决不贷。"（《戚少保年谱耆编·卷三》）戚继光与各营将领用歃血盟誓，大大激发标下众将领同仇敌忾、协力灭敌的战斗精神。

会上，戚继光与张元勋等各营将领坐在一起，共同讨论攻打牛田战役的具体兵力部署及指挥协调方案。因该次战斗尚有福建本地部队参战，戚继光首先谦让说："你们福建主兵对当地情况熟悉，还是由你们负责指挥决策吧！"

汪道昆不等戚继光说完，就打断戚继光话语，开口道："横屿之战由你决策、计划、指挥，取得了辉煌胜利，今天福清牛田之战，还是烦劳你指挥了！"

戚继光听罢汪道昆这番恳切的言辞，深受感动，也没再推辞下去。紧接着，他从自己对敌情的了解与对战场的观察谈起，胸有成竹地道出了福清牛田一役的全盘作战计划，并将具体作战部署依次分发给各路将领。

按照戚继光攻打福清牛田倭寇的部署（如图八）：右翼由中军都司戴冲霄任总指挥，其中陈大成、陈子銮、陈濠等三支部队由典史黄住督之；张元勋、吴良知、胡良潘等三支部队由包鼎臣督之。该右翼由仓下（今福清南苍霞）向牛田方向之敌进攻，协同左翼军队会攻闻读、牛田一路之敌。

左翼由戚继光自任总指挥。其中王如龙、胡大受、吴惟忠等三支军队由中军胡守仁督之；张谏、金科、叶大正等三支部队由千户胡宗周督之。左翼由锦屏山（在福清东偏南）向杞店、闻读、牛田方向进攻，协同右翼攻牛田、闻读一路之敌。

本次战斗，以曹金督鸟铳队为先锋。

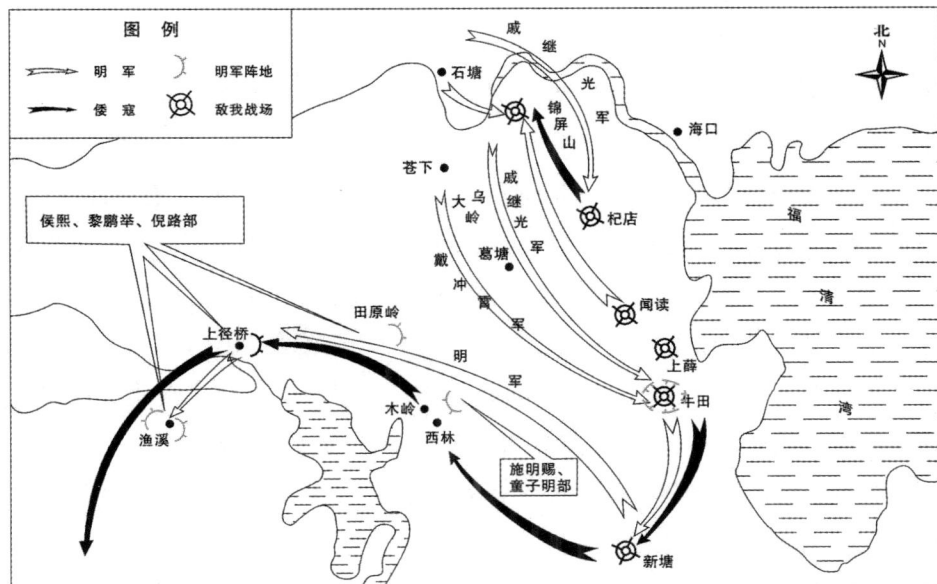

图八、张元勋牛田抗倭作战示意图

以施明赐、童子明两支部队为预备队，设伏于西林、木岭，以掩护主力的右翼，防止敌人趁机抄袭。并要求这两支部队采取以静制动、以逸待劳、守株待兔、设伏打援的作战方略。

以福建参将侯熙、黎鹏举、游击倪路等据守田原岭、渔溪、上径（在福清西南）等处交通要道，负责阻击，截断敌人溃逃之路，以利全面、彻底、干净地歼灭敌人。

戚继光制定的这一作战部署，贯彻"夫战，勇气也。一鼓作气，再而衰，三而竭。彼竭我盈，故克之"的兵法要旨，体现以进攻为主，攻、堵结合，利用明军横屿大捷后的锐气，宜将剩勇追穷寇，乘胜击敌，以利全歼福清牛田一线倭寇。

这次闽、浙联席作战会议，针对部队作战普遍存在的重首级而轻瓦解敌军倾向，又一次特别有针对性地强调：不以斩获敌首级多少论军功，而以英勇冲锋杀敌及瓦解敌军论战绩。凡冲锋有功者，一律悬赏白银万两。有了这样斩获敌首级与瓦解敌军同论军功的规定，就可避免所属各个参战部队重首级而轻瓦解敌军的倾向，防止敌寇在身处绝境时产生困兽犹斗之情，以免增加我方人员不必要的伤亡。特别是福清牛田一带的倭寇，其成员中附倭者的比例惊人。明军在兵力不占绝对优势情况下，应特别重视瓦解敌军之法，尽力避免敌人垂死顽抗，以致影响战斗进程。戚继光这一决策无疑特别有针对性。

戚继光一切安排就绪后，征询参加会议各位将领还有什么意见和建议。只见张元勋的脸上偶然掠过一丝不解的表情。因为张元勋自戚继光到台州任参将以来，一直紧随戚继光南征北战，都是受戚继光直接指挥；而这次战斗，虽然仍然在戚继光指挥下同在福清牛田战场与倭寇作战，但按现在的兵力部署，张元勋与其率领的部队被编入右翼，划归中军都司戴冲霄直接指挥，不再与戚继光一起军事行动，张元勋捉摸不透其中奥秘。

中军都司戴冲霄也是聪明的人，他看到戚继光宣布张元勋率部划归他指挥时，张元勋的脸上迟疑了一下，这自然逃不过他善于察言观色的敏锐的眼睛。他听到戚继光征求大家意见的话语后，站了起来，眼睛扫视会场一遍后，以军人特有的语气询问了一句："我对戚将军的兵力部署没有什么异议。

只是你把标下张元勋划归我指挥，未知张元勋可否愿意？"

张元勋听到中军都司戴冲霄的问话，回过神来。他不假思索地回答说："军令如山。军人以大局为重，以四海为家，哪里需要就到哪里去。请都司将军放心，张元勋坚决服从戚将军调令，本次战斗编入贵司战斗序列后一切行动听从你指挥，你指到哪里，我就率部打到哪里，冲锋到哪里！"

戴冲霄满意地点头赞许道："不愧为戚继光培养出来的军人，识大体、顾大局。我等着你不辱戚家军的光荣传统，为我们其他部队树立榜样，打出威风，打出战绩！"

会议后，各部队按战斗部署于下午整装出发。被分工担负阻击的部队和掩护的部队，快马加鞭分别到达西林、木岭、上径、渔溪地域。左、右翼部队也不甘落后，按时分别开进至锦屏山、仓下两地。各支战斗部队，积极投入战前准备，寻找合适待战位置。

戚继光率部开进时，道上曾遇百姓迎军劳军以及要求参军的队伍，戚继光战前分外留意敌军奸细，遂决定以"死间者，为诳事于外，令吾间知之，而传于敌间也"（《孙子兵法·用间篇》）的"用而示之不用"的谋略，他在公众场合公开声称："我兵远道而来，须要养精蓄锐，筹措粮饷，等待时机，短时间没有进攻打算。"以此麻痹敌人，给敌人造成错觉。

果然，消息传到倭寇那里，当天晚上倭寇放松了戒备，准备放心睡个好觉。

谁知当晚二更时分，戚继光神不知鬼不觉自带一队轻装奔袭杞店。

敌人酣睡正香，而戚家军却已杀灭当班哨兵十余人，并将杞店的倭营团团包围。王如龙身材魁伟，力大如牛，用肩膀托着勇士朱珏、朱科，帮助他俩攀登寨栅。朱珏、朱科身材矫健，轻盈如飞，他俩踩着王如龙肩膀，越过寨栅，悄悄潜入倭巢，打开寨门，戚家军就此不费吹灰之力，轻而易举蜂拥而入。

待倭寇从睡梦中惊醒，发现明军攻入，来不及穿衣，就慌忙摸到兵器，出门应战。他们在稀里糊涂中，即遭戚家军迎头斩杀。那些还在营寨内忙于穿衣的倭寇，都被戚家军堵住房门放起大火，活活烧死于寨内。杞店倭寇，经此一战，被消灭殆尽。

戚继光以智谋夺得了杞店战斗的胜利后，他保持清醒头脑，分析认为：福清牛田一带倭寇有三万多人，而明军加起来也是这个数，双方实力相当。因此不能硬拼实力，仍然需要智取。戚继光出于这种战略考虑，这次胜利后，他并未率军继续向牛田方向进发，而是出奇兵返回锦屏山驻地。目的就是为了分散敌人兵力，将敌兵化整为零，而将我方兵力化零为整，进而把倭寇引出巢穴聚而歼之。

倭寇搞不清戚继光退回锦屏山驻地的作战意图，更不知是计，还以为戚继光的明军长期在外奔袭作战，已是精疲力竭，不敢贸然去牛田再战。于是派了七百多强悍的精兵，采用骑兵在前，步兵在后，偷偷摸摸快速向戚继光的驻地开来，妄图也对戚家军来个奇袭，想要打戚家军一个措手不及。

戚继光对倭寇的阴谋早从俘虏口中获悉。戚继光缜密地部署了防范措施。他派哨官赵记、孙廷贤等四处设伏哨探，及时掌握军情；再选拔弓弩手朱珏等身手矫健灵活的壮士三百多人，分布于山口埋伏起来，令每人带上蒺藜，并且告诫这些壮士："待我军哨探回营后，立即把这些蒺藜撒到路上，以迟滞敌人行动。"

时间到了第二天五更时分，这批前来偷袭戚家军营寨的倭寇悄悄进入了戚继光预设的埋伏圈。只见戚继光一声令下，朱珏等弓弩手铳矢齐发。

倭寇遭到伏击，猝不及防，自知计谋败露，戚家军已有防范，自己反被陷入欲逃无路的绝境之中。这时，戚继光亲自发出出击的号炮，把总王如龙等率部队正面砍杀过来，胡大受率兵又从后侧赶上，将偷营倭寇严严实实堵住。

七百多倭寇精兵顷刻成了瓮中之鳖。倭寇眼见前后左右突围不得，灵机一动，从口袋里掏出一把又一把从民间抢劫得来的金银珠宝撒在地上，指望利用戚家军捡拾金银珠宝的机会伺机逃脱。

令这帮倭寇始料不及的是，戚家军官兵全然不顾满地金银财物，任其踩踏，一门心思只顾杀敌。倭寇眼看施展金蝉脱壳计不成，只得且战且退，保命突围。怎奈寡不敌众，大部被歼，只有少量漏网倭寇逃出包围。

戚继光指挥的左翼部队，在攻打牛田前，看准时机，零打碎敲，积小胜为大胜，已夺取两场战斗的胜利，既削弱了敌人防卫兵力，又大振我军必胜士气。

再说中军都司戴冲霄指挥的右翼部队，从仓下出发，首先集中兵力对葛塘倭营展开进攻。因为戴冲霄是浙闽总督胡宗宪手下的中军都司，地位显赫，论职位的确不比戚继光低，加上他性格骄横，争强好胜，这次奉命率军与戚继光共同入闽抗倭，由戚继光统一指挥，他嘴上没有说不满意，实际心里直嘀咕。

戚继光是个明白人，早就猜透了戴冲霄的心思，只是从大局考虑，按照他自己的为人哲学，并未针尖对麦芒——针锋相对，而是为了完成共同目标忍辱负重，以儒家宽厚之心与不识时务的同僚相处，尽量退一步、让一着，以免坏了军机大事留下遗憾。因此，戚继光在攻打横屿倭寇之前，在部署作战计划时，他就曾打破作战会议的常规，在会上特别强调不以首级论英雄，规定前面部队只管冲锋杀敌，割首论功的事交由后续部队来料理，战功按各部队人数平分的事。实际上，该立功奖赏的政策，就是针对以戴冲霄为代表的部分明军的急功近利的心理，为防范各部队为割首级争战功贻误了战事的情况发生而设定的。此在横屿一战就有过教训，本来该役的战前会上各路将领已经有约在先，但在战后，戴冲霄仍然不满意按约定的战功分配方案，甚至在横屿战斗结束后，未等胡宗宪下达回师浙江的指令，就拉起队伍匆匆忙忙撤回浙江。当时戚继光闻讯，曾亲自策马追他二十多里路，最后在浙兵督军王春泽反复劝说下，总算让戴冲霄把部队带回到营地。

攻打横屿战功分配所产生的纷扰，深深敲打着戚继光的心。这次攻打牛田的战斗，戚继光特地调拨张元勋一千多人加入戴冲霄右翼部队。戚继光此次将张元勋调拨给戴冲霄指挥使用，就明显带着他为人处事的痕迹。

戴冲霄领受攻打葛塘的战斗任务后，他觉得驻守葛塘的倭寇就是三四百人，自己率领的明军有三四千人之多，在这一局部占有绝对兵力优势情况下，速战速决消灭葛塘的守敌犹如囊中取物，根本不在话下。他为了自己的部属能多得战功，有意把隶属自己的部队安排主攻方向，而把临时调入的张元勋部队安排在右翼，主要防卫与葛塘邻近的闻读、上薛两地倭寇的援兵。其实在戚继光组织的杞店战斗结束后，戚家军已经对这两地倭寇开始实施包围。闻读、上薛两地倭寇要想突破戚家军的包围圈，前来支援葛塘的同伙，简直是癞蛤蟆想吃天鹅肉——可望而不可即的事。戴冲霄这样的兵力使用安排，无疑是让张元勋所率部队在葛塘这一仗中坐冷板凳，只有欣赏友邻部队打仗的份了！

张元勋的部属听到这样的安排，心里窝着一团火，七嘴八舌议论开了："我们到福建是来打仗立功的，又不是来观战看别人打仗受赏的！"有的更是口无遮拦，发牢骚直指中军都司戴冲霄用兵不当，他们没好气地说："好钢不用在刀刃上，好部队不作主力部队使用，简直是把我们看扁了！"

张元勋听了部属在议论，不容分说地厉声呵责道："瞎咋呼什么？军令如山，执行命令是军人天职，决不允许对上级命令说三道四，谁还再敢议论，军法从事，决不赦免！"转念一想，光呵责部属乱议论而没有注意保护部队的战斗热情也有点不妥。转而和颜悦色地对部属补充说："倭寇没有消灭光，仗总会有我们打的！"兵士听说还有仗打，心里也舒坦多了。

戴冲霄指挥各部队进入战位后，就凭借所率部队人多势众，迫不及待地向葛塘倭寇发起了全线进攻。但这些倭寇在福建沿海已经经营了三四年之久，营垒坚固，弹药准备充分，又历经大小战斗的锤炼，绝非等闲之辈。敌我双方交战后，先是远距离使用火器攻防，只听葛塘战区佛郎机隆隆轰鸣，火铳啪啪作响。由于戴冲霄急于求成，平分兵力，没有集中兵力于一点，对敌久攻不克。

而另一边，戚继光攻打杞店倭寇据点的战斗，一晚上就顺利解决了；并且在九月二日，又打了一场漂亮的伏击战，歼敌数百名。

捷报传来，戴冲霄急得像热锅上的蚂蚁，本想速战速决歼灭葛塘倭寇后就去攻打牛田倭寇，争立首功。没想到摆在面前的战况，不但首功肯定轮不到自己了，而且在葛塘这一仗打得精疲力竭，异常艰苦。若不能取胜，实在无地自容。戴冲霄为了挽救危局，不得不命令将自己辖下的胡良瑶的部队撤下来，改由张元勋部队担负主攻。

张元勋受命担任主攻后，他按《吴子兵法》提出的"凡治国治军，必教之以礼，励之以义，使有耻也"的训诫，高声对部属说："兄弟们一直争着打仗立功，现在机会来了，我们要不辱使命，珍惜机会，英勇杀敌，多立战功！"

下面的士兵回应说："英勇杀敌，多立战功！"一下把士兵激情调动起来了！

在战斗部署上，张元勋并没有平分兵力，他按照《孙子兵法》说的"我专为一，敌分为十，足以十攻其一也，则我众敌寡。能以众击寡者，则吾之所与战者，约矣"。他坚持将兵力集中在一个作战方向，将本部拥有的佛郎机等大型热兵器集中起来使用，对准敌寇一个方向的寨门猛攻。

躲在寨门木栅工事内的倭寇，从未经过这样猛烈的炮火袭击，死的死，伤的伤，再也无力防守，被迫向营地中心紧缩退却。

张元勋指挥部队火铳手跟进射击，压制敌远程火器的还击。然后指挥部队摆好鸳鸯阵的阵形，每旗配备的四名长枪手、两名狼筅手、两名镗钯手、两名盾牌手，在队长的指挥下，首先稳定自己队伍的阵脚，然后诱敌脱离有利的防守位置，待看中敌兵破绽，两个手持狼筅的士兵把敌扫倒于地，然后两个手持长枪的士兵一跃而上把敌刺死戳伤。而手持镗钯的士兵则保护本队后方，警戒侧翼，必要时挺身支援前面主攻士兵，构成第二梯队攻击力量。如此分工合作、攻防兼备的近战队形，让敌无机可乘，步步后退。在张元勋身先士卒的带领下，部队很快向葛塘纵深推进。

不多时，其他部队在张元勋率队攻入敌阵后，也跟着攻营夺寨，一时，驻守葛塘的倭寇兵败如山倒，防御全线崩溃，没有被杀戮的，也纷纷缴械投降，向明军跪地乞求活命，数百名倭寇在张元勋部的强大攻势下，被歼灭瓦解。

戴冲霄以前没有与戚家军在一起打过仗，他一直在杭嘉湖一带备倭；而戚继光在宁台温一带抗倭，双方互不了解对方使用的阵法。戴冲霄开始搞不清张元勋摆的什么阵法，待他看到鸳鸯阵在近战中的实际效果后，也开始接受了鸳鸯阵在攻防近战中的打法。他不得不佩服张元勋英勇善战，不得不承认张元勋所率戚家军素质高、战斗力强。葛塘之役张元勋无疑是首功。

戴冲霄扫清了横亘在进攻牛田倭营路上的葛塘据点，马不停蹄按作战预案去攻打牛田的倭寇。而这时戚继光率领的左路兵马在戴冲霄右翼兵马未到时，就已到达牛田战场。此时戴冲霄的部队与戚继光率领的部队已成掎角之势。

戚继光发现驻守牛田的倭寇火器响声稀疏，料定敌寇已失锐气，陷入恐慌。事实正如戚继光所料，驻扎在牛田大本营的倭寇早已听闻戚家军像秋风扫落叶一样席卷杞店、闻读、上薛的营寨，深知倾巢之下，绝无完卵。驻守牛田大本营的倭寇，开始人心浮动，精神崩溃，当初的嚣张气焰荡然无存。

戚继光按《孙子兵法》说的"善用兵者，避其锐气，击其惰归，此治气者也"，遂命令所辖王如龙率正兵立即杀入寨内，吴惟忠、胡大受分别从两侧对敌发起进攻。

此时，昔日穷凶极恶的倭寇眼见戚家军部队像潮水般滚滚而来，一个个都像泄了气的皮球，寻思着逃生的方法。戚继光令部队大喊："胁从平民听便，投戈自散！"

那些胁从倭寇，知道冒死抵抗是没有出路的，听到戚家军官兵喊话，乖乖地放下武器，双膝跪地，齐齐举起了双手，鸡啄米似的磕头求饶，表示愿意投降归正。

是役，共斩首倭寇六百七十二级，生俘日本真倭十余人，争取归正的胁从者几千人，缴获火器三百六十九件，焚毁倭营数十座，救出被掳的百姓九百五十四人。令人遗憾的是，担任该役堵截任务的闽军，却因疏于戒备，未能尽到责任，让部分倭寇漏网逃往外地，给外县增加了倭患风险。但不可否认，这次战斗是浙兵入闽抗倭作战取得的又一重大胜利。

福建巡抚游震得接到福清牛田倭寇已平的捷报，十分兴奋，定要亲自检阅戚家军，并对戚家军按功犒赏。

在福清牛田战斗结束后的第二天，参战部队整理军容，排着整齐的队伍，以金鼓为前导，抬着缴获的倭寇兵器和倭寇首级，浩浩荡荡向省城进发，集中至省城演武场接受检阅、犒赏。这时，场内旌旗蔽空，钟鼓齐鸣，乐声悠扬，市民排列街道两旁夹道迎贺。巡抚游震得亲率布政司和按察司官员莅临嘉奖。他在会上盛赞戚家军："多年盘踞的倭寇，一日之间扫荡干净，朗朗乾坤重现，不世之功，威震四海，永垂千秋，万民称颂。"戚继光谦逊地说："上有总督掌握全面，中有护军运筹调度，下有地方接济粮饷，冲锋陷阵又有士兵。我在中间任职，世代深受国恩，即使出点微薄之力，也不足报答国之恩德，又有何功可言？"戚继光为首的戚家军有功不争，将战斗胜利归功于福建的官民，更受福建官民赞誉爱戴。

游震得检阅戚家军参战部队，并对参战官兵按功论赏，进一步激发了部队的士气，也给倭寇的嚣张气焰迎头棒喝，极大地动摇了倭寇的军心。

张元勋在清剿福清牛田倭寇的战斗中，虽然被划入友军的战斗序列，但仍然不忘初心，始终不改戚家军英雄本色，充分展示了张元勋识大体、顾大局，服从命令听指挥的高贵品质；同时也展示了他足智多谋、英勇善战的战斗作风。其示范带头作用，既为友军树立了榜样，也为戚家军争得了荣誉。

第十六章
林墩战役勇担当　随机应变如愿偿

嘉靖四十一年（1562）九月，被戚家军在牛田大捷中打败逃往惠安的倭寇，因野无所掠，粮饷缺乏，军备不济，且又无险可依，加上队伍中的胁从者大多数是福清当地人，存在乡土情结而不愿远出。此地倭首分析后认为：戚家军是从浙江远道而来，奉命到福清打仗是属于临时借用的，不可能在这里久留。基于这种判断，倭寇决定将败兵带至与福清相邻的兴化（今福建莆田县）府城二十里外的林墩（今莆田东黄石镇林墩）安营扎寨，企图隅居此处，静观戚家军动向，见机行事，图谋继续在福建沿海为非作歹。

倭寇重新安营扎寨的林墩，属于沿海水网地带，其地理位置比较特殊，四周河流环绕，附近十里方圆密布着纵横交错的河流、沟渠，顺着河流还可直达海港。水路交通相对方便，而陆路行军却碍于河渠阻隔，多有不便。林墩东邻兴化湾，从用兵打仗而言，非用水师不可接近；北靠木兰溪，溪水萦回，只有经过宁海桥（今莆田东南黄石镇的桥兜村）才能与外界相通。南面有一条与黄石相通的大道；西北面有一条须跨过多条沟渠的小路能抵达兴化府城。林墩只有这几条道路能与外界相连相通，除开这些通道，其他均无陆路可走。这样的地形，陆上大部队很难展开，是名副其实的易守难攻的"隘"地。驻守此处的敌寇以当地人居多。他们熟悉当地河网分布，水上行路，通行自如。敌寇若是战败后，出海航道畅通，十分便利逃跑，此成为敌的"通"地。无疑林墩的地形对倭寇是"地之助""兵之利"。因此，精明的倭寇，从福清打败后选择逃到林墩，就是妄想借助林墩的"地之助"，与这里的倭寇重新整合，形成势力强大、足以固守的新据点。

明军经侦察，发现在林墩共麇集了狡黠的倭寇四千多人。他们占据着有利的地形，已做足防守的准备。这里的倭寇已派人拆除了通往兴化府道路上的桥梁，在路旁的要害处列栅筑垒，还集中兵力加强了南北主干通道的重点防卫，摆出一副与戚家军抗衡到底的架势。

戚继光用兵打仗，除了每次战前亲临前线察看地形外，还坚持另一个重要习惯，就是每次战后不忘了解敌人打败后的新的去向。这次敌我双方在牛田战斗结束后，他同样关注漏网倭寇新的动向。当他侦得逃跑的倭寇去了惠安再折回兴化，然后在兴化府城东南二十里外的林墩与原盘踞在此的倭寇会合，形成新的武装集团据点的情报后，反复酙酌考虑：敌寇刚刚在牛田遭到毁灭性打击，敌我两军的士气，正处于"彼竭我盈"的关键节点，而这些倭寇无疑是惊弓之鸟、漏网之鱼，他们对戚家军闻风丧胆。作为兵家，坚守"夫战，勇气也"（《左传·庄公十年·曹刿论战》），讲究顺势而为、乘胜追击，对败兵不忘连续打击永远是兵家军事行动的基本法则。为此，戚继光决心排除一切困难，利用一切可以利用的有利条件，对逃至林墩的倭寇穷追猛打，不给敌寇以任何喘息的机会。

九月十二日，戚继光连夜启程，乘着夜色掩护，率领大部队急行军七十里。至拂晓，抵达距敌三十里的前沿阵地烽头与江口（今莆田东北江口）。

稍事休息，戚继光再次对敌情变化进行分析，他认为，倭敌经牛田一役打击后，看起来一副顽抗到底的架势，实际上色厉内荏，神不守舍，惶惶不可终日，敌寇已成惊弓之鸟。若敌寇侦得明军主力已南下，且发现外逃的水路已被明军堵截的情况后，最大可能是北走宁海桥，再次窜入内地的山野与明军周旋。敌寇若采取这种策略，就能争得广大深山密林的极大回旋空间，这给以后进剿敌寇带来更大困难，留下更大隐患。因此，这次林墩之战必须设法将倭寇全歼，绝不能像福清牛田之战，由于闽兵疏于防范，而让残敌逃遁转移至兴化林墩，带来新的倭患，增加清剿倭寇的难度。

据此，戚继光作出如下战斗部署：兵分两路，一路以把总张元勋、张谏、叶大正、金科、曹南金、王辅等率兵三千多人，经涵头（今莆田东涵江）向宁海桥进发，要求在十四日拂晓前，该路参战部队抵达宁海桥，务必彻底封堵敌内窜通道。在听到总指挥鼓声后即沿大路向林墩进军，参与共同夹击敌人。另一路由戚继光亲督把总吴惟忠、胡大受、陈大成、陈子銮、王如龙、童子明等约四千多人，经兴化城迂回到林墩以南，沿黄石大路向林墩战场前进。戚继光要求各路明军做好战前充分准备，确保于九月十四日清晨发起攻击的作战计划顺利实施，确保南北两路戚家军辖下部队能够协同夹击据守林墩之敌（如图九）。

戚继光精准掌握敌寇心理，使用"死间者，为诳事于外，令吾间知之，而传于敌间也"（《孙子兵法·用间篇》）的计策，故意率兵列队入城，直达演武场。为了进一步迷惑敌人，他还在所率部队宿营后，又从容地宴请和

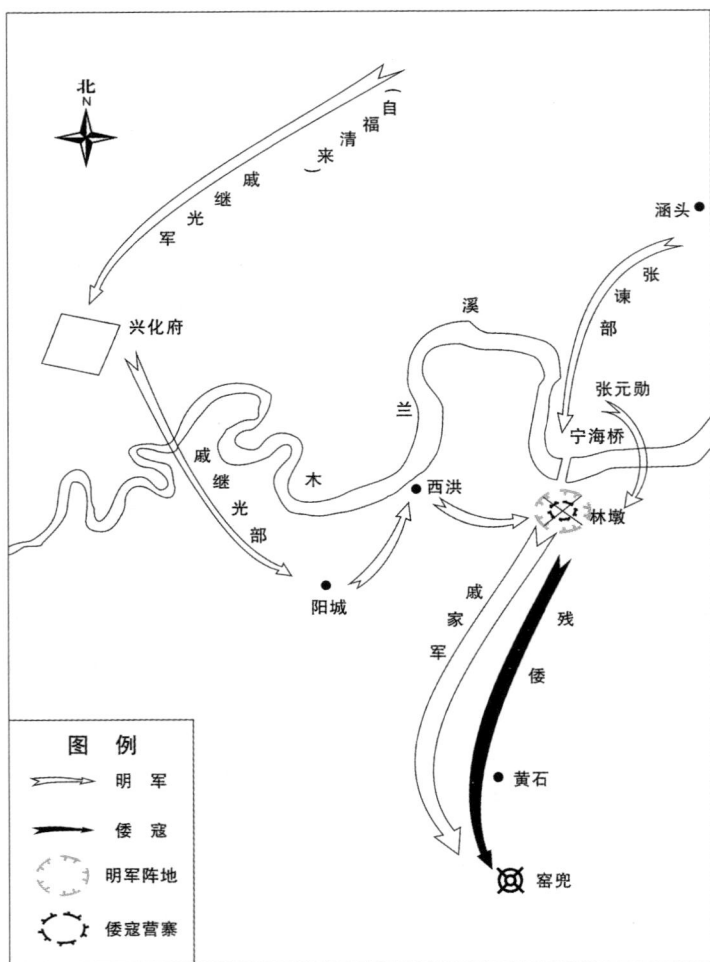

图九、张元勋林墩抗倭作战示意图

拜会当地官员、名士，让社会各界人士普遍感觉戚家军近期要在兴化城里扎营休整，不会连续作战，更不会马上率兵攻打林墩倭寇据点。

时任福建参政的翁时器，正在兴化办理公事，看到戚家军列队入城宿营，也误以为戚继光近期不会在福建再战。作为地方官员来说，巴不得戚继光早日平定所在地的倭寇，保一方乡土平安。因此，他在迎候戚继光到访时，虽然言语中不便直接催促远道来闽平倭的戚家军连续进军作战，但仍然禁不住旁敲侧击询问戚继光："将军下步作何算计？"

戚继光面对翁时器参政的询问，谈了自己对不同倭寇不同应对之道。他说："追剿穷倭与初次攻打倭寇的战法要有所区别。初次交手的倭寇人多势众，锐气逼人，与其作战，需要多做准备，不可掉以轻心，不打则已，打则必胜，要彻底灭掉其嚣张气焰。而对惶惶不可终日的败兵，慢一点会跑掉，拟以迅雷不及掩耳之势，像今天对待林墩的倭寇，就要一鼓作气穷追猛打，给以歼灭。"

这正合福建官员翁时器的心思。戚继光一席话，消解了他的疑虑，他不禁为戚继光一系列"诳事于外"，成功迷惑敌人的策略拍案叫绝。他对戚继光笑言："将军之计，连我也被迷，敌自会误断。"

时至午夜，万籁俱寂，人们都已进入梦乡。戚继光按预定作战方案，悄悄集合队伍于东市（今城厢区凤山街东大路），乘着月夜，悄然无声，衔枚而进。

本来按预定方案，戚继光应走黄石大道，然后从黄石大道向林墩战场发起进攻，但因所请向导是敌在当地的外围奸细，此奸贼发现戚继光要突袭林墩的作战意图后，为了给林墩同伙留出逃生时间，故意将戚家军误导引入沟渠纵横、道路难行的西洪小路。特别是这条路上的小桥又被敌寇事先拆除，明军不能顺利过河，必须临时搭便桥以单列队伍鱼贯而行。如此折腾，戚继光率领的南路部队大大延缓了行进速度。

戚继光率兵沿西洪小路摸索着到了战地，与据桥而守的敌寇两相对峙。由于该处地形狭窄，明军大部队的兵力无法尽情施展拳脚。即使有再多兵力，也只能投入少数先头部队与敌战斗，由此反倒形成以寡敌众的极为不利的战场态势。

明军首先由三十六人组成夺桥进攻梯队，却连连受挫，守桥倭寇依仗坚固木栅工事，使用火铳、弓弩射杀，夺桥梯队的三十六名官兵，不幸全部壮烈阵亡。紧接着，夺桥的第二梯队又前仆后继，继续冲锋陷阵，英勇血战，不幸也阵亡一半。明军虽然作出很大牺牲，但仍然没有占领小桥阵地。这里的小桥仍被敌寇牢牢固守。

此时，戚继光根据敌情的变化，果断调整了作战部署。他一方面令陈大成继续组织兵力夺桥；另一方面，将原计划由黄石大道担负主攻任务的明军改为助攻。而他自己亲率吴惟忠、王如龙、胡大受、童子明等部设法从西洪小路重新迂回至黄石大道，而后再挺进倭寇中心巢穴歼敌。

这时，张元勋、张谏、叶大正、金科、曹南金、王辅等把总，早已在十四日拂晓到达宁海桥战位，遵照战前约定，他们需待听到鼓声后，再配合黄石主力夹击敌人。可是，黄石方向主力，由于被敌奸细误导至西洪小路一带，而从小桥向内突击又遭敌阻击伤亡惨重，迟迟未能得手。因此，在宁海桥方向的张元勋等各路戚家军把总，侧耳只听到西洪方向火铳声响，却一直未闻黄石方向传来鼓声。

有多年战场历练的张元勋，心知情况有变。依据《孙子兵法·虚实篇》"兵无常势，水无常形，能因敌变化而取胜者，谓之神"的古训，张元勋认为，既然黄石方向军情有变，我们进攻方向就不能继续按原定作战计划死板执行，理应随战场情况变化而变化。他向其他几位把总敞开胸怀大胆谈了自己的看法：我们攻坚部队半夜未睡，行军又劳累，时间拖得越久，部队越疲倦，越影响战斗力，还不如趁部队群情振奋，当机立断，趁热打铁，将原计划宁海桥方向的助攻变成主攻。

其他几位把总听了张元勋的提议，也表示了相同想法，支持张元勋把总提出的把助攻变成主攻的意见。

张元勋这次受命攻打宁海桥的任务后，作为从小在江南水乡生长的他来说，由于懂得这种水网地带的地形特点，因此在战前准备时牢记"思则有备，有备无患"的古训，比其他将领多了一个心眼。他根据这次水网地带隔河攻桥作战，敌为防守需要，随时有可能毁桥，对进攻部队来说，须有准备架设便桥的必要设备。故他在部队战前准备时，特地要求属下部队向百姓征集了几个用来固定水车农具使用的"水吊";还让部队准备了数架长梯。开始大家不明白这些笨重的"累赘"有何作用,在行军中,还被不知底细的人笑称多此一举。直至这次攻桥战斗开始了,宁海桥久攻不下,进军道路被阻,大家才明白这些搭建便桥的器材太有用处了。

当其他把总组织兵力对据守宁海桥堡垒的倭寇实行火力攻击时,堡垒里倭寇依仗木栅构筑的桥头堡进行有效防守,戚家军虽组织多次进攻,但一直未能如愿,宁海桥久攻不克。

就在其他把总攻桥受阻,束手无策之时,只见张元勋在宁海桥不远处,木兰溪水浅河窄、倭寇不设防的地方,悄悄用随军带上的"水吊"以及长梯等农家日常生产、生活用具架起了一座便桥。凭借着这座便桥,张元勋乘虚而入,顺利地越过了木兰溪抵达对岸。其属下见把总身先士卒过河,谁也不甘示弱,一个一个鱼贯跟进,一旗一旗的兵士很快集结在敌方那一边河岸,及时占据有利地形,在岸边摆好防御阵形,筑起属于明军的岸边攻防阵地,有效地掩护后续明军不断过河。

驻守在宁海桥的倭寇,发现明军架起临时便桥陆续过河,已列好战阵,正从侧后向自己桥头堡垒包抄过来,顿时惊慌失措。酋首见状匆忙调整兵力,组织人马出营迎战。

张元勋见状一马当先,在兵士侧翼掩护下,挥舞大刀,对着冲在前面的倭兵杀将过去。只见他将大刀猛力横闪一下,倭兵瞬间头落。跟在后面的倭兵见状,顿时立住脚,傻了眼,再也不敢往前冲,并扭头往回跑。那些跑得快的倭兵尚能保命,而跑得慢的倭兵就没有这样幸运,顷刻成了刀下之鬼。

此时,宁海桥的倭寇,本来面向桥面单向防守,处于交战主动的地位;但随着张元勋率部越过木兰溪向桥头堡方向包抄,守桥倭寇顷刻陷入四面应对的被动局面。

随着明军过河人数越来越多,敌我攻防力量发生质的变化。宁海桥边早已血肉横飞,倭尸成堆。被张元勋斩首的倭寇太多,倭血早已染红他的战袍,他仿佛成了血人,倭寇看到他就害怕得浑身发抖。

驻守宁海桥的倭寇,面对汹涌而来,越来越多、越战越勇的明军,已无力再继续防守顽抗。他们慌不择路，纷纷向中心营垒败退，不断收缩防守战线，妄图顶过白天明军的进攻，守至天黑，可趁着夜色掩护再行突围逃命。

可是，没等天黑，倭营就被张元勋等把总率领的明军逐个击破，明军以排山倒海之势，从宁海桥方向向倭寇中心营垒快速推进。

戚继光率领的吴惟忠、王如龙等另一路明军，自改变计划后，经过急行军，迂回至黄石大道，以此为前沿阵地向林墩倭营发起总攻。顷刻，鼓声骤起，号角齐鸣，戚家军向敌发起总攻号令。

龟缩在林墩的倭寇，已经腹背受敌，逐渐支持不住。他们边打边退，撤至附近村庄，妄想利用民房建筑负隅顽抗。

那些凶残的倭寇，仗着在此厮混多年，熟悉当地地形，他们东拐西窜与明军巷战，甚至神不知鬼不觉绕到明军背后，突然偷袭明军，给明军心理上造成很大压力，以致有的明军惧战退却。

戚继光带兵军纪严明，甚至有点残酷。他绝不能容忍军人在战场上贪生怕死，畏缩不前。他眼见有兵退却，立即军法从事，他对逃兵绝不手软，从纪律上确保明军只进不退。

福建的倭寇从未见过如此强势的明军官兵。倭首心知这次与如此强悍的明军对阵硬拼，不可能有赢的希望，很难保全性命。遂不等天黑，就抓紧时机，紧缩战线，集中兵力，选择向南方向，奋力突破明军的包围，伺机逃遁。

明军眼见倭寇欲要逃遁，怎肯罢休，立即安排兵力对逃跑倭寇穷追不舍。明军一直追至窑兜（窑头，今莆田东南黄石镇的瑶台），终于把逃跑的倭寇追上了。

这些被追上的倭寇，经戚家军一整天的穷追猛打，早已灵魂出窍、丧魂落魄，哪里还有胆量继续恋战。见了戚家军追来，纷纷四散逃入山林躲避；而有的真倭慌不择路，竟窜入瓦窑逃命。

明军决不放过这些恶魔，见状从四面八方围拢过来，把瓦窑围个水泄不通。进而采用火攻和冲杀相结合的战法，直接把这些真倭一个不漏地消灭在窑内。

这次兴化林墩之战，明军实力占有优势，敌方又是多次战败后顽抗，故戚继光为不留后患，采用困兽围歼之战法，敌无处可逃，形成一场敌我双方垂死争斗的恶战。此役共斩敌两千零二十三首级，俘虏十三人，解救被掳千户一名、生员五名、百姓两千一百一十四人。明军阵亡哨官周能等六十九人。

这次战斗是戚继光率领戚家军抗倭以来牺牲人数最多的一次战斗。说起来戚家军牺牲人数与歼敌人数相比，伤亡率并不算高，但戚继光爱兵如子，谨言慎行，自创立攻防兼备的鸳鸯阵后，由于该阵法既能消灭敌人，又能保护自己，每次战斗均鲜有人牺牲。但这次战斗，一下牺牲了这么多人，令戚继光万分痛心。戚继光痛定思痛，认为造成我方人员牺牲多的一个重要原因，是部队连续作战，将士没有时间休息补充体能，影响战力；加上参战部队对当地地形缺乏了解，常被敌偷袭；特别是选用向导不慎，误选通倭的奸细，受其蒙骗，使既定的作战计划、兵力部署被迫临时调整，给战局带来很大困难，影响了歼敌的进程，以致付出前所未有的代价。戚继光对此深感内疚，觉得应该有个交代。

第二天，戚继光亲自下部队看望慰问伤兵，并根据阵亡士兵在战场上的表现，分别给予阵亡家眷不同等第的抚恤。而后，戚继光又身穿素服，亲携汪道昆、王春泽等两省府官员，共同前往林墩战场，在士兵集中阵亡的地方，设立祭坛祈祷，焚香哭丧，超度亡灵，隆重祭奠阵亡战士，以寄托自己及全体戚家军官兵的哀思。

经过这场恶仗，戚家军树立了能打硬仗、恶仗的声威，威武之师的英名开始在福建沿海一带传颂。

明廷经对横屿、牛田、林墩三地抗倭战役的战绩全面勘察，充分肯定了戚继光的巨大功勋，于嘉靖四十二年六月，正式下诏"升戚继光为都督金事"。

张元勋在林墩抗倭战斗中，发现军情有变，按原作战计划不能顺利夺取战斗胜利的情况下，勇于担当，审时度势，敌变我变，指挥部队由助攻变成主攻；在攻打宁海桥遇阻后，又不拘泥于既定方案，另辟蹊径，在敌防守薄弱的地段，利用战前准备的架桥器材，及时架设便桥，打破了敌人利用河道阻隔建立的防御体系，扭转了战场不利态势，夺回了战斗主动权，为林墩抗倭战斗的胜利立下了汗马功劳。

张元勋经此三战，"明年（1563），剿倭之陷兴化、陷平海者，亲擒五人，部斩二百六十级，始受赐锟"（《张元勋墓志铭》）。又据《明史·列传第一百·张元勋传》记载："从破横屿诸贼，屡进署都指挥佥事，充福建游击将军。"可见，张元勋在援闽抗倭的横屿、牛田、林墩战斗中功绩非凡，非一般人所能及。

戚继光自嘉靖四十一年（1562）七月中旬，率部离开浙江营地前往福建抗倭，历时两个多月，转战千余里，一直征战不息，先后组织了横屿、牛田、林墩三次大战，部队已十分疲惫。加上入闽时正值夏季，天气炎热，将士衣着夏装。随着斗转星移，时入深秋，气候转冷，将士冬衣未备，有的兵士又水土不服，部队伤病逐日增多，竟然占在编的半数，汰去伤病人员后，入闽时部队有六千多身强力壮的精兵，现在能参加战斗的人员只剩三千多。戚家军继续留闽抗倭面临诸多困难。

福建监军副使汪道昆，在福清西楼酒店宴请戚继光时，再次提请戚继光继续留守在福建平倭，为福建百姓安宁作出更大贡献。

戚继光听到汪道昆挽留之词，想到部队的实际状况，面露难色，不得不婉言谢绝说："我率兵不过六千，转战千里，一月四捷，现在伤病居半，筋力尽竭。倭船已有数十艘到达，新倭超过万人。驱疲兵以当新寇，无异驱群羊以搏猛虎。从现在军情来看，只有补充数千新兵，才能歼灭来犯之倭。我想现在回到浙江请兵，明年春天再来剿灭此倭。您现在只有坚壁清野等待了。"

汪道昆虽然对戚继光通情达理的解释表示理解，但他对戚家军班师回浙，仍然心有不甘。

戚继光知道汪道昆的心思，顺着福建一方官员的思维，为他出主意说："总督胡公与公是同乡，平素又看重公的才干，而且公又是义乌的老知县，义乌民众对公的德政仍怀感激之情。若公再次向胡公请兵，不会有什么困难。我把现在这些士兵晋升为头目，让他们招募同乡相识的强壮者，可迅速扩展至二万人，到那时几个月时间就可彻底平定这些倭寇。现在尽快班师，以安慰士兵回归之心，以使他们更愿重返此地。我不怕死，愿追随公殉国。"

汪道昆也觉得戚继光设身处地，为福建抗倭平寇殚精竭虑，言之有理，故不再多言，只是三次举杯向戚继光敬酒以表敬意，并三次下跪以表对戚继光援闽抗倭的谢意！

戚继光面对汪道昆的深情厚意，郑重拿出一对精致的宝剑，自留一把，而将另一把赠予汪道昆，以表两人心心相印，共同灭倭之志。从此戚、汪两人更成了志同道合、生死与共的知心朋友。

十月十六日，戚继光率军从福建驻地出发回浙。当地百姓哭着拦在路上，请求戚家军不要走。

十月十七日，戚继光来到福建省城，同样受到当地文武官员以及广大民众的热烈欢迎。省府官员陪同戚继光登上平远台，为他摆上庆功酒。汪道昆还为他撰写纪功铭勒于平远台上。其铭曰："乃建元戎，显允戚公，万夫之雄……昔也寇虐，民有沟壑，邑无聚落。王师至止，保我妇子，家室伊始，炎方既同，赫赫元戎，奏尔肤功。"（汪道昆《太函集·卷七十八·平远台勒功铭》）福建官员对戚继光感恩戴德溢于言表。他们对戚继光的表彰，实际上也是对戚家军的肯定与鼓励，张元勋等将领也备受鼓舞。

戚继光率部在福建休整了一段时间。十一月初一日，戚继光从福州出发返浙。

汪道昆也随戚继光访浙，欲面见胡宗宪，请求胡宗宪再允戚继光赴闽抗倭。

正当戚继光、汪道昆还在金华路上，却从省城杭州传来浙直总督胡宗宪于十一月七日遭南京户科给事中陆凤仪弹劾被逮入京的消息。这犹如晴空霹雳，简直让戚继光难以置信。可是，这又是千真万确的严酷事实。戚继光强忍悲愤，紧闭双眼，脑海中接连呈现一桩桩、一件件胡宗宪对他关心、提携的旧事。他一直以胡宗宪为值得敬重的上司，将胡宗宪视为知己。他在路上还一直盼着再得到胡宗宪支持，完成去义乌募兵的新的计划后重返福建平倭。现在却随着胡宗宪总督的失势，一切都成了泡影！他想："胡公北辕，浙无知己，计必不行，颇悔初念，欲际新中丞未至，乞病东还。"（《止止堂集·横槊稿中·闽海纪事》）戚继光为此伤透了心，他已做好了解甲归田的心理准备。

戚继光的心事瞒不过与戚继光朝夕相处的张元勋。张元勋是戚继光的下级，自然不便去劝说顶头上司。因为在等级分明的封建君主制度下，晚辈去劝说长辈，下位去做上位的思想工作，均被视为超越礼数的不敬之举，是忌讳的事！可是，张元勋又不忍戚继光从此消沉下去，甚至走上解甲归田之路。若是如此，这对抗倭事业、对朝廷、对百姓都将是无可挽回的巨大损失。张元勋心急如焚，茶食不思，他怎能坐视不管？他苦苦思索着以什么方法让戚将军重新振作精神。张元勋逐个琢磨与戚继光相处的知己，突然想到，汪道昆在戚继光率兵援闽平倭中，两人推心置腹、情同手足，戚继光平日经常在幕僚、部属面前对汪道昆赞不绝口。由此看来，只要通过汪道昆对戚继光进行劝说，一定能让他面对现实，以大局为重，延续抗倭平寇的伟业。张元勋主意已定，以最快捷的方法向汪道昆送去戚继光为胡宗宪革职下狱心抱不平、意欲解甲归田的信息，请求汪道昆能够拨冗出面，设法舒缓戚继光的情绪，让其放下包袱，轻装上阵。

汪道昆得知戚继光因胡宗宪被逮，变得意志消沉、茶饭不思的事后，顿时心潮翻滚，他深切感到，现在正值国难当头，倭患炽烈，平倭灭寇的大业不能没有戚继光统兵。事不宜迟，汪道昆马上给戚继光提笔写信，对他劝慰道："臣子荷厚恩，无以有己。胡公往，即不得尽如夙所期，顾恶忍坐视闽赤子之荼毒？浙之行，义不可止也。"

戚继光读着汪道昆给他的信函，十分激动，他自言自语道："南明公不忍负闽赤子，予可负知己乎！"（《止止堂集·横槊稿中·闽海纪事》）于是重新振作了精神，一边休整部队，一边谋划重返福建平倭事宜，决心不辜负福建父老乡亲对戚家军的厚望。

第十七章
征剿倭患弦未松　重返兴化再立功

　　嘉靖四十一年（1562）十一月七日，兵部尚书、浙直总督胡宗宪遭人上疏是严嵩、赵文华同党，嘉靖皇帝闻讯勃然大怒，下诏罢去胡宗宪兵部尚书、浙直总督职务并予逮捕下狱，进而还规定总督职位从此不再设立。朝廷大学士徐阶以浙江倭寇刚刚平息，请求浙直总督职位不设后改设巡抚进行安抚。于是，嘉靖皇帝升赵炳然为兵部右侍郎兼右佥都御史，前往浙江巡抚。

　　赵炳然，字子晦，号剑门，明武宗正德二年（1507）生于剑州石盘山下（今广元市剑阁县田家乡赵家湾），十四岁中秀才，二十五岁中举人。嘉靖十四年（1535）赐进士。先任新喻知县，后诏封为御史，与给事中李文进一起查核宣府、大同、山西侵冒兵饷案，刚正不阿，秉公执法，惩治腐败，决不手软，深得朝廷器重。据史载：赵炳然为官"以廉政表率部下，悉改不便利人民的政令，奏减军需一半。百姓都感激"。

　　对于福建官员请求再调戚继光入闽平倭，赵炳然与前任胡宗宪持截然不同的意见。胡宗宪原来认为浙闽相邻援闽平倭浙江有责，而赵炳然巡抚则认为：浙江久遭兵斗战火，又经胡宗宪过分奢侈的用度，财力匮乏，以浙江利益计，决不能同意戚继光再次率兵入闽抗倭。

　　福建以前能够促成戚继光援闽抗倭的一个重要因素，就是利用汪道昆与胡宗宪的乡谊。而现在胡宗宪被革职，这条路被堵死了，欲凭老方法再次调戚家军入闽平倭的计划难以遂愿。但福建巡抚游震得欲借调戚家军援闽平倭的打算十分坚定。在戚继光率军回浙后，他就御倭再向朝廷上奏三事。其中谈及："浙江温处与福宁州接壤，实倭夷出没之地，而一时将官莫贤于参将戚继光，宜进继光为副总兵兼守其地，而于福宁州添设守备一员，隶继光节制，仍令募兵三千，以备战守。"（《明世宗实录·卷五百十七》，嘉靖四十

二年正月壬辰）

赵炳然不同意浙兵再次入闽抗倭的观点，也写成奏章上奏朝廷说："福建之所以发生叛乱，是因为将吏抚驭无术，民变为兵，兵变为盗的缘故。现在又驱调浙江的兵马赴福建解急，我私下担心浙江也变成福建第二。请求命令一心团练土著，使当地人各自为用，家家自守，情况紧急则能成为兵，缓和下来又可为民，这样散聚两有去处。即使不得已而招募他们，也必须先顾本土而后照顾邻壤，这样才没有酿祸的根基。"他又根据浙江海防存在的实际状况，据理逐条奏请。在他看来：为有效防范倭寇对浙闽沿海的侵扰，须对海防划地分辖，对各区域分别配置水军和陆军，明晰责任，分头防卫。赵炳然的这些建议也得到朝廷采纳批复。

浙、闽两省巡抚对借调戚继光赴闽平倭一事，各执一词，久拖不决，福建倭患与日俱增。有的地区被倭寇占地筑营，长期屯据，当地民众近朱者赤，近墨者黑，社会风气渐受倭害污染，随着时间推移，乡村中跟着滋生了一批游手好闲、好逸恶劳的群体。他们一心想着掠夺他人劳动成果，享受不劳而获的生活。这正是浙江巡抚赵炳然所说的"民变为兵，兵变为盗"这样一种不正常的社会生态。福建沿海的倭寇就像除不完的杂草，割了又生，生了又割，如此往来复去折腾不绝。

戚继光在福建抗倭的两个多月时间里，福宁、福州、兴化沿海的倭寇受到打击、震慑，其嚣张气焰有所收敛。当倭寇得知戚继光已率兵回防浙江，这时为躲风头而隐藏的倭寇额手称庆："戚老虎去，又何惧？"（《戚少保年谱耆编·卷三》）

戚继光离闽前已登陆及隐蔽下来的倭寇，于嘉靖四十一年（1562）十一月，又纷纷集结起来祸害百姓。其中一路攻陷福建的福宁、政和，另一支有六千多人的精锐倭兵，包围了兴化府城。

兴化军民面对敌强我弱险境，齐心协力，奋起抵抗，被迫紧闭城门，防敌攻入占领。通过当地军民共同坚守，兴化府城虽一时未让倭寇破城，但城防岌岌可危，险象环生。

福建巡抚游震得闻讯，心急如焚。他知道，戚继光刚离开福建，此时不能指望他马上回来抗倭。游震得在走投无路之时，急中生智，为应急，有意就近商请邻省广东总兵刘显出兵支援福建抵御倭寇，先解当地燃眉之急。

刘显，据《明史·刘显传》记载：南昌人（1515—1581），天生身材魁梧、膂力绝伦。青年时家贫，以为人佣工和偷吃寺庙供品为生。他神奇的体力被人称为天人下凡。嘉靖三十四年（1551）川南宜宾苗人作乱，巡抚张皋募兵平叛，刘显应募投军。首战，手舞两把铡刀充当先锋，砍杀五六十人，手擒三名敌酋，由此名声大振，从一名走卒陡升副千户。其历经沙场七年，凭战功，于嘉靖四十一年，直升总兵镇守广东，为历代武将所罕见。

刘显接到游震得求援信，不敢丝毫怠慢。十一月下旬，因他手下的大部兵马尚在江西平乱，一时不能过来，他先亲领七百精兵前来福建救急。随后又将江西兵马调入福建，在闽抗倭兵力逐渐增至四千人。在大部队未到时，"显以兵少，逼城未敢战"。一向勇猛的刘显，此时亦不敢贸然对倭寇发兵进攻，暂屯兵于兴化府城东偏北江口桥迎仙寨，只能对倭寇兵力起到牵制的作用，期待在各路官兵集结后再与倭寇开战。

倭寇为探明屯兵江口桥的刘显官兵的虚实，特派倭兵化装成当地的乡民，前往刘显屯兵的兴化城东江口桥，假装向他求援。

刘显未能识破求援"乡民"的真实面目，未假思索就对假装前来求援的乡民实话实说："现在本军抵闽兵力短少，俟招募兵马后再进兵。"

假扮乡民的倭寇奸细顺利探得实情，敌酋又借刘显急于招募兵员之机，派奸细以投军的名义混入刘显军中潜伏。

刘显急于扩充实力对倭寇的诡计毫无警觉，对应募人员的来历未加任何考察，对混入新兵的敌奸细更无防范之心，反派他们参与护城。

十一月二十八日，刘显为沟通兴化府城内外信息，特派八名士兵去府城，送信给府尹翁时器。不料，所派士兵途中即遭倭寇截杀。倭寇反以送信明军伪装，带着截获的刘显信函，以假乱真，混进了府城，诡称："今夕且息铃柝，我有所谋。"（《玄览堂丛书续集·纪变》）

城中明军守备对信使深信不疑，并未怀疑其中有诈，更未对来使认真盘问考察，就信以为真，完全放松了警惕。

到了深夜，混入明军中的奸细与冒充明军的倭寇里应外合，杀死守城的官军，打开城门，遂令大批倭寇不战而胜，顺利进入兴化府城。明军坚守多时的兴化府被倭寇毫不费力用计占领。倭寇乘机在城中烧杀抢掠。翁时器分守、举参将、李通判等眼看大势已去，忘尽职守，丢下乡民，只顾自己越城逃命。摄知府奚世亮、训导傅尧佐留在城中，皆被入城倭寇杀死。兴化城惨遭空前洗劫，街内尸首枕藉，血水横流，污秽不堪。由于刘显总兵的麻痹疏忽，致兴化军民坚守一月有余的府城就这样轻而易举地断送敌手，令人唏嘘！

兴化城是福建省城的门户，是州府的政治中心、经济要地。当地的乡宦士民，为躲避倭寇劫掠，"诸村落一钱寸帛皆在城中"。倭寇进城之后，"乡宦士民男妇幼咸就掳，杀死者约万余，庠士三百五十，乡宦十七，举人二，太学生六，妇女义不辱而骂贼以死者，不知其几也。宝器、金玉、锦绮或传自唐宋者，咸归于贼，否则幻为煨烬"（王士骐《皇明驭倭录·卷八》）。

直至嘉靖四十二年（1563）正月二十九日，倭寇因城中掠夺已尽，自动放弃兴化府城，南走歧山（今莆田东南埭头），异地结巢为营。

在平海卫驻守的明军都指挥使欧阳深，不负众望，对撤离府城的倭寇盯住不放，亲率兵马追剿，因求胜心切，不幸有两百多人中伏而亡。后倭寇占领平海卫固守。

平海卫，位于兴化县东南九十里，地势独特，背倚朝阳山，面向平海湾，三面临海，西北方向是陆域。该处地势由北向南逐次降低，东与南日岛、西南与湄州岛隔海相望，是兴化府城以及福建省城的门户，具有重要的军事战略地位。该卫系明初洪武二十一年（1387）建城设卫，共领辖五个千户所。卫城以朝阳山为依托，周长八百零六点七丈，宽一点四丈，高二点四丈，设有四个城门，分别为东门、西门、大南门、小南门，各建楼，因城北地势险峻，故不置门。卫城全部用石砖砌成，坚固高大，其与莆禧所城、南日水寨形成掎角之势。与福宁卫、镇东卫、永宁卫、镇海卫等各卫遥相呼应，连成一线，组成陆海兼防、互相兼顾、互相支援的严谨防御体系。平海卫原编有操屯旗军五千零三十九名，出海旗军一千一百五十名；每巡司置巡检一员、兵一百名，各墩台委千百户一员，置兵五名，以指挥一名提调之。平海卫是一处易守难攻的军事要地，但一旦被敌寇占领，主客易位，敌即可"反客为主"，依仗平海卫天险固守，届时兴化、福州一带沿海门户洞开，百姓将不得安宁，后患无穷。

这次兴化府城陷落，平海卫失守，怎不令福建举省上下震惊？明朝廷官员也对福建抗倭形势深为忧虑。一面撤去游震得巡抚职务，令其戴罪立功，改令谭纶代游震得为巡抚；另一面增调新任广东总兵俞大猷迅速入闽抗倭。世宗皇帝还下诏，"兵部覆如其言，诏可"（《明世宗实录·卷五百十七》）。又任命浙江金台严参将戚继光为浙闽副总兵，分守温州、处州、福宁、福州、兴化等五州。这样，福建的福宁、福州、兴化倭害最严重的地域已属于戚继光的防守范围；防卫海疆、消灭这些地方的倭寇成了戚继光的本职工作，福建再也无需向浙江借兵抗倭，同时也避免了两省政要为戚家军入闽抗倭各执一词，争论不休。朝廷对抗倭体制的变更，较好地解决了浙闽抗倭互相推诿的状况，不失是明智之举。

广东总兵俞大猷接令于嘉靖四十二年（1563）正月，率领六千陆兵入闽，至兴化江口（今莆田东偏北江口），与刘显联营驻守。刘军屯于秀山（今莆田笏石镇南秀山），俞军屯于明山（今莆田忠门镇东偏北砺山）。而倭寇驻平海卫有两三千人，依附倭寇者有七千人，敌我双方兵力基本持平。

倭寇气焰嚣张，根本不把俞、刘两将放在眼里，屡次派兵向俞大猷、刘显明军寻衅挑战。

诸将见状愤愤不平，纷纷要求出兵应战。但一贯用兵稳重的俞大猷却按兵不动，丝毫不受敌挑衅影响。他成竹在胸，自有"敌以战为守，我以守为攻"的策略，下令部队建排栅，挖沟筑垒，"列营以困之"（俞大猷《正气堂集·卷十五·兴化议》）。俞大猷在兵力不足以制敌的情况下，一面忍住气，不为敌挑战所动；另一方面，为防止敌逃跑，又以许朝光、刘文敬各率水军巡逻平海卫外海，堵住敌从海上逃逸通道。俞大猷指望兵力占优势后，以众敌寡，聚而歼之。

俞大猷将全部希望寄托于戚家军身上，时刻盼着戚继光早日入闽。为此，俞大猷还提笔给戚继光写信："猷与贼对垒，不肯轻战，专候公大兵至，并力收功。世人皆以猷为怯、为迂，唯谭二华及公能识猷心。贼在数日欲遁，愿公速至。人皆以公为迟，亦惟二华及猷知公之心也。"（俞大猷《正气堂集·卷十五·与戚南塘书》）

戚继光对赴闽平倭的事一直放在心上。他班师回浙后，只是苦于上无指令，手中缺兵，因此迟迟未能率兵成行。在他被任命浙闽副总兵后，即向朝廷上疏提出需要训练有素的浙江精兵两万入闽，备粮饷军械十万，给他以"便宜行事"的要求。

朝廷兵部接报兴化陷落的疏章，十分惊骇。后又接戚继光要求新募两万浙江精兵的疏请，兵部遂于嘉靖四十二年（1563）正月立即作出回复："请调浙江新募义乌兵一支，以继光统之……星驰应援"（《明世宗实录·卷五百十七》）。

戚继光接兵部命令后，二月中旬带着原编制的戚家军旧部一起到义乌募兵。这次戚继光在义乌募兵，熟门熟路，加上上次所募义乌兵在戚家军中均有建树，在当地乡民中颇有正面影响，给此次募兵带来不少便利。十六天内，戚家军新得壮士万余人。戚继光将老兵与所募新兵混编，充实到原编制中。随着新兵员加入，原编官兵大部分得到提升，老兵卒都成了军中骨干，这也大大调动了部队官兵的积极性。

三月初二日，戚继光与福建兵备副使汪道昆同率新募义乌兵赴闽。一路上，戚家军以老带新，边走边练。三月十七日，入闽境浦城。四月十三日，抵福清。宿营后，戚继光立即给新上任的福建巡抚谭纶写信："本职今已驰至福清，必本部院亲临，方趋平海合营。缘二总兵在彼，职兵一到，彼必趋战。抗之则非体，听之则掣肘，进止不一，散乱无纪。三家之兵既杂，则互推之隙可乘。万一少挫，全师夺气，大事去矣。既或幸胜，而利之所在，争级竞财，弃贼而自斩者有之。必候本部院亲集三营将士，歃血立盟，分定道路，约以机宜，进有后先，专责冲锋，悬以重赏，争级抱财者立以重禁，斯可以万全而无害也。"（《戚少保年谱耆编·卷四》）

从信中内容可以看出，戚继光对于俞、刘、戚三支部队联合作战如何协同问题，有着深层次考虑。因为当时参战的另两支部队，一支由俞大猷率领，俞当时是总兵官；另一支是由刘显率领，刘当时也是总兵官；戚继光当时却是副总兵官。可是，俞大猷部队只有六千员招募的新兵，刘显部队只有四千员；而戚继光新招募的有万人，原戚家军又有六千人。也就是说戚继光的部队兵力比刘、俞二部队合起来的总兵力还要多。可是，论职务俞、刘比戚继光职级要高。因此，在闽抗倭的指挥关系上如何协调，由谁统一指挥，谁服从谁，就成了事关全局的大事。从前段抗倭战绩来说，戚家军自在其他两支部队之上，戚继光先把这事向福建巡抚谭纶挑明不无道理。

倭寇得知戚继光率万人大军入闽，且已经抵达福清后，受到极大震慑。倭首认为，随着明军兵力增多，特别是戚家军进驻，将是凶多吉少，于是开始做撤退的准备。

四月十六日，倭寇以三十二只舰船，护送劫掠的财物回日本国，在海上被俞大猷早前部署的把总许朝光水军拦截打击。倭寇转移财物未成，被迫返回原地。倭寇为了应对明军的进攻，又紧急调动三千人的兵力在许家村（今莆田东南许厝村，属东峤镇）结巢居险防守，意在屏障平海卫，阻隔明军进攻平海卫的通道；同时，也为在平海卫战败后便于向海外撤退逃跑提供后卫保障。

四月二十日，富有作战经验、文武双全的谭纶巡抚和兵备副使汪道昆在渚林召集俞大猷、刘显、戚继光三位领军，共同商议抗倭作战事项，研究歼灭兴化平海卫倭寇的战略战术，明确三军总指挥。

会上，三位领军一致认为此役总指挥非谭纶莫属，督军就是兵备副使汪道昆。对于兵力部署，戚继光在会上提出：自愿"身当中哨，俞、刘掎角"，功赏共之，不敢专之（《戚少保年谱耆编·卷四》），形成三军会兵，同心协力攻剿倭寇之势。

谭纶采纳了戚继光的建议，确定中军由戚继光统督，下辖把总张元勋、胡守仁、王如龙、朱珏、叶大正、陈禄等部；右军由俞大猷统督南赣军门都御史陆稳、调拨指挥魏宗瀚、名色把总朱相等部；而以浙江巡抚赵炳然所遣领援兵杨文与谭纶调拨参政翁时器督领标兵把总陈其可、蒋伯清、傅应嘉部下兵佐之；左军由刘显统督把总郭成等部下兵，而以江西巡抚都御史胡松所遣领援兵把总乐埙与前福建军门都御史游震得所发标兵把总陈仓等兵佐之；水师许朝光部、刘文敬部在平海卫东西两侧海域巡弋待敌，阻击从海上逃窜之敌以及可能从海上救援解围之敌。

会上，谭纶还明确了戚继光提出的三军协同作战有关问题的处置原则，议定于本月二十一日，各路明军按计划联合对平海卫倭寇发起全面进攻。

四月二十一日凌晨四鼓时分，戚家军以把总胡守仁为前导，兵分三路，左路由把总王如龙率领，右路由把总张元勋率领，各路兵马，衔枚而进，寂静无声。至五党山侧岭，月光还很亮，坐待月落，以便趁月落，天微亮，夜色朦胧时迫近敌巢（如图十）。

随着天色渐明，许厝村倭寇发觉明军动静，立即以前锋百余骑兵为前队，倾其全部两千多人兵力迎战戚家军。

戚继光命前导部队集中火器对敌猛烈射击。

刹那间，火光四起，枪炮声震天动地。倭寇前锋战马受惊，扬蹄长啸，四处乱窜，倭寇阵法大乱。

戚家军四面合围，巧借风势，火烧倭巢。各路兵马争先恐后，乘势猛攻，冲锋陷阵，敌我双方进行白刃格斗。

守卫许厝村的倭寇在戚家军面前没有招架之力。倭寇营地被戚家军化为焦土。平海卫倭寇精心部署的许厝村首道防线被明军大部队以摧枯拉朽之势很快摧毁。

戚家军日午收兵，获得全胜。

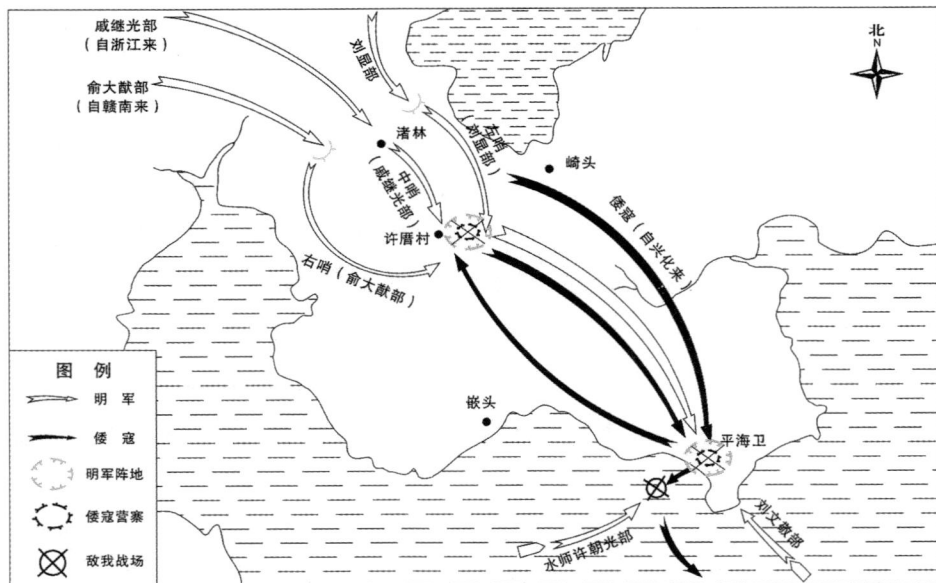

图十、张元勋随戚家军平海卫抗倭作战示意图

倭寇无奈向平海卫所城方向逃窜。戚家军千军万马奋勇直追，一路斩杀过去，倭军没有丝毫喘息机会。

倭寇一路丢盔弃甲，且战且退，逃入平海卫城内，妄图借城固守，与戚家军对抗到底。

张元勋并未盲目沉浸在快速攻破平海卫屏障许厝村的胜利喜悦中。随着仗越打越多，见过世面越来越广，职务越升越高，担子越来越重，他的眼界更开阔，考虑问题更深入，处理战事更全面。他认识到许厝村的战斗，敌军只有两千人，且又是临时设防，而与敌对阵的是戚继光、俞大猷、刘显三路兵马近三万兵力夹攻，明军力量是敌方十五倍，战斗取得快速胜利自在意料之中。但接下来攻打平海卫据点，面对的是一万多倭寇的据守；且平海卫地处半岛顶端，倭寇在此占据城堡已有较长时间，在原来明初修建的城垣基础上对城墙进行过多次加固，虽说防守算不上固若金汤，但也绝不会是个软柿子，而是块易守难攻的硬骨头。

张元勋现在已不是初出茅庐的百户，自从在弋阳战斗后擢升至千户，援闽横屿、牛田、林墩战斗后身居游击将军。他心里总是打着这一仗，想着下一仗，就像孩童时与别人下棋一样，走一步要想三步，只有这样才能保证战斗胜利。想到这些，他在结束了平海卫屏障许厝村的战斗后，就指挥部队全力做好下一仗攻城的准备。他派人在许厝村打扫战场时搬来四张容易搬动的吃饭方桌，将其随军带上。又准备了十多条棉被与一桶酒汗（家酒蒸馏所得高浓度酒精）。友军不明白张元勋部队所为，搞不清张元勋部队带着这些不值钱家当有什么用，觉得带着这些不值钱家当有违常理，简直有点傻，纷纷对他们投来异样不理解的目光。张元勋看到别人不理解的目光，口上不说什么，但心里在说："现在你们认为有点傻，等攻城派上用场，你们才会感到这太聪明了！"

戚家军追击从许厝村溃逃的倭寇，很快逼近了平海卫城下。只见平海卫城门紧闭，城墙横亘。

占据城头有利地势的倭寇，看到明军追来，他们居高临下发射火铳、弓箭加以阻击。

平海卫古城北面地势险峻，明军难以组织进攻。戚家军主攻部队只能从东西两侧对固守城垣的倭寇发起进攻。

守城倭寇面对戚家军进攻同样以万箭齐发进行还击。

戚家军面对倭寇弓箭射击，以鸳鸯阵中盾牌手的盾牌予以应对。戚家军也集中火铳手、弓箭手对着城头倭寇进行火力压制，还以颜色。

敌我双方箭矢在空中呼啸飞舞。

因平海卫城上有垛，戚家军攻城效果不佳。戚继光于是命令进攻部队改用火攻，下令士兵向城门搬运各种柴火。

占据城头的倭寇发现明军动向后，立即发射火铳弓箭阻击。

戚家军攻城将士无法将火攻材料运到城门下。一时间，火攻也无从下手。

这时候，张元勋拿出了攻城的看家本领。他令部属将事先准备的方桌、棉被、酒精运到战场前沿。命令一个旗的士兵，将浸过水的棉被盖在桌子上，并将桌子的前面左右都围上，以便抵御倭兵火铳、弓矢射击，又安排每个桌子底下暗藏四个士兵，由两个士兵驮着桌子，另外两个士兵身带自卫短兵器，手提酒精桶及可燃物。在部队佛郎机火铳的掩护下，派出的兵士，一步一步移动着桌堡，逐渐抵近城下，轻而易举地将柴火酒精运到城门旁。其他各路进攻部队还在为不能有效实施火攻发愁时，而张元勋组织的攻城部队在万箭莫入的桌堡掩护下，顺利抵近西面城门，点燃了熊熊大火。

城内倭寇看到城墙的西门已燃起熊熊大火，火借风势，团团大火冒着浓浓黑烟直冲城楼而去。守城倭寇顿时惊慌失措，乱作一团。不一会儿，其他城门也相继起火，城上倭寇经不起熊熊大火烧烤，坠楼、跳海而死的不在少数。

平海卫城门被大火烧塌后，各路明军分别借着火威，从东、南、西三个方向呐喊着蜂拥冲入城内。

张元勋凭着一身大无畏的正气与高强的武艺，在左右兵士护卫下，冲杀在队伍最前面。他全然不顾个人安危，只管举刀向前砍杀，所到之处，如入无人之境，倭寇根本无力抵抗。在他面前的倭寇，凡不举手投降者，不是人头落地，就是满身伤痕，奄奄一息，任由宰杀。敌我双方交战不到两个时辰，据守平海卫的倭寇，就被戚家军杀个片甲不留。

据统计，此役戚家军"歼灭倭寇两千多人，解救被掳男女三千余人"

（《谭襄敏公奏议·卷一·飞报异常捷音疏》）。次日，戚继光派员分伏要道搜剿逃匿之敌，又擒斩一百七十多名倭寇。

张元勋"剿倭之陷兴化、陷平海者，亲擒五人，部斩二百六十级，始受赐锸"（《张元勋墓志铭》）。福建巡抚谭纶盛赞"中哨把总胡守仁、王如龙、张元勋……俱各身先士卒，手刃倭寇，虽其功次有差，均之骁雄，足赖功当并论，而中哨各官奋勇直往成功神速，尤当优异者也"（见《谭襄敏公奏议》）。

第十八章
仙游剿倭充奇兵　无畏强敌敢碰硬

　　嘉靖四十二年（1563）四月二十一日，戚继光、俞大猷、刘显三军在福建巡抚谭纶的统一协调指挥下，彻底摧毁了平海卫巢穴的倭寇。明军平海卫战斗的胜利，又一次振奋了当地军民抗倭必胜的信心。广大民众感到，倭寇已是秋后的蚂蚱，再也折腾不了几天了。

　　在此之前，福建沿海倭寇横行霸道，为所欲为，四处劫掠。广大乡民受尽欺凌，他们在贼寇面前，敢怒不敢言，只能任凭贼寇为非作歹。现经明军对横屿、牛田、林墩、平海卫倭寇的连续有力打击后，广大军民抗倭必胜的信心大增，再也不怕倭寇的袭扰，自觉将对倭寇的憎恨化为抗倭的实际行动。只要倭寇在哪里露头，民众就会前来官府举报。倭寇成了人人喊打的过街老鼠。福建各级当政者也顺应民意，积极组织乡兵民团，依靠本地力量对入侵的小股倭寇迎头打击。各地与倭寇的小规模战斗，此起彼伏，一直延续不断，有力地遏制了倭寇势力的蔓延，也为明军主力清剿倭寇创造了有利条件。

　　四月二十三日，戚家军自平海卫大捷后回到兴化府城，协助官府招抚流移、安顿百姓。

　　据《谭襄敏公奏议·卷一》载：四月二十四日，谭纶接"福清县报，二十三日清晨有贼船三只，约贼二百余徒，在神前澳登岸。臣即遣标下名色把总蒋伯清、杨文统领所部浙兵自平海进至蒜岭驿地方伏截，仍委兵备副使汪道昆戴罪杀贼，参政翁时器监督。次日，前贼果由彼路而来，伏兵夹击，贼众夺气，我兵鏖战益力，斩获真倭七十八颗，被掠男妇当从宽贷，令地方领回"。

　　"二十七日，又报倭贼五百余徒，突至北岭逼近省城。左布政使曾于拱、按察使万衣督遣浙兵胡世等五百名，前去截杀，斩获首级二十颗，余贼星夜退遁连江地方去，讫未敢近薄省城，皆胡世一战之功。"

"五月初三日，据福州兵备道副使汪道昆呈称：（四月）二十六夜，贼闻平海倭贼剿灭，不（候）风潮，潜自开遁水寨，官兵船瞭见举火为号二枝齐起。四更时分，追至东涌外洋，捕盗黄怡等四船。首挫贼锋，冲沉倭船四只，生擒真倭二十七名，斩获首级二十颗，夺获被掠人口一十名，遇夜昏黑，浪涌溺死不计，难尽取级。又据镇东卫指挥同知赵柱国报称，本澳探有倭船九只抛泊外洋，国柱率捕盗兵船及万安所千户夏隽等船于四月二十六日前去草屿洋中奋勇夹攻，冲沉倭船四只，贼各溃败，赵国柱捕兵生擒真倭一十五名，斩获倭首一十二颗，千户夏隽兵生擒真倭五名，斩获首级二颗，千户许勋亲斩倭首级一颗，家丁许四等生擒真倭二名……又据该道呈称，本道自平海大捷班师复防，本院委督副总兵戚继光部兵进剿连江等处倭寇。五月二日，到连江，先差哨官王宁带兵潘大德等哨至汤岭，遇有倭贼二名，在彼窥探大兵消息。王宁等并力斩之。又探得倭贼四百余徒屯兵住马鼻地方，把总傅应嘉带藤牌手及戚副总兵鸟铳手，从五虎门先出把截。本道会同戚继光于初三日，先发名色把总王如龙等兵三营，直趋罗源，防遏北遁；仍亲督把总胡守仁等三营为奇兵，由左路缘山而进；以陈禄等三营为正兵，由右路冲锋而进。贼出奋力死战，我兵左右夹击血战。移时，擒斩真倭一百五十七名，夺回被掠幼男二十三名，巢穴船只俱各焚毁，余贼计蹙（窜）入海涂，溺死无数……"（《谭襄敏公奏议·卷一》）

从各地反馈的情况来看，福建的倭寇虽然受到明军几次集中沉重打击，但真倭及附倭并没有被彻底消灭，沿海地区倭乱还没有从根本上解决。"为久安长治之至计"（《谭襄敏公奏议·卷一》），福建巡抚谭纶向朝廷奏疏，提出加强海防的十二条意见："一曰，议复寨以扼外洋；二曰，议处兵将以责实效；三曰，议处客兵以备常戍；四曰，团练主兵以固根本；五曰，议处宪臣以重监督；六曰，荐举贤能以备任使；七曰，议处有司以图治理；八曰，申明职守以振顽惰；九曰，请乞钱粮以救危急；十曰，请缓征科以恤凋残；十一曰，乞蠲租税以复流移；十二曰，请复额粮以修军政。"（《谭襄敏公奏议·卷一》）谭纶《十二条陈》，其中特别强调恢复福建沿海五水寨；对浙江援闽的客军分春秋两班轮戍福建；要求组建团练福建各地的乡兵；建议任命戚继光为总兵官、汪道昆为按察使，镇守福、兴、漳、泉、延、建、邵武、福宁、金、温九郡一州。谭纶的奏疏，切中了当时福建边防军备时弊，很有见地。

朝廷很快批准了谭纶的奏疏。按朝廷批复的意见，戚继光从浙江带来的部队，分成春秋两班继续轮戍福建。对留守福建的六千四百人，分成八营，每营八百人，分别在北、中、南三路设防。北路由金科、叶大正率兵二营，驻守福宁（今霞浦）；中路由胡守仁统领陈应朝、朱珏、方其兵二营，驻福清；南路由耿宗元统领暴以平、胡仲实、俞廷秀等兵二营，分驻漳州、泉州；戚继光亲率赵记、陈良忠二营机动。另陈其可统领巡抚亲兵一营驻连江，护卫省城。水上恢复烽火门、小埕、南日、浯屿、铜山五个水寨。并将已修理完成的九十二艘战船分配给五个水寨。经福建巡抚、按察二院议定，福建右指挥使朱玑代理烽火门把总，泉州卫纳级千户傅应嘉代理小埕把总，各领大小兵船四十只；浙江松门卫千户顾乔代理南日把总，先分发制造完成的大小舰船十二只。各水寨均配备火药兵器，各自防守自己的驻地。这样，福建沿海边防开始形成了以区块化分工、水陆共防的合理布局，防卫效能得到了明显增强。

倭寇了解到戚家军在福建实行分兵轮值的军备制度，其大部分军队要撤回浙江，首批在福建只留下六千四百人。在福建的倭首认为，现时明军主力减员，福建乡兵尚未组建团练，敌我双方力量接近，何不趁机采取行动，干一番大事？倭寇又开始蠢蠢欲动。

倭寇总结了前几次战斗失败的教训后，将原来分散在福建各地自立门户、分而掠之的军事组织，变更为集聚一起，互相依存、互相支援的大规模的武装集团。

十月二十八日，谭纶对倭寇的动静已有察觉，他亲自统率把总陈其可、蒋伯清等标兵，来到福清与戚继光共同研究福建沿海下一步抗倭的战略问题。

谭、戚两人从倭寇近期的动向分析：倭寇前一阶段在福建中部沿海遭明军沉重打击后，在闽中、闽北丧失了军事优势，极有可能将侵扰目标逐渐南移。根据各方面情报汇总梳理，谭、戚两人一致判断："贼结聚南下，势必觊觎仙游"（《戚少保年谱耆编·卷四》），料定倭寇集合兵力向南窜扰仙游。

这次倭寇要袭击的仙游县，地处福建东南沿海中部、湄洲湾南北岸的结合部，木兰溪中上游，隶属兴化府。县境东接兴化府城，西与永春、德化接壤，南与惠安、南安相连，北接永泰，东南濒临湄洲湾，紧挨天然良港秀屿港，接续肖厝港。县域东西宽九十八里，南北长一百二十七里，区域面积七千三百四十平方里，折合二百七十二万亩。全境七山一水二分田，是个多山之县。整个地形顺势木兰溪，西北高、东南低，呈马蹄状。仙游在唐圣历二年（699）建县时，人烟稀疏，直到明朝时，人口一直徘徊在一万至一万五千之间。

据有关史料记载，仙游"县负山带溪，虽无城筑，然轫县以来，中更山寇，而安堵如故者，得非溪山形势之壮欤"。换句话说，仙游开始并无围城，只是仰仗溪山形势而得安。后来，"绍兴十年（1140），山寇窃发，知县陈致一始筑浚濠以御之，寇退，不克终役"。可见，仙游古城于宋绍兴十年已筑就。仙游县府的城墙高一丈五尺，长一里四十多步。墙垣全部从内外侧垒筑大小不一的鹅卵石，中间夯土填塞，内外侧垒筑斜度极小，势陡，可防敌攀爬。墙垣内侧设有护城坡，护城坡上有一条六尺宽的人行道，可供在防御作战时调动设防人员以及运送军械器物之用。若遇敌寇侵犯时，可关闭城门而利用城垣坚守，免受敌寇入城劫掠。

不出所料，在秋汛时，倭寇竟纠合了两万七千余人，其中以一万五千人的兵力重点劫掠仙游。由此，福建仙游抗倭形势又一次严峻起来。

据此，谭、戚两人商定先派镇抚叶向春、千总揭宇，率两百精兵，授以守城方略，马上进入仙游城内，以增强仙游防守力量。原来仙游城内驻有的两百五十名乡兵，再加上现在进驻的两百名戚家军，守城明军将达四百五十人。虽然与倭寇整合起来的两万七千人相比，仍然守备力量单薄，根本不在一个数量级，但增加了两百名戚家军精兵，对守城人员来说，无疑是极大鼓舞。

十一月初五日，戚继光和监军汪道昆率兵进驻兴化府城后，未过两日，即初七日，真倭有万余人即移师屯驻仙游的四门外，将仙游城严密包围，摆出一副气势汹汹，与明军决一死战，一口吞下仙游城的架势。仙游城军情危急。

戚继光缜密分析了敌我力量对比，考虑到回浙江轮休的部队尚未回闽，现有兵力仅倭寇的一半，处于以寡敌众的不利态势，取胜概率极小，遂决定按"胜兵先胜而后求战"（《孙子兵法·军形篇》）的策略，先沉住气，兵取守势，暂不进剿，待各路兵马汇齐集中，取得局部绝对优势后，再对围攻仙游的倭寇反包围，里应外合，进而彻底歼灭包围仙游的敌寇。

戚继光在敌强我弱的情况下，巧妙运用《孙子兵法·虚实篇》"形兵之极，至于无形"。他巧施计谋，不露一点痕迹伴动兵力到极致，以此来弥补兵力不足的困顿。

他安排胡守仁、蒋伯清率所辖兵力占据城北的铁山，据险设营，与倭寇对峙，牵制分散倭寇围攻仙游城的兵力，减轻仙游城的压力；又选拔五百名勇士对围城倭寇不时进行骚扰，打一枪换一个地方，抓一把就走，使倭寇疲于应对，不能专意攻城；他又派哨官高太平、武生龚腾霄等一百八十人，为被围军民运送补给弹药、食品，再增派一百余人协助守城。戚继光在浙江轮休官兵迟迟未到的情况下，恐久困无援，民心懈怠，贼势益猖，乃精选部下，挑选精兵六百人（《戚少保年谱耆编·卷四》），亲自率领进驻城东距离倭巢较近的石马（今仙游盖尾镇石马），四面设置疑兵，使倭寇攻城始终存有后顾之忧，不能专注攻城，也拖住倭寇不能外出劫掠；戚继光还独具匠心，制造膛腔很薄的木枪、木炮，事先在木枪、木炮内腔装填火药、铅弹，故意在给城里官兵运送装备的途中，使这些膛腔很薄充满危险的枪炮落入倭寇之手，让这些专为倭寇准备的特别枪、炮在使用时引发后膛爆炸，自毁其营。

戚家军这些瞒天过海的谋略以及措施，大大消耗了倭寇的力量，有效滞缓了倭寇发起攻城的时间，为戚继光集结部队做好战前准备赢得了宝贵时间。

仙游城内的军民，知道城外有戚家军支援，大大振奋了斗志，坚定了守城的决心。协助守城的乡兵、乡民在县尹陈大有的带领下，积极配合潜入城内的戚家军对攻城敌寇进行顽强抵抗，粉碎了倭寇发起的一次又一次的进攻。

直至十二月初六日，倭寇围城已有一月之久。倭寇见戚家军援军久未到达，仙游守城明军力量薄弱，更是有恃无恐，他们开始肆无忌惮地猛烈地攻城。

明军守城官兵施大全被倭铳击伤，坠城身亡。倭寇欲架云梯攻城，又被守城壮士刘君芳、吴育、邱世修等奋力冲杀，压下城埤。城外的戚家军也不甘示弱，军中游兵李以仁等，奋不顾身地冲进敌群，纵火烧毁敌竹牌、木梯等登城工具。

就在倭寇欲大规模攻城、仙游城岌岌可危之际，戚继光巧用"先声夺人""虚张声势"之计，命令各部队组织民众发铳呐喊，给敌造成大兵已到的错觉。

倭首听到外围惊天动地的呐喊声浪，不知是计，真的以为戚家军主力部队已到达。倭首惧怕被明军内外夹攻，不得不下令鸣钟收兵停止攻城行动。

左也盼，右也盼，真是望穿了双眼，驻仙游的明军总算盼来了回浙轮休的戚家军主力部队归闽。十二月二十三日，回浙轮休的戚家军到达福建沙园。

十二月二十四日，戚继光"集诸将，指授方略，刻期进剿"（《戚少保年谱耆编·卷四》）。并指派义总孙廷贤、哨官王伯宁、张迈、王仅等侦察进入敌巢的道路，并要求他们务必在二十五日前归营，以便摸清敌情，待轮休部队归营后，立即付诸解围仙游的作战方略的实施。

随着轮休部队归闽，戚家军已有一万五千人之众，敌我实力对比发生了重大变化，双方的兵力基本持平。鉴于这种情况，戚继光感到，明军虽在全局兵力上不占绝对优势，但倭寇在四门平分兵力围城，我军则可集中兵力攻打倭寇盘踞的南门，形成局部的绝对优势，在该方向得手后再进而各个击破，如此集中兵力可将敌逐一歼灭，借以彻底解除倭寇对仙游的围攻。按照该策略，又根据派出人员侦察到的敌情以及仙游周围的道路情况，戚继光经思考后果断决定：中路由左、右两部主力组成，相互策应，齐头并进。左部由守备王如龙率领杨世潮、丁茂、朱九龙等部兵，由武生金文通督之；右部由署守胡守仁率领方其、朱珏、陈应朝、娄国华等部兵，以中军王耕督之，负责主攻盘踞南门外的倭寇营垒。

左翼由游击李超率领杨文、陈其可、蒋伯清等兵，中军徐棠督之，负责应对截断盘踞西门外的倭寇营垒对敌南门的支援。

右翼由把总陈濠率领张元勋、陈禄、陈文澄、童子明等兵，武生晏述督之，负责应对截断盘踞东门外倭寇对南门外倭营的支援。

坐营把总金科将率中军大营正兵，率叶大正、陈良琼专备策应，以武生蒋如松督之。

另以指挥吕崇周等领兵一支，同都司郭成所率苗兵四百在铁山设置疑兵，以牵制盘踞在北门的倭寇。

以傅应嘉所率部取道西岭，绕盘踞在西门倭寇之后，袭扰倭寇，配合正面作战（如图十一）。

以中军吴京率兵负责押送火器，随军对攻城部队进行补给，做好战斗后勤保障工作。

戚继光为防备主攻南门营垒可能出现的不利情况，特对各路部队协同配

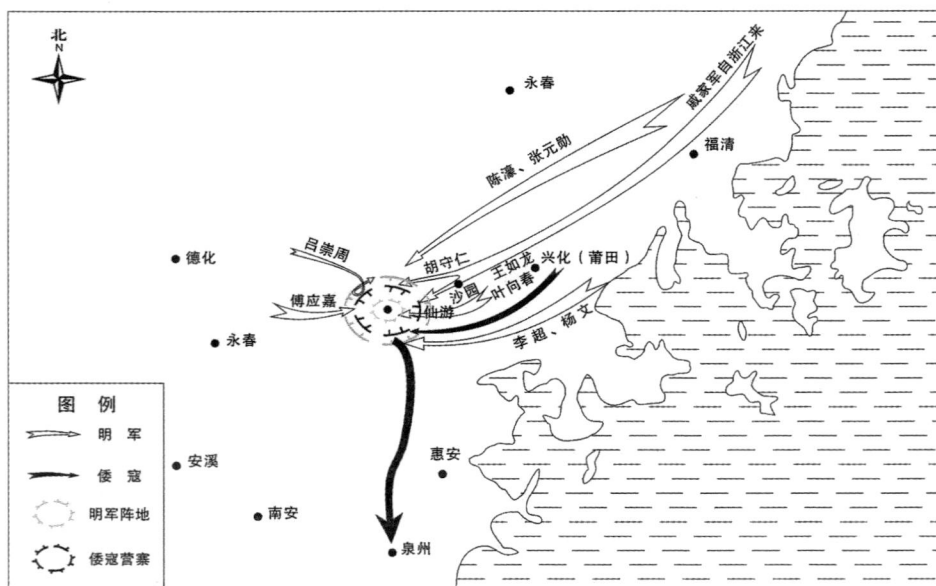

图十一、张元勋随戚家军仙游反包围抗倭作战示意图

合作战提出了具体要求：若南门方向的倭寇出来迎击中路，左、右翼奇兵即上前取齐，以防盘踞东、西二门之倭抄袭中路；如中路追敌入垒，倭寇左、右两翼前来救援南门之敌，我军左、右两翼即刻迎上前去，进行剿杀；若中路破了南门倭巢，倭寇奔向东西二巢，左、右两翼则进行堵截击杀；如东、西二门之倭死守不出，左、右两翼则不得擅动。中路兵马共六总，要求攻防结合，不得全部用于进攻，而忘记了防卫，要抽出一总，屯扎城边，防止东、西二门之倭沿城墙救援南门之倭；如经鸟铳、火箭攻击后，以待东、西二门倭寇救援到来之后方出，倭之援兵由左、右翼和中二路一总来抵挡；但攻巢之兵，需分出二总守定路口，防止南门之倭与其他二门之倭会合。中路若破南门之倭，则中左路便于城下转向西门自里向外；左翼兵自外向里，夹击西门之倭；中右路由城下转东门，自里向外，左翼兵自外向里，夹击东门之倭。会上，戚继光还公布了防中伏、防陷阱、防争功、防分辨不清各种识别信号等战斗注意事项。

戚继光在这次作战会议上，还对战斗中可能发生的各种特殊情况如何处置说得非常明确详细。可见，戚继光自十月份任总兵后，对这次独当一面指挥的仙游战役格外重视。

张元勋听了戚继光的战斗部署，特别用心记下对自己所率右翼奇兵的行动要求，生怕出现纰漏。他再三复诵：中路战南门倭或攻入，上前取齐防东、西倭抄中路；东、西门倭援南门，率兵出击迎战；南门倭逃东、西门，率兵进行堵截。他决心不折不扣落实戚总兵命令，争取仙游战斗中再立新功。

十二月二十五日，张元勋等戚家军开始向前沿阵地机动。当夜，天下大雨；次晨，战区大雾笼罩，咫尺不见人影。戚家军利用这极为有利的天时条件，秘密接近敌营。直到戚家军临近时，倭寇才发现他们。

此时，倭寇正准备使用八座"吕公车"攻城。

倭寇使用的这种"吕公车"，完全模仿中国古代吕公研制的战车。其车身高出城墙一丈多，在车身正、左、右三面围有竹木、毡毯，战时与敌对阵，可躲避敌火器。每辆吕公车可容纳百员兵将。使用吕公车攻城时，将车推近城墙边上，然后从车顶伸出飞桥直接与城头对接，躲在车中的作战人员借此飞桥即可摆渡上城。这种"吕公车"是古代攻城战斗的利器。

就在倭寇准备以"吕公车"攻城的千钧一发之际，戚家军主力部队近在眼前，真可谓冤家路狭。戚家军未等倭寇使用"吕公车"攻城，其中左路王如龙直冲倭敌包围的仙游南门营垒。

倭寇看到明军突袭，不得不放弃攻城，转身迎战从后面进攻包抄的戚家军。

戚家军中左路王如龙勇猛无比，势不可挡，没有几个回合激战，就率部攻破南门外围倭寇防线；中右路胡守仁所率部众，按戚继光制定的作战方案紧步跟上，与中左路齐头并进，协力进攻。

倭寇在戚家军王如龙、胡守仁两部相互策应、协力夹攻下，败下阵来，他们不得不停止对仙游城的进攻，只得悻悻退入营寨内，转而防守戚家军主力部队的包抄。

张元勋所率右翼奇兵，按照战前部署，中路攻入倭寇防线后，应立即率兵取齐，防止东、西两门倭寇前来抄袭中路明军侧翼。但苦于戚继光在战时会议上强调，南门倭寇没有向东西两侧逃遁，或东西两侧倭营未出兵支援南门倭寇时，两翼奇兵不能擅动。他看着中路明军与敌搏杀，只能严格执行军令，按兵不动，干瞪着眼，警惕防范东门倭兵增援，不得上去冲杀。这对于疾恶如仇，巴不得多杀几个倭寇为父报仇雪恨的猛将张元勋来说，确是有点手心发痒，按捺不住杀敌的冲动。他手下兵士也是嗷嗷叫喊，催促张元勋赶快下令冲上前去杀敌立功。部属的亢奋情绪，反倒使张元勋冷静下来。这时的张元勋想起《孙子兵法·火攻篇》"将不可以愠而致战。合于利而动，不合于利而止"的教诲，突然清醒了许多。他认识到，一个将领决不能以自己的个人感情好恶而改变上级的战略部署，作出有违上级命令的事来，决不能让执行命令走样，造成全局的被动，给战局带来损害。他以不容置疑的威严对部属呵斥道："咋呼什么！一切行动听指挥，不要瞎咋呼！不能瞎来！"

担任主攻的王如龙、胡守仁率部突破倭寇首道防线后，把退入南门外敌营垒的倭寇四面包围得水泄不通，紧接着准备安排兵力对倭寇营垒进行火攻。

倭寇建在城外的攻城营垒，都是使用木制营栅，特别是冬季久晴无雨，风干气燥，最怕的就是明军火攻。

王如龙、胡守仁抓住敌营垒防守弱点，一物降一物，专用火攻战术制敌。

敌寇寨门在明军火攻下燃起熊熊大火。逃入营垒的原防守南门的倭寇，眼看营栅被火烧塌，活着尚能跑动的残敌奋力突出火场，拼命逃往东门倭营躲避。

张元勋看到南门倭寇向东门倭营溃逃，顿时振奋，按照作战方案，立即命令属下人马堵截击杀。

这时，只见张元勋圆睁双眼，举刀策马高喊："弟兄们，杀敌立功的时候到了，跟我冲呀！"就奋不顾身，身先士卒杀向敌阵。他手下的士兵，摆好了进攻的战斗队形，紧随着张元勋冲向了从南门往东门溃逃的倭兵。

顷刻间，仙游城东北角方向战场，主客兵马、敌我两军，互相搏击，震眩山川，声析江河，势崩雷电，刀矢交错，尸横遍野。

张元勋率兵杀光南门溃逃倭兵，又攻东门倭营，冷热兵器同使，火攻武攻齐上。东门倭寇营垒，在多路明军协力攻打下，不多时，也是一片火海。张元勋置生死于度外，以迅雷不及掩耳之势率兵冲入倭寇营垒，奋力砍杀敌寇。

那些倭寇从未见过这种英勇搏杀场面。原来在他们心目中的明军都是一些经不起冲杀的贪生怕死的懦兵。因此，这些在福建沿海的倭寇，一直以来有恃无恐、成群结队，出出进进，毫无顾忌地一次又一次来到福建沿海劫掠发财。谁知今天碰到的对手与以前交战的明军简直是天壤之别！他们若是知道有今天的下场，也许不会如此胆大妄为来到福建。

现在，等待这些倭寇的是自认倒霉，被杀或被擒。还没等这些倭寇回过神来用心细想，眼见城东门外的倭营以及城西门外的倭营，接连被明军各路部队攻陷。东、西两门外的残敌丢盔弃甲匆忙逃进城北门外倭营避难。这些活着的倭寇情知今日无法与戚家军殊死一拼，不得不从城北门外败退逃生。至此，戚继光率领的明军彻底粉碎了倭寇对仙游的围攻。

这次战斗共杀敌四百九十八级，生擒敌通事一名，生擒从倭者数百人，缴获兵器六百二十二件，解救被掳男女三千余人。又据《张元勋墓志铭》记载："剿倭之陷仙游者，擒斩千五百级。"

仙游这一仗是对围城倭寇实施反包围之战；是在敌强我弱的不利的情况下，因势利导，创造条件，积极有为，努力化不利因素为有利因素，促进敌我态势发生改变，而后创造对敌局部兵力优势，进而克敌制胜的战斗。福建巡抚谭纶在评价这次作战时说："以寡击众，一呼而辄解重围；以正为奇，三战而悉收全捷。……盖自东南用兵以来，军威未若有此之震，军功未若有此之奇者也。"（《谭襄敏公奏议·卷二》）而兵部在《覆巡抚福建都御史谭纶等征剿倭寇报捷疏》中也评价说："我兵奋励，三战三捷，斩获之级多至二千有余，焚溺死者不计其数。虽有残孽逃入邻境广东，游魂落魄，极其狼狈，是诚十年未有之功。"（《杨襄毅公三疏·卷七》）

谭纶在奏议中对张元勋在仙游战斗中的表现更是赞不绝口，给予极高评价。他在奏议中说："名色把总张元勋率兵一齐冲进"，"张元勋独马当先，部下官兵恐致有失，一齐冲进，贼遂披靡大败"，"既冒险而歼勍敌，复伐谋而保危城，冲锋决胜，则张元勋之功居多。"（《谭襄敏公奏议·卷二》）张元勋每次英勇善战的杰出表现，都给谭纶巡抚留下深刻的印象，也为张元勋日后职秩擢升奠定了坚实基础。

第十九章
追敌漳浦遭伏击 反败为胜军威立

戚家军在仙游作战，是在敌我力量基本相当，戚家军并无绝对优势，且又在仙游城被敌寇包围一月有余，岌岌可危情况下的一次紧急救城战斗。因此，戚继光并未对围攻仙游城的倭寇，实行四面包围，而是故意给倭寇网开一面，留有一条逃跑之路。这样既可避免在敌我力量相当情况下，敌在绝望中作困兽恶战，给己方带来大规模兵员伤亡；又可利用敌逃跑时，创造在运动中歼灭敌人的战机。此战，戚继光通过这样的战斗部署，达到既消灭敌人，又保存自己的战斗目标。

在仙游被戚家军打败的南逃倭寇，气势已大不如前，一路被戚家军穷追不舍，遭到戚家军连续打击，他们有如惊弓之鸟、丧家之犬。

据《谭襄敏公奏议·卷二》记载："原攻围仙游县城大势倭贼，先该本院亲临调度，戚总兵统督，本道监督，各该官兵进剿，焚倭三巢，杀贼千许，倭万数败遁南下。"一路上，各府县卫所见倭寇南逃之状，均设法安排乡兵固守城池，抗击倭寇的劫掠，各地时有零星斩杀敌首级的报告。

《谭襄敏公奏议·卷二》又记载："总兵官戚继光手本开称，哨得前项杀败南遁大伙倭寇屯住同安县坂尾地方，随获犯人柯六等十四名，于二月初三日起营，分布哨道，预授方略，以北路守备王如龙为左哨，中军坐营把总陈濠为中哨，署南路守备耿宗元为右哨，中军把总吴京、浙江军门赞画、生员金文通督阵，俱于三更自苎溪起营，平明到深青驿设伏，先差塘报把总俞世隆、钱助礼，哨官王汉、沈元就近探得本日寅时，贼果起营沿山径下，离我兵二十里。本镇催发各兵分为四路，由仙店大路追至田里社王仓坪地方，正遇倭贼午炊，探知兵到，贼拥四五千众，列队以待。兵见贼势重大，稍亦扎定，该守备王如龙拔刀欲斫领兵把总，哨官仍要自刎，誓死决战。随该名色把总朱九龙、丁茂亲执招摇当先，率兵冲进，鏖战数合，前锋黠倭俱被我兵剿杀，后阵倭贼不待交锋，望风披靡，先奔过岭，贼先分一支，扎住山头，从旁径冲陈濠营。该名色把总陈禄、张元勋，率兵一齐冲进，耿宗元率暴以平、杨世、胡守臬、滕易、陈仓由北山邀击。贼皆奔上大山，我兵追上山顶，本镇督战益力，至日将没，贼复大挫，投坠山谷及奔过朝天岭去讫，遇夜收兵，并无伤损，通共斩获倭级一百七十七颗，收回被掳男妇三千余名口。"

戚家军分别利用福建同安县坂尾、王仓坪、朝天岭等地的天然有利地形，组织兵力在运动中截杀仙游南逃倭寇，给敌连续打击，根据谭纶奏议对战斗的记叙，一路上共取得歼敌一百七十七人，挽救被掳百姓三千余人的不俗战绩（如图十二）。

谭纶、戚继光从追剿南逃倭寇踪迹分析，残余倭寇接着逃向漳浦县城的意图明显。谭、戚两位战将明白，若不出所料，倭寇正如分析那样欲前往漳浦城据守，那么，蔡丕（陂）岭则是倭寇逃往漳浦城的必经之路。倭寇据守蔡丕岭的隘口，就可阻挡明军南追。他们就可放心率兵前去夺取漳浦县城建

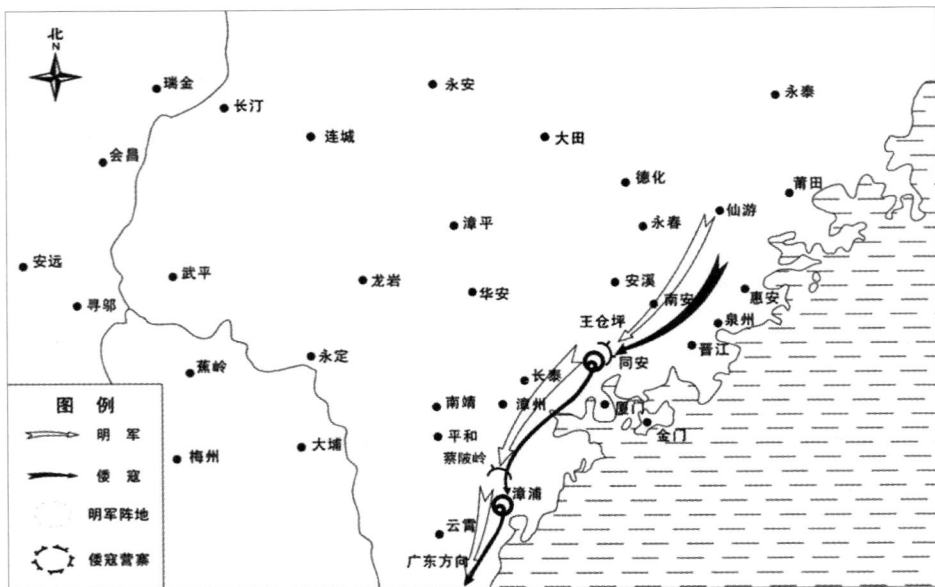

图十二、张元勋闽南抗倭追击作战示意图

立据点。明军若要保证漳浦县城免遭倭寇侵扰劫掠，必须派主力攻占蔡丕岭，迅速率兵支援漳浦县防卫。

漳浦是福建省南部沿海县，东临台湾海峡，与台湾岛隔海相望，南隔东山湾与东山县对峙；陆地南连汕头，北接漳州、厦门，西南与云霄县相通，西及西北与平和县、龙海县毗邻。从县城绥安镇北往漳州一百十二里，往厦门二百五十里，南下汕头三百五十里。旧镇码头东到台湾高雄港五百三十里。县境负山面海，境内有山丘、河谷、盆地、平原、滩涂、半岛、岛礁、海湾。地势西北高、东南低，土地面积八千五百多平方里。自唐垂拱二年（686）建县，明属福建漳州府。漳浦的县治设在县南的梁山之麓。

漳浦县南部半岛有陆鳌城堡，始建于洪武二十年（1387），三面环海，属半岛古城。其城周绕半山腰而建，城中有一座青山，山上巨石累叠，青山突兀于海滩中，四周极其空阔。城墙全部采用长条石砌筑，墙厚六至九尺，依地形山势起伏，筑城于天然岩石上。城垣绕山腰一周，长五里半，高二丈，城外以海为濠。因所城临海而建，所城环青山山腰，远看状如"巨鳌载岳"，故命名为陆鳌城。明设守御千户所，属镇海卫。该卫所战略地位十分突出，可扼闽、粤咽喉，又可阻倭寇从海上入陆。

在漳浦县，民间为防倭寇土匪劫掠，训练乡勇蔚然成风，并发挥民间智慧，建有不少城堡、土楼堡，"凡数十家为一堡，砦垒相望，雉堞相连，每一警报，辄鼓铎喧闻，刁斗不绝"。这样的城堡有一百多座，至今仍存有七十七座，分布在各乡镇、村落。最大的湖西诒安堡，花岗岩城墙宽六尺有余，高二丈多，周长三里半。漳浦城乡分布的这些城堡，对小股倭寇的袭扰能起到有效防御作用。据史料记载："贼虽拥数万众，过其地竟不敢仰一堡而攻。"可见，漳浦城乡的土城堡抗倭防盗的作用不可小觑。

戚家军进军漳浦县城所要经过的漳浦县蔡丕（陂）岭的地方，即是今盘陀镇通坑村。盘陀镇因盘陀岭——明称蔡丕（陂）岭——而得名。蔡丕岭是古代闽粤驿道交通中的重要一段道路。该路段两边是高山，悬崖险峻，其以山道崎岖闻名古今。蔡丕岭仅中、东部有一小块是平原，其他三面都是六七百米以上的高山。由三面高山的流水汇成二十多条小溪，最终汇集成绥安溪（今盘陀溪），此处被称为"地极七闽，境连百粤"。

倭寇看中了蔡丕岭的战略地位，一直派员在此结巢盘踞。这次从仙游南逃的倭寇又与原据守的倭寇联手，在此加固险要，设重兵把守，妄图以先占之机，阻止戚家军南进追击，彻底切断戚家军南进剿倭的战略意图。蔡丕岭隘口既是古代兵家必争之地，也是今日戚家军与南逃倭寇争夺的决战战场。

在这次南逃的倭寇中，混杂着许多本地的土匪、奸商。他们对这一带地形非常熟悉，与援闽抗倭的浙江明军相比，敌寇比明军更加熟悉这一带地形、地貌。倭寇凭借对当地社会环境的熟悉，妄图利用蔡丕岭的天然屏障，在此站稳脚跟，阻断明军的一路追杀，进而设法在漳浦一带建立稳固的大本营，以便向西可以出击广东，向北可回劫福、兴，又可凭借境内绥安溪通行舟船之便，一旦处境不利，即可乘船顺溪而下，从海上溜走。

谭纶、戚继光洞若观火，早已料定倭寇的战略企图，决心摧毁倭寇的如意算盘。据《谭襄敏公奏议》对此记述："前倭遁至漳浦县无象铺地方，据蔡丕岭（今漳浦县盘陀镇通坑村）为巢，意欲窥漳浦。"为此，明军"仍蒙提督军门亲临调度，巡按李御史就近纪察监军，道分拨部兵前来协助，巡海道随营监督。泉州府同知谭维鼎、漳州同知邓士元临阵计议。漳州府署印同知刘宗寅督运粮饷"。"由坐营把总陈濠，领陈禄、陈文澄、张元勋各部兵为中哨冲锋，而吴景督之。北路守备王如龙，领杨世潮、朱九龙各部左哨正兵，而以金文通督之；以百户方伯、楼大有并游击李超，领蒋伯清、胡世、耿宗元、暴以平、胡仲皋各部兵为右哨奇兵，而以王辅督之。合后，则以陈远、娄子和、施观定，南路陈仓、杨世易、俞一和各兵扎营山上，以备防应。"

张元勋在这次仙游追逃的战斗中，一路上领兵担当中哨前锋。自从王仓坪杀将过来，倭寇虽有抵抗，但均是且战且退，兵败如山倒，根本挡不住明军汹涌而来的进攻洪流。

现在明军继续南进追击溃逃漳浦方向的倭寇，根据谭纶、戚继光的兵力部署安排，继续由张元勋率部担任中军先锋。当张元勋领兵追倭至蔡丕岭战略要冲时，早先已据守在此的倭寇，则利用有利地形进行死命阻击。

《孙子兵法·九地篇》对军事地理曾有过精辟的阐述："用兵之法，有散地，有轻地，有争地，有交地，有衢地，有重地，有圮地，有围地，有死地。诸侯自战其地（者），为散地。入人之地而不深者，为轻地。我得亦利者，彼得亦利者，为争地。我可以往，彼可以来者，为交地。诸侯之地三属，先至而得天下众者，为衢地。入人之地深，背城邑多者，为重地。行山林、险阻、沮泽，凡难行之道者，为圮地。所由入者隘，所从归者迂，彼寡可击吾之众者，为围地。疾战由存，不疾战则亡者，为死地。是故散地则无战，轻地则无止，争地则无攻，交地则无绝，衢地则合交，重地则掠，圮地则行，围地则谋，死地则战。"照《孙子兵法》此标准，蔡丕岭应是围地、争地，只要敌人少数兵力把守，就可有效阻击进攻方的大部队进攻；若敌方已占领先机的，按兵法常理我方就不宜在这样的战场组织兵力对敌进攻。但此次追剿倭寇是皇帝下诏的军事行动，夺取蔡丕岭战略要地，事关战役决胜的大局，即使有最大的困难，明军也不能不组织进攻。此对明军先锋领兵张元勋来说，攻打蔡丕岭无疑是一次极其严峻的考验。

张元勋面对敌扼守蔡丕岭隘口的复杂情况，决定采取"声东击西"的战术。他指挥部队在蔡丕岭正面佯攻，而在两侧则组织部队攀山迂回包抄。

倭寇面对张元勋正面部队的猛烈进攻，反击力不从心，未等包抄部队的夹击，就很快放弃抵抗退据山下。

按正常情况，敌在接连遭到戚家军打击后，士气低落，已难于组织有效抵抗。倭寇设卡抵抗只是为了滞缓戚家军追击，以利主力部队从容逃跑。这是战争一般规律。张元勋也是基于这种常理分析，加上他一路追击倭军，顺风顺水，接连取得胜利，头脑发热，产生轻敌麻痹情绪；而没有冷静思考，把困难想得多一点，对敌情判断更复杂一点。他未及多想，就按照正常战场情况分析，考虑倭寇在蔡丕岭率兵放弃抵抗，且战且退，是慑于戚家军大兵压境，实力不支，抵抗无效，属怯战败退。就即时认定倭寇是真的败退，根本没有细想其中是否有诈，是否会有诈败设伏。

张元勋基于这种判断，故在倭寇放弃蔡丕岭固守选择退却逃跑后，就没有再考虑及时部署自己的兵力占据蔡丕岭要冲，防止敌可能的反扑。他只是为了加快胜利的进程，毫无顾忌地率军追着败退的倭寇往山下冲。

谁知，出乎张元勋意料之外，倭寇的退却真系诈败。这恰恰是倭寇策划的拖刀计。正当张元勋率兵冲到山下之时，倭寇两侧隐蔽的伏兵，马上包抄过来，有部分兵力又重新占领蔡丕岭要冲，堵住了明军后续部队跟进支援。

此时，张元勋所率冲到山下的部众，顷刻被困在蔡丕岭下，这里"山壁削立，林木苍郁；山下田洋俱种甘蔗，杂以荆棘，不能用武，各贼先了兵至设伏蔗林，兵已逼近，四面伏倭并起"(《谭襄敏公奏议·卷二》)。张元勋部完全成了与明军大部队隔绝的孤军。

张元勋眼看自己中计上当，紧急危难之中，方显大将风范、英雄本色。只见他从容不迫，指挥若定，沉着冷静应对眼前的危机，果断指挥部队迅速占据倭寇防卫薄弱的小山，利用有利地势抵御倭寇发动的一次又一次进攻。

据《张元勋墓志铭》记载："是役也，公部兵三百伏截，贼以千众围公于小山三昼夜。"

张元勋部被围小山三天三夜，受饥挨饿。官兵渴了只能喝点山沟的泉水，饿了只能就地找点田里百姓种植的庄稼、甘蔗填肚充饥，千方百计维持部众的体力。倭寇多次发动进攻，都被张元勋率兵英勇击退。

戚继光率领后续部众赶到蔡丕岭时，眼见张元勋率领的先头部队被敌围困，蔡丕岭古道方向的隘口又被敌重兵把守，真是"一夫当关，万夫莫开"，想要从隘口突破，无疑是难上又难。戚继光组织了几次进攻，试图突破蔡丕岭的关卡，均以失败告终。戚继光心急如焚，决定改变战法，避开蔡丕岭隘口关卡，设法从敌防守薄弱的环节突破。他指挥部队"于十六日卯时进发，先登巢后高山"，"分五哨持短兵缘崖上"，计划居高临下对占据蔡丕岭的倭寇发起进攻，攻克要冲，进而保证主力作战部队进入蔡丕岭盆地围剿倭寇，以帮助被倭寇包围的张元勋部队脱离险境。

戚继光面对处于不利地形进行的恶战，眼见"各兵分投格杀血战，移时不能前进。本镇手刃退缩示众，各兵悚惧，奋力相持"(《谭襄敏公奏议·卷二》)。戚继光严格执行军法，对战场畏缩不前甚至退却的懦兵，坚决军法从事，没有任何商量求情余地。戚继光杀一儆百，以此告诫部属：戚家军的将士在战场上，只能英勇向前，决不能畏战不前，更不能保命退却。

固守隘口的倭寇深知，能否守住隘口，事关能否保住漳浦大本营的全局，维系着他们自己的身家性命，守隘倭寇也是死命抵抗。敌我双方战况异常惨烈。

被困的张元勋，看到后面援军不能到达，自己却被敌四面包围进退不得。他明白，现在所处危难时刻，也恰恰是《孙子兵法·九地篇》所说的"帅与之期，如登高而去其梯"战术发挥的良机。历史上汉将韩信与张耳曾被赵军陈余追至泜河之时，背靠河岸，摆鼓助威，扬旗示众，列队待命，因背水一战，兵士退无可退，韩信一声令下，将士拼力向前，争先杀敌，反倒夺取战斗胜利。张元勋在部队处于九死一生的紧急关头，也使出了上屋抽梯之计的撒手锏。他关键时刻，指挥若定，沉着应对，绝无悲观。他也没有通过执行军法手刃退却士兵的简单方法来激励士气，而是通过摆事实讲道理的阵前思想工作，让参战部众懂得背水一战，退无可退，"狭路相逢勇者胜"的道理。让部众认识到，只有奋勇反击，冲锋向前是实现消灭敌人、保存自己的唯一有效方式，以此鼓舞部众士气，激发部众斗志。他"以身先人，故其兵为天下雄"，以自己率身垂范，来赢得部属敬重与官兵的凝聚力，率兵坚守住阵地。

张元勋被围困三天后，突遇天降大雨。张元勋抓住天时，趁敌避雨防备松懈，出敌不意，大叫一声："弟兄们拼死一战吧！冲呀！"立即飞马当先，引来属下兵士奋勇向前，一齐冲向敌阵，杀出生路，杀出军威！

正如《张元勋墓志铭》生动记述："今天大雨，公进部卒谓之曰：'今乘雨突围，出贼不意则生，否则俱死，若属能安死乎？'从咸奋，无不一当百。公单骑跃马，声如霹雳下空中。溃围出，贼披靡败，卒成是功。"

张元勋部队突出重围的英勇行动，也深深鼓舞了其他参战部队。各部队官兵纷纷效仿，奋起对倭寇进攻。

据《谭襄敏公奏议·卷二》记载："另贼一支，径冲山上老营，欲袭兵后。陈远、娄子和拥众下山冲击。哨官李嘉珍当先战死，我兵益奋，贼又大败。各兵据山四面围合，倭寇数千聚成坚阵殊死冲出。兵皆盛气以待矣！贼冲至，则一当其锋，一袭其后；既而分突四面，则四面皆然。贼势大沮，弃甲曳兵突入林莽，仅求身免。各兵蹑踪不舍，各持短刀穿入莽中。各贼计无所出，转入深丛，自投高崖，多被我兵短器刺杀，纵火焚烧，或又冒死登危，被铳打死不下千数。……生擒真倭四名、从贼一名；斩获真倭二百五十二级、从贼二级。"

戚家军蔡丕岭一战的胜利，彻底粉碎了倭寇企图在仙游败退后，据守蔡丕岭战略要冲，任其在漳浦长期据守，既掠闽南又袭粤东的战略企图。

根据在蔡丕岭生擒的倭寇能事（翻译）李妙招供："本来倭寇从仙游败退，在王仓坪再战失利后，倭首接到漳浦县城出来的奸细密报：'漳浦县城有明军守备，不可明攻，应独选精壮真倭四千人隐蔽起来，绕到明军后面二十里等待，约定于十六日夜潜回城下，待见到南门外木栅未完全关闭时，再从这里突入，以白巾、白衣、白旗为号，里应外合，夺取明军原守卫的漳浦城。'"可是经蔡丕岭一战，倭寇损失惨重。再从被生擒的倭寇通理对战死倭寇尸体辨认，该通理一眼认出右目有白珠的倭寇是这帮五千人倭寇的总头目，已经在这次战斗中被歼灭。由此，剩下这帮倭寇已成了群龙无首的乌合之众，原来妄想夺取漳浦城的企图也随之烟消云散。

这些在蔡丕岭被打败的倭寇残部心知肚明，只要戚家军威武之师继续在福建驻守，这里绝无他们立足之地。这些败倭只得被逼逃往广东方向另觅生路。有关史料记载："自后倭寇脱归者，始知犯华不利状，于是乎倭寇不敢再复窥八闽矣。"

福建巡抚谭纶对明军自平海卫大捷后，又接连取得仙游城、同安坂尾、同安王仓坪、漳浦蔡丕岭战斗的重大胜利，压抑不住内心的喜悦，他高兴地评价战事说："以寡击众，一呼而辄解重围；以正为奇，三战而悉收全捷。……盖自东南用兵以来，军威未若此之震，军功未有若此之奇者也。"兵部在《覆巡抚福建都御史谭纶等征剿倭寇报捷疏》中也评价说："我兵奋励，三战三捷，斩获之级至二千有余，焚溺毒死者不计其数。虽有残孽逃入邻境广东，游魂落魄，极其狼狈，是诚十年未有之功。"（《谭襄敏公奏疏·卷七》）

张元勋在闽的抗倭战场上，虽不是统帅与战斗决策者，但他在谭纶、戚继光的指挥领导下，在历次战斗中的表现可圈可点，令人刮目相看。谭纶多次在向朝廷的奏议中均提及张元勋说："把总张元勋杖马棰以先人之义不避死，率雁行而赴敌，勇可冠军，功当首论者也"，"蔡丕岭之战既冒险而歼灭劲敌，复伐谋而保危城，冲锋决胜，则张元勋之功居多。"从谭纶这些赞誉的字里行间，无不透露了他对张元勋的欣赏与钦佩。张元勋的名字由于在谭纶奏议中不断出现，他逐渐进入朝廷文武百官的视线。张元勋的职务也随着每次战后论功行赏而不断得到擢升。蔡丕岭战斗胜利后，张元勋被"擢都指挥，守卫福建北路"（《张元勋墓志铭》）。张元勋在部属心目中的威信也越来越高，都说他遇事从容不迫，指挥若定；打仗身先士卒，率身垂范；执纪令行禁止、规行矩步；用人独具慧眼，量才录用；待兵亲如兄弟，情同手足；出阵气吞山河，勇猛无比，都喜欢在他指挥下征战沙场。

第二十章
航渡南澳战吴平 天涯海角将贼擒

　　自嘉靖四十二年（1563）四月二十一日开始，戚继光、俞大猷、刘显三军在福建巡抚谭纶统一协调指挥下，获得了清剿倭寇三战三捷，大灭倭寇在福建沿海横行霸道的嚣张气焰，大长福建沿海抗倭军民的豪情壮志。

　　戚继光为了巩固福建沿海抗倭的成果，确保福建沿海的长治久安，重新部署沿海边防的兵力，实行海陆分域并防。

　　戚继光陆路用兵一万四千人分驻沿海各地。在北端，安排守备王如龙、义总杨世潮等部三千人屯驻福宁，由分守涂泽民监督；闽省中部，安排坐营把总金科、义总金宗岳等部一千二百人扎营泉州；军门标下把总陈其可、义总金福等部一千六百人驻守连江；坐营把总陈濠、义总朱珏两千四百人驻扎福清；闽省南部守备由原任都司耿宗元、千户暴以平同义总屠本道等三千四百人驻守漳州，听分巡周贤监督；张元勋充福建游击将军；戚继光坐营亲督义总陈禄等部两千四百人专备截战。

　　戚继光在水路，将拥有的舰船一百七十一艘分五水寨驻防：把总魏宗瀚分信烽火门，拥舰船四艘；把总傅应嘉分信小埕寨，拥舰船三十六艘；把总罗继祖，分信南日小寨，拥舰船三十二艘；把总秦经国分信浯屿寨，拥舰船三十二艘；把总邓铨分信铜山，拥舰船三十一艘。

　　戚继光水陆分域共防的总体构想是：五水寨在海上构成第一道防御岛链，对侵扰福建沿海的倭寇形成第一道抗倭防线。在倭寇突破第一道防线登陆后，则可迅速调动陆上防卫兵力予以歼灭；若遇从陆上败退回逃的倭寇，则又可利用海上水兵的力量进行围堵打击。

　　水陆并用的御倭措施，使福建的海防空前加强，自此倭寇再也不敢对福建沿海轻举妄动。一段时间以来，福建沿海北至福宁，南至漳州，均未出现倭寇大规模的袭扰活动。即使各地偶见小股倭寇、山贼为非作歹，也常被守军、乡兵就地镇压，均未形成有较大社会影响的风波。

一些从福建、浙江被打击而侥幸逃跑的倭寇，因在浙、闽两省生存空间被压缩，活动区域逐渐南移，跑到闽、粤交界的广东地域与当地的山贼结合一起，形成新的倭患。特别是在闽粤结合部的潮阳（今广东潮州市）、揭阳两地尤为严重。

原在南赣援闽抗倭的俞大猷，在平海卫战斗结束后，接令重新返回南赣平叛。次年，俞大猷在南赣完成平叛任务后，又移镇广东，重新担负起清剿广东倭患的重任。

在俞大猷受命赴粤东后，他认真分析了粤东的倭寇与那些起事据山为王的山贼混为一体的特殊情况。他发现粤东的倭寇与山贼互相勾结、互相利用，凭借当地熟悉的地形，互相配合，比其他地方抗倭形势更为错综复杂。俞大猷计划参照浙江抗倭的一些经验，对倭寇、海盗实行分化瓦解，恩威并用，软硬兼施，剿抚齐下，以制造利用敌内部矛盾，瓦解敌军，分而击之。

俞大猷进一步分析了粤东与明军为敌的倭寇、海盗以及农民暴动、矿徒起事的各种动乱力量。他对几者仔细进行分析比较，区分轻重缓急，得出以清剿沿海倭寇为当务之急，其他则采取招抚的适当方法进行治理的决断。他回想起，在嘉靖四十二年（1563）八月，曾率兵前往惠州平暴的往事。当时任两广总督的张臬，派遣一支部队征讨起事的伍端农民军。那时，两军相持，明军实力反而不敌农民军。广东总兵张臬心知不能与农民军直接交战，必须设计智取。当他得知俞大猷也要率兵前来平叛时，马上心生虚张声势之计，谎称俞家军已经赶到惠州助战。伍端闻知俞家军已出兵增援，自知难以同时抵抗张、俞两军，遂赶紧鸣金收兵，退回营寨。这为张臬待援赢得了时间。不久，俞大猷率部果然赶来增援，伍端更不敢造次，探明官兵实力后，眼见明军人多势众，他只得派遣特使，请求投降，被俞大猷应允。俞以礼相待，结果妥善平息了事端。

这次，俞大猷决定改用"借刀杀人"之计，利用自己曾给予伍端以礼相待之谊，"责其杀倭自赎"，借以分化瓦解敌阵营。

伍端在惠州与张臬总督作战时，曾被俞大猷的义举征服，这次俞大猷要求其杀倭自赎，欣然应允，愿意加入剿倭行列。这无疑大大减少了抗倭克寇阻力，增加了抗倭克寇的力量。

嘉靖四十三年（1564）十二月，俞大猷又对蓝桦三、叶丹楼数千农民军部众进行招抚。他在《与南赣军门尧山吴公书》之《宜缓诸巢而急征倭》中写道："如此山寇，到处都有。若节节与之从事，一时未能收功，不得前进剿倭。"这些所谓的盗贼、山寇，有些是被生活所迫，有些被官府所逼，激情起事，只要动之以情，晓之以理，给其生路，招抚即可见效。自此，广东沿海惠州、潮阳的矿徒暴动、农民起事，在俞大猷实施剿抚齐下、恩威并用的管治方略作用下，基本得到平息。继而，俞大猷腾出手来，着重应对横行粤东沿海多年的敌寇的首领吴平。俞大猷准备组织兵力对敌寇首领吴平采取清剿的具体行动。

吴平，嘉靖四十一年（1562），始与倭寇海盗勾结，公开与官府为敌，是粤东不可一世的匪首。他原是福建诏安四都人，少时为佣，因不堪雇主婆的虐待，出逃为盗。后加入倭寇队伍，身为"别哨"。"及倭灭，而平统其众，流劫地方。"吴平吸纳整合被明军击败的流散倭寇，其势力越来越大，拥有军事力量约两万人；加之其人短小精悍，智略非凡，不甘屈居人下，与其同道的海寇许朝光、林道乾、曾一本等头目虽皆骁勇善战、胆力过人，但自知谋略不如吴平，他们纠合一起时，愿甘拜下风，共推吴平为群盗之首。吴平成为当时闽广接合部海寇武装的总首领。

抗倭名将戚继光数年来在浙江、福建沿海征战，令无数倭寇闻风丧胆，然"犹惮（吴）平，平所设奇，皆与相当，号为劲敌"。

盗首吴平率领的武装集团，有恃无恐，大肆进行走私贸易活动，竟敢光天化日劫掠往来商船，肆意蹂躏沿海各县乡民。据《诏安县志》记载："嘉靖四十一年，倭寇曾在吴平引导下攻陷诏安悬钟所城，生俘百户罗伦，杀死千户周华。""嘉靖四十二年（1563），许朝光自铜山登陆，围攻畲安土堡，杀掠六百余人。"以吴平、许朝光、林道乾、曾一本为首的一伙海盗、倭寇在广东沿海作恶多端，被朝廷视为"广东巨寇"，罪不可赦。

吴平曾有当过"附倭"的经历，懂日语，对倭寇内情十分了解，长期以来与倭寇互相勾结，保持密切联系。他又作为本地人，对闽、粤交界的沿海一带地理、地貌、社会情况了如指掌。因此，外来倭寇每每入侵，总是首先设法与吴平联系勾结。吴平已死心塌地与倭寇为伍，成了倭寇武装集团的首要分子。

嘉靖皇帝面对闽、粤官员对当地社情的疏请，曾下诏要求闽粤两省镇抚官"严督兵将，协心夹剿，以清地方"。

俞大猷接旨后，经反复分析敌情后认为：明军要想歼灭倭寇，必须设法断绝吴平与倭寇的联系，使倭寇失去耳目，成为聋子、瞎子，四处碰壁；又要设法使倭寇失去内援，陷于孤立无援被动挨打之地。因此，俞大猷在《与南赣军门尧山吴公书》之《款吴平用伍端以大杀倭寇》中又说："须使平（吴平）不与倭合，然后倭可剿也。"俞大猷还认为，长期作为附倭的吴平，与当地矿徒、农民起事者不同，"抚平亦一时权宜，不然近万之众，与各倭合，益难处矣"。俞大猷从对敌斗争的策略考虑，在明军力量不济的情况下，努力避免太多进攻目标。即使吴平罪不该赦，为了夺取粤东抗倭克寇的胜利，也只能先行对吴平实施招抚，暂且把清剿吴平搁在一边，待倭寇被剿灭后方能对吴平相机行事。

俞大猷遂在部属中挑选了处事机敏又认识吴平者作为特使，赴吴平营垒劝降。

吴平听闻俞大猷招降，深感意外，内心充满矛盾。他想到朝廷势大，自己若与朝廷为敌，一旦与官军开战，朝廷可以从各地源源不断调兵遣将，凭自己现在的实力，即使拥有万余部众，也只能是越战越少，绝不是朝廷对手。反过来，他又想到，自己处于闽粤盗首地位，又是各派谋反力量所共同推举，涉及招抚大事，许多部众不会轻而易举答应接受朝廷约束，此事势必受到部众掣肘。有鉴于此，他又迟迟下不了接受招抚的决心。

俞大猷在招抚吴平时，除了派人对他攻心游说外，又使用了离间、反间之术。他派属下郑禹打入吴平营垒，想尽各种办法接近吴平，反复对他游说。

吴平听了郑禹的不断游说，经过激烈思想斗争，反复权衡利弊关系后，终于思想发生了动摇。他为表示愿意接受招抚的诚意，特率部众前去拜见俞大猷。

俞大猷听闻吴平愿接受招抚前来拜见，为表示对他的欢迎与尊重，特孤身一人骑马出门前去迎候。

吴平对俞大猷如此以礼相待感激涕零，表示愿以身报效。于是，他设计诱杀了百多倭寇以表归顺心迹。

俞大猷又对吴平投桃报李，特意安排吴平回故乡诏安梅岭（今诏安梅岭镇）据守。

吴平被招抚后，俞大猷暂时免除了后顾之忧，不用再担心对倭作战时会有人从中捣乱作梗，自此可以腾出更多精力，抽出更多兵力，集中征剿粤东倭寇。

俞大猷当时仅掌管一千多兵员，即使仅仅对付倭寇也嫌兵力不足。他不得不向兵部右侍郎、两广提督吴桂芳叙述原委，请调进剿兵力："闽中浙兵二万，与贼战，则遁入潮。今潮兵驱贼益急，则贼入益深，益深则益斗。非若达贼之以出边为生路，山贼之以归巢为生路也，将安所遁哉？诚当大集精兵，使其片甲不返，乃有成功。若兵力皆窭，不能取胜，又令遁去，迁旷日久，糜费愈多，数年之潮事然也，可复蹈之乎？"

吴桂芳听了俞大猷信中倾诉，表示大力支持俞大猷的进剿方略。他积极协调，从福建借兵两万员入粤，分为四哨，每哨五千人，统一交给俞大猷指挥。这次从福建借调过来的闽兵，大多是俞大猷老部下，对其言听计从，也有较强的凝聚力与战斗力。

嘉靖四十三年（1564）三月十二日，征集的各路军队陆续抵达粤东后，俞大猷率部先后发起清剿邹塘、水、芦清三地倭营之战，杀敌三千多人。

随着广东这几股的大倭被俞大猷荡平，明朝嘉靖年间粤东的倭患基本得以平息。

但令人遗憾的是，被俞大猷安排回老家福建诏安梅岭的吴平，却贼心难收，并未老老实实改邪归正，而是暗中招揽社会上亡命之徒，继续练兵造船，悄悄扩大势力，企图东山再起。其间，吴平曾攻入梅州土堡、原广土堡，将其劫掠一空。

嘉靖四十三年六月，吴平带领海寇数千，围攻郡城，烧毁房屋。后又伙同林道乾、曾一本先后在走马溪、泊浦澳登陆，洗劫南村堡和港口村。

福建巡抚汪道昆与福建总兵戚继光探得详情，得知吴平"创武场，日习兵事，造战舰百余艘，泊港中""谋袭郡城"（《戚少保年谱耆编·卷五》）。福建《诏安县志》对此也有记载："吴平造战舰数百艘，聚众万余，行劫滨海诸郡，其间曾攻陷梅州、原广土堡，出动千名武装围攻诏安县城。"福建许多官员本来就对俞大猷招抚吴平的做法，颇有微词，认为"俞大猷招抚吴平，有养虎遗患之嫌"。现在，吴平又重新为寇后，他们对俞大猷所作所为更有看法。

俞大猷获悉吴平继续作恶，且野心勃勃，已引起朝野义愤，自知招抚吴平有欠妥之处，特别是得知别人的议论后，他自行请命，要求给以半年时间，不费朝廷钱粮，当可活捉吴平。

福建巡抚汪道昆、总兵戚继光对吴平在自己眼皮底下的恶行早已忍无可忍，岂肯坐视不管。他俩一面写信告知俞大猷，准备对吴平发兵征剿，一面抓紧进行清剿吴平的相关战斗部署。

俞大猷面对吴平这一意想不到的后果，有点被动，有点无奈。他给福建总兵戚继光回信中说："吴平徒党颇众，向以旧倭地境，恐其合伙，故权处分。今如不悛，自当剿灭。或者姑俟讯新倭消息如何？乃约会举行，或三月，或四月，乞公克一日期见示。"

俞大猷所担心者，仍在春秋乘季风而来的倭寇，如倭不犯，剿灭吴平并非难事。"大抵公陆兵漳州来，猷陆兵由潮去，闽船兵由北来，广船兵由南去，不患不破。"不过，俞大猷自己手下兵力有限，借调闽兵回去后身边仅有千余人。每次大战，都是兵从四方征集，一俟战争结束，兵回原地。再则，吴平已被安置于诏安，属福建领地，发兵去诏安征剿，亦非他能擅作主张，只能向福建巡抚提出建议，在行动上予以配合。因此，他给福建的汪道昆、戚继光写信，闽粤如欲合剿吴平，最好双方提前三个月约定。

俞大猷面对吴平的嚣张气焰，也曾上书广东总督吴桂芳，建议广东一方应早做预备，采取突袭之策，但苦于自己手中兵力有限，可谓"兵少言微"。

广东总督吴桂芳并没有听取俞大猷建议，也未作出调集兵力突袭梅岭内港的决策。

而福建军政高层对广东平叛行事滞缓，颇有微词。他们再也不愿与俞大猷相约共同征剿吴平一事，决定自行调集兵力，抓紧时间做好向吴平发起全面进攻的准备。

嘉靖四十四年（1565）二月十九日，游击将军张元勋跟随戚继光向诏安梅岭进发，准备征剿吴平。

吴平事先得到情报，知道来者不善，善者不来，立即将眷属、财物全部运往已经营多年的广东南澳岛巢穴。驻守梅岭的人马也做好撤退准备。戚家军赶到梅岭，吴平随即率兵退却。戚家军不战而克。吴平在陆上巢穴被戚家军彻底铲平。

戚继光针对吴平下海，急派水师傅应嘉率水兵迎头堵截。傅应嘉不负众望，在海战中，击沉吴平舰船一百零五艘，斩杀吴平所部兵三千多人，取得了不俗的战绩。

四月春汛已到，福建沿海常有零星倭寇袭扰，倭患有开始回潮之势。戚继光所率明军又重新把抗倭重点放在福建沿海。四月，戚继光命令所辖水陆各部回师福建沿海安营扎寨。福建巡抚御史陈万言等上疏朝廷：戚继光率兵已铲除海盗吴平在诏安梅岭巢穴，吴平已乘船败退逃脱，现据守南澳岛，伺机东山再起，乃是福建沿海安宁隐患，必须适时征剿。

四月十八日，兵部接报闽南、粤东敌我战场情况的报告，在廷议中提出："马上派人移咨侍郎吴桂芳，巡抚吴百朋、汪道昆会同镇守总兵官吴继爵、俞大猷、戚继光等严督水陆大小将领，率精锐官兵，各于通贼要路，协力夹剿，其吴平或生擒或斩首，务见下落，以除祸根，不得再以招抚为词，因循玩愒，贻害地方。"（《覆福建巡按御史陈万言等报贼首吴平叛招疏》）

四月二十三日，嘉靖帝下旨："命督抚等官，协力夹剿，以靖地方。不许妄分彼此，及以招安为名，养寇贻患。"（《明世宗实录·卷五百四十五》）

吴平在南澳蛰伏了两个月，了解到明军的注意力主要集中于福建沿海陆上其他方向，并无针对他据守海岛的军事行动。他又按捺不住劫财的欲望，伺机蠢蠢欲动，亲率党羽，挽百余艘战舰回闽南部城乡劫掠。

戚继光闻讯，命都司傅应嘉、把总朱玑、协总王豪，统领小埕、浯屿二寨战船四十六艘分泊于悬钟东门湾、南门湾、卸石湾（诏安悬钟城）等处防备。

不料，吴平竟敢胆大妄为，六月二十三日率百余艘战舰满载部众以压倒性的兵力优势，前来围攻泊于悬钟城各港湾的明军四十多艘战船。

明军都司傅应嘉所率水兵因寡不敌众，十三艘战船被吴平海寇抢走，朱玑、王濠把总被俘。都司傅应嘉拼死突围而出，退回铜山（今福建东山岛）。

这次战败，在戚家军抗倭的战斗生涯中是少有的一次重大失败。从中可见，吴平海寇的战斗力不可小觑。戚家军"犹惮平（吴平），平所设奇，皆与相当，号为劲敌"并非空穴来风，确有一定依据。

朝廷得知这次战斗失利后，很不满意，再次下诏强调："诏闽广抚镇官，严督兵将，协心夹剿，以靖地方，不许推调误事。"（《明世宗实录·卷五百四十九》）

吴平从悬钟澳海战得手后，率兵退回到南澳岛固守。

南澳岛坐落于闽粤两省交界的海面，与梅岭悬钟城隔海相望。全岛由三十七个大小岛屿组成，陆地面积五百二十多平方里，南澳主岛五百一十七平方里，南北长约四十里，东西长约四十多里，有大、小港湾六十六处，其中深澳、隆澳、云澳、烟墩湾、长山湾、竹栖湾等处为较大较深港湾，可以停泊舰船。其中深澳形势险要，入港处水道狭窄，小船只能鱼贯而入，是个易守难攻的港口。岛上土地肥沃，树茂林深，山势险峻，修寨建堡，更能据险而守。明朝初年，为构建东南沿海防线，朱元璋下令将南澳岛内居民全部内迁，南澳成为荒岛。而后，闽粤倭寇占岛为王，雁过拔毛，对过往船只强征海上航路钱；并以此为据点，登岸打家劫舍。这里成了海盗的乐园。

吴平由梅岭悬钟澳退守南澳岛后，预料明军不会善罢甘休，一定会前来进攻。至于何时进攻，只是时间迟早而已，所以为了防范明军进攻，一直加紧在岛上构筑工事。他还在深澳港近海的猎屿、虎屿东面的山坪处，抛石、填海、竖栅，修筑城堡，名曰"吴平寨"。寨堡左边怪石嶙峋，右边悬崖峭壁，扼守闽粤海上交通要道，是一处退可守、进可攻的战略据点。吴平的大本营就设在深澳的"吴平寨"。吴平为防范明军进攻，又在云盖寺、龙眼沙等处构建据点，派兵警戒，组成"吴平寨"外围防卫体系。

南澳所处的地理位置，决定了明军跨海进攻吴平既要解决航渡问题，又要解决登陆建立滩头阵地等一系列的问题，须费许多周折，而反过来吴平武装集团在岛上寨内可以逸待劳。敌我战场态势，明军显而易见处于不利地位。加上戚继光与俞大猷曾与吴平海寇在诏安梅林外海交战吃过败仗，这次对攻打南澳岛的吴平团伙之战，不敢掉以轻心，而是格外小心，慎之又慎。

嘉靖四十四年（1565）八月初一日，戚继光调集兵力万余人，战船三百艘，在月港（今福建龙海）誓师，鼓舞士气。并征集渔船五百艘，储备粮食三千余石，硫黄火药数千斤，努力完善后勤保障，保证粮饷军火充足。戚继光还令漳州知府调集乡兵防守柘林（今广东饶平东南柘林）以北，饶平知县调集乡兵防守柘林以南，严防吴平趁着明军主力攻打南澳，造成后方兵力空虚之机，狗急跳墙窜回陆上抄后。戚继光还令各郡县将近海船只全部集中收于官府，断绝吴平来自陆上的军需接济。

八月十五日，戚继光派都司傅应嘉率水师兵船游弋于深澳港外，侦察猎屿、宰猪、大沙等湾澳水域敌情，伺机拦截敌舰出海，迫敌滞留深澳港内，确保夺取战斗制海权，保障明军大部队航渡、登陆的海上安全。

戚继光为了登岛作战万无一失，如陆战一样，又在战前带着张元勋等乘船出海，亲自环南澳岛察看地形。经过实地察看，他心中有了底，决定将地形较为平坦、距敌巢三十里、吴平防守不严的龙眼沙作为明军陆兵渡海登陆场。

戚继光召集部队作战会议，明确登陆的战斗序列：以偏将曹南金率领把总方柏、朱九龙、戚子明等三部为中路，其中方柏、朱九龙二部为冲锋正兵，戚子明部策应；以偏将金科率领把总金崇岳、冯焕、金守常、陈蚕等部为左路，其中金、冯、金三部为冲锋正兵，陈蚕部为策应奇兵；以偏将张迈率领把总鲍文龙、胡世、徐全等为右路，其中鲍、胡二部为冲锋正兵，徐全部为策应奇兵；以偏将吴京率领把总胡仲膏、陈禄、石成绍等部为老营；各路策应奇兵，由李超参将总督，作为总的策应。由福建北路都指挥使张元勋率部充任游击，负责机动作战以及战略支援。按照以上作战序列，明军在作战前，反复进行兵盘推演与实兵演练，保证作战时对预案能够熟记在心，应用自如。戚继光又明确航渡序列：按中、左、右路和老营的顺序航渡。各路部队旗帜识别方法是中红、左蓝、右白，老营为黄色，按颜色辨识队伍，保持队形。戚继光还特别告诫部属，部队登陆后，不要急于推进，要在占领滩头一里的距离后，首先扎下营寨，建立巩固滩头阵地，待全部兵力登陆站稳脚跟后，再整顿队形逐步向敌纵深推进。戚继光特别强调，建立巩固的滩头阵地是登陆作战取胜的关键。

九月十六日，戚继光趁夜色掩护，调动进攻南澳的部队于柘林集结，率陆兵从悬钟澳登船出发。

九月二十二日，戚继光率部打响清剿南澳吴平的战斗，部队顺利航渡登陆龙眼沙滩涂。登陆后，各部当即树栅立营，建立滩头阵地，巩固登陆成果，打下向纵深进攻作战的根基。

次日，贼首吴平得知戚继光已率军在龙眼沙滩涂登陆，特亲率两千余人前来明军登陆点挑战。想趁戚家军树栅立营未完，立足未稳，夺回滩头阵地。

戚继光见状，令指挥曹南金、把总方柏、朱九龙等部列阵迎战，并指令他们战斗中不得贪财物、图首级，而只要求能够固守滩头阵地，夺取战斗胜利。

敌、我两军在滩头正面交锋，曹南金身先士卒，势不可当，直冲敌前锋。"敌不能支，倒戈逐北。"

吴平作战一贯诡计多端，这次在进攻明军滩头阵地时，故意施出拖刀奸计。吴平率军貌似不敌明军，佯作抵挡明军不成，假装败下阵来，向后节节败退，而另在退路道边以精兵设伏，妄图以伏兵聚歼航渡后体力尚未恢复的明军。

戚继光早就了解吴平善用设伏阵法，一眼识破吴平的拖刀伏击诡计，命令参战部众必须坚持固守阵地，不能为敌拖刀计所诱，不得前出营地追击。

九月二十五日，吴平使用拖刀诡计未逞，明军滩头阵地牢不可破，他气急败坏，不甘心失败，亲自挑选精锐三千人，拿出白银三千两作为赏金，再次向龙眼沙明军的营地发动进攻。

戚继光一面组织兵力反击，一面先声夺人，展开心理攻势，到处抛撒劝降传单："胁从者丢弃刀枪不杀。"

吴平的兵卒真正死心塌地跟着吴平顽抗到底的并不多，他们看到明军撒下的传单后，士气大受影响，厌战情绪陡生，敌营顿时进攻无力，阵形大乱。

戚家军则越战越勇，是役斩敌五百多首级。

吴平进攻受挫后，被迫率军退回据点，再也不敢主动挑战（如图十三）。

就在这一天，俞大猷及其部属汤克宽所率水军三百余艘战船也赶到南澳岛。尽管闽广两省水陆军队合兵协调作战存在诸多困难，但最终还是两军合兵一处了。正如俞大猷在《后会剿议》所言："噫！闽广相去其势何邈，人持所见其论难合，今日不期而协谋于一堂，合兵为一家，乃天心烦乱，圣上

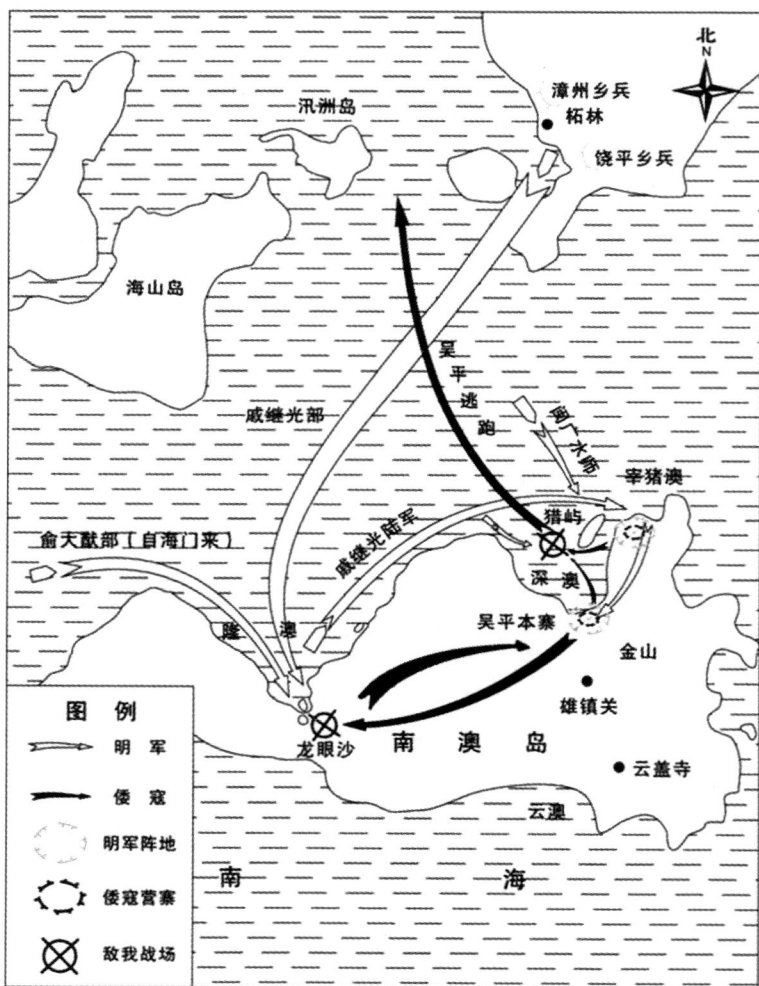

图十三、张元勋率兵南澳歼敌作战示意图

威灵，有此安排之巧。又滨海风程虽数万里，到处穴巢可数。而知贼食易尽，兵精有继。横海之势继成，洗海之功垂收矣。顾违众建议，终始坚持，南方重务，确任不拔，一何愚乎？抑匹夫之志不可夺者，由实见得是耳。苟可以报朝廷，济时艰，成天下之事，又何是非利害足介于其中哉？"

俞大猷到达南澳战地后与戚继光会商，并召集双方将领，共商两军协同作战方案，议定兵力布局。鉴于吴平最怕明军登陆后袭击他的老巢，开始将注意力转移到陆上，在防守兵力配置上放松了对宰猪澳、大沙澳的重点防守。

戚、俞根据敌我态势变化，对两人各自的分工作了相应调整。鉴于俞大猷熟悉海情，擅长水战，决定由他负责两省水军，扼守各澳出口，严防吴平属下兵员逃窜。戚继光擅长陆战指挥，由他统领两省陆军，从海上迂回到吴平寨侧后，攻击敌营。并对兵力部署如下：

俞大猷统领的水师三处设防：吴平军入海有上门、中门、下门三条通道，全部堵住。上门由福建游击魏宗潮率部把守，广东把总陈其可、守备姚允恭、镇抚许朝光协助；中门及云盖寺方向由福建都司傅应嘉所部把守，广东参将王诏协助；下门由广东参将汤克宽、都司白潮纪部把守，福建把总罗继祖协助。吴平的海船多以小舟为主，大船较少，若是小舟逃遁，由各防区负责追剿；若大船出击，便合力围攻。若敌逃往陆上进入福建，则以福建军队为主，广东明军协助；进入广东，则以广东明军为主，福建明军协助。同时令福建诏安和广东饶平调集乡兵，严守沿海，防敌登陆。

其时，吴平看到明军清剿兵力人多势众，越来越担心老巢安危，于是收缩兵力，重点防卫。吴平有意缩减了宰猪澳、大沙澳等地的守卫兵力，将兵力集中于吴平寨，也不再主动出击。

在福建三战三捷的战斗中，被谭纶、戚继光认为"杖马棰以先人，义不避死，率雁行而赴敌，勇可冠军，功当首论者"的张元勋，此时已被擢升为守卫福建北路的都指挥使。在紧随戚继光陆路攻打南澳吴平的战斗中，积极出谋划策参与作战方案的制订，并率部充任游击，负责机动作战，以应对各种不测。

张元勋察觉吴平改变了岛屿防守的策略，敌情发生了重大变化，他及时向戚继光报告，建议遵循"兵无常势，水无常形，能因敌变化而取胜者，谓之神"（《孙子兵法·虚实篇》）的古训，我军应及时调整作战方案，宜绕过龙眼沙登陆点，兵分两路直指吴平寨附近的宰猪澳、大沙澳实行二次登陆歼敌。

戚继光完全认可张元勋建议，决定兵分两路，一路由戚继光自己亲自率张元勋等部兵由龙眼沙向宰猪澳进发，实行二次登陆，直捣吴平寨；另一路由指挥吴守统领，由龙眼沙向大沙澳进发，阻截原屯龙眼沙、云盖寺之敌，防其支援吴平的老巢。

作战方案变更后，各路兵马准备按新方案从龙眼沙向宰猪澳、大沙澳二次进兵登陆时，恰遇大风突至，海浪滔天，明军战舰无法出海，攻打吴平计划只得延缓。

十月四日，风止浪息。当夜，戚继光下达了第二天凌晨进行二次登陆作战的命令。

该日黎明前，明军各路悄悄完成了集结。航渡中，张元勋凭着生长在水乡、在放鸭时练就的驾船技能，摇起橹来得心应手，在他的指挥下，他所乘的船只率先到达登陆点。

天刚放亮，其他明军也紧随其后，依次到达宰猪澳、大沙二澳登陆海域。明军按战斗序列，分别实施二次登陆。

"布列已定，铳炮齐发，军声震天，贼众大惊。"（《南澳镇城汉寿亭侯祠记》）张元勋率部首先完成二次登陆，继而建立巩固的滩头阵地，确保其他登岛部队全部完成集结。待形成整体战斗力后，各部明军径直进攻吴平本寨。由金科统领的左路明军攻打吴平后寨，由胡世、鲍文龙统领的右路明军攻打土围，由李超率领的策应部队一并跟进。

敌我双方都是强悍的部队。吴平心里十分清楚，一旦寨门攻破就意味着他的海盗生涯乃至生命的终结。因此，他孤注一掷，赤膊上阵，站在寨中的大石上督战死守。

戚家军的张元勋、王如龙、李超、吴惟忠等一批猛将每战身先士卒，冲锋在前，手持各种兵器，以有我无敌、有敌无我的大无畏气概，与敌进行近战肉搏。顿时，喊杀声、兵器碰撞的叮当声惊天动地，两军交战处血肉横飞，张元勋的战袍沾满了盗贼的鲜血。两军攻守战斗异常惨烈。

吴平部下虽也勇悍，但在戚家军面前，立即相形见绌。面对戚家军的凌厉攻势与步步紧逼，只能疲于应对，不断后退，不得不退至木栅构筑的寨内防卫。

戚家军破栅兵士眼见盗寇退至栅内，立即在铳箭手的火力掩护下，举斧砍栅冲入。

吴平仰天长叹："此天意也，非人力所为！"继而且战且退，撤至木城中心城堡内，进行最后的负隅顽抗。

戚家军步步紧逼，对吴平军的包围圈越来越小，在阵阵刀光剑影中，吴平眼看抵抗无效，大势已去，马上化装潜逃。敌兵看见首领逃跑，也跟着四处逃窜，有钻进密林的，有跑到船上的，有投水的，有坠崖的，真可谓兵败如山倒。

俞大猷率领的广东参将汤克宽、福建把总罗继祖、都司傅应嘉等部水军，早已做好防范敌军逃窜准备。他们发现吴平率军挽舟逃窜，立即下令各路水军，各司其职，马上迎头堵截。顿时海面炮声震耳欲聋，水柱冲天而起，明水军一面奋力划桨，紧追吴平舰船不放；一面使用船上的佛郎机对准吴平的船只连连开炮，猛烈的炮火接连击沉吴平舰船十八艘。那些冒死突围的残敌尚有七百余人，分乘二十多艘船向潮州方向逃逸而去。

吴平不甘心失败，从南澳辗转逃到广东饶平的凤凰山（今饶平县北），继续招兵买马，建营立寨，苟延残喘。

戚继光派部将李超，俞大猷派部将汤克宽，共同合围清剿逃往饶平的海盗吴平部。但吴平凭借着熟悉当地地理环境，利用所属团伙懂得当地潮汕方言，较易融入山民百姓之中的有利条件，躲躲藏藏，明里暗里在当地山区周旋，与追剿的明军捉起了迷藏，多次躲过李、汤所率明军围剿追击。从战场态势看来，盗首吴平部与李、汤明军争斗显得游刃有余。

吴平盗寇躲在暗处，而明军派员清剿处于明处，每次李、汤所率明军与吴平一伙盗寇作战，均被吴平占了不少便宜，明军几次攻打吴平部都劳而无功。吴平更显得洋洋得意，越来越不可一世。他更是肆无忌惮，更加频繁地在海上掳掠民船，实施海陆并进，甚至明目张胆通过海上航道进入饶平邻县的潮州，妄图利用潮州深山的有利地形条件建立新的营寨，开拓新的势力范围，摆出一副与明军对抗到底的架势。

戚继光闻报，李、汤率明军出师不利，接连受挫，吴平海盗嚣张气焰有增无减，自感有负皇恩，有损戚家军的声威，他怒发冲冠，放声大吼："决不能容忍海盗吴平在眼皮底下横行霸道，继续掠杀危害百姓。"戚继光紧急召集阶下部将商议对策，决心把海盗吴平在闽粤沿海彻底消灭。

张元勋针对吴平活动特点，引述古代兵家战法，提出自己的建议，他说："《孙子兵法》说'兵贵胜，不贵久'，我们进攻吴平，要趁其立足未稳，以雷霆之力、破竹之势，以快制快，速战速决，打他个措手不及。"

戚继光对张元勋的建议颇有同感，决计亲披战袍，率张元勋等主力部队从南澳移师潮州，抓紧吴平刚到潮州，营垒未建、立足未稳之际，以迅雷不及掩耳之势，打吴平一个措手不及，来一个速战速决的歼灭战。

吴平看似摆出一副不可一世、顽抗到底的架势，其实是外强中干，色厉内荏。当他听闻戚继光率主力部队从南澳渡海直奔潮州而来的消息，情知戚家军来者不善，心知自己绝非戚继光大部队的对手，若与戚继光对阵犹如鸡蛋碰石头，是自取灭亡。他喝过一些墨水，脑瓜子灵活，懂得一些韬略，在海盗中算是有一定知名度的诡计多端之徒。他信奉留得青山在，不怕没柴烧的道理。他面对戚继光率领明军大兵压境的情势，根据《孙子兵法·谋攻篇》中说的"少则能逃之，不若则能避之"的用兵之道以及《吴子·料敌》说的"凡此不如敌人，避之勿疑；所谓见可而进，知难而退也"的兵法，他决定"走为上计"，趁着戚家军主力部队尚未到达，率部赶紧弃营逃往海边，搭上早早备好了的船只，来个你进我退，一逃了之，力避与戚家军主力部队交锋，以保全实力。

戚继光的部队赶到潮州后，吴平实施"走为上计"，已无心恋战。他组织兵力，且战且退。因他事先已有充分准备，率部成功向海上逃逸，直奔广东雷州（今广东雷州半岛海康县），后又入廉州（今广西北海的合浦县），再进入北部湾。

吴平残部到了广东防区，又被广东都指挥佥事汤克宽所率明军一路追击，使其慌不择路辗转逃至安南（今越南）万桥山。

隆庆元年（1567），闽广官兵会同安南百宁宣抚司发兵进攻万桥山。

已是惊弓之鸟的吴平，一直疲于奔命，在明军各路人马连续打击下，得不到休整补给，已丧尽昔日虎气，成了一只病猫；加上初到一地，缺乏社会基础，万桥山一战彻底大败。据《明史》所载，参与安南万桥山战役的明军将领傅应嘉呈报："吴平被生擒。"但对吴平的结局，有关说法记载有异。有如上述言其被擒者；有言其溺死者；有言其僵死海岛，抱柘树而死者；有言其被歼于交阯万安界者；还有言未死浪迹江湖者。但有一点是可以肯定的：吴平自万桥山一战后，从此销声匿迹，再也不见踪影，再也没有他继续在社会上呼风唤雨、干着为害一方的强盗勾当的风闻。总之，吴平终究没有逃脱失败的命运，那些跟随他的党羽也被全歼。

此战，戚、俞二军水陆并进，共斩敌一千五百余人，烧死、淹死敌五千多人，解救被掳民众一千八百余人。明军南澳一役及随后追歼战的胜利，有力打击了倭寇海盗的罪恶势力，吴平海盗势力被彻底摧毁。粤东一带海疆恢复了暂时的平静。

此时身为福建"署都指挥佥事，充福建游击将军"（《明史·列传第一百》）的张元勋，在清剿吴平南澳据点的战斗中，虽不是统帅与主要决策者，但在战斗中，他跟随戚继光，奋不顾身英勇杀敌，并为戚继光、俞大猷总兵出谋划策。当侦得敌方阻挡登陆失败后改变作战方略，实行紧缩防御，将主力集中在吴平寨的军情后，张元勋主动建议，敌变我变，及时调整明军作战方略，将龙眼沙的明军兵力由水上向宰猪澳机动，实行二次登陆，打乱吴平陆地防御计划。此建议为明军攻打南澳吴平寨战斗的胜利起了重大作用。同时，他也从老将军实战指挥中，学到了以前所没有接触到的水陆合成作战的军事指挥方略。特别是南澳之战，是远离大陆的大兵团渡海作战，张元勋见证了大兵团完成登陆后须建立巩固的滩头阵地，才能向纵深推进的作战实践；领悟了敌情变化后，需审时度势，贯彻"兵无常势，水无常形"，不囿于原定作战部署，及时根据战场态势变化而改变作战策略，敌变我变，"出其不意，攻其不备"，实施二次登陆的灵活机动的用兵之道。张元勋在这次攻打南澳吴平寨的战斗中，学到了古代兵法与现实战斗的有机结合。他在战神戚继光高超指挥艺术示范下，从战争中学习战争，其军事指挥才能得到进一步提高，为他成为独当一面的高级将领奠定了坚实基础。

第二十一章
倭寇再扰福安城　奉命剿敌保乡民

明军南澳一战彻底打败了吴平盗寇，取得完胜，戚家军各级将领功不可没。戚继光报奏朝廷按功论赏："王如龙、胡守仁以功升参将，李超、张元勋以功升游击，陈濠、杨文、傅应嘉、金科、陈大成以功升都司，朱珏、曹南金以功升守备。内除福建先后功，俱已勘报，兵士亦各有升赏，虽轻重不齐，比缘各兵不知邦政事例，报不合例，无敢他望。而在臣实冒溢殊甚也。所有死事之兵与应袭弟子俱未承恩，而死事者于所效劳地方未有祀典，所谓不均之赏也。……大小将士厚赏首级止各得十两。"（《戚少保年谱耆编·卷六》）可以说，戚家军歼灭吴平盗寇后，全军受赏，皆大欢喜，戚家军声威也越来越高涨。张元勋因在闽南抗倭战斗军功卓著，职务得到进一步提升，"擢都指挥，守卫福建北部"（《张元勋墓志铭》）。

广东总兵俞大猷虽然在戚家军对吴平开战后也参加了围歼吴平的战斗，但他却没有这么幸运。俞大猷不但没有得到嘉奖，反而被朝廷追责。

明朝廷指责俞大猷对吴平的盗寇本质认识不清，误对吴平施以招安的处置方法，以致吴平海盗能在闽、粤沿海肆虐多年。不少官员对俞大猷颇有微词，特别对俞大猷未能在南澳之战后成功堵住吴平海上舰船，让他顺利逃回陆上继续为非作歹更是不满。

嘉靖四十五年（1566）正月，俞大猷被朝廷追责革职。原由俞大猷管治的广东惠（州）潮（州）二府和神威营之兵事改由戚继光兼管。

至此，戚继光被朝廷赋予更大的权力，他防卫的地域不限于福建省，还涉及广东潮、惠二府与江西的南赣二府，合计管辖有十一府一州。戚继光率领的戚家军不但要抵御入侵沿海的倭寇，还要防备倭寇深入内地与"山寇"结合形成一体。戚继光肩负任务更加艰巨，承担责任更加重大。

戚继光为了担当起这一重任，保卫一方的安宁，上疏提出了"定庙算、设监军、置将领、用部兵、复舟师、议军储、议赏格、正体统、假便宜"等十项治军主张。

此时福建巡抚已改由涂泽民担任，原与戚继光志同道合的巡抚汪道昆已于嘉靖四十五年（1566）六月因事被罢官。新任的涂泽民与戚继光的治军理政观念相左。嘉靖四十五年九月二十日，兵部听信涂泽民的提议，认为："戚继光兼管惠潮二府并神威营，本出一时权宜之计"，现吴平之党已被平定，"戚继光遵照原奉敕书，专一镇守福、兴、泉、漳、延、建、邵、汀、福、宁、金、温等处地方"，"其惠潮并神威营事务不必兼管"，"于广东复设总兵官一员"。十月初八日，明廷"复设镇守广东总兵官，以原任惠潮参将署都指挥金事汤克宽为之"。自此之后，戚继光又成为专管福建浙江的总兵官，大大缩小了管辖的地域。

嘉靖四十五年十二月二十四日，明朝廷发生大变故，一直寻求长生不老的嘉靖皇帝突然病逝，享年只有六十岁，并未获得他所希望的求仙炼丹的长生不老。相反，他并非高寿。嘉靖皇帝病逝后，面临新皇继位的大事。嘉靖皇帝共有八子，长子和第五、六、七、八子均已早殇，次子朱载壑生于嘉靖十五年（1536），嘉靖十八年（1539）曾被册立为皇太子，但他也在嘉靖二十八年（1549）去世。因此，嘉靖皇帝后代只剩下嘉靖十六年（1537）正月二十三日康妃生的三子载垕以及嘉靖十六年二月十九日靖妃生的四子载圳，三、四两子年龄相差仅三十六天。由于靖妃比康妃更有姿色，更为嘉靖帝所喜爱。加上载垕生性迟钝木讷，而载圳反应敏捷机灵，因而皇帝对载圳更为喜爱。嘉靖皇帝在生时没有按祖制之规依皇子的年龄长幼立载垕为太子，甚至平日与载垕都很少见面。此在外人看来，载垕与皇位肯定无缘。可是，世事难料，一直被嘉靖皇帝看好而立为皇储的载圳，却天有不测风云，也不幸于嘉靖四十四年（1565）正月初九日因病亡故。这样，在嘉靖皇帝驾崩后，嘉靖帝的身后只剩下原来这个一直不被看好的三子载垕，他成了唯一皇位继承人。

正如前述，载垕在世宗皇帝在世时，长期遭受朝危夕惧的困扰，心灵一直蒙着一层阴影，精神压力很大，迫使他待人处事循规蹈矩，谨小慎微，不敢越雷池半步。他也一直远离政治，没有与父亲搅和在一起。现在，他顺理成章登上皇位后，由原来朝廷的"局外人"，意想不到掌握了至高无上的皇权，从被排挤者的角度看嘉靖朝廷存在的政治弊端，相对那些与嘉靖搅和一起的人，能有更清晰的感知。在他掌权后，立即针对时弊，除旧布新，大刀阔斧地实行治国理政的改革。他继承皇位伊始，惩治了世宗崇信的道士，罢除一切斋醮迷信。在用人上，与其父行事风格大相径庭，完全不是同一种套路。其父嘉靖皇帝性格多变，忽晴忽雨，"忽智忽愚"，对大臣"忽功忽罪"，动辄重处，暴戾擅杀；而隆庆皇帝登基后却在用人上较为开明，做到用人不疑，疑人不用，一旦认可，即予以信任。他重用正直敢言的海瑞，平反昭雪了一批冤假错案，对吏治进行全面整顿。这对谭纶、戚继光、俞大猷来说，不啻是一桩好事。隆庆还对官员采取考察措施，对有作为的文臣武将不拘一格，量才录用；一旦发现贪官，会按情节轻重，罢官法办，决不手软。在经济政策上，实行限田、清田，开放海禁等一系列新政。在军事上，重视边防建设，整顿边防，充实边防力量。说起来，隆庆皇帝登基伊始，的确比前朝皇帝做了一些利国利民的实事、好事。

就在明朝皇帝更迭之时，境外反明敌对势力伺机加紧了侵略步伐。隆庆元年（1567）二月，鞑靼犯广宁；三月土蛮犯辽东；五月俺答犯大同，六月犯朔州，九月再犯上述两地。北方蓟州一带边防与京畿相近，外族的侵略直接危及刚刚登基的隆庆皇帝的统治。相对来说，在南方，经过这些年戚家军在福建沿海取得抗倭决定性的胜利，东南沿海开始出现少有的安宁。有鉴于此，隆庆王朝将国家防卫的重心由东南沿海逐渐转向北方蓟州一带。

时任朝廷兵部右侍郎兼都察院右佥都御史的谭纶，从国家整体防御的格局考虑，并出于对戚继光的才干及抗倭功绩的了解，在他的大力举荐下，朝廷下诏调遣福建总兵戚继光至京北蓟辽防线，以都督同知的身份总理蓟州、昌平、保定的军务。

戚家军的名将胡守仁，当时驻守在福建。隆庆元年三月，福建御史何宽，根据胡守仁的才干及抗倭建立的功勋，曾奏报举荐他为广（东）、福（建）水路参将，但未获朝廷批准。是年十月，福建巡抚涂泽民奏报会荐胡守仁，朝廷接奏议后改授胡为杭嘉湖参将。不久，兵部会同总督侍郎谭纶、巡抚顺天都御史刘应节，根据胡守仁一直在戚继光手下建功立业，抗倭功绩突出，而戚继光调至京北蓟辽防线，需要一批志同道合能与其密切配合的将领，遂上奏举荐胡守仁为蓟州东路副总兵。经朝议认可，胡守仁也从杭嘉湖参将任上被调往蓟州北方防线。随着多个抗倭名将北调，京北蓟辽实力大增，明朝边防重心北移成为既定事实。

福建沿海北部原来被打击的倭寇、海盗，在沉寂了一段时间后，闻悉朝中嘉靖皇帝驾崩，隆庆皇帝刚刚即位，朝廷处于新老皇帝交替、百废待兴的特殊时期，且又侦得谭纶、戚继光、胡守仁等一大批抗倭名将都已调离福建，遂贼心萌发，又伺机蠢蠢欲动。

由于福安县具有负山通海的特殊地理位置的优势，这里就一直为倭寇所觊觎。在嘉靖年间，倭寇就曾多次出入该县劫掠。

据《福安县志》有关倭患的记载："（嘉靖）三十七年（1558）倭报急，城墙改造未毕工而倭至。三十八年（1559）四月初五日城陷。"这次倭寇入侵，福安百姓遭受惨重损失。据时任福安知县的卢仲细《倭后掩遗骸文》祭文中记述："予去年被调，在途闻福安之报，泫然流泪。今身历而面睹之矣。十月赴任，见荆棘满城，灰烬遍市，二百载烟火辏集之区，一旦荒墟，心痛之，誓不与此贼共天地也。"其又曰："遂至一邑，老幼男妇，无故被杀者几三千人。呜呼！胡尔辈之所遭如是耶？"

又据其他史料记载，嘉靖四十年（1561）腊月除夕之夜，倭寇头目丰臣秀吉乘福安百姓过年、疏于防范之际，率兵由福安县长岐登陆，经化蛟村，直扑福安城中，大肆杀戮，血流成河，死伤惨重，城中多数家庭均有亲人被杀。

在嘉靖年间，倭寇一直在福安、宁德、福宁、福清、莆田、兴化一带沿海横行霸道，打家劫舍，荼毒百姓，福安也一直是沿海倭患的重灾区。直至嘉靖四十一年（1562），戚继光奉命入闽抗倭，历经五年连续给倭寇沉重打击后，倭寇才"不敢窥八闽"。

福建的福安县，于宋淳祐四年（1244），从长溪县西北二乡、九里分置建县，理宗皇帝御批"敷设五福，以安一县"，遂以福安钦定县名。明洪武二年（1369），福安归福州府管辖，明成化九年（1473）政属福宁州管辖。

福安县位于福建省东北部，地处鹫峰山脉东南坡，太姥山脉西南部、洞宫山脉东南延伸部分。东邻柘荣县、霞浦县，西连周宁县，北毗寿宁县、浙江泰顺县，南接宁德市、三沙湾。县境东西长七十四里，南北相距一百六十里，区域面积近七千六百平方里。海域面积二百五十多平方里。海拔一千五百尺以上，相对高度六百尺以上的山地占全域面积百分之五十六；海拔小于一千五百尺，相对高度小于六百尺的丘陵占全域面积百分之二十四。山间盆谷、平原、沿海滩涂有一千一百平方里，占全域面积百分之二十不到。境内有东溪、西溪、交溪、茜洋溪、穆洋溪，主要为交溪水系；钱塘溪、山溪单独入海。白马港非常适合海陆运输，素有"黄金水道"之称。福安县所属海域有乌山岛、福屿、樟屿、长岐沙岛、六屿岛、小岁屿、长胶屿等十多个岛屿。

根据《福安县志》万历二十五年（1597）版《重筑县城记》所载："国初倭数入寇，民甚苦之，建卫，设巡司水寨……去年四月寇至，城遂破……"《福安县志》第二卷营缮志城池篇记载："（福安）旧未有城，惟筑土城，立四门。""本朝正统十三年（1448），（福安）累砖为城，增小西门，各有楼。嘉靖六年，重修以石厢五门。三十七年（1558）倭报急，城墙改造未毕工而倭至。三十八年四月初五日，城陷。未逾月，淫雨，城俱圮（倒塌毁坏）。"从上述记述可知，福安的城垣并不坚固。

福安山海相连的独特的地理环境，加上城垣不坚，倭寇就经常以此为跳板，在闽东北打家劫舍。正如前述，福安就曾被倭寇多次劫掠血洗。

隆庆元年初，随着皇位更替，北虏入侵，明军主力北上，福建海防力量减弱。这时，福建由涂泽民任都御史巡抚。他任职不久，看到穆宗皇帝登基后，除旧布新，大刀阔斧进行改革，也脑洞大开，解放了思想，斗胆对原世宗皇帝的海禁政策提出异议。他认为福建沿海的湄洲是妈祖的发祥地，位于东西洋中枢要冲，以其"四海共瞻之光，端发祥兆之见"，应充分发挥其区位优势，"因势利导，请开市舶，易私贩为公贩"。即开放海禁，与海外通商。

穆宗皇帝刚登基，也想成就一番事业，他看了涂泽民条陈海禁弊利，认为言之有理，遂顺水推舟，毅然下诏废除了海禁的"祖宗之制"，宣布"除贩夷之律"，为海上贸易活动开启有限度绿灯，允许船商巨贾"易只通东西二洋，不得往日本倭国，亦禁不得以硝磺、铜、铁违禁之物夹带出海"。穆宗皇帝有条件地开放民间私人海外贸易的政策，让私贩获得合法地位。

海禁政策放开后，客观上有利沿海经济发展，但也难免产生负面影响。因商贾良莠不齐，难免鱼目混珠，泥沙俱下，在商品贸易时也带进"苍蝇"。朝廷规定不能与倭人贸易，实际执行起来颇难。倭人有的转道吕宋（现菲律宾）进行贸易。且有大批倭寇、海盗趁着海禁开放，海防有隙可乘，偷偷摸摸涌入福安。他们与陆上盗性未改的昔日倭寇残余重新联手，从事走私盗抢的罪恶勾当，使本来宁静的福建沿海重燃新的危机。特别是福安，又出现数百人的倭寇与当地盗寇纠合在一起的武装盗抢团伙。这帮倭盗在福安横行不法，闹得当地人心惶惶，鸡犬不宁，民不聊生。

涂泽民巡抚闻讯，也忐忑不安，心绪不宁。他深知，开放海禁是自己上书朝廷提出的，而对这一决策，当时在朝中持异议者就有不少，幸有隆庆皇帝恩准，才力排众议，一锤定音。现在开放海禁后带来倭患反弹，造成百姓怨声载道，一旦此事传到朝中，此必将成为海禁派反对开放海禁的口实。若被朝廷怪罪下来，自己就有可能成为新政的牺牲品。此政治风险实在太大！他越想越觉得可怕，不得不当机立断，要不惜一切，倾其全力，以快刀斩乱麻之势，彻底解决福安倭患复燃的社会危机。

为此，涂泽民紧急召见到任不久的福建北路都指挥使张元勋，与其商议清剿福安倭寇一事。

张元勋自闽南平倭克寇战场转任福建北路都指挥使后，按照长期军旅生涯养成的习惯，每到一地，立即通过各种途径侦察敌情，察看战场地形。他到福安后，已对倭患做了充分了解，对平寇方略已深思熟虑，成竹在胸。他接到涂泽民召见，根据当时福建的军情，料想必是商议福安剿寇之事。

张元勋策马到了涂泽民的官府，刚刚坐定，不出所料涂泽民就开门见山对张元勋谈起福安平倭之事，他说："近日接警，福安又有三四百倭寇滋生，若不尽速歼灭，必将蔓延全省，也影响吾建言的开放海禁新政的实行。"进而询问张元勋，"对平定福安倭寇，将军有何高见？"

张元勋直言回答说："我身为福建北路的都指挥使，福安系我管治区域。前些日子，卑将奉命率兵随戚家军在诏安南澳一带清剿吴平盗寇，致福建北端防守留下间隙，让敌寇借机乘虚而入。现在闽南已靖，回师歼灭福安来犯之敌正是时候，卑将责无旁贷，尽力而为。我所统领的福建北路浙兵有三千多人，一定能按巡抚之令，荡平福安敌寇，请巡抚放心！"

涂泽民听了张元勋铿锵之言，本来紧绷的脸渐渐放松，露出了一丝笑意。他进一步追问张元勋："将军对闽北福安倭情有何了解？我们不妨切磋一下平定福安的用兵谋略？"

张元勋信心满怀地回答说："据我掌握的敌情，福安的倭寇新来不久，各个团伙尚未整合，互不隶属，没有统一指挥，彼此缺乏严密的组织，尚不能形成整体作战力量。他们分头以武力攻占县城周边富户大族堡垒式的民居，烧杀抢掠，并占领民居为营。这批新倭在福安不得人心，没有社会基础。广大百姓对倭寇恨之入骨，苦于没有力量歼灭。《孟子·公孙丑下》告诉我们，'域民不以封疆之界，固国不以山溪之险，威天下不以兵革之利。得道者多助，失道者寡助。寡助之至，亲戚畔之。多助之至，天下顺之。以天下之所顺，攻亲戚之所畔，故君子有不战，战必胜矣。'我们替天行道，得到广大百姓拥护支持，这批丧尽天良的倭寇一定能全歼。"

涂泽民满意地点了点头说："说得有理。"但他又不忘对张元勋追问说："《孙子兵法》曰：'兵者国之大事，死生之地，存亡之道，不可不察也。'将军这一仗准备如何用兵打仗，又准备使用什么谋略？"

张元勋看到涂泽民书案上放着一张福建的舆图，起身走向书案，指着舆图说："福安县城周围都是山丘，城内交溪穿城而过，出海口有鸟山岛、长岐沙岛于江口守护，我们大明官兵力量数倍于敌，论实力处于以众敌寡的绝对优势，我们不妨按《孙子兵法》说的'围地，吾将塞其阙'，实行关门打狗的谋略，调集分信烽火门水寨把总魏宗瀚四十艘舰船，分信小埕寨把总傅应嘉舰船三十六艘，将两寨舰船部署在福安外海，互成掎角之势，彻底截断倭寇逃跑路径，'使敌腹背均患，进退维谷'（《草庐经略》），将倭寇困在陆上打。在陆上，卑将首先派兵封锁福安通往外地的要道隘口，不让倭寇外逃。而对福安外围各点倭寇则实行分割包围，逐个歼灭。而后，再集中优势兵力，从外向内，步步紧逼，攻打城内倭寇。鉴于福安城垣并不坚固，容易被我明军攻破，根据这一作战方略，按照福安周边地形以及倭寇据点分布情况，本军准备兵分东北、西北、东南三个方向。东北方向，由李诚立率兵，沿交溪河谷，从长汀、坑下顺流而下，直指倭寇福安城据点。西部方向，由王如龙率领，绕白云山南麓，沿河谷，经排头岗、洋坪，清剿康厝、穆阳溪一带倭巢，然后从廉村、溪潭杀入福安。东南路则由卑将中军节制，令邓子龙率部众由福宁方向沿河谷海岸平原，经盐田、溪尾、丹屿、赛岐北上，从福安东南方向攻城。如此分兵合围，福安的倭寇必能杀尽。"

涂泽民听完张元勋排兵布阵后，也对清剿福安的倭寇充满信心。涂泽民紧握着张元勋的手，以充满信任的口吻对他说："张都使，你就放开手脚指挥部众清剿福安的倭寇吧！福建上下都等候你剿敌灭寇胜利的佳音！"

张元勋也充满激情地对涂泽民表态："有巡抚的信任与支持，卑职定能如期清剿福安倭寇。"

张元勋归营，一切按与涂泽民商议的计划排兵布阵。经精心准备，各部依张元勋命令拔营开进。张元勋率领的福建北路明军精神抖擞，摧枯拉朽，对福安外围分散据点的倭寇重拳打击，犹如秋风扫落叶一般，驻扎福安外围那些势单力薄的倭寇很快被肃清。

在张元勋率领的各路人马，按预定时间扫清倭寇福安城外的据点后，同时向城区中心推进，逐渐形成对福安城的严密包围圈。

倭寇侦得明军已包围福安县城，处境不利，慌忙组织人马准备乘夜色掩护挽舟顺着交溪河逐流而逃。

张元勋洞若观火，断定倭寇在大兵压境时，必会选择"走为上计"。早早部署兵力占据交溪两岸的有利地形，集中部署铳、炮，随时做好对逃跑敌寇堵截的准备。

眼见倭寇依计挽舟出城，亲临战地的张元勋立即指挥部众用热兵器对倭寇舰船狂轰滥炸。

敌寇被打得灵魂出窍，不得不弃舟重新逃回交溪岸上。

张元勋见状，立即举刀高吼："冲啊！"骤然，明军鼓声号角大作，锦旗在风中猎猎招展。张元勋身先士卒策马追了过去。部众紧跟着张元勋奋勇杀向敌营。

终于，敌我两军排山倒海般相撞，犹如沉雷响彻溪谷，又如万顷怒涛扑击群山。大刀与长剑铿锵飞舞，狼筅与长矛呼啸飞掠，密集箭雨如蝗虫过境铺天盖地，洪亮的喊杀与短促的嘶吼令山河颤抖。战火升起的浓烟，弥漫了福安城池。经过一个时辰的惨烈搏杀，垂死挣扎的倭寇被明军消灭殆尽。

此役，"复剿倭之寇福安者，斩首二百三十余级。论功复赐镪，世授海门卫指挥使"（明·韩世能《张元勋墓志铭》）。又据《明史·列传》记载："破倭福安，（张元勋）改南路参将。"

是次复剿福安倭寇，正值隆庆元年（1567）夏，时福建政治生态比较微妙。刚上任的福建巡抚涂泽民，在朝中首议开放海禁，与原主导福建抗倭的汪道昆、戚继光等治军理政观念相左，张元勋处于不同政见的旋涡中。他排除干扰，按照孟子说的"民贵君轻社稷次之"的价值观，把握自己待人处事的原则，只要是保国安民的事，他尽一切可能去完成。这次奉命复剿福安倭寇，是他首次独当一面指挥大部队作战。他不负众望，勇于担当，正确运用兵法，先计后战，不贪近利，收功万全。他采取集中兵力，水陆并进，关门打狗，分割包围，先打外围分散孤立之敌，再歼县城集中强大之倭，夺取了复剿福安倭寇的全胜，进一步树立了浙兵的抗倭声威，给福安百姓带来安宁的福音，深受福建百姓的称颂。张元勋在福建抗倭斗争中，统帅地位逐日提升。

第二十二章
对准顽寇曾一本 运筹帷幄战盐埕

张元勋复剿福安倭寇取得胜利后，福建北路地域恢复了安宁。张元勋又奉命改任多事的与广东相邻的福建南路参将。

随着在浙、闽沿海抗倭中打出军威的戚家军统帅戚继光以及胡守仁、李超、金科、朱珏、胡大受、吴惟忠、陈子銮等将领先后从南方调往北方边防。这时，仍然驻守在福建的张元勋，就成了地处南方沿海的主要浙兵抗倭将领。张元勋在抗倭前线的地位越来越突出。

前两年，明军集中力量清剿了闽、粤沿海以吴平为首的倭寇、海盗武装集团后，粤闽沿海原来与吴平时分时合的另一海寇头目曾一本，逐渐从闽粤海盗势力中浮出水面。曾一本成了粤闽沿海新的盗首，也成了与明军直接对抗的最可恶敌人。

曾一本，《明实录》称其是福建诏安人，而康熙《澄海县志》则称其为"海阳薛陇乡人"，一些地方史学界人士也都认同曾一本为海阳（今潮州市潮安县）薛陇乡人。曾一本的籍贯一直众说纷纭，莫衷一是，这从侧面说明此人浪迹江湖，出此入彼，居无定所的生活特性。他曾为海盗吴平的死党，接受吴平的统一指挥。据《明史·列传·第一百》记载："海盗曾一本，吴平党也。"在吴平败走安南后，余魁曾一本"合党集妖，戕人夺舶，海上莫敢谁何"。粤东潮州和闽南漳州一带的普通百姓，"岁苦毒蠹，贼威浸淫于粤西南高州、雷州、廉州、琼州之间"。

曾一本生性强悍，但缺少主见与计谋。官府招安，他曾率兵请降；后禁不住身边一帮人蛊惑，很快又变卦反叛。他处事喜怒无常，政治立场说变就变，"屡招屡叛，屡叛屡招，反复无常，必至灭而后也"，此为他人生真实写照。

隆庆元年（1567）二月，他接受招抚仅五个月，在七月又叛逆。此次反叛后，他变得更加凶悍，竟胆大妄为抓走澄海知县张玉璠，还时常带领团伙在潮州东莞一带作恶，"焚杀潮郡居民数千人"（《明穆宗实录》卷十四），还致东莞守备李茂才追剿中阵亡；其后又移师攻入雷州，杀死参将魏宗翰⋯⋯

曾一本荼毒广东沿海一带乡里，因驻粤的明军官兵软弱无力，故对他无可奈何，任其横行不法，到处作恶荼毒。

曾一本手下部众日益扩充，犹如滚雪球般越滚越大，由最初聚众收集吴平残部的几百人，经过一年多的扩张发展，其团伙成员已多达万余。

曾一本虽然胆大谋少，但随着他多年混迹社会，经验不断积累，对粤闽管治防卫体制存在的缺陷似小葱拌豆腐———一清二楚。他很了解粤闽一直存在条块分割、各行其是的管治弊端，特别是驻广东明军，缺乏水军兵船的配置，部队战斗力较弱，与海盗作战一直败多胜少。因此，曾一本胆子也越来越大，越来越不把广东明军放在眼里。曾一本为首的海盗在广东沿海活动越来越猖獗。他把戚继光分兵北上驻守蓟辽边境，视为天赐良机。他借机在粤东沿海猖狂劫掠，甚至有恃无恐尝试将魔爪伸向闽南地区。自"隆庆丁卯（1567），巨寇曾一本乱广福，战舰千艘，进逼海上诸郡，退保沙岛，官军屡却"（韩世能《张元勋墓志铭》）。

隆庆二年（1568）六月十一日，曾一本攻打广东省城，"率众数千，乘船二百余艘突至广州，杀掠不可胜纪，外兵入援乃引去"（俞大猷《正气堂全集·洗海近事》）。广东番禺人郭棐在其编撰的《广东通志》中痛陈广东总兵俞大猷的无能与曾一本海盗的嚣张，文中说："隆庆二年海寇曾一本犯广州，总兵俞大猷、郭成御之，败绩。""一本乘潮上下，饮于海殊寺，题诗诮大猷。大猷丧魄，不能以一矢相加，遣其杀掠，视柘林叛兵尤憯。驻城下旬余，竟无一援兵至。"（万历《广东通志·卷七〇》）

海盗曾一本的邪恶势力，对社会危害越来越大，如再不及时组织力量剿灭，又会重蹈戚家军未入闽对倭寇打击时的"八闽之乱"，其后果不堪设想。对此，两广总督张瀚也面临巨大政治压力。

朝廷接报曾一本势力不断扩张，恶行满盈，于隆庆二年七月下诏："切

责总督张瀚，令亟率镇巡等官悉力剿贼，以安地方。"（《明穆宗实录·卷二二》）

总兵俞大猷、郭成两总兵因应对曾一本无能为力、束手无策，均受到朝廷停俸处罚。

内阁大学士张居正在给张瀚的私信中，也表示对张瀚打击曾一本不力颇为不满，批评他用人不当。张居正在信中写道："广事不意披猖至此，诸将领兵船亦不甚少，乃见贼不一交锋，辄望风奔北，何耶？将不得人，军令不振，虽有兵食，成功亦难。"张居正在信中指示张瀚："诸凡调处兵食事宜，似宜少破常格，乃克有济。公若有高见，宜亟陈本兵，当为议处也。"（张居正《张居正集》第二册）

两广总督张瀚为战争失利受到朝廷责难，也是有苦难言。明自成化五年（1469）十一月始，两广总督府选址在粤桂两省之中的梧州。督府远离广东沿海抗倭战争的中心，文檄往来不便，军情传递不畅，难以及时指挥调度军队。在此行政建制背景下，嘉靖四十五年（1566），朝廷下旨添设广东巡抚，"专注广城以御海寇，兼防山贼"。张瀚曾为此感叹：前年广东"既有巡抚而又使总督得兼制之"。致总督在广东军务上逐渐沦为虚位，却又不得不为战争失利担责，实是无奈！他奏请"明职掌于一政体"。

另外，闽粤两省山海相连，海寇出此入彼，在海防问题上本应一体，但现受制于两省各自为政，彼此存在信息沟通、权责分工和兵船方面的分歧，以致粤、闽两省区域分割，各自为战，难以做到一心对敌，形不成整体作战力量，直接掣肘了打击海盗倭寇的成效，让盗寇有隙可乘。

隆庆二年（1568）九月，曾一本针对闽、粤两省各自为政，彼此缺乏信息沟通，认定在两省接合部可资劫掠，又可避免遭受打击，选在闽、粤两省接合部劫掠远比在一省一域内劫掠顺利。故曾一本选择"突至南澳、窥福建悬钟界"的广东饶平、福建诏安两省交界处，以此作为其在沿海劫掠的大本营。

曾一本在广东城乡劫掠多次得手后，又通过各种途径了解证实在福建驻防的戚家军已大部移防北部蓟辽，明军在闽实力大不如前，因此他恶胆纵生，不惜冒险进击福建，欲报戚家军一箭之仇。遂亲率战舰千余艘，从海路突至南澳袭扰，窥诏安悬钟城，自泊浦澳登岸准备流劫诏安等县。

时任福建南路参将的张元勋，随着南澳总兵戚继光调任北方边防，他开始担负福建南路抗寇总领兵的职责。以前张元勋辗转浙闽沿海抗倭，都是处于从属地位。而今，他已独当一面，担负闽南、粤东抗倭的主角。他的担子更重，责任更大，这也为他迎来为国效劳，实现人生抱负，尽情发挥军事才能的重要机遇。

初次成为抗倭主角的张元勋，闻悉曾一本侵犯他守卫的南澳岛后，义愤填膺，披挂上阵，亲率精兵应战。

曾一本按计划于后宅登陆，尚未建立滩头阵地。

张元勋发现曾一本团伙离船上岸，仇人见面分外眼红。他趁敌立足未稳，一声大吼："冲啊！杀！"立即身先士卒，举刀策马冲向敌阵，对敌猛打猛攻，使敌人毫无喘息机会。

《南澳县志·明清南澳海防史过略》对此次战斗也有记载：张元勋"亲督部将王如龙与曾一本激战于南澳后宅"。

曾一本登陆后，想不到立即遭到张元勋痛击，出战不利，被逼赶紧鸣金收兵，退回海边船上。但他袭闽贼心不死，转而率兵改变劫掠目标，重新登船渡海向诏安竹林堡劫掠。

张元勋得知曾一本逃往竹林堡后，马上开始筹划如何从南澳渡海追歼曾一本团伙。

张元勋打起仗来一往无前，猛打猛冲，英勇杀敌，但对战前准备却总是慎之又慎，从来不敢有半点懈怠马虎。他了解了曾一本行动的蛛丝马迹，深入研究了曾一本用兵的心态与作战规律，发现在曾一本眼里广兵较弱，而福兵较强，故曾一本侵扰较多的是广东一带沿海。而这次曾一本率兵敢到南澳诏安侵扰劫掠，主要是听到戚家军已调至蓟辽边防，福建沿海边防力量空虚，故心存侥幸，不惜率兵一试。张元勋分析后认为，这次曾一本在南澳战败后，尝到了苦头，进兵竹林堡只是迂回粤东劫掠的始点，其侵扰活动的重心主要还在广东，西进是大概率的事。

张元勋展开闽南、粤东舆图，仔细审视了粤、闽接合部沿海一带地形、滩涂。他考虑从南澳岛发兵登陆粤闽一带的沿海陆域，首先，需挑选符合登陆作战要求的海滩。根据这些年他在沿海登陆、抗登陆的作战经验，深知：对于登陆作战地域，不能是怪异嶙峋的岩岸，因为这种地形，一旦运兵舰船靠岸后，兵马登岸困难；另外，登陆作战也不能是泥泞的泥涂，以免兵马登陆后深陷其中不能自拔。他反复比较了诏安、饶平一带海岸，发现饶平的盐埕（今饶平大埕镇）海岸，是一大片沙滩，运兵船轮渡后可以直接抢滩登陆。此处优越的地理环境，不觉让他眼睛一亮。

盐埕顾名思义，是晒食盐的海滩。盐埕地处闽、粤交通要冲，东邻福建诏安，与诏安宫山头接壤，西至饶平县鸡笼角，该处海湾形似半月，湾口朝东，口宽二十三里，纵深七里，地势平缓，岸线宽阔，水陆相接之处又是沙滩，明军若运兵舰船在此靠岸，既无嶙峋岩岸不便登岸之弊，也无泥涂登陆深陷其中不能自拔之虞。大部队在此登陆上岸甚为方便，还有利大部队登陆后迅速展开对敌作战。若明军部队安排在盐埕登陆上岸，以此为战场往东可以布下口袋，狙击诏安竹林堡登陆的曾一本盗寇，向西可以联合驻粤明军对盗寇进剿，攻防灵活自如，左右逢源。特别让张元勋感兴趣的是盐埕，北面是山丘，西有鸡笼角，东有宫山头两处隘口，南面是大海，若是明军有足够兵力率先占领两端隘口与北面山丘高地，以逸待劳，届时敌进入此地，犹如瓮中之鳖，插翅难逃，可以实现全歼。张元勋决心在此借"地之助"，求"兵之利"，对据守粤东欲进攻闽南的曾一本团伙海盗进行一次堵截围歼的战斗。

张元勋对辖下部队进行了分工部署：命令右路由王如龙、李诚立率领，渡海登陆后，率部占领宫山头隘口有利地形，等待曾一本从福建诏安竹林堡西进钻入伏击圈；左路由邓子龙率领，渡海登陆后，向鸡笼角开进，占据鸡笼角隘口有利地形，堵截从盐埕向潮州突围之敌，以及防止潮州支援盐埕之敌；然后左右两路分别堵住两端隘口，实行关门打狗，全歼来犯之敌；中路由张元勋亲率姜虎、傅推成两部居中指挥节制，占领盐埕北面军事要地，实行中间开花，伺机对进入盐埕之敌聚而歼之。另在盐埕湾海域则由太平同乡、现任军中守备的葛浩率领水上劲旅，既防敌水上增援，又防敌从水上逃脱。

张元勋作了部署后，又要求各部队务必牢记太公古训"阴其谋，密其机"（《六韬·兵道》），切实保守机密，决不能让敌察觉明军布下的天罗地网；另外，还强调"兵贵神速"，要求标下各部以最快的速度做好渡海登陆准备。

明军驻守南澳各部，在张元勋的指挥下，顺利完成渡海登陆。赶在曾一本的海盗到达盐埕之前进入各自据守的阵地（如图十四）。

曾一本与广东的明军多次作战，因广东的明军势单力薄，总是经不起一击，往往每战都以曾一本的胜利而告终，这使曾一本更加骄横，更加利令智昏、目空一切。

据《漳州府志》记载：隆庆二年（1568），"贼首曾一本自泊浦澳，登岸流劫诏安等县"。曾一本对明军为他布下天罗地网并未察觉，他仍然无所顾忌、大摇大摆地率部从诏安竹林堡出发向广东西进，结果钻进了张元勋部署在盐埕的伏击区。

当曾一本的先头部队接近鸡笼角，殿尾部队走完宫山头时，只见张元勋一声号令，传令兵奉命高举令旗，鼓声突然响起，顿时，盐埕北面的高地喊杀声与枪炮声响彻云霄。明军士兵在张元勋率领下，犹如猛虎下山，向曾一

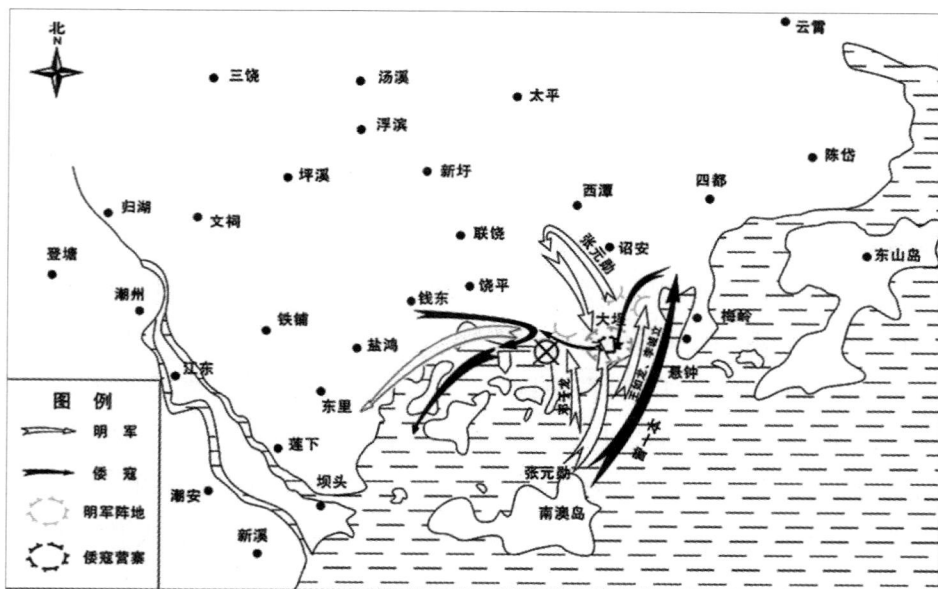

图十四、张元勋率兵盐埕、大牙澳作战示意图

本率领的海盗冲杀。顷刻，盐埕战场血肉横飞，尸体遍野。

曾一本心知中计。这些海盗已在南澳领教过张元勋部的勇猛剽悍。这次交战，又一次面对张元勋剽悍部队，曾一本一伙海盗犹如冷水浇头，从头顶冷至脚底，完全丧失了精气神，一个个犹如泄气的皮球，嚣张气焰不知去了哪里。这些海盗为了保命，不得不组织队伍向东西两侧突围，无奈又被设伏在两翼的王如龙与邓子龙部堵截。曾一本组织兵力抵抗无果。

曾一本在部下掩护下，且战且退，好不容易保住性命，逃出盐埕伏击圈。

据《诏安县志·大事记》记载："副总兵张元勋领兵由陆路截杀于盐埕，斩首三百余级。"

张元勋率部乘胜穷追不舍，一直追至大牙澳。曾一本在路上遇到同伙接应，以为捞到了救命稻草，犹如注入了鸡血，恢复了亢奋状态。他率兵在同伙的支援下，停下了逃跑的脚步，重整旗鼓，试图与张元勋部队再作一次垂死较量。

大牙澳战场虽远离张元勋福建南路防区，已属广东管辖防区。而此时，朝廷已有诏令："命两省镇抚官协力夹剿，务其荡灭，不得彼此推诿，以致滋蔓。"（《明穆宗实录·卷二五》）为避免"各官兵有彼疆此界之嫌，怀分工计利之意"（明·张瀚《台省疏稿·卷六》），张元勋考虑既然朝廷强调粤闽两省"海防一体""一心对敌""协力夹剿"，现在何不抓住战机，痛打曾一本落水狗？张元勋对部属说："我们已将曾一本团伙牢牢锁住，他已逃脱不得，现在我们驻闽明军因地制宜，抓住战机，不惜与曾一本决一死战，比重新集结粤兵攻打曾一本处于有利地位，机不可失，时不再来，只要我们能消灭曾一本顽寇，我相信，朝廷不但不会责怪我们越界攻打曾一本，反而会表扬我们勇于担当，善于抓住战机，为国立功。"

张元勋对于这场与曾一本决战能否取胜，心中自有考虑，他引用姜太公在《六韬·三略》中说的"敌人新集，可击。人马未食，可击。天时不顺，可击。地形未得，可击。奔走，可击。不戒，可击。疲劳，可击。将离士卒，可击。涉长路，可击。济水，可击。不暇，可击。阻难狭路，可击。乱行，可击。心怖，可击"的兵法为依据，缜密分析后判断：曾一本系逃跑溃败之兵，其与接应救援部队刚刚汇集，彼此未曾磨合，难于协同作战；且敌溃逃，人心慌乱，上下恐战；又是长途跋涉，人困马乏；这些因素都是太公兵法所言，可以顺势进攻的不可多得的有利条件。他洞若观火，对战局精辟分析后，进而对各路部将说："此战实在是千载难逢，战机难得，机不可失，时不再来，我们决不能停下追击的脚步，任曾一本残敌逃逸。"

张元勋标下各领兵听了张总兵如此一番精辟的分析，都认为张元勋将军言之有理，分析得很到位。一致认为，我军宜将剩勇追穷寇，决不能让海盗再漏网，应抓住机会为国立新功。

曾一本一伙海盗虽得到了同伙支援接应，捞到救命稻草，但怎奈张元勋率部兵贵神速，来得太快，未等组织人马构营筑垒，就见张元勋策马率部冲杀了过来。那些被张元勋部队打怕了的海盗，远远看到张元勋的军旗飘扬，兵喊马叫，心里就害怕发怵，两腿就不由自主打战发抖，根本提不起勇气，更谈不上会有心思恋战。他们只想瞅准机会早点逃跑活命。而那些前来接应支援的海盗，看到前面战场败退下来的兵士都无心恋战，只顾逃命，他们也不问其中缘由奥秘，只要发现阵前有败退下来的团伙，就不问青红皂白，跟着丢下辎重，扭头一逃了之。

曾一本眼见手下兵将未触即溃，呈现兵败如山倒之势，气得跺脚大骂，并举刀对逃跑喽啰大开杀戒，无奈败兵惧战之势形成，即使对部下大开杀戒也无济于事，根本镇不住团伙的败退，也没有办法扭转战场颓势。

张元勋率部追上曾一本一伙海盗后，立即令各级将士摆好兵阵，各司其职，以严整的阵法，手持各式兵器向海盗冲杀过去。敌我两军对阵，只见张元勋率领的明军斗志昂扬，力压群寇；而曾一本一伙海盗士气低落，眼神慌乱，只瞅机会逃生。

海盗跑得快的，慌不择路逃离大牙澳，直奔泊浦澳锚地下船而去。那些甘心为曾一本卖命抵抗的或是逃得慢的，顷刻身首异处，成了明军刀下之鬼、枪头之尸。

这次战斗据《漳州府志》史料记载："南澳副总兵张元勋由陆路截杀于盐埕，又大败之于大牙澳，前后斩首六百余级。"（《漳州府志·卷四十七·灾祥·寇乱》）而《诏安县志》记载："截杀盐埕，斩首三百余级。"据此，张元勋副总兵率军追击曾一本至大牙澳急战，又取得斩敌三百余级的重大胜利。

张元勋在闽、粤接合部，对倭寇、海盗进行不间断打击，大挫倭寇海盗锐气。但海盗劫掠本性难移，犹如割不完的韭菜，消灭了一批又滋生了一批。在己巳（1569）春，倭寇与海盗相勾结，又相继侵犯云盖、龙赤等地。

张元勋一直不忘初心，牢记使命，枕戈待旦，备倭不息，一旦接报，总是第一时间披挂上阵，亲自率兵清剿。在其防区内对曾一本为首的巨寇作战，屡战屡胜。

张元勋亲率浙兵，在闽南、粤东独当一面与曾一本盗寇作战。他精通兵法，善用谋略，料敌如神，指挥若定，集中兵力，海陆并进。水军登陆作战选准易于登陆、便于展开、有利防守的场地；抗击敌寇登陆，则抓住敌换乘、上陆、立足未稳之机。他战法运用自如，陆平倭，水克寇，对敌追击，一鼓作气，不给敌喘息机会，一次又一次取得歼敌的作战胜利，声震闽粤，令曾一本为首的闽粤盗寇损兵折将，望而生畏，而备受当地百姓的赞誉，充分展示了张元勋英勇善战的卓越军事指挥才能，不愧是一位善于带兵打仗，冉冉上升的保国安民的骁将，令朝廷文武百官刮目相看。

第二十三章
粤闽灭寇任先锋 战绩辉煌贯苍穹

张元勋在其防区及相邻地域对曾一本海盗作战，取得屡战屡胜的战绩；但广东的其他各路明军与曾一本巨寇作战，正如前述，一直以来不是一帆风顺，而是"承平日久，明军将不知兵，兵不服习，广兵腐弱无能，广船脆薄，难免战舰，官军战屡却"。

曾一本凭借闽粤山海相连，出此入彼，当他在福建被张元勋率兵打败后，又收拾残部逃到广东各地，继续为非作歹。

朝廷对巨寇曾一本在闽、粤沿海不法横行伤透了脑筋。加上广东各地屡有百姓起事，朝廷更是担心曾一本与起事者合为一体，造成更大社会动乱，危及朝廷政权的稳固。遂将清剿曾一本与前两年清剿吴平海盗一样，提上重要议事日程。为此，朝廷专门召开廷议，张居正当时作为分管兵部的大学士主持了清剿广东曾一本巨寇的廷议。他让文武百官各抒己见，具体分析曾一本未能及时剿灭的原因。九卿科道直抒己见，畅谈了各自的看法。他们一致认为：闽粤山海相连，海防本应连为一体；而现在闽粤两省却各自为政，互不沟通信息；且两省在对盗寇作战上，存在权责分工不明和兵船装备配置不均的诸多分歧，影响了整体作战力量，导致海寇出此入彼，不能彻底消灭，任盗贼横行多年。参加廷议官员一致认为，倭患的事情决不能再拖延下去，必须立即亡羊补牢，果断采取事权统一、统驭无碍而后调度可施的政策措施，确保两省精诚团结，步调统一，协同密切，不遗余力，共同发兵歼灭曾一本一伙海盗。

为了保证广东、福建两省能够合力清剿巨寇曾一本，廷议首先考虑物色统领福建、广东、广西三省军政要员的人选。

吏科都给事中温纯提议："岭表巨寇猖獗，假如不是久历边疆的人难以担当重任，依卑职所见，应让兵部左侍郎刘焘前去带兵。"

赵贞吉随声附和："我未入阁时，极知刘带川（即刘焘）素有边才，先年巡抚福建，与严嵩不合，又中伤罗文龙，他因水土不服，上一病本，彼时反降他二级。不数月之间，起他大同巡抚，因他捣巢破虏，大有功绩，其后徐（阶）元老单举刘带川为蓟辽总督……节边关将士之精。"

的确，正如温纯、赵贞吉所推介，刘焘平生南征北战，平倭靖虏，屡建战功，且戚继光在年轻时也曾在他麾下任职。不论从资历或功绩诸角度考察，刘焘均是闽粤总督的不二人选。

吏部尚书杨博和兵部尚书霍翼也表示同意温纯的提议。张居正主持的内阁大臣廷议，达成了由刘焘出任闽广总督的共识，并奏报隆庆皇帝下诏，擢升刘焘为右都御史兼兵部左侍郎，总督两广军务，兼理福建军务。

届时，广东、广西、福建三省将有一个强势的人物统一指挥，事权可以得到理顺，避免产生相邻两省权责不明、各自为政、互不沟通、看法不同、纠葛不断、互相埋怨、形不成抗倭克寇整体实力的顽症。广东、广西、福建三省之间多年存在的政出多门、各行其事的治理弊端，从指挥体制上彻底得到化解矫正。

刘焘于隆庆二年（1568）十二月得到委任状，日夜兼程，一路南行，朝登紫陌，暮践红尘，次年四月顺利抵达福建。

刘焘面对狡猾的曾一本，做的第一件事，就是深入了解闽粤军情，知己知彼，不打无准备之仗。他和随从驾船南行，每每看到沿海陆上山中大川，即下船登高远眺，调查各地兵要地势，详细写在簿上，铭记在心中，以便作为日后清剿巨寇曾一本的用兵依据，为清剿巨寇曾一本做好具体策略准备。

横行闽粤东南沿海的巨寇曾一本，凭借江湖闯荡多年，深谙风涛险恶、火器利钝和岛屿穴窟的有利条件，在此破军杀将、略地攻城、称雄海上多年。

刘焘经过区域地理形势考察，又通过对曾一本营寨及活动规律的分析，逐渐形成清剿曾一本的基本方略。他认为："明军欲建荡平之绩，就要认清敌我之长短。论火器、弓矢器械，我有贼也有；论舟楫，我有而贼之舟楫更久驭波涛之上，比我尤为精熟。至于海内礁石，水中滩沙，潮汐消长，风色险恶，篷桅橹舵，摇拽惯便，与我大不俾矣。再论人心，贼战则生，不战则死，不待军命，其心自齐。若论我军，胜则战，不胜则逃，虽有严刑，罚不及众。广东一直兵源不足，且兵不习战，士兵脆弱，这正是我方致命弱点。"他进而得出结论，清剿曾一本既要有必胜信心，又要小心谨慎，要水陆并进，要一物降一物，要使用最了解曾一本作战特点、令曾一本胆战心惊、最怕交手的明军将领率兵去打击曾一本，确保彻底战胜曾一本。

刘焘与广东巡抚熊桴深入实际，经过向各方面了解，知道驻扎在闽南的南澳副总兵张元勋带领的浙兵训练有素，抗倭有功，这两年在闽、粤沿海与曾一本多次交战，每战必胜，打出了军威，打出了声望。曾一本一伙海盗只要听闻张元勋率部应战，不用见其军，只要闻其名，就会立马恐惧三分。因此，他们两人商议决定，这次与曾一本决战，就以张元勋率领的浙兵五千人作为先锋，让参加作战的明军借助浙兵锐不可当的战斗力，引领各路士兵英勇杀敌，夺取清剿曾一本团伙的彻底胜利。

刘焘、熊桴重用张元勋决策既定，立即召见了张元勋。

刘焘当面表彰张元勋抗击曾一本海盗每战必胜的杰出贡献，勉励他再接再厉、不负众望，勇当闽、粤两军清剿曾一本盗匪的先锋，为两军表率，再立新功。

张元勋听闻闽广总督对自己的信任与厚望，起身挺立，毫不迟疑表态："我们这些浙兵，已经征战浙、闽、粤沿海疆场近二十年，熟知沿海倭寇海盗的习性。我们浙兵深知，与凶残狡猾的倭寇作战，狭路相逢勇者胜的道理。你不惧敌，敌则惧你；你若惧敌，敌就侮你。我手下五千多浙兵，个个都是好样的，决不会辜负总督对我们的厚望。总督指到哪里，我们就打到哪里。我们一定发挥遇山开路，遇水架桥，冲锋陷阵，不惜牺牲的先锋模范作用，为总督争光，为明军增光添彩！请总督尽管放心！"

刘焘总督听了张元勋表态，不禁脱口赞誉道："好样的！我们的官兵就需要像你这样充满霸气、英勇善战的领兵将军。有你这样服从命令听指挥，率身垂范，一往无前的将军，我们明军就没有打不赢的仗。"

刘焘又进一步征询张元勋对清剿曾一本的真知灼见，向张元勋问道："你一直在浙、闽、粤抗击倭寇、海盗第一线，时间将近二十年，熟知海盗倭寇的战术。这次明军与曾一本决战，你认为应该怎样排兵布阵？"

张元勋不无谦虚地说："我以前一直在戚将军手下尽责，而戚将军又曾是总督的部属，总督自有高瞻远瞩、深谋远虑。今总督向我提问，我权且应考，班门弄斧，谈点几年来学习打仗的心得体会。请总督指正赐教。"

刘焘总督说："你就不必自谦了，我是真心实意向你咨询，请大胆地谈谈你的真实想法。"

张元勋看着总督不耻下问的诚恳态度，就显露出自己率真的军人秉性，斗胆说："从沿海多年抗倭的实战情况看，倭寇、海盗在沿海与明军周旋，总是离不开亦海亦陆，水陆兼顾；时静时动，动静结合。他们静则构筑营寨，动则流动劫掠。综观海寇在沿海活动的规律，看他们更多的是打一枪换一个地方，以游击战、运动战为主，以阵地战、堡垒战为辅。倭寇特别喜欢挑选在各省接合部，明军防卫间隙，出此入彼游掠。以前邻省各自为政，海边防分割，给盗寇造成可乘之机。现有总督执掌广闽一体，为共歼盗匪创造了有利条件。这次作战兵力丰裕，只要闽粤两军协力，采取海陆并举，前堵后截，四面合围，运动歼敌，定能把曾一本一伙海盗彻底消灭。"

刘焘对张元勋发表的对倭寇活动规律的认识与战术对策，以肯定的语气说："你谈得很有见地，正合我的心意！我命你率领浙兵五千人为这次战斗先锋，负责在陆上追击曾一本海盗。能否消灭陆上海盗就看你们的了！"

张元勋坚定地表示："我受领任务回军中后，一定做好战前动员，激励将士英勇杀敌，争立新功；并积极做好战前物资准备，不打无准备之仗，不打无把握之仗。请总督放心，我们五千员浙兵一定完成总督交给我们的光荣任务，不全歼曾一本决不收兵！"

刘焘与各路将军个别交谈后，对战役布局心中更有底。紧接着于五月七日，召集闽广文武官员战前会议，进一步统一思想。

这次战前会议着重就海战事宜作了精心部署。刘焘指出："自古海上之战，多仗风潮，要充分利用'天时、地利、人和'打海战，今天是五月初七日，南风未起，假如贼寇南逃入海，我军则追赶不便；待到夏至以后南风迅发，再交战时，海贼不能南去。如果往西，有广西海船堵截，如果往东，则有福建战船堵截，东西合力，必能把海贼围困于海洋中，焉能不亡？只是现在奇正未分，旗帜未明，防御未备，不能贸然提前开战！"

刘焘又进一步分析指出："两广位于西南，福建位于东北，我们计划两省同时夹击海盗，可是海上风向和潮流不可能出现对两省都有利的情况。若风向、潮流有利于西南作战，就不利于东北方向作战，反之亦然。纵使一起进兵，而遇有所不能者，须分别奇正关系，制定攻打先后顺序，辨明旗帜，便于冲锋。如果西南风顺，福建兵在东北为正，放炮举火实行佯攻。两广兵在西南为奇，顺风乘浪，狠命攻击，夺取胜利。反之亦然。这是两省的奇正战术。不单如此，如果海贼在福建，以福建总兵李锡为正，广西总兵俞大猷为奇。如果海贼在广东，以广东总兵为正，参将王诏为奇。如此奇正关系已阐明，但海战与陆战毕竟不尽相同，会剿和夹击又迥异。两省合兵，必须号令明确，协调作战。"

三省文武官员侧耳聆听刘焘总督分析，不禁被他的远见卓识所折服。进而刘焘总督发号施令：

令广西总兵俞大猷领战船三百只，水兵三万，部下兵分三大哨八小哨，每大哨战船二十只海中候战，每一小哨督率战船三十只，在水中列阵候战。防护西南，使敌不敢扬帆西去。

令福建总兵李锡领战船二百只，水兵三万，分为三大营。每一营由一名将领、两名把总、两名都司统领，每营有大小战船一百只，在水中列阵候战。防护东北，使贼不敢鼓楫北来。

令广东总兵郭成，并参将王诏，调集各种大小战船二百五十只，统率水兵三万，统领战船分为前击帮、后应帮、守营帮，前帮负责冲锋，后帮策应，中帮守营，各司其职。派遣参将王诏统领战船三营，每营五十只，准备好鸟铳、佛郎机、神枪等各种先进火器，列阵专候进兵交战。统由总兵调度。

命令监军副使张子弘与海道副使杨芷，往来海上巡视，不许奸商载粮、油、硝磺等物赴海私卖。

刘焘对水军调兵遣将后，有关陆上追剿曾一本，因他在会前对起用张元勋率兵五千担当先锋已作过专门安排，出于对张元勋率领的浙兵陆战能力的充分相信，故在会上对陆战排兵布阵并未花费更多时间阐述。只是说了一句："陆上追剿曾一本的兵力部署、战术运用，交由先锋张元勋具体筹划。"

会上，刘焘说完这次清剿曾一本的兵力部署，又不忘对海陆协同作战提出了基本要求。他指出："海盗在沿海一带肆虐，从来都是海陆交替，又海又陆，我们既不能只顾陆战忘却海战，也不能只顾海战而丢掉陆战。这次战斗要求水陆并进，合围歼敌。敌从陆上逃到海上，由水军围歼；敌若从海上返回陆上，则由陆上兵力打击。水陆兵力要因势利导，视情适时转换，不能墨守成规，生搬硬套，一成不变。水兵要准备上岸陆战，陆兵也要准备下海水战。而陆上战斗则以张元勋率领五千精兵充当先锋决战。"

刘焘排兵布阵完毕，又为了便于文檄往来方便、军情传递畅通、指挥调度及时，决定把广东巡抚熊桴调往潮州府驻扎，将福建巡抚涂泽民调赴漳州府驻扎。要求两省巡抚，各带守巡兵备，稽察沿海一带奸民，防范他们与盗贼进行接济交通。

刘焘精心部署安排完毕，传令各位总兵不许轻战，需静待海贼靠近，以便海陆齐攻，一举歼敌，夺取战役胜利。

隆庆三年（1569）四月十六日，曾一本率船队突入福建古雷港（今漳浦县古雷镇境内）。不知为何他既不出兵进攻，也不避走他处，一直停在港内。

五月初六日，福建巡抚涂泽民战前亲赴明军驻地犒劳水师，激励将士英勇作战。

五月初八日，闽、粤二省水师同时向古雷港进发，准备对曾一本水军开战。

五月十二日，曾一本闻讯明军前来围剿，赶在明军尚未集中抵达的空隙，抓紧上岸劫掠后快速离岸，乘机率大船、小船各五十只向铜山（今福建东山岛铜山港）的洋面聚集，伺机进攻铜山（今福建东山岛铜陵镇）。

闽粤水师闻悉曾一本率兵转而袭击铜山，立即就近组织调配兵力，准备据港而战。

曾一本从小生在海边，加上这些年借海为生，熟悉大海，对海上天候、风向、潮汐了如指掌。六月四日，他将五十只小船停泊于港口，防守明军截击他的后方，自己则亲率五十只大船，利用大海涨潮的势头，驾船直冲港口。

张元勋接获曾一本要在铜山湾登陆劫掠的警情，亲率属下五千多精兵，从诏安悬钟城港湾挽舟渡过海峡，快马加鞭，日夜兼程，直抵东山岛战区迎战。

闽粤明军的战船也奉命驶向铜山海面，对着曾一本船队停泊的海面包抄靠拢过去。

曾一本率部分兵马抢滩登陆后，尚来不及建立滩头阵地，就遇到张元勋率领训练有素的浙兵杀将过来。

张元勋部以严密阵形，趁着曾一本盗匪抢滩登陆立足未稳，尚未构筑工事掩体，防卫薄弱之机，施放火铳、弓矢，使曾一本团伙登陆后寸步难行，前进不得。

曾一本一伙倭盗经不起张元勋标下密集的火铳、弓矢阻击，几次抢滩未成，逐渐不支。曾一本团伙利用大海退潮，随波逐流，挽舟转向明军陆兵主力前出后防备空虚的鸡母澳（即悬钟澳，此与铜山皆时属福建诏安县）一带进发，准备逃至悬钟澳后再作计议。

曾一本妄想借助悬钟澳要塞有利地形，分割明军东西两面合围，腾出手来，与力量较弱的广兵决一死战。可是，这次他又一厢情愿打错了如意算盘。

自刘焘担任闽广总督后，闽、粤已不再区域分割，两省明军都归刘焘总督统辖指挥，决心相同，兵力调配灵活，作战部署统一，作战步骤协调。曾一本妄想以出此入彼的运动战对付明军成了明日黄花，只能白日做梦，再也不可能重现昔日霸气。并且刘焘属下有张元勋统帅的五千精兵，充任两军先锋，更让刘焘统率的明军锐不可当。曾一本不可能再利用闽、粤行政区域分割，出此入彼，游刃有余。

张元勋曾多次到过悬钟城地域，在这里有多次作战经历。他熟知悬钟城是地处诏安湾与大埕湾之间的半岛，向东与东山岛、向南与南澳岛遥遥相望。在该地东北处有风山岭隘口。张元勋暗暗盘算，若率兵从东山跨海经陆路直奔风山岭隘口，完全可以先敌占据东北风山岭的古关，借机可切断敌向漳州方向逃逸的退路。如此，闽军由东向西打，广军由西往东打，北面有山险挡路，曾一本陆路难以逾越，南面是大海有闽粤水兵围堵，水路又被堵死，曾一本就是插翅也难逃彻底失败命运。

张元勋将这一想法告诉福建总兵李锡与两广福建总督刘焘，得到他们的首肯。

六月四日，战罢铜山后，张元勋命王如龙率精锐部队先敌而动，直奔风山岭关口而去。

王如龙率领的浙兵，兵贵神速，抢在海盗到达悬钟城之前，首先占领了风山岭古关隘口。为本次战斗争得了先机，赢得了主动权，奠定了战斗胜利的保证。

从东山退往悬钟城的曾一本一伙海盗常在这一带出入，对当地地形也相当熟悉。他们原本也想发兵占领风山岭关口要塞。怎奈这伙海盗走到哪里抢到哪里，路上延误了一些时间，已落后明军一步，风山岭被张元勋派遣的王如龙先头部队率先占领。

曾一本接获风山岭关口已被明军占领的情报，心知已陷入险境，未等他想出解救办法，张元勋率领的浙兵主力，已杀声震天冲他而来。只见远远望去尘土腾空而起，路上黑压压一片，随着距离渐近，已清楚可见一列列整齐的明军正以排山倒海之势不断向前推进。曾一本一伙海盗已经无法回避。

张元勋率领的浙兵，到了敌寇曾一本阵前，只听闻张元勋暴吼一声："跟我来！"这是张元勋沙场拼搏身先士卒的口头禅，凭着这句话，就能窥见其英勇无畏的风貌与率先垂范的带兵风格。话声未落，张元勋已策马冲入敌阵，手下官兵也争先恐后紧跟，在张元勋前后左右与盗寇厮杀起来。

曾一本手下的海盗在勇猛无比的浙兵面前，一个接一个被斩杀倒地。海盗面对如此勇猛的军队，即使侥幸能够活下来的也被吓得不轻。他们丧魂落魄、丢盔弃甲，只顾扭头向海边舰船泊地飞身逃去，妄想挽舟逃往外地。

明军在海上穿梭巡逻的舰船，眼见曾一本海盗正乘船从悬钟城向外逃窜，各船奋力击楫，合力向贼船包抄过去。明军船舰边追边向寇船开炮射击，不少贼船中弹沉没，船上的盗寇葬身海底成了鱼饵。

曾一本率领的贼船不甘失败，一边逃命，一边不断对明军发炮还击，企图阻止明军船只抵近。他们借着六月四日海上刮的东北风，顺风顺水，而明军当时处于逆风，天候对明军不利。加上曾一本一伙盗寇，长期在海上活动，掌帆驶船技高一筹，舰船速度远超明军舰船，致这批海盗侥幸从海上逃逸。

侥幸逃逸的曾一本一伙海盗，在海上漂泊时间久了，无不需泊岸补给淡水食物，不可能一直在海上长期漂泊。他们在悬钟城战斗后，沿着广东海岸继续西进，寻求熟悉的落脚点安营立寨，进行补给休整。

张元勋凭着长期抗倭的经验，掌握了海上盗寇的生活习性，摸透了他们的活动规律。张元勋率军一直循着曾一本海上逃遁的踪迹，紧贴广东海边紧追不舍，死死咬住曾一本团伙不放。曾一本一伙盗匪逃到哪里，张元勋就率兵跟进到哪里。

曾一本在悬钟城战败后，提心吊胆从海上逃至柘林。凭着他对柘林的了解，他认为：柘林是饶平县半岛，依山傍海，东、北又有山脉阻隔，西濒南海柘林湾，南与南澳岛隔海相望，这一处既能阻止明军陆上进攻，又能躲避明军水上来袭，柘林的地理环境非常适合他战败后在此屯兵休整补给。他不无得意地认为，在此找到能活命再战的风水宝地。

李锡、俞大猷率水军逆风而行，虽然船速没有曾一本船队快，但在全队将士争立军功的精神鼓舞下，奋力划楫追赶，一直在后面紧盯着曾一本舰船。明军也于六月十二日抵达柘林外海。

张元勋料敌如神，凭着他对这一带地形的了解，早已估计到：曾一本从悬钟城败走后，下一停靠点最有可能会首选柘林。因此，他马不停蹄率领浙兵从陆路直接西进赶至柘林，先敌到达，抢先占领了柘林东北的战略高地。

曾一本一伙海盗，被明军水陆并进紧追不放，已是惶惶不可终日。他们在海上漂泊逃命了八九天，身心俱疲，急于登陆休整。这批盗寇眼看柘林到了，争先恐后登岸，还妄想在此劫掠一把，解决连续作战后的粮草匮乏以及补充几天来的淡水消耗。

令曾一本始料不及的是张元勋率兵从陆路挺进，已经先敌到达柘林，并已占据战略要地，正在静待曾一本团伙的到来。

张元勋看到曾一本带领的海盗从拓林登陆，仇敌相见，分外眼红。张元勋乘着海寇立足未稳，身先士卒，带头策马冲向敌阵。只见他扬眉瞪眼，虎须倒立，手提大刀，大声叫喊："弟兄们！杀呀！"

已经登陆的海盗看到老对手浙兵进攻的英勇气势，无不闻风丧胆。盗匪个个抱头鼠窜，乱了阵脚，再次丢盔弃甲大败。曾一本不得不带领团伙再次悻悻退回船上，被迫继续挽舟向西逃窜，准备在下一个落脚点莲澳（今汕头市濠江区广澳港）落脚。

闽粤明军哪肯放过歼敌机会，马上海陆并进，继续追击。六月十八日，在莲澳追上曾一本团伙，向曾一本主力发起全面进攻。

曾一本已经山穷水尽，退无可退，逃无可逃，硬着头皮组织团伙在莲澳与陆路追来的张元勋部整整血战一天。

张元勋不负刘焘厚望，在陆上不间断地对曾一本一伙穷追猛打，一次又一次发起冲锋，把曾一本团伙打得支离破碎、损兵折将。

曾一本一伙海盗，来不及在莲澳打盹，又遭张元勋穷追猛打，损失惨重，心知自己无法与张元勋抗衡，只得赶紧收拾残部，借着夜幕掩护移遁马耳澳（现莲澳的马耳角陈厝坑一带）（如图十五）。

六月二十六日，明军广东总兵郭成率领水军在海上堵截，"以大炮破贼舟，一本赴水死"（《吴府志》）。曾经猖獗一时的曾一本一伙海盗，从此销声匿迹，闽粤沿海恢复了宁静。

据《明史·列传》记载："一本至闽，（李）锡出海禀之，与大猷遇贼柘林澳，三战皆捷。贼遁马耳澳复战。会广东总兵官郭成率参将王昭等以师会，

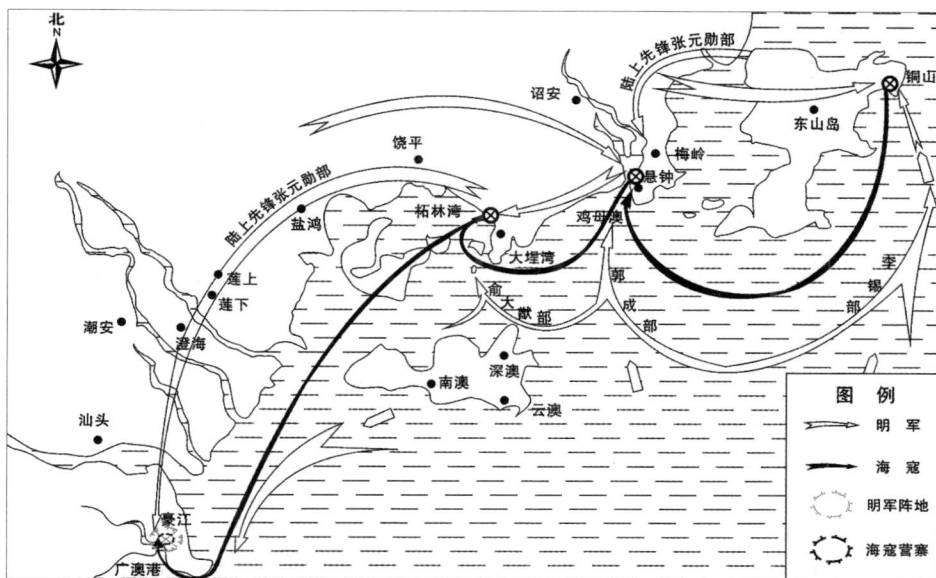

图十五、张元勋率兵连续追歼曾一本作战示意图

次莱芜澳，分三哨进。一本驾大舟力战，诸将力破之，毁其舟。（王）诏生擒一本及其妻，斩首七百余，死水火者万计。"时在广东的海寇，唯一本最强。可是，这次在刘焘总督的统一指挥下，福建总兵李锡、副总兵张元勋，广东总兵郭成，广西总兵俞大猷同心合力，获得了清剿曾一本战斗全胜。

史说此役"锡（李锡）功最巨"，而锡隆庆元年（1567）冬被任命为福建总兵官，次年春才到职，而福建副总兵张元勋一直在福建征战，可想而知，所谓李锡功最大，实际上就是福建的浙兵在歼灭曾一本中功最大，也是刘焘到任后，重用张元勋让其任水陆征战曾一本的先锋，功最大。张元勋在征剿曾一本巨寇战斗中的贡献，受到朝廷一次又一次的钦赏白金，并被擢升都指挥佥事，福建副总兵。

据《张元勋墓志铭》记载："认凡六战擒斩千七百余级，获战舰三百六十余艘，悉就沉溺。贼平。钦赏白金三十两，擢福建南路参将。己巳春，倭犯云盖、龙赤，擒斩百二十级，钦赏白金十五两，升禄职一级，都指挥佥事，擢福建副总兵。"

张元勋自隆庆三年（己巳年，1569）五月，担任刘焘总督发起的全面征剿曾一本战役的先锋部队领军，身先士卒，料敌如神，先敌而动，始终掌握战场主动权；而敌寇曾一本步步失算，节节败退，逃无可逃，全军覆没。战后，张元勋从粤东回到闽南主战场诏安驻地，心情舒畅，雅兴大发，在诏安悬钟城留下了摩崖石刻，曰："闽之南实为要害，往遭寇虐，殆无宁日。予视师海上，不逾年而氛侵全销，遂成荡平之绩。即新署居之，暇则登是山而纵览，碧天无际，巨浸汪洋，奇呈秀发，气象万千，俱在目中矣。功以时而树，兴以景而豪，其诸先劳后逸者乎！后之事於斯者，当思所以先劳而后逸之。隆庆庚午年（1570）春三月天台山人东瀛张元勋书。"（见彩图十三）

此后在张元勋率浙兵驻守诏安的一段时间里，倭寇、海盗面对英勇善战的浙兵，噤若寒蝉，不敢再在诏安、南澳一带疆域造孽。此时的闽南，社会呈现少有的宁静，百姓夜不闭户，安居乐业，当地官员、百姓对张元勋无不感佩。

隆庆四年仲秋，时任海防同知的罗拱辰，曾作《题捍海三雄镇（谓南之悬钟、北之烽火、南澳之新镇戍也）》诗二首，其一："两关当地险，一胜自天成。此日收全概，千年享太平。"其二："千年雄镇一时开，收拾风波入座陵。罗罟结成包括尽，鲸鲵安得逐潮来。"下署：隆庆四年仲秋既望广西马平西泉罗拱辰书。并将此刻在悬钟城果老山巨石上，以此对张元勋平寇带来太平盛世表示敬仰之意（见彩图十五）。

张元勋亦作《奉和西泉罗老先生题捍海三雄镇元倡》诗二首应对。张元勋和诗其一："鼎足重关势，星罗仰受成。华夷严界限，海宇见清平。"其二："东南巨镇是谁开？万里风烟向此陵。天与苍生留倚重，却教海上驾山来。"下署：隆庆四年仲秋既望浙江天台东瀛张元勋书。在和诗中，张元勋既将风和日丽的时势取得归功于"天子"的英明决策，将自己看作仅是受"天子"信任，执行"天子"命令而已；又直抒保卫祖国海疆安宁的抱负，表示运筹帷幄，指挥部队，像大山一样抵挡倭寇再犯的决心。

第二十四章
身为广东总领兵 电白阳江将倭征

嘉靖年间，由于浙、闽与日本隔海相望，相距较近，倭患主要集中在苏、浙、闽一带。"倭患以闽浙为烈"。后经朝廷痛下决心，组织精兵强将由北向南对倭寇进行清剿，倭寇在浙闽失去了立足之地，逐渐由北向南转移。"时值浙倭患稍息，而闽广警报日至"（清·谷应泰《明倭寇始末》）。后来，张元勋奉命率兵在福建沿海至粤东沿海剿倭，接连打了剿倭灭盗几场大战，并在隆庆三年（1569）六月，横扫粤闽巨寇曾一本后，倭寇海盗在福建沿海与粤东沿海的活动基本平息，这一带沿海恢复了平静。

特别是张元勋率浙江精兵回师驻守闽南后，倭寇更不敢在闽南、粤东轻举妄动，再也不敢在闽南、粤东等地劫掠。但他们看到广东拥有漫长的海岸线与众多的港湾与岛屿，明军在广东的东部海防实力相对雄厚，而广东西部一带却防御力量薄弱，存在东重西轻，东西两侧不能兼顾，经常顾此失彼，无法全面应对倭寇侵扰的弊端。故倭寇在东部遭到明军清剿后，其残部将袭扰的地域向粤西转移。特别在隆庆三年间，广东各地民众纷纷起事，倭寇借此机会里应外合，千方百计与起事民众、海盗合流，尽力扩充队伍。广东与其他地区的倭患相比，最显著的特点是"从倭者居多"。由此，广东的西部沿海地区又成为倭寇觊觎的新的目的地。

据《万历·广东通志》记载：隆庆四年（1570），"倭陷广海卫（属广州府台山），卫指挥王桢、阵抚周秉唐、百户柯闻战亡。先年十一月，倭寇二百余从西海登陆，寇海晏、双门诸村，谪戍奸人朱农、庐荣等厌卫所官，遂构藤岗贼丘乐、闲荤五百余人连倭攻城，值旗军上梧州班，正月六日鼓辰放火杀人，贼从城西南入，千户宁绍杰弃城遁，指挥桢抚、秉唐战败死之，百户闻亦力战重创而死。"

倭寇劫掠方向改变后，广东西部的高州、雷州等地倭患频发。特别是诡计多端、奸刁鬼滑的倭寇，千方百计渗入内地，纠集与官府发生冲突的起事者，煽风点火，扩大事态，互相勾结，互相利用，形成人多势众的动乱势力，搞得一方民不聊生，国无宁日，对社会稳定带来极大危害，也令朝廷格外担忧。

由于朝廷各种势力互相掣肘，办事效力低下，对粤西海防整治意见迟迟未决。随着时间推移，倭寇自以为得计，更加猖獗，开始肆无忌惮地侵犯粤西沿海。

隆庆五年（1571）三月中，"倭寇突入广东澄迈县，袭陷海南卫所城"（《穆宗实录》）。

隆庆五年冬十一月，"倭贼攻电白县城，陷之"（万历《高州府志》）。

面对广东的乱象，朝廷急需派强势的省督前去整治。隆庆四年（1570），南京湖广道御史陈堂提议："今督臣殷正茂才望可倚重，皇上以任度者（此援引唐代裴度平淮西之事）任正茂，则正茂必能以度之讨淮西者自任，贼不足平矣。"对此提议，朝中也有一些大臣表示反对；但内阁重臣张居正却力排众议，也认为，朝中只有殷正茂才能稳定广东局势，明确表示支持御史陈堂提议。主张由殷正茂为两广总督的意见占据了廷议的主导地位。

隆庆五年九月，内阁首辅高拱正式任用殷正茂代替李迁，以广西巡抚身份代行提督两广军务。从此殷正茂开始履行清剿广东倭寇、盗匪的重大使命。

殷正茂到广东任上，经多渠道调查了解，发现广东存在的社会乱象比他原来在广西巡抚任上听闻的情况要严重得多。广东既存在多处民众起事，又存在从浙闽沿海逃入粤西的倭寇袭扰，还存在倭寇利用民众起事互相勾结扩大充实队伍的情况。他进而了解到，广东的官兵对付人多势众、凶狡刁滑的倭奴，一直存在"官军战屡却"的恐倭症。殷正茂心里明白，根据现实情况，凭着广东现有兵力很难完成清剿倭寇的重任，也很难平息社会动乱。他觉得世上万物都是一物降一物，倭寇最怕与浙兵作战。这些年来，倭寇与浙兵作战屡战屡败，被浙兵从北打到南，从浙打到闽，被彻底打怕了。若要消灭在广东倭寇、平息广东境内的动乱，最好的办法是借助熟知倭寇生活习性、作战韬略，与倭寇作战屡战屡胜的浙兵。特别是他进一步了解到，浙兵的领军、现任福建的副总兵张元勋，在前些日子率军在闽粤沿海打击曾一本盗匪的战斗中，所向披靡，取得了六战六胜的骄人战绩，打出了气势，打出了军威，被百姓广为传颂，视为战无不胜的威武之师。倭寇、海盗无不对他噤若寒蝉。他想，张元勋现在率军驻扎在闽粤接合部的诏安，何不近水楼台先得月？檄福建副总兵张元勋移师广东，助自己一臂之力，彻底消灭广东境内的倭寇盗匪？

明朝廷在隆庆四年物色殷正茂出任两广总督时，就了解到广东总督殷正茂急需一位能打赢倭寇、制约各地起事的总兵官与其搭档，其心仪的是张元勋担任总兵官。朝廷官员也认为，张元勋一直跟随戚继光在浙闽沿海征战倭寇，英勇善战，经验丰富。特别在最近独当一面征剿巨寇曾一本取得六战六胜，名扬闽粤，威震敌寇。且因其指挥有方，战功卓著，已被朝廷擢升为福建副总兵。现在，福建沿海倭患基本平息，海盗曾一本在广东又被歼灭，这一带社会相对安宁。既然广东总督殷正茂希望调张元勋去广东领兵剿寇，朝廷文武百官也认为，将张元勋调往广东任用最为合适。可以说张元勋去广东任总兵官是民心所向，众望所归。

不出所料，"隆庆五年（1571）春，张元勋被擢升署都督佥事，代郭成为广东总兵官，镇守广东"（《明史·列传·第一百》）。

张元勋自奉命担任广东总兵官后，心感职务光荣，使命高尚，责任重大，不敢有半点懈怠。他深知《孙子兵法》"知彼知己，胜乃不殆；知天知地，胜乃可全"的教诲，认识到作为一个省的总兵官，要做到称职尽责，必须全面了解省内的政治、经济、军事状况，只有如此，才能运筹帷幄作出正确的决策，才能不负众望，率领部众保存自己、消灭敌人，永远使自己立于不败之地，担当起早日恢复社会正常秩序的使命。

他到了广东肇庆总兵府驻地，放下行囊，就马不停蹄着手了解广东乡风民情，了解广东社会政治状况，特别是重点了解倭寇在雷州、高州所占据点的兵力分布情况，还了解了河源唐亚六、从化万尚钦、韶州英德张廷光、肇庆恩平十三村陈金莺等各地民众起事动乱的原因、兵力以及官府历次派兵清剿交战情况。

张元勋全面了解广东社情后认为：广东一地，海岸线漫长，差不多是浙江与福建两省海岸线长度的总和，且广东沿海地形复杂，守备难度很大。现在广东省的官军主要集中在有限的一些据点守卫，而广阔的沿海各地，有如粗疏的巨网，一旦示警，即使反应迅速，汇集各地官军围剿，也因路途遥远而错失战斗良机。据此，他根据浙江东南沿海抗倭灭盗的经验，向殷正茂总督建议，宜上书朝廷增设将领，专门设练兵参将一员，招募当地土人，增补各据点兵员，辅之以严格的训练，从中选出把总、哨官、哨队长，编成可管束的精干队伍，全省练成二十营的规模，以便各地能有足够兵力，各自为战，坚守待援，应对小规模盗寇的袭扰。以此也可增强省府官兵的实力，在有重大警情时，可以抽调他们参与省里统一组织的应对盗寇大规模进攻的作战，以求每战必胜。

张元勋又根据广东动乱存在点多面广、内外矛盾交织的复杂社会情况，向殷正茂总督提议：解决动乱应分清主次、移缓就急、长短结合、标本兼治、郡县联动、逐一解决的方略。

殷正茂总督听了张元勋的一系列建议，表示完全赞同，认为：该方略符合广东对敌斗争实际，可行可施。他立即上书朝廷在广东沿海设立守巡官，训练士兵划地分守，并迁徙濒海谪戍之民于云南、四川、湖北等内地，以绝倭寇的向导奸细。

殷正茂针对广东抗倭实际情况向朝廷所作疏请建议，很快得到兵部复文同意。

隆庆五年（1571）十月，殷正茂与张元勋在广州附近对从化万尚钦、河源唐亚六、英德张廷光等叛军组织了几次战斗，取得了一些成果，但没有彻底将叛军打垮，只是教训了一下叛军，将叛军打跑了。后来因为粤西沿海倭寇袭扰情急，遂暂时把广东内地平叛的事搁了下来，而将主要精力放在剿倭之事。

据《阳江方志》记载：隆庆五年十二月，"闽人林道乾、诸良宝、许恩、林大汉等为两广总督殷正茂追逼，西走阳江，据北津、海陵"。在浙江、福建沿海一带无处安身的倭寇，此时也转而在粤西沿海一带猖狂劫掠，该年十二月，据《阳江志·大事》记载："倭寇陷电白城，延及儒洞。"

文中所说的闽人林道乾"西走阳江"与倭陷之地的电白，其地处广东西部，系阳江与雷州沿海的中间，其北靠高州、阳春，东连阳西，西接吴川，南临南海，明属高州治下县，县治设神电卫（今电城镇），因多雷电而得名。境内北部有沙浪江、东部有儒洞河（今望夫河）流经。电白虽地处沿海，但境内山脉众多，有鹅凰嶂岭、双髻岭、刺戾石岭、浮山岭、石床岭、青鹅顶岭、鹤婆钓岭等海拔二百多丈的山岭十多座。其中鹅凰嶂岭，是阳西、阳春、电白三县交界，海拔四百多丈，是广东第二高峰。电白海域辽阔，在万顷大海中，镶嵌着放鸡岛、竹洲岛、南士岛、青洲岛、大洲岛、岭仔岛等七大岛屿。这些岛屿犹如天然屏障，护卫着电白一方百姓。电白濒海多山，且东北部通向人口密集的政治、经济、文化中心的广州城方向，其特殊地理环境，成就了电白城作为保护广州的屏障的战略地位。但电白城自然也为广州出兵进剿倭寇带来障碍与不便。特别是倭寇先我占领电白后，这为倭寇反客为主在电白一带进得来、守得住提供了极为有利的地形条件。

电白县治所在的神电卫（今电城镇），其城依山临海，南向港湾，其南北走向街道的南端就直通大海。卫城呈长方形，周长六里又二百步，墙通高一丈六尺（其中墙高一丈一尺，堞高五尺）；设东、南、西、北四门，门上城楼高耸，城四角设角楼，城门用铁皮包裹，门臼用白铁铸造，坚固牢靠。内建敌楼四十座，设窝铺四十二间，卫城东南有出水涵洞，洞口安有铁栅，可防敌从洞口潜入城内，城的四周有护城河与海连通，在护城河边设有更楼。城内十字街口建有一座烽火台（钟鼓楼），底层石砌拱洞，为砖木混合三层城楼式建筑。神电卫下辖高州、宁州（吴州）、双鱼（阳江）、信宜、阳春等五个千户所。神电卫辖额官兵、民壮、马匹、弓兵数千，在沿海莲头、鸡笼山、博贺立炮台，置大炮十二门，额设千总一员，有战守兵八十多名，另尚有艟艚巡哨。神电卫是广东名副其实的海防要塞。

电白神电卫特殊地形与优越的地理环境，决定了神电卫是兵家必争之地。谁占领了神电卫，谁就夺得了战争的主动权。神电卫原一直由明军安排重兵把守。

这里所说的儒洞（今阳西县儒洞镇），位于阳西县西南部，电白的东北面，与电白隔河相望，是阳西县的西大门，境内有儒洞河流经，主河道长约百里，可溯及上游纵深腹地的陆域，河口直达南海港湾。阳西儒洞处于电白、阳春、阳西交界处的鹅凰嶂山脉东南面，面海背山。儒洞河即发源于鹅凰嶂的东南麓。阳西的鹅凰嶂，山势挺拔，气势雄伟，绵延百里。山麓下的儒洞为高山、丘陵、河流、冲积平原组成的复合地貌，物产丰富。且儒洞介于电白的神电卫与阳江双鱼所之间，系两卫所的纽带，地位特殊，倭寇袭扰粤西沿海时，经常会顺手牵羊涉及儒洞。这里成了倭患的重灾区。

隆庆五年（1571）十二月二日，倭寇二百余人自阳江双鱼城登岸，先在庆垌一带隐蔽，然后发兵攻打双鱼千户所，最后偷袭攻陷神电卫。据《电白县志》《阳江县志》记载："倭寇陷电白城，延及儒洞。"倭寇占领电白城后，反客为主，利用神电卫防御设施反过来对付明军的围剿进攻。神电卫军事设施坚固，在被倭寇占领后，反成了明军收复已经陷落的神电卫的极大障碍。

殷正茂总督与张元勋总兵相继接到阳江、雷州沿海一线倭寇袭扰的警讯，他俩运筹帷幄，决定调动一切可以调动的兵力，立即出兵清剿高州、阳江、雷州一带的倭寇。

张元勋作为广东省的总兵，有责任向殷正茂提出自己对这一仗的作战方针。张元勋对殷正茂说："这一仗是总督到广东后的第一大仗，不打则已，打须必胜，一定要打出气势，打出军威，必须打得敌人闻风丧胆，也如让倭寇在浙江、福建挨揍后再不敢去浙江那里一样，设法经过这一战后，让倭寇再也不敢到总督治下的广东沿海来！"

张元勋一席话，正迎合了殷正茂总督的心意，他以赞赏的口气说："这个想法很好！这个决心很对头！我也希望能这样！"

张元勋接着说："历来兵家都重视以众击寡，集中优势兵力，各个歼灭敌人。这次是粤西抗倭的序战，真倭从双鱼城登岸虽只有二百多人，但各地会聚而来的海盗郑大汉、许俊美、林道乾、诸良宝、许恩等各路人马，合在一起，却有数千人之众，其力量不可小觑，我们决不能掉以轻心。"

张元勋又从军事角度考虑，虽然前段时间在广东招兵买马，对明军进行了整训，但手下新招的广东兵员素质一时难于提高。按兵法征讨叛军"兵之胜负，不在众寡，而在分合"。面对现在我军实力有限，征剿倭盗捉襟见肘，切忌全线开战，而要集中力量，抓住重点，逐个据点解决。特别这次战斗是他担任广东总兵后的第一次抗倭平叛大战，序战的胜败对其军威的建立与后续战斗的胜利有着深刻的影响，务必"谋定而后动""慎以行师"。张元勋经过反复斟酌后向殷正茂提出自己的看法：粤西沿海倭寇与盗匪合流，社会危害性更甚。从遏止叛军蔓延、减少对全局危害来看，更应首先集中兵力清剿电白、儒洞、双鱼一带的倭寇海盗。张元勋将自己的分析与殷正茂商议后，得到了殷正茂的肯定与支持。

殷正茂也认为："倭寇隆庆五年（1571）十一月'陷电白城，延及儒洞。肇庆府承郭文通率师赴援，遇倭于红花根，兵败'。虽有人认为倭奴凶狡，人多势众，应和往年一样调士兵围剿。但势已燃眉，还需何济？况兵贵先声，必需大将先行。今宜移缓就急，重申赏罚，破之无难。"

殷正茂又对张元勋说："清剿高州、阳江、雷州一线的倭寇，由你任总兵官，负责统一指挥，再檄金事李林、许孚远，参政江一麟、副使陈奎、吴一介，参议周鸣埙，分头督集所在官兵。我将亲临一线督战，激发官军斗志。"

张元勋说："总督亲自临阵甚好！根据占据粤西沿海倭寇据点分布情况，依我看，论倭寇实力，以被倭寇占领的电白县城神电卫最强，而被倭寇占领的阳江双鱼所次之，神电卫与双鱼所中间的儒洞相对较弱。我们不妨将占据神电卫、双鱼所的倭寇围而不打，而集中兵力实行中间突破，先歼灭神电卫、双鱼所中间儒洞的倭寇。若神电卫双鱼所倭寇一旦离开据点，出城支援儒洞倭寇，我们则可在电白岭门隘口设下伏兵，借此有利地形，消灭离开巢穴敢于出寨前来支援的倭寇。这样既可消灭儒洞倭寇，又可为接下去歼灭电白神电卫、阳江双鱼所两据点的倭寇减少压力。"

殷正茂对张元勋的谋略、指挥才能信任有加，再次支持张元勋在粤西沿海清剿倭盗的作战方略，他说："这个方案甚好，既体现序战找弱敌打，以求必胜。且实施中间开花，围点打援，削弱了敌方整体力量，可在首战打胜仗后鼓舞本军将士斗志，灭敌威风，为最后擒贼擒王，夺取全役胜利提供了保证！可谓一箭双雕！"

隆庆五年十一月底，在张元勋统一指挥下，驻守广东的各路官兵进入临战状态。部将李诚立按照张元勋的命令，率兵前往儒洞东部，去阻击双鱼城援兵，部将沈思学按照张元勋命令率兵在西路岭门隘口设伏，准备打击从神电卫前来儒洞的增兵，中路由部将陈璘率军，主攻儒洞。张元勋亲自临阵居中节制。各路兵马日夜兼程，向阳江双鱼城、电白沿海一带预设战场机动（如图十六）。

十二月初二日，根据张元勋的命令，调集各部队火炮集中使用，一切战斗部署停当，张元勋下令对儒洞的敌据点发起进攻，顷刻间，集中使用的火炮齐齐开火，炮声大作，箭矢飞舞，盗匪据点寨门顷刻被轰开，在张元勋亲临一线督战下，各营把总率领部众手持刀枪，以严整的阵容冲入敌阵。

驻守在儒洞的敌寇本想指望神电卫、双鱼城同伙前来支援，可是，两地同伙出寨相救的援兵，均被张元勋派兵在隘口设伏阻击，动弹不得，进不能进，退不能退。这些前来支援的倭兵也是泥菩萨过江，自身难保，爱莫能助，只能眼睁睁看着儒洞的同伙被明军消灭。

儒洞战斗结束后，张元勋率陈璘部与西路沈思学部会合，前去攻打神电卫。神电卫是易守难攻之军事要地，倭寇占领后，反客为主，凭着城垣坚固

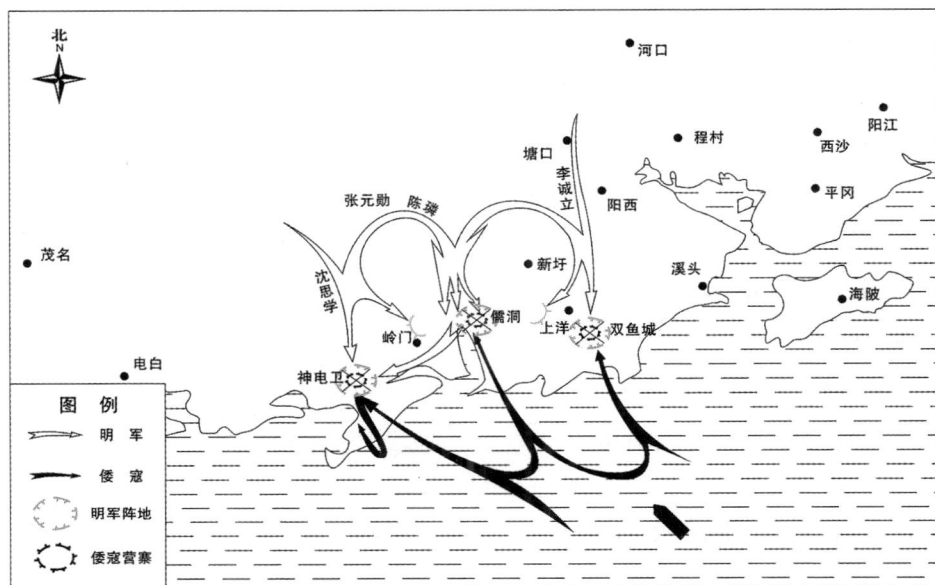

图十六、张元勋率兵电白、阳江抗倭作战示意图

工事，置明军于十分不利地位。

敌军在神电卫城上居高临下，耀武扬威。

张元勋看到后，气得七窍冒火，但碍于城高，城门铁皮包裹，火攻也难破城门。张元勋率部虽穷尽各种办法，但总是无法攻入。且在攻城中，"把总娄龙、麦胜等三十七人死于难"。

张元勋对陈璘、沈思学、李诚立几位部将说："这次攻城准备仓促，我们没有准备攻城武器吕公车。盲目猛攻，只能增加部属伤亡。为了最大限度减少伤亡，我们制订作战计划定要以谋划善攻为上，决不能盲目猛攻，要千方百计设法智取。《孙子兵法》告诉我们：'出其所必趋，趋其所不意。……故善攻者，敌知其所守；善守者，敌不知其所攻。'我们要做一个善攻的人，一定要出其不意，让敌人不知道我们使用什么办法、从哪里发起进攻。请把原来守城的官员叫来，我要直接向他们了解神电卫设防情况，再一起分析进攻神电卫有无破绽可供利用。"

经唤来神电卫守城官员询问了解，神电卫依山临海，城墙坚固，四面有护城河护卫，城东南有出水涵洞，与海相通，洞口设有铁栅，可防敌兵潜水进入城内。

听到这里，张元勋马上想到施用"明修栈道，暗度陈仓"之计，决定明的摆出强攻神电卫的架势，暗的利用城防可资利用的涵洞，实施偷袭。他突然喜形于色，眼睛放光，紧接着打破砂锅问到底，向防守官员追问道："涵洞的铁栅能否破拆？"

守城官员答道："涵洞四面系用石条作为框架，铁栅条每根都深深插在框架内，难于轻易拉出。两根铁栅条之间仅隔有一拳头宽，派人想从两根铁栅条之间进入也很难。"

张元勋沉思了一会儿说："能不能把铁栅拉开，扩大间隔？"

守城官员答道："没有谁有这样大的力量能把铁栅拉开！"

张元勋说："我就不信这个邪，拉不开铁栅，拉弯它总可以吧！一个人不行，两个人、三个人、四个人总可以吧！"

守城官员明白张元勋的意图，答道："三四个力气大的兵士能拉弯铁栅，只要拉开相邻二根，就可以派兵潜水鱼贯进入城内，打开城门里应外合，攻下城来。"

张元勋说："你说的正合吾意。我生在水乡，在儿时，常与伙伴同去河里嬉水，我们就用空心南瓜藤含在嘴里呼吸空气，只要得法，人沉水里，口含小管呼吸空气，从远处潜入涵洞不成问题。现在这个季节没有南瓜藤，可用捅掉竹节的竹子作为呼吸空气的管道，趁着夜幕掩护潜入涵洞搞掉铁栅，灭掉巡更哨兵，打开城门，趁夜攻下神电卫，你看如何？"

李诚立立即表态说："我对部属情况一清二楚，我们军门有水性优良、膂力过人的士兵，请总兵把这一任务交给我来完成。"

张元勋点头同意，但他不忘告诫李诚立道："太公在《六韬》中说：'事莫大于必克，用莫大于玄默，动莫神于不意，谋莫善于不识。'此计能否成功，关键在于保密而暗藏玄机，千万不能走漏半点风声。只要保密防奸做好了，我们用上这一招妙计，就能出其不意攻城，神电卫攻克可期。"

张元勋又对陈璘布置任务："派兵在神电卫东北、西南方向部署兵力，连续进攻，吸引敌人，迷惑敌人，让城内敌人每天不得安生，疲于奔命，让敌造成错觉，认为我们会继续使用强力攻城之法，诱敌将主要兵力用于东北、西南方向防卫。"

至此，一切部署停当，两天后的深夜，李诚立亲自安排精兵潜入东南方向海边的出水涵洞，破栅入城，悄悄杀掉敌哨兵，打开城门。顿时，潜入城内的官兵与城外攻城部队里应外合，李诚立率兵趁势蜂拥而入，一营把总迅速占据城头，取得了战斗主动权。李诚立部兵分两路沿着城头的运兵道向西南角与东北角两个方向快速推进，以迅雷不及掩耳之势打开其他各方向城门，迎候陈璘部杀入城来，共同围剿神电卫敌军。

据守在神电卫的敌军睡梦初醒，突然发现天兵天将降临。他们尚未搞清怎么回事，就被张元勋各路人马杀得人仰马翻。那些熟悉当地环境的倭寇，借着夜幕的掩护纷纷向海边突围，然后依仗备有水上舰船，挽舟向外海逃窜。

张元勋在神电卫留驻了个把月，倭寇逃遁后一直不敢再来神电卫冒犯。张元勋考虑，十二月虽然夺回了神电卫，但夜战中并没有彻底消灭敌有生力量，仍然后患无穷。他琢磨《孙子兵法》"兵者，诡道也。故能而示之不能，用而示之不用，近而示之远，远而示之近"的教诲，心中设计迷惑敌人，要把倭寇诱入，再聚而歼之方略。他特地公开宣布主力部队将撤回广州兵营，神电卫仍由原卫所官兵守卫，并放出风声准备让全体官兵回广州欢度春节。在节后，将移师岭南、岭东清剿叛军。

张元勋前脚一走，通倭的奸细马上向倭首通风报信：明军主力已撤离神电卫，神电卫又重新交由卫所驻军守卫。倭寇、海盗以及隐藏在民间的"从倭者"听闻明军主力移师别处，又纷纷从沿海各地冒了出来，重新集合在一起。

"隆庆六年（1572）正月，倭寇扰阳江。二月，倭寇分道犯化州石城县，攻破锦囊所，杀千户黄隆，又陷神电卫城，一时吴州、阳江、高州、海农等遭焚劫。"（《穆宗实录》）

张元勋故意放出风声要回广州，且节后前去攻打岭东叛军。实际上，张元勋移师别处只是幌子，他率兵一路上走走停停，千方百计诱敌入瓮，想把倭寇、海盗骗回神电卫，杀他个回马枪，将敌彻底歼灭。他率领的明军离开神电卫并不遥远。他在行进间隙休整部队，时时窥测阳江、高州沿海一带倭寇的新动向。当他得悉倭寇又重新集结起来，侵占了电白神电卫后，立即筹划率兵杀回。

张元勋这次设计诱敌入圈，是设法歼灭更多敌有生力量，是为了一劳永逸解除粤西沿海的倭患。张元勋这次佯动前已事先安排神电卫守军，若遇倭寇强兵进攻，守城无望，需撤出神电卫时，一定要毁掉神电卫四门的城门以及城上炮位，神电卫的工事决不能为敌所用。

倭寇凭着人多势众重新占领了神电卫，但倭寇没有高兴几天，张元勋就率明军主力，神不知鬼不觉重返神电卫。

这时的倭寇，还沉浸在重新占领神电卫的喜悦中，上上下下正忙于城内城外洗劫百姓钱财，他们根本没有想到张元勋会率明军主力重返神电卫。这些天他们只顾劫财，根本无暇顾及修复神电卫被明军撤离时自毁的工事设施。

张元勋抓紧对各部进行了围剿作战的部署与分工。根据神电卫北面背山，是内陆，倭寇向北逃窜不利，故张元勋未布重兵。部将沈思学在上次儒洞战斗中，担负西路阻击任务，对这一带地形地貌熟悉，张元勋仍然安排沈思学率兵驻扎在儒洞的西边、负责神电卫西路的进攻；李诚立部在上次神电卫战斗中，是从东南涵洞进入，对城南面地理环境熟悉，就安排该部从南面攻城；陈璘部则负责东面攻城。

隆庆六年（1572）三月，各路兵马抵达战位，张元勋一声令下，各部集中重型火炮对守城敌寇狂轰滥炸，敌被炸得抬不起头来。正当敌被火力压制时，张元勋率领的明军各路官兵，借着神电卫城门尚未修复之便，举枪提刀轻而易举冲进城内。张元勋虽为总兵官，仍然冲锋在前，一马当先，各级官兵看到总兵官冲锋在前，哪敢怠慢，跟着勇猛拼杀。

倭寇不是被明军砍杀就是被擒。

张元勋率部一举歼灭了神电卫倭寇，又顺势而为率兵剿灭了双鱼城、化州的倭寇，进一步扩大了剿倭克寇的战果。

这次战斗，据《张元勋墓志铭》记载："明年（隆庆六年）春，倭破化州、电白诸城，擒斩千百七十五级，钦赏白金三十两，文绮四。"张元勋的功绩碑上又添上了精彩的一笔。

经此一战，彻底毁灭了倭寇在粤西不可一世的嚣张气焰。倭寇再也不敢小觑明军在粤西的实力。此后倭寇再也不敢对粤西明目张胆袭扰掳掠。

为了进一步巩固抗倭成果，殷正茂向朝廷奏请"设东西巡海参将二员，以西巡海参将一员，思阳守备一员，驻防阳江"。张元勋又下令整顿沿海各卫所，要求各县训练乡兵，增强各自为战、分头堵剿的实力，并明令对守城不力、弃城失职的军政官员严惩不贷，以此拢聚人心，提高长治久安的内在动力。

是役，是张元勋任广东总兵以后，根据广东各种错综复杂的社会乱象，分清轻重缓急，首先集中兵力攻打占据神电卫的倭寇。在攻击点选择上，巧妙运用兵法，先找弱敌，实行中间突破，而后对两翼支援强敌设伏，伺机在运动中歼灭敌有生力量。在敌寇逃跑后，又巧施计谋，诱敌重新入瓮，聚而再歼。张元勋环环施计，为夺取粤西抗倭的胜利奠定了基础。粤西神电卫抗倭斗争的重大胜利，充分显示了张元勋的雄才大略。

第二十五章
忠于职守保安宁 计赚岭南陈金莺

国家的兴衰，社会的稳定，与当朝皇帝能否顺应民意、勤政为民有着密切联系。隆庆皇帝登基之初，尚能勤政为民，努力除旧布新、励精图治，大刀阔斧进行改革，为强国富民孜孜以求。此时，海内外得到大治，造就了史称明朝隆庆新政。但随着时间推移，隆庆坐了几年王位，他的权势逐渐得到巩固，帝王的通病在他身上开始与日俱增，暴露无遗。

隆庆在执政前段与后段之所以表现截然迥异，前后判若两人，是因为与他在宫中的经历有着密切关联。他在未登基前，因其母杜康妃是不被嘉靖皇帝宠爱的，隆庆又非长子，故很少得到嘉靖皇帝的父爱。在宫廷中，他一直受排斥压抑。后来，隆庆阴差阳错坐上了皇座，成了天下第一尊，又经他苦心经营，权势逐日得到巩固，就逐渐产生要把以前小心谨慎过日子的损失补回来的畸形心态与强烈欲望，大有得志便猖狂的架势。他变得越来越放荡不羁，穷奢极欲，沉迷媚药，纵情声色，横征暴敛，疏于朝政，不计后果地搜刮民脂民膏。隆庆皇帝喜好美色是出了名的，也是明朝其他皇帝所不能及的。据有关史料记载，在他登基的两年时间里，就迫不及待册封了十四名妃子。"传闻宫中日夜娱乐，游幸无时，嫔妃相随，后车充斥，所谓女宠渐盛者，未尽无也。"

对此，即使是朝中被隆庆皇帝所信任的大臣，也实在看不下去，不得不多次劝其"暂罢游宴，务斋戒洗心，以期感格"。作为封建王朝，帝王天下独尊，大臣的劝诫阻止不了隆庆荒淫无度的生活。隆庆讳疾忌医，耽于声色，不但听不进大臣的好言相劝，而且对劝谏者，轻则给予杖责，重则刑狱关押、削职为民。隆庆皇帝也由于长期服用春药，纵欲过度，身体每况愈下，每次上朝视事，头晕眼花手打战，朝议不能持，令朝中首辅之争愈演愈烈。朝臣暗中争权夺利，互相倾轧，吏治腐败丛生，朝中廷议大臣往往各持己见，形不成统一意见，直接影响对重大事务的决断。几年下来，军政问题堆积如山，国内乱象越演越烈。

单就广东而言，在隆庆三年（1569）六月，横行粤闽的巨寇曾一本平定后没过多久，"惠州河源唐亚六、从化万尚钦、韶州英德张廷光，劫掠郡县，莫能制"。"肇庆恩平十三村陈金莺等与邻邑苔村三巢贼罗绍清、林翠兰、谭权伯、藤洞、九泾十寨贼黄飞莺、丘胜富、黄高晖、诸可行、黄朝富等，相煽为乱。"（《明史·列传·第一百》）广东动乱事涉惠州、广州、韶州、肇庆等多个州府。各地起事动乱者横行乡里，劫掠郡县，杀人放火，无恶不作，广大百姓生活在水深火热之中。

自隆庆五年（1571），殷正茂、张元勋先后到广东分别任两广总督、总兵以后，根据轻重缓急，首先于年底集中力量围剿了广东西部高州、雷州一带沿海的倭寇、盗匪，保证了广东西部沿海安宁。此后，殷正茂总督与张元勋总兵开始腾出手来，筹划平息全省各地已延续了数年的内乱。

张元勋在电白与殷正茂总督就下一步军事行动进行商议。两人逐一分析了全省各州县的治安形势，研究了各地起事动乱的成因及应该采取的对策。他们分析后发现，各地动乱起因千差万别，但都是发生在地处偏僻，自然环境恶劣，崇山峻岭，林密人稀，交通不便，民生困难，官府管制力量薄弱的"四不管"之地。起事者往往利用民众对官府的怨恨与不满情绪揭竿而起，进而与倭寇盗匪合流，形成局部声势浩大的动乱。如从化万尚钦本是当地矿主，因为开矿纳税与官府发生矛盾，策动挖矿的民工暴动，后来起事者为了扩大队伍，壮大势力，不惜与好逸恶劳、劫掠为生的盗匪、流寇合流，如此祸变之生，殃及民风，循环往复，贼民日兴，贼势愈烈，对社会极具破坏性。动乱区域的良民百姓，"日不聊生，夜不能安寝"，广大乡村"田园荒芜"，严重阻碍社会生产力的发展。但就参加动乱人员来说，相当大的一部分是被逼入寇的胁从者。

张元勋认为，平定各地动乱，要区别对待，恩威并用。重点打击与倭寇盗匪沆瀣一气、狼狈为奸、横行乡里、作恶多端，为当地百姓深恶痛绝的那些叛军、山贼。

他俩经过比较甄别，决定先集中兵力打击恩平十三村的陈金莺、邻邑苔村三巢罗织清、藤洞九泾十寨的黄飞莺、海丰的蓝一清、潮州赖无爵、河源唐亚六、从化万尚钦、英德张廷光。而对其他各地起事者，则以分化瓦解为主。根据他俩的经验，只要把势力巨大、活动猖獗的武装集团歼灭了，那些小打小闹的起事群体就会被形势所迫不敢轻举妄动，随着时间推移就会销声匿迹。

张元勋确定清剿各地主要叛军的目标后，又根据明军主力处于阳江电白一带的实际情况，认为按照兵法"远交近攻"所说的"形禁势格，利从近取，害以远隔，上火下泽"。"混战之局，纵横捭阖之中，各自取利。远不可攻，而可以利相结；近者交之，反使变生肘腋。范雎之谋，为地理之定则，其理甚明。"据此，张元勋觉得，要完成全省的平乱，出于地理位置以及本军兵力所限制，宜先攻击就近的叛军，不宜越过近处敌营而去攻击远处的敌人。于是，张元勋与殷正茂商议："这次广东平乱，我们就从消灭肇庆恩平十三村的陈金莺叛军开始，及其邻邑苔村三巢罗织清、藤洞九泾十寨的黄飞莺。这三股盗匪，互通声气，互相支持，应将三股叛军视为同体，一起歼灭，不留后患。"

殷正茂完全赞同张元勋就近平叛的方略。他还认为："陈金莺叛军就在我们眼皮底下，只有扫清陈金莺，才能鼓舞明军将士平叛斗志，震撼全省打击叛军声势。"他还强调："朝廷内阁首辅张居正最近要求，'今当申严将令，调益生兵，大事芟除，见贼即杀，勿复问其向背。'十三寨的陈金莺反抗朝廷，荼毒百姓，作恶多端，罪不可赦，要重申重赏将士杀敌立功。"

定下了攻打目标的作战方略后，张元勋运筹帷幄，调兵遣将，驻广东的各路明军按计划向恩平方向开进。

首选平叛之地恩平，系明成化十四年（1478）置县，隶广东肇庆府。位于广东省西南部，是粤中、粤西交汇之地。其东北方向与开平相连，东南面与台山相接，西南面和西面与阳东、阳春为邻，西北面与新兴相依，南面濒临浩瀚南海。恩平境内一半是山区，一半是丘陵，全境北宽南窄，犹如一片桑叶。西部山峦重叠，由开平、新兴、恩平三地交界的天露山余脉延伸至恩平境内，以君子山峰二百八十七丈又七尺为最高；西部与阳春、阳东交界处形成一条高脊，最高峰为珠环山，海拔高度三百零四丈又二尺，巍峨入云；腹部的大人山峰，海拔近二百二十九丈，交界处是人烟稀少的七星坑原始森林。恩平境内有锦江河、那吉河等大小河流十三条，均发源于天露山及其余脉。锦江自西向东流淌，属珠江水系的一级支流潭江的上游部分，而恩平境内的莲塘水、朗底水、良西水、长安水、三山河、浪㽵河、沙岗河、拱桥河、黄竹水河等支流分别汇入锦江河；境内的那吉河属漠阳江水系，发源于那吉鸭仔岭，向东流至阳江与倒流河汇合。恩平县境内的地形复杂，到处密布峻岭山峦、溪涧河流，道路崎岖难行。

恩平县的十三村，位于恩平的东北面的牛岗村、和平村，与现开平的大沙镇、龙胜镇、苍成镇一带相近。这里属恩平、开平、始兴交界的天露山脉，更是满眼崇山峻岭，山峦重叠，地势十分险要。陈金莺率众依仗这里的复杂地理环境，以茂密的翠竹、树林为掩护，在林内设栅建堡，各寨堡戒备森严，互相依存，连成一片。陈金莺据山为王，平叛的明军曾多次进山清剿，均受崇山峻岭制约，无功而返，而对陈金莺山贼奈何不得！

隆庆六年（1572）秋，张元勋率兵抵达恩平后，面对山峦重叠的复杂地形，及敌在暗处坚守，发现很难施展大兵团进剿，不能使用明打明战的用兵方略。张元勋不禁为此皱起了眉头，犯了难。他想起《易经增注·下经·渐》对《易经·渐·彖》的注解："天下事动而躁则邪，静而顺则正。渐则进而得乎贵位，故行有功。"他暗暗告诫自己，越是困难不顺的情况下，越不能盲目急躁，越不能冒险挺进，以免陷入邪途，中敌奸计；一定要沉住气，冷静应对，顺应战场实际情况，争取战斗胜利。他命令各路兵马安营扎寨，原地待命，以逸待劳，切实做好防敌偷袭的警戒措施；然后，又传令各路领兵把总前来帐前参加战前会议。

会上，张元勋指着手绘的恩平地图，表情严肃地说："恩平崇山峻岭，山涧密布，我们到了这里，诸位把总见后定有亲身感受。在这种地形条件下作战，正面战场狭窄，我们优势兵力不能展开，兵力虽多也难于放开拳脚大干一番。《孙子兵法》云：'上兵伐谋，其次伐交，其次伐兵，其下攻城。'现在我们受制于这里地形，尤其需要因地制宜、'上兵伐谋'，要出奇招制伏敌人。俗话说，奇人在社会，高招在民间。现在，请诸位一起商讨攻寨奇招，劳烦大家献计献策，各抒攻寨高见。"

张元勋话音刚落，被誉为军中"智多星"的部将陈璘接上话来："广东各地起事的山贼，并非铁板一块，铁心为寇首卖命者应是少数，而被骗入伙逼为山寇者为多。这些日子，殷总督与张总兵在电白、儒洞沿海一带全歼倭寇盗匪，对山贼震动很大。现在，总兵率军到此驻扎，其对山贼清剿意图明显，敌营闻讯已军心动摇，他们已惶惶不可终日。此乃分化瓦解敌营的天赐良机，不妨派员深入敌穴，策动敌寇反水，这可谓总兵所述的'上兵伐谋'之举。"

张元勋听后大加赞赏说："恩威并用，分化瓦解敌军，此正合吾意。此法可减小我方伤亡，也可让敌营中的胁从者避免战事发生后枉送性命。这正是历代兵家追求的顽敌抵抗必杀，胁从投降不究的用兵作战基本原则。"

张元勋接着说："陈璘参将，你胆大心细，足智多谋，曾单刀赴会，兵不血刃，瓦解叛民，计擒举事头目为次功；又曾替人为人质，深入敌穴，探得虚实，直捣敌营。你身在军门，征战多年，智勇双全，奇功屡建。这次本军需用'间'瓦解叛民，此事有意由你担纲完成。你看如何？"

陈璘起身，挺胸表态说："总兵对我信任有加，卑将三生有幸。我定不辜负总兵期望，设法用'间'瓦解敌军，配合总兵率我主力对敌巢穴发起进攻。"

张元勋定下这一作战方略后，又接着对参会诸将领说："本军用'间'瓦解敌军，是这次清剿十三村陈金莺叛匪总体行动中的其中一个环节。我们不能把消灭陈金莺的全部希望寄于用'间'瓦解敌军的举措上，我们的立足点还是要通过强大军事进攻来解决问题。我军的军事进攻能置敌人于绝望境地，此时用'间'瓦解敌军才能水到渠成。用'间'瓦解敌军的成功，反过来也为正面进攻发挥更大作用。它们二者相辅相成、相互联系、相互促进。我们不能因为用'间'、瓦解敌军之策而放松我们正面进攻的准备力度。我们还是要做好打大仗、打恶仗的战斗准备。"

参会各部将均点头称"是"。

张元勋进一步作了战斗部署。张元勋说："这次清剿'县东南五十里十三村的横山贼'（《读史方舆纪要》）陈金莺以及与陈金莺纠缠一起互通声气的邑县苔村三巢贼罗绍清、林翠兰、谭权伯，藤洞九泾十寨黄飞莺、丘胜富、黄高晖、诸可行、黄朝富等。我们采取对准主贼，兼防他贼，铁壁合围，四面包抄，逐堡推进，步步为营，逐个解决，不让漏网，力求全歼，不留后患，争取一劳永逸解决恩平等地叛乱，让百姓从此不再受叛军荼毒。"

根据以上作战谋略，张元勋命令：梁守愚副总兵率兵向恩平县城东南方向挺进，直插恩平县"东南六十里与新宁县（今台山市）界的苔村"（《读史方舆纪要》）占据要塞，阻击前来支援陈金莺的新会苔村一带的罗绍清、林翠兰、谭权伯，并视情歼灭进入设伏区的叛军。游击王瑞率兵由德庆驻地经云浮、新兴进入十三村，占据战略要地，以防陈金莺率部沿天露山脉边沿向东北方向突围。命邓子龙守备设防恩平东北部藤洞方向，防范藤洞九泾十寨黄飞莺、丘胜富、黄高晖、诸可行、黄朝定等各寨人马出兵支援陈金莺。由岭西兵备佥事李材督师从罗定方向东进，包抄十三村陈金莺。正面主攻部队由张元勋居中节制，由沈思学、陈璘各路兵马共同合成（如图十七）。

张元勋总兵这次攻打陈金莺集中了五万多兵力，的确是下了血本。依照该作战部署，明军对十三村陈金莺、苔村罗绍清、九泾十寨黄飞莺等叛军进

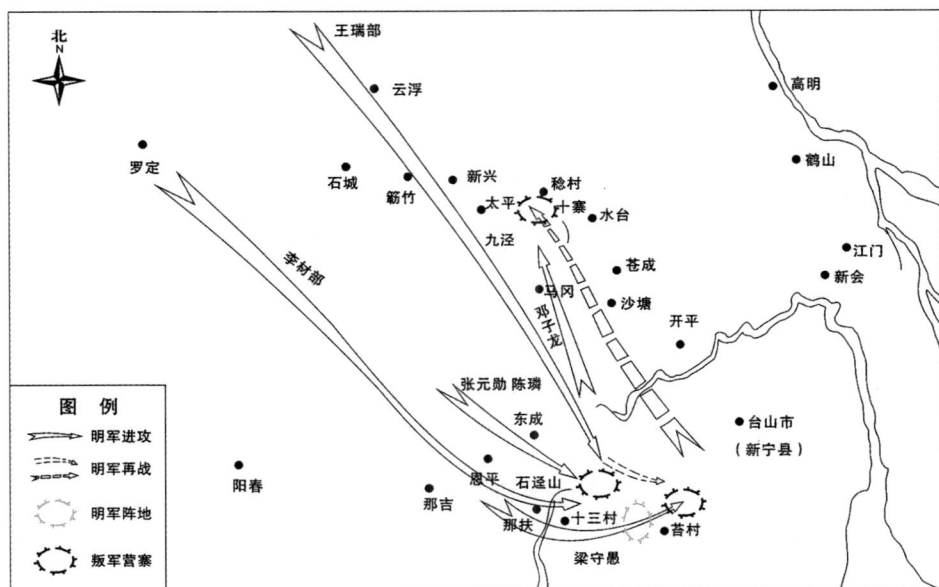

图十七、张元勋率兵岭南平乱作战示意图

行四面包抄，铁壁合围，陈金莺一帮山贼成了瓮中之鳖，插翅难逃。

十三村的陈金莺，打探得知明军大部队正从四面八方包抄而来，又听闻这次进剿的对手是新任总督殷正茂，领兵的是抗倭英雄张元勋，作战主力是来自沿海抗倭的浙兵，不禁闻风丧胆，坐立不安，犹如热锅上的蚂蚁。陈金莺以前每次听闻明军要来进攻，总是精神亢奋，气势汹汹；可是，这次听闻明军要来进攻，显得忧心忡忡，他的嚣张气焰已荡然无存。陈金莺开始盘算如何面对五万明军的进攻；思考如何突围与海寇联合，避免彻底灭亡的命运。

张元勋的部将陈璘，在受领用"间"打入敌营的重任后，也在日思夜想以什么身份、用什么办法打入敌营，以取得陈金莺的信任。他在苦思冥想找不到令人满意的方案的情况下，单独来到张元勋帐前，要求晋见张元勋总兵，听取总兵对潜入敌营的妙计。

张元勋对陈璘说："《孙子兵法》告诉我们，'三军之事，莫亲于间，赏莫厚于间，非圣智不能用间，非仕义不能用间，非微妙不能得间之实。微哉！无所不用间也'。这次本军将用'间'重任委任你实施，是对你的肯定与信任。"

陈璘听后回答说："我紧随总兵南征北战，深感总兵对我信任有加，我永远不忘总兵对我栽培之恩。卑将定矢志不渝追随总兵，只要总兵一声令下，上刀山、下火海在所不惜！你指向哪里，我就打到哪里。"

张元勋说："我也十分看重我们之间的战斗友谊。这次让你担纲用间，充满风险，我也是不得已而为之。你以前在其他战场上曾几次孤身深入敌窟用间，均有相熟、相知有利条件掩护，而这次单刀赴会深入陈金莺巢穴，你既不是本地出生，也不会本地乡音，更不是本地族群，里面全无熟人，敌营中也无对你感恩戴德之人，这次用间相比以往任何一次用间都要困难。《孙子兵法》强调，'人皆知我所以胜之形，而莫知吾所以制胜之形。故其战胜不复，而应形于无穷。'敌我条件千变万化，每次打仗用间没有一成不变的方法，每次战斗的胜利，也不可能是前一次战略战术的复制，这就是历代军事家强调的战术不能重复的军事原则。我们这次用间也需变化战术套路，对原来用间的有利条件无须留恋，而要着眼于挖掘发现新的用间之道。"

张元勋看到陈璘陷入沉思，估计他尚未对这次受命深入敌巢用间形成成熟方案。张元勋又用商议的口气对陈璘说："你不是本地人，不熟悉当地风土人情，不会当地方言，不懂山寨乡音，也无十三村寨中熟悉可资利用之人，这既是短处，但从另一角度来说，这反倒成了你的长处。坏事在一定条件下可以变成好事，就此次军事行动来说，你可以扮成刚刚在电白、儒洞被明军打败的活跃在闽粤沿海的盗首，以战败逃亡者身份，要求带兵入伙陈金莺门下。这种说法通情达理，契合时宜。特别是十三村陈金莺营垒处于四面包围，部众人心不稳的情况下，看到有外来力量投靠，犹如一根救命稻草，说不定他会摒弃疑虑，欣然接受。你看此法是否可行？"

陈璘听后不禁拍案叫绝："这个方法好！就按总兵的意见办。我带领四五个随从，装扮成电白战败的逃亡者，趁夜潜入敌营，要求带兵入伙，配合寨内兵马与明军决一死战，以报电白战败亡命之仇。只要言辞恳切，装扮战败逃亡者的四五位弟兄话语统一，配合默契，肯定能得到他们的信任。"

张元勋觉得事关重大，不忘再次叮嘱陈璘："一定要胆大心细，反复斟酌方案，务求缜密周到。陪同你一起去的几个人定要挑选脑子灵活，能言善辩，行动敏捷，武艺高强、善于审时度势、随机应变的精兵。你们对具体方案要过细研究，反复演练，切记细节决定成败之理，确保万无一失。"

陈璘信心满怀地表示："有总兵神机妙算，定下了总体行动方案，一些细枝末节我会尽力做得圆满。"

张元勋深知陈璘用间能力是军门中佼佼者。他听了陈璘信心百倍的表态，更是一百个放心，祝陈璘马到成功。

没过几天，陈璘经过周密准备，带着乔装打扮的随从，身穿溅满血迹的衣衫，暗藏短兵器，蓬松着头发，一副胡子拉碴、满脸疲惫不堪、活生生的战败逃亡海盗的模样。他趁着夜色，钻进十三村陈金莺营寨，并故意让陈金莺部下捉去送审。

陈金莺开始被明军四面包围之时，营中却来了投靠人员，他不得不格外小心。他生怕混入奸细，刺探军情，坏了大事；但仔细察看陈璘这身打扮，确与沿海倭寇海盗衣着无异。他派人分头提审陈璘及几位随从，结果来人众口一词，说得有板有眼，都异口同声说他们是被明军在电白打败的盗寇，这又使他不得不信。陈金莺为稳重起见，既待陈璘几人如贵宾，生怕招待不周，得罪了他们；而背地里却派人一直监视陈璘一行人动静，防止有变。

陈璘对陈金莺这一套早已司空见惯，应对自如，并施展各种手法，博取陈金莺的赏识与欢心。

贼首陈金莺为农民出身，是一介粗鲁武夫，喝的墨水不多，阅历不广，见识不深。几天与陈璘接触下来，渐渐被陈璘远见卓识、多谋善断、高强武艺所折服，遂认为前来投诚入伙的陈璘是难得的人才，从心底里慢慢解除了对陈璘的警惕。与此同时，他暗地里喜滋滋认为，正当自己遭遇明军大举围剿之时，却有陈璘从天而降，助他一臂之力，这是苍天有眼，是他陈金莺命不该绝。

十三村的陈金莺与潜入的明军陈璘感情与日俱增，陈金莺对陈璘开口言必兵法充满敬畏，佩服得五体投地，并真诚拜陈璘为军师，对陈璘完全是言听计从，有求必应。

陈璘瞅准机会向陈金莺建议："兵家用兵之法，无不要求'合兵御敌'，分开五指，任凭一指之力，势单力薄，握紧拳头，力能倍增。还不如让十三村沿窄长峡谷布设的营寨紧缩，集中一处御敌更能事半功倍。"

陈金莺对兵法知之甚少，但这些年与明军对阵的实战让他增长了不少知识。他每与明军官兵作战取得胜利，往往也得益于有利的地理环境与局部的兵力优势，他不深究兵法其中的奥秘，只觉得自己曾用过合兵御敌取得作战胜利的战例，深感陈璘此话说得有理，便毫不犹豫采纳了他的建议。

陈璘又对陈金莺说："兵家认为'兵不在多，而在精'，十三村兵力虽有万人之众，但良莠不齐，不如遣散那些不坚定者，留下同心同德的中坚，免得打起仗来临阵脱逃，动摇军心，坏了全局。"

陈金莺对陈璘遣散不坚定者的建议，觉得理虽然是这么说，但这些兵马是自己好不容易积累起来的，在草寇割据之时，有兵就是草头王，要放走一部分人马对陈金莺来说，是要他的命。他对陈璘的建议，口上没有表示反对，但心里直嘀咕，一百个不乐意。

陈璘早已猜透了他的心思，进而补充道："遣散掉一部分想家恋家、心情不定的胁从山民，我们可以从沿海各地征集一些被明军打散的被称为海盗的游兵散勇，他们凶顽无比，又有使用新式火器的实战技能，远比你们部下的山民善战，将征集的沿海游兵散勇取代胁从山民，花费同样的给养，却有不一样的战斗力，何乐而不为？"

陈金莺一听陈璘军师建议的是以会打仗的游兵散勇来置换不会打仗的山民，使自己的部队力量更加壮实，转而认为陈璘说的此话蛮有道理，此计甚善。但是他怀疑去沿海征集与明军作对的游兵散勇是白日做梦，根本无法实现。

陈璘猜透了陈金莺的心思，进一步补充说："我带在身边的随从，对阳江、高州、雷州沿海一带轻车熟路，他们对流落在乡间的同伙知根知底，知道他们的去处，不妨派两个去搜寻联络，设法早日分批率兵进入十三村营垒以壮军势。"

陈金莺听了陈璘的阐释，更加感激陈璘处处为他着想。于是对陈璘说的不但言听计从，更不惜委以重任，授予大权。他告诉各寨部属，有事多向陈璘军师请教，听从陈璘军师的教诲安排。

陈璘派出的随从悄无声息地潜回张元勋营内，便一五一十向张元勋总兵汇报了陈璘在十三村陈金莺处离间取得的成果，并禀报张元勋总兵，这次出来是奉命执行陈璘说服陈金莺以凶顽的海寇替换陈金莺胁迫入伙不坚定的山民，肩负征集一些假装被明军打败的散兵游勇潜入十三村的重任。

张元勋听到此，不禁脱口对陈璘赞誉道："真不愧为智多星呀！"张元勋又对陈璘随从吩咐道："吾军利用瞒天过海之计，将精兵强将冒充为沿海地区的盗匪加入陈金莺十三村的营寨中，可行偷梁换柱、偷天换日之举。届时来个里应外合，内外夹攻，把陈金莺打个落花流水，陈金莺山贼彻底完蛋的日子到了！你们立即去营中准备二三百名精兵强将，精心组织培训，讲明用间任务，统一言辞口径，冒充征集来的沿海被打散的海寇混入十三村交差。"

两位随从接令去完成任务。

过了一些时候，陈璘的随从带领二三百名冒充整合起来的沿海战败流散的盗寇，出现在十三村陈金莺的营寨内。

陈金莺对这些不速之客来临，开始怀有疑虑，生怕内中有诈，也怕这些人是陈璘的人，不听他指挥，削弱了他权力。但经过几天审视观察并未发现异常，且眼见这些投奔的人对他也很尊重，又个个武艺高强。陈金莺考虑战在眉睫，正是急需用人之时，遂放心使用。他又听闻去沿海搜寻整合战败的海寇回来的人说，以后还会有游兵散勇前来投奔十三村，更加相信陈璘用沿海流亡战败的盗寇，替换营内被强制入伙的离心离德的山民是一项强军之策，遂将不愿继续留在营内卖命的山民遣散了去。

张元勋率领的明军大兵压境，铁壁合围，步步为营，不断推进，逐个铲除陈金莺外围的营垒，明军逐渐向十三村中心区推进，缩小对十三村的包围圈。

陈金莺则听从陈璘的建议，一步一步从中心区后退，利用十三村中心地带周边密集营垒使用水桶阵进行集中防卫。

张元勋亲临前线观测战场态势。他看到陈金莺的叛军已被驱赶到十三村一片山岙里，敌方凭借各个岙口有利地形以及构建的坚固堡垒固守。张元勋明白，只要撕开陈金莺水桶阵一侧的防线，陈金莺的水桶阵犹如少了一块板的水桶，整个桶壁就会塌垮，整体防卫功亏一篑，陈金莺部就会败下阵来，明军就可全歼陈金莺。张元勋只要搞清用间部将陈璘在陈金莺营中的位置，实行里应外合，就可以以最小的代价换取最大的胜利。

陈璘知道张元勋此时一定急于了解自己在十三村的位置，但一直苦于无法摆脱陈金莺的紧随，无法将自己的位置告诉张元勋，在百般无奈之时，陈璘急中生智，向陈金莺建议："现在进入决战前夜，《孙子兵法》告诉我们：'道者，令民与上同意也。故可以与之死，可以与之生，而不畏危。'《吴子兵法》也说：'凡治国治军，必教之以礼，励之以义，使有耻也。'为了战前鼓舞兵士斗志，我们应该察看前沿营垒。"陈金莺闻言点头赞同。

陈璘借着与陈金莺巡视前沿营巢，想方设法接近混入陈金莺营垒的明军兵士，面授机宜，让他们设法将陈金莺兵营的军情以及自己的位置的情报传递给张元勋总兵。

张元勋获悉陈璘派人送来的情报，了解到陈金莺营垒兵力部署以及内应人员准确位置，立即调动兵力，向着有内应人员的方向集中。当明军集中各种火炮轰开叛军营垒的寨门后，只见明军如潮水般涌入十三村，内中陈璘与混入的明军奸细，突然摇身一变，与冲入营寨的明军站在一起，共同杀向负隅顽抗的陈金莺团伙。

陈金莺发现被他重用的陈璘竟是明军奸细，自知中了奸计，不禁叫苦不迭，大骂自己有眼无珠，被陈璘所蒙骗。他怒气冲天向陈璘杀将过来，大喊："不亲手杀掉你陈璘，我永不解恨！"

陈璘身边的精兵强将早有防备，他们一齐涌上前去，将陈金莺团团围住，陈金莺被挑下马来。据《明史·列传·第一百》记载，该役"生得金莺"，陈金莺被明军活捉。十三村山贼凡负隅顽抗者一律就地斩杀，对于放下武器投降者，留其一条活命，给予出路，十三村陈金莺的营寨全被清剿荡平。

张元勋攻打十三村取得全胜后，又遣副将梁守愚、游击王瑞率兵清剿新会苔村三巢的罗绍清、林翠兰、谭权伯三贼。

梁守愚率兵首先攻打盘踞苔村三贼中的林翠兰，一举将其斩杀。紧接着，势如破竹，出兵攻打已孤立无援的罗绍清、谭权伯营寨。梁守愚率领的明军又将罗绍清、谭权伯生擒，获得了清剿苔村三巢的全面胜利。

张元勋令部将邓子龙率兵由恩平东北部进军九泾，攻打十寨黄飞莺、丘胜富、黄高晖、诸可行、黄朝富等山贼。邓子龙不负众望，英勇善战，率兵追入深山，一举斩杀黄高晖，生擒黄飞莺。彻底荡平九泾十寨山贼营垒。

张元勋又亲率沈思学、陈璘继续向北追剿至藤洞，活捉丘胜富、诸可行、黄朝富等山贼八十人。

至此，据《明史·列传·第一百》记载："三巢、十寨、十三村诸贼尽平，余悉就抚。"据《张元勋墓志铭》记载："秋，破藤洞等十三巢，擒斩二千四百六十余级，钦赏白金三十两、文绮四。"

张元勋在指挥清剿广东山贼的战斗中，首先按兵法"远交近攻"的方略，把矛头指向岭南十三村、苔村三巢、九泾十寨及藤洞诸贼。在围剿这一带山贼时，贯彻"擒贼先擒王"的战术思想，将主要兵力对准这一带山贼首领陈金莺。当张元勋率领大军进入地处峡谷山沟，堡垒层叠依山而建的陈金莺营巢时，面对大部队无法展开，在兵力优势得不到发挥的情况下，他精心实施灵活机动的战略战术，指挥部队铁壁合围，步步为营，逐步推进，各个歼灭，让敌始终陷于被动挨打局面。并审时度势，利用电白神电卫盗寇被明军战败不久，社会上存在逃亡流寇而巧施反间计，派间谍假冒神电卫战败流寇混入敌营，"偷天换日""里应外合"，以最小的代价，清剿了十三村陈金莺叛军。在解决了陈金莺山贼的基础上，又顺势而为，逐个歼灭其他山贼。张元勋这次率军平定岭南山贼的重大胜利，证实了张元勋具有驾驭在复杂条件下指挥大兵团作战的高超才干，无疑已成为为数不多、足智多谋、英勇善战的明军高级将领。

第二十六章
剿匪平叛不停步 完胜岭东吉康都

　　隆庆六年（1572），对明王朝来说，又是多事之秋。北有外族入侵，南有多地内乱。该年五月二十六日，隆庆皇帝又因嗜好媚药，荒淫无度而英年早逝，享年只有三十六岁。继任王位的太子朱翊钧时年仅十岁。由于朱翊钧年幼，继位后的前十年，国中大事皆由其母亲李太后代为听政。在李太后听政时期，大学士张居正由次辅取代高拱成为首辅，军政大事均由张居正主持。

　　张居正是明朝中后期较有作为的政治家、改革家。他任内阁首辅后，实行了一系列的改革措施。在财政上，清丈田地，推行"一条鞭法"，赋、役皆以银缴。在军事上，重用谭纶、戚继光、李成梁等诸位名将镇戍北疆，又重用殷正茂、凌云翼、张元勋等平定南方倭寇山贼动乱。在吏治上，实行综核名实，采用"考核法"考核各级官吏，"虽万里外，朝下而夕奉行"，政体为之肃然。

　　因隆庆年间，高拱任首辅时，张居正是朝中大学士次辅，在朝中就有一定的议事裁决权，故在皇位更替后由其出任首辅，朝中治国理政基本上是平稳过渡，国策没有产生疾风暴雨式的改变。但张居正担任首辅后，为了有所作为，自然要按他自己的想法进行改革。他急需一个国内安定的社会大环境，而现实是各地存在此起彼伏的动乱。这成为张居正改革的最大障碍。他在廷议中敏锐地提出"星火燎原"的命题。在他看来，微火刚起时，一指就能熄灭；待其燎原，"虽江河之水，弗能救矣"。鹏鸟在未起飞的时候，可以俯视；一旦冲上云霄，虽有善射猎人，也无可奈何。因此，他主张对各地暴乱"禁于未发，制于未萌"，才是预防之道。发现盗贼后，"见贼即杀，勿复问其向背"。为此，他主张：今当申严法令，调动兵力，斩草除根，倘有违反者，一律按军法处置，斩首示众，让怀有异见之人无不胆战心惊，不敢不听从其命。张居正辅佐李太后，不惜一切代价，确保永世太平。张居正是暴力理论的提倡者，力主对暴乱诛杀，绝不手软。张居正担任首辅后，严词要求广东省尽快平定各地的动乱。

隆庆六年（1572）秋，在张元勋奉旨率兵剿灭了恩平十三村、开平苔村三巢、藤洞九泾十寨等地的叛乱后，为防止各地动乱死灰复燃，又由广东总督殷正茂命令岭西兵备佥事李材，在苍步（今苍城，当时属恩平县，长居都）一带，发动民工及兵丁从山上运来石头，筑成石垣，围以竹木，外挖深堑，建成兵屯，以便屯兵为营，扼守要塞。李材在这一带苦心经营，共设置了大沙、马凤、龙胜、苍城、金鸡等十八屯，其中在仓布村设置的开平屯，其名有"偶开通敉平"之意。经李材采取综合治理措施后，确保这一带剿灭叛军后，实现长治久安。李材在这一带为社会安定作出了功绩。

隆庆六年十月，登基不久的万历皇帝为安天下，根据翰林李学一的奏请，又下诏殷正茂、张元勋率兵向岭东方向进军，伺机清剿盘踞在岭东的贼首蓝一清、赖元爵与其同党马祖昌、黄民泰、曾廷凤、黄鸣时、曾万璋、李仲山、卓子望、叶景清、曾仕龙等发动的山民叛乱。

张元勋率兵所要清剿的蓝一清、赖元爵等一伙动乱头目，主要集中在明时海丰县吉康都一带。具体来说，"蓝一清，当时据马公寨，赖元爵据螺溪寨，马祖昌据三溪、高潭，黄民泰据蓝溪，还有曾廷凤、黄鸣时、曾万璋、李仲山、卓子望、叶景清、曾仕龙等各据一方，他们已聚众数万，彼此遥相呼应，据险结寨，连地八百余里"（《潮汕大事记·明》）。

蓝一清的马公寨与赖元爵据守的螺溪寨，同处于海丰县吉康都（今汕尾市陆河县西北的河田镇马公寨，螺溪寨即螺溪镇）一条山谷中。该山谷在现在的陆河县境内。

陆河县地处广东之东，汕尾之尾，南海之滨，粤东腹地，位于兴梅山区接合部，东北邻揭西县，西连海丰、惠东、紫金县，南接陆丰县（市），北倚五华县，东南与普宁县（市）接壤。陆河周围被火山嶂、尖山嶂、罗京嶂、狮子嶂、莲花山脉所环绕。域内多山，仅各镇所在地有一片小平原。岭东的罗河、榕江均发源于陆河的山区，榕江可行船。

马公寨位于螺溪寨、河口的三溪高潭寨的中间。马公寨的西面、北面是山区，东面、南面有小块平地，东面与罗河相邻。马公寨再往北，循着河谷向北上行十三里左右，就到了螺溪寨。螺溪寨是山谷地带。马祖昌所据三溪、高潭，均属今陆河县河口镇；三溪即指河口的南溪、北溪、后溪；三溪也是河口镇的别名。高潭即今河口镇的高潭村。河口镇是陆河县南大门，东邻普宁，南接海丰，是沿海山区的接合部，境内四周群山环绕，历来是交通重地，是陆河山区外出的必经之地，其与马公寨相距三十里路程。叛军只要守住了河口，明军就很难进入马公寨与螺溪寨。另一叛军黄民泰则率部固守蓝溪。

这一带山区，境内高山涧谷，银泉飞瀑，许山雄壮，螺河水长，狮山俯地，怪石层叠，奇峰林立，峻极雄险，一直是倭寇、海盗、山贼、起事者频繁活动的地区。"嘉靖四十一年（1562）春，饶平张琏起事义军一部进入吉康都山区活动。是年夏，为官军击溃。"（《陆河县志》）

在嘉靖四十二年（1563）七月二十五日，倭寇、海盗，由东海滘进入河田，扎营螺溪，倭寇、海盗、山寇公然勾结，肆虐百姓。九月二日，倭、盗二寇，一自下沙，一自河田，合击仑岭，仑岭民众奋起抵抗，寇退，随后海盗攻入上沙，而倭寇攻入霖田（今揭西县里湖一带）。之处烧杀抢掠，横尸遍野，哪怕居住在偏僻山沟的乡民也未能幸免，狼烟四起，满目疮痍。

嘉靖四十三年（1564）三月，赤毛番（荷兰武装商队）经霖田，入仑岭，大肆杀掳，尸横遍野，十室九空。

嘉靖四十四年（1565）一月开始，叶景清与蓝一清、赖元爵、曾朝元、钟应良、马子昌等领导的山民起事队伍进入八万，以葫芦�← 为据点，不断扩大队伍；螺溪的叶上椿、欧田的郑宗礼首先投奔，从者众。从此，这一带成了蓝一清、赖元爵为首的叛军的天下。该年三月初七日，叛军在螺溪薯村径击退明官军进攻，阵斩上砂千长庄玉光和五云洞彭龙、螺溪叶宗周等乡民十余人，贼寇气焰猖狂。四月，进攻长乐（今五华县）。五月二十四日，回师五云、仑岭，攻击苗竹寨后撤走。六月七日，复攻苗竹寨。八月至海丰县城郊劫掠，知县杨名为缓解眼前之忧派员前往招抚，被拒绝。九月二十八日，吉康都又新建二十三寨。至此，吉康都各乡均已筑寨。十二月二日，海丰县丞林杜瑛、千户刘椿密议以督寨为名进攻大溪峯叛军曾朝元部，反被曾识破率一千多名叛军于十二月十七日攻陷官军北溪营寨，征办生员朱志穆全家被杀。

嘉靖四十五年（1566）三月十日夜，蓝一清、赖元爵的叛军攻陷亭前寨。五月，攻陷高砂寨。八月，攻陷东山寨。十二月，黄塘、田心、马公、巡司、祠堂、下沙等寨村民相继离家出逃，叛军又进占东坑、吉溪、高砂、马公等寨为据点，势力进一步扩大。

隆庆元年（1567）四月二日，曾朝元部攻陷合江、东田二寨，至此，吉康都三十多寨被叛军攻陷大半。贼寇丧心病狂，所破村寨，逢人便杀，乡民到了人人自危的地步。

隆庆二年（1568）五月，吉康都乡民为了自保，在官府的牵头下，搞起联防，彭尚周为五围千总，彭国忠、阿雍、彭预、彭绍清、彭甘润为各围百长，联合对抗叛军。

九月二十一日，赖元爵、曾朝元集叛军三千多人，突袭占领仑岭、五云洞，在仑岭的合江寨、下碇掌牛坪，与官方武装激战一天，叛军死五百多人后，被迫撤出掌牛坪、合江两营寨。

九月二十六日，官方集宽山、石坡两寨武装袭击岗头埔叛军，双方激战，叛军死三百多人后，撤出岗头寨，进入螺溪，但仍牢牢控制着螺溪的据点。

隆庆三年（1569）八月二十一日夜，叛军蓝一清部五千多人进占园埔，潮州知府侯必登调海丰朱良宝部攻之，叛军退出石里，复回马公寨，但仍牢牢掌控着马公寨的据点。

隆庆四年（1570）七月二十五日，官军又组织兵力围攻半径、屯岗叛军；十月，进攻薯村径、白水磜田大坑叛军。

隆庆五年（1571）三月二日，参将李诚立率官兵三千多人，并乡绅武装三百名，分七路进攻东坑、吉溪叛军，打死叛军五百多人，抓获叛军家属一千多人。

根据以上这些当地官府留下的史料，即使尽其所能掩饰官府无能，尽可能多地叙说官军取得胜利的情况，但实际上官兵付出的代价同样惨重！从这些史料记载可推知，蓝一清、赖元爵率领的叛军自嘉靖四十四年（1565）一月开始，至张元勋于隆庆六年（1572）十月奉旨征讨叛军的六七年间，叛军一直活跃在吉康都一带山区。他们在此站稳了脚跟，公开与明军作对，与官府为敌，逼乡民为伍，给普通百姓带来深重灾难，让广大山民日不能聊生，夜不能安寝，生活在水深火热之中。

蓝一清、赖元爵在吉康都一带据山为巢，随着时间的推移，势力不断扩张，确有张居正首辅所担心的各地叛乱有"星火燎原"之势。

张元勋在消灭电白沿海倭寇、清剿了岭南恩平十三村陈金莺叛军之后，奉旨转移战场，从恩平来到海丰吉康都，将清剿矛头直指蓝一清、赖元爵等山贼。

张元勋不忘继续贯彻集中力量打歼灭战与"擒贼先擒王"的作战方略，率兵一个区域一个区域依次平叛，坚持以局部绝对优势的兵力消灭区域首恶。以此震慑偷鸡摸狗的小寇，保证以较小的代价，换取平叛卓有成效的胜利，恢复一方平安。

张元勋总兵在进军吉康都前，召集各路部将研究作战方略，进行战前部署。张元勋在会上对各部将说："岭东海丰叛军蓝一清、赖元爵据守的吉康都营垒，与今年前些时候清剿陈金莺盘踞的恩平十三村的地形地貌十分相似，都是南北走向的峡谷山川地带，叛军营寨都是处于窄长山谷，依山而建，据山而守。由贼首蓝一清占据马公寨，贼首赖元爵占据螺溪寨。吉康都的河口又是吉康都山区通向外地的咽喉。山贼只要扼守河口，就可确保马公寨、螺溪寨无虞。这六七年以来，明军曾多次派兵清剿，大多无功而返。蓝一清、赖元爵有恃无恐，越来越不把明军放在眼里。可以说，蓝一清、赖元爵一伙是比陈金莺更有实力、更难对付的叛军。我们这次参战，务必在思想上高度重视，在具体策略上精心谋划，在兵力部署上妥善组织，确保这次平叛战斗万无一失，力争取得比攻打十三村陈金莺的战斗更大的胜利。"张元勋全面阐述了吉康都的兵要地志，并对敌情进行了简要分析，接着又谈了自己对攻打岭东吉康都叛军的方略。

他说："《孙子兵法》告诉我们'兵者，诡道也'。用兵作战就是斗智斗勇，既比拼军事实力又比拼谋略诡计。我们前些日子攻打恩平十三村陈金莺，使用'偷天换日'之计，派人冒充电白战败逃亡的海寇投奔陈金莺营内，然后步步为营，里应外合，打破十三村陈金莺组织的水桶阵防卫，夺取了在不利地形条件下战斗的重大胜利。而这次攻打吉康都的战斗，战场的地形条件与恩平十三村近似，甚至更复杂、更艰难，且作战的对手又是久经沙场富有经验的顽敌。古之兵法再三告诫'战胜不复，而应形于无穷'，故我们不可能重复使用攻打十三村陈金莺用过的'偷天换日'之计，再找将士冒充战败的海寇混入敌营，实现里应外合，瓦解敌军的作战方略。况且这次战斗也不具备近地有刚刚结束战斗可资冒充战败逃亡的海寇投奔敌营的特定情况。因此，用'偷天换日'之计取胜这条路肯定走不通，那么，这次战斗我们应采取什么谋略？"张元勋说到这里稍作停顿，似在问计各位将领。

参加会议的各路将领面面相觑，给人的感觉是他们都在暗地里共同思考寻找这次战斗可供选择的合适作战方略，但又提不出真知灼见，处于想说又说不出的两难窘境。

张元勋看到参会人员静静坐候，未有发表真知灼见的意思。他接着以探讨征询的口气，提出自己对这次战斗谋略的构想。张元勋说："《孙子兵法》在《地形篇》中云：'隘形者，我先居之，必盈之以待敌；若敌先居之，盈而勿从，不盈而从之。险形者，我先居之，必居高阳以待敌；若敌先居之，引而去之，勿从也。'这次我们要攻打的吉康都地形是名副其实的'隘形者''险形者'。从兵法来说，敌人已抢先占领了隘口险形的高阳地势，并且敌在此已据守六七年，筑有坚固栅垒，若是我军不小心进入这种地形，那么要主动撤离；若没有开进，则要避开这种地形与敌交锋。可是，现在摆在我们面前的是，这次系奉旨征剿，明知山有虎，偏往虎山行，不论是遇到'隘形者''险形者'的地形，还是上刀山、下火海，我们都在所不辞。我们要迎着风险上。"说到这里，张元勋紧握拳头在面前有力地晃动了几下，表示不折不扣执行圣旨的坚定决心。

张元勋接着表情严肃地说："我们坚决奉旨平定吉康都叛军，也并不是在完全没有胜算把握的条件下去送死。我们要充分发挥聪明才智，利用神奇谋略，化不利因素为有利因素，既要消灭敌人，又要保存自己；既要完成平定吉康都蓝一清、赖元爵的叛军，又要带领我们各路兵马凯旋。这就是我们制定谋略的出发点，是我们制定谋略的基本原则。按照此原则，我反复分析了吉康都战场地形特点，初步构想，利用本军人多兵众，军力占有绝对优势的有利条件，对敌实行四面包围，围而不击；引蛇出洞，逐个歼灭。"

张元勋生怕属下不能明白他的作战意图，进一步阐释说："《孙子兵法》曰：'我出而不利，彼出而不利，曰支；支形者，敌虽利我，我无出也；引而去之，令敌半出而击之，利。''战势不过奇正，奇正之变，不可胜穷也；奇正相生，如循环之无端，孰能穷之哉。'我军不与敌军占领先机的隘形、险形之地作战，只在外围对敌军围而不攻，结合军事家孙膑建议的'以轻卒尝之，贱而勇者将之，期于北，毋期于得。为之微阵以触其侧。是谓大得'。对被围的敌军，让勇敢而地位不高的把总率军，以少量的兵力去试探敌阵，对试探敌阵的我军把总，告知不得恋战，在敌我交战后必须依计败退，对探阵的部队不要求取胜，只以'引蛇出洞'为第一要务。只要敌人离开固守的营垒，率兵追击佯败试阵的我军，届时预设'引蛇出洞'方略的目的已经达到。待敌军出击一半时，我佯败试阵部即可回师反击，我军占据支形两面有利地形的将士则可发起冲锋夹击，一举将敌歼灭。"

各路将军听了张元勋总兵对平定吉康都叛军谋略的阐释，喜形于色，打破了原先的沉闷气氛，都异口同声表示支持张元勋总兵制定的平定吉康都叛军的谋略。

张元勋紧接着对清剿吉康都叛军进行兵力部署，据明彭希周撰写的《吉康治乱记》钞本所载："海丰哨进欧田（河田）马公寨蓝一清巢"；"则属参将沈思学统兵六营，而分守道右参政唐九德监督之；归善（今惠阳县）哨进黄沙碗窑叶景清巢，守备陈璘统兵六营，而监军道副使顾善谦监督之；永安（今紫金县）哨进蓝溪曾宋伟（黄民泰）巢，则属副总兵王诏，兼守备徐天龄统兵六营，亦分守道右参议顾善谦（与上重复任监军）监督之；长乐（今五华县）哨进螺溪赖元爵巢，则参将李诚立统兵六营，而兵巡道右参政陈奎监之；又调狼兵一营而搜扒之（按：狼兵一营，府志未载，但系海邑信使应加考黄山代兵制）。"

据《潮汕志》等史料记载：隆庆六年（1572）十月，张元勋率参将沈思学、守备陈璘、参将李诚立、副总兵王诏、游击王瑞领兵三十营，分别从海丰、揭阳、归善（今惠阳、惠东）、永安（今紫金）、长乐（今五华）五路进军吉康都，另有一营号称"狼兵"也参加围捕。张元勋与部将陈璘在一起，从归善方向进军吉康都，居中节制。《吉康治乱记》所说的是四路明军，内未提及游击王瑞领军；也未提及出兵攻占位于马公寨、螺溪出入咽喉的河口三溪、高潭的马祖昌营寨叛军。而《潮汕志》等各种史料则列明沈思学、李诚立、陈璘、王诏、王瑞五路明军分别从海丰、揭阳、归善、永安、长乐各地向吉康都进军。《吉康治乱记》提及明军每路六营，总计三十营，明军应是五路进剿吉康都无疑。综合各类史料，进攻吉康都兵力部署具体来说应是：沈思学从海丰出发进剿马公寨蓝一清；王诏从永安（今紫金县）出发进剿黄民泰、曾宋伟营寨；李诚立隆庆五年三月以来一直在揭阳一带与敌周旋，系从揭阳出发，负责征剿河口的三溪、高潭马祖昌、曾朝元营寨；王瑞从长乐（今五华）出发，由伸威营左参议苏愚监督，负责进剿螺溪赖元爵营寨；《吉康治乱记》所载陈璘随张元勋从归善（今惠阳）出发，负责征剿黄沙碗窑叶景清营寨，张元勋居中节制（如图十八）。

各路兵马在十一月底前相继抵达各自战位。按照张元勋提出的作战谋略，根据各路担负攻击目标的战场地形，因地制宜确定各自引蛇出洞的诱兵

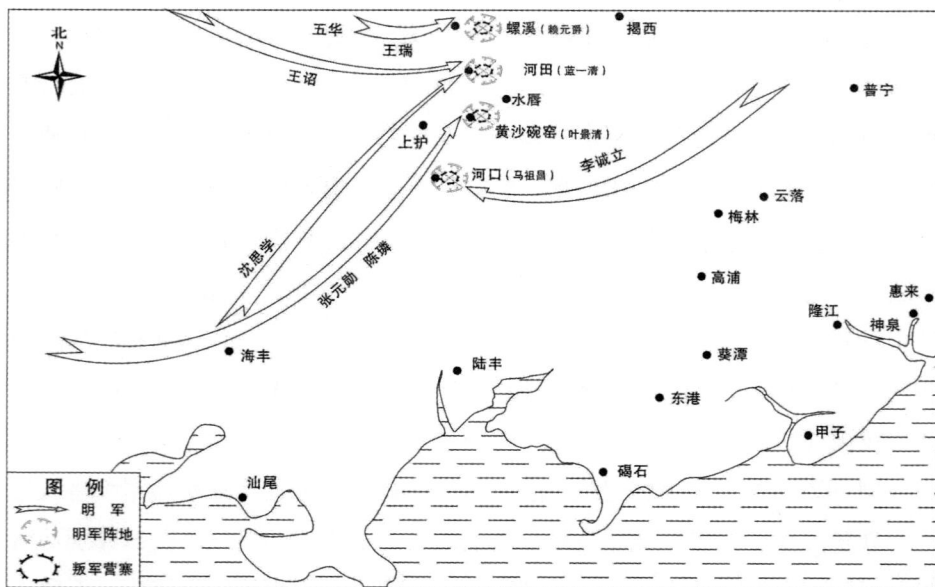

图十八、张元勋率兵岭东平乱作战示意图

与合力夹击的伏兵。此时，吉康都到处笼罩在山雨欲来风满楼的战前准备的紧张氛围中，遍地充满着火药味，预示着一场大规模的战斗一触即发。

张元勋为了指挥便利，在陈璘营里居中节制。但他认为李诚立部能否截住敌河口咽喉，事关能否彻底歼灭吉康都叛军。为此，他把注意力更多投向河口，更关心自揭阳进军河口的李诚立部的部署。他在战前特地策马奔赴河口与李诚立共同到三溪、高潭战场前沿察看地形，检查在河口引蛇出洞的方案落实情况。决定李诚立部派三营兵力占据河口南面牛牯头要塞，派一营兵力占据河口东面龙颈高地，派一营兵力占据河口西部新田高地，留一营兵力作为诱兵使用。安排停当，张元勋回营节制。

一切准备就绪，隆庆六年（1572）"十二月初二举事大征岭东诸山寨"（《潮汕志·大事记》）。

李诚立部派出诱兵以严整阵容逐步向敌前沿阵地推进，集中兵力对马祖昌驻守的三溪核心营寨发起猛烈袭击。

马祖昌利用坚固的防守工事，立即对明军火力进行反制，还以颜色，阻滞了明军进攻的步伐。马祖昌属下兵士看到明军进攻受阻，忘乎所以起来，以为明军仍如前几次一样，一触即溃，盼着马上又可领主子的赏钱了！

此时，李诚立指挥的部队貌似进攻不得法，适时停止了进攻，并佯作战败组织人员撤出战斗。

马祖昌见状，更加得意忘形，马上击鼓命令部队倾巢出动，乘胜追击撤退的明军。

殊不知当马祖昌近一半兵力追进河口南面牛牯头峡谷时，没等他反应过来，只见峡谷两侧山上的明军伏兵，突然弓箭飞舞，枪炮齐鸣，伴随着震天的喊杀之声，两营威武的明军齐齐冲下山来；佯似撤退的明军，也停止撤退，回师掉过头来，以严整的战斗队形，对准马祖昌山贼进行夹击。

顷刻，战局反转，进入峡谷的马祖昌率领的山贼，陷入四面楚歌被动挨打的局面。马祖昌指挥部下，拼死反击，左冲右突，无奈死伤过半。

侥幸逃命的山寇妄想突出重围，拼命向东、西方向逃窜，却又受李诚立设守堵截。马祖昌突围不成，只得凭借当地熟悉的地形指挥手下，逃进山林避身。

据《吉康都治乱记》钞本所载：李诚立所率一路官兵，"向导者，皆当地复仇之民，民益效力，兵无劫志，故论哨则同，论功则兵盛也"。李诚立军队在清剿吉康都的山贼中取得的战果最辉煌。

其他各路官兵，虽在清剿贼巢中也取得重大成功，但由于地形不熟悉，加上许多山贼凭借本乡本土的有利条件，战败后混入山民中，让明军辨认不清，致使部分贼寇漏网逃窜。"各哨官虽均有功，但不及李兵擒杀殆尽。"（《吉康都治乱记》）

据《明史·列传·第一百》记载："官军遍搜箐邃谷间。而元勋偕九德，追亡至南岭。一日夜驰至养谦所，击破李坑，生得子望等。明军破乌禽嶂。仕龙阻高山，元勋佯饮酒高会，忽进兵击擒之。先后获大贼首六十一人，次贼首六百余人，破大小巢七百余所，斩擒一万二千有奇。帝为宣捷，告郊庙，进元勋署都督同知，世荫百户。元勋复讨斩余贼千三百有奇，抚定降者。巨寇皆靖。"明韩世能《张元勋墓志铭》记载，天子诏告曰："倭寇延据郡国，为地方害久，今兹荡平，推尔张功。其升署都督同知，荫一子副千户，仍赏白金八十两，大红飞鱼衣世袭，文绮八。"

张元勋组织指挥的清剿吉康都蓝一清、赖元爵、马祖昌等山贼的战斗，自隆庆六年（1572）十二月开始，至万历元年（1573）二月止，张元勋使用分割包围，围而不歼，"引蛇出洞"，逐个歼灭的作战方略，经三个多月奋力苦战，共耗饷五万六千多，俘斩蓝一清之众一万两千两百八十六名，破敌大小据点七百余所，蓝一清等为首山贼十余人被捕斩于市。这是张元勋驰骋沙场以来，动用兵力最多，经历的时间最长，耗资最巨，获取胜利最大的战斗。这次清剿吉康都实力雄厚的蓝一清山寇的战斗胜利，彻底割掉了多年未曾解决的岭东山贼动乱的毒瘤。这次平乱战斗的胜利，又一次表明张元勋将军的战役组织指挥能力越来越高超，谋略运用越来越巧妙，他的军事指挥才能越来越得到朝廷的重视与认可。皇帝对他的嘉奖更加丰厚，他已成为明朝保国安邦不可或缺的重要军事将领。

第二十七章
再战顽匪朱良宝 彻底摧毁贼老巢

据有关史料记载，自隆庆皇帝登基数年后，即疏于朝政，骄奢淫逸，放荡不羁，致内乱四起。如前述吉康都一带，更是盗寇蔓延，东至东坑、大溪、三溪、葫芦峯、八万直至惠来，西至新田直至归善县，北至欧田、螺溪直至长乐县，到处盗寇横行，乡民流离失所，生灵涂炭，多数田地荒芜。乱世中，父母不能顾及子女，妻子不能顾及丈夫，兄长不能顾及小弟，昔日的娇女沦为贱仆，乡村民房成为废墟，有的百姓无家可归，村寨难见牛犊的影子，农家难闻鸡犬之声。

现经张元勋率领官兵大规模围剿山贼后，因战乱而远走他乡的难民，也纷纷回乡耕种。这里的乡村，重现生机，百姓又憧憬重新过上安稳的日子。

虽然岭东的盗寇首恶被镇压了，吉康都这一带暂时安定了，但"树欲静而风不止"，隐藏下来的盗寇却未因失败而接受教训，收手终止犯恶，重新好好做人。他们仍然好逸恶劳、凶残成性。在万历元年（1573）四月初八夜，残寇梁珈眼、拐子李、余万营又重新聚集山贼一千多人，趁着明军各路清剿吉康都山贼的官兵有的回原地驻扎，有的去攻打海寇，这一带山区明军力量空虚，又加各寨乡民戒备普遍放松的可乘之机，重操旧业，突袭云兴隆寨，掳杀乡民不计其数，然后众贼回到螺溪祠堂寨据守。四月十八日，生员彭继周、彭希同、彭奋庸参加岁考回家，在滑石水被山贼扣拿，彭奋庸被山贼活活打死，彭希同被山贼刀砍重伤后释放回家，彭继周则被山贼扣押在螺溪惨遭杀戮。后来这帮山寇又流窜到长乐、归善一带继续搜村劫寨，并劫杀生员罗大魁。九月初十日，张元勋所辖留守归善牛牯岭圆潭子的部分官兵也被贼寇偷袭，死伤多人。

为了确保岭东地区长治久安，从根本上解决岭东盗寇歼而不灭，始终存在小股盗寇劫掠而影响社会安宁的问题，张元勋参照恩平、开平两地平乱的经验，会同殷正茂总督，要求各府县训练乡兵，分区划片防卫，实行网格式管理，由各府、县、乡各自承担区域内安全防范的责任。明军各哨官兵集中使用，主要针对域内规模较大的盗匪进行打击。这样有主有次，点面结合，分工明确，群防群治，攻防联动的管理模式，有效地遏制了岭东局部地区匪患的死灰复燃。自实行联防后的万历元年（1573）十月，石围发生小股匪乱，惠州府通判及时率领乡兵应战，发动民众搜捕流窜残匪，有效消灭了其中大部分盗寇。后又在坪山埔设卡守卫，自此这一带盗寇销声匿迹。张元勋分域防卫的治安管理措施明显取得成效。

张元勋率领明军歼灭了吉康都的盗寇主要团伙后，又组建团练乡兵，实行分区域治安管理模式，巩固了战后成果。进而他再次分析了广东岭东的治安形势，决定接下去把进攻的矛头从山区转向海上，集中力量对准在明军平定吉康都时浑水摸鱼、兴风作浪的岭东林道乾、林凤、朱良宝、许俊美为首的一伙海上盗寇。

这伙海上盗寇的为首分子是林道乾，又名林司梁，生于广东澄海县苏湾都南湾村（今属广东汕头澄海区）。青年时曾为湖州小吏，善机变，有智谋。嘉靖末年，常公开在南海水上活动，"专以剽略为务"（《武功录·林道乾朱良宝林凤列传》），曾聚众抗衡官军。并于明嘉靖四十五年（1566）三月，率战船五十余艘自南澳岛攻诏安，陷山南和厩下等村，为都督俞大猷等所败，先退往台湾鸡笼（基隆），后退往台湾赤坎城（今台湾台南），遂以此为据点，又在北港（今台湾溪下游一带）监造战船五十余只，旋复回潮州。隆庆元年（1568）十二月，至翌年（1569）三月，多次与明官军作战，围攻澄海溪东寨，致寨陷。后接受招抚，偕同朱良宝率众三千人，归降朝廷，被安置于潮阳县招收都下尾村，得食膏腴田四千亩。时朝廷横海将军郭成常调道乾及莫应敷（原许朝光部下，后杀朝光）征战曾一本（大莱芜一战，一本投海死），（道）乾剑斩辛继新。于是军中大事悉咨询（道）乾。但林道乾、朱良宝等人与海盗曾一本秉性无异，"为人有风望，智力无二，好割据一方自雄。所至辄不忍贪淫之心，掘人坟墓，淫人妻小，蚕食人田土。常擅山海之禁以为利"（《武功录·林道乾朱良宝林凤列传》）。他自谓不能屈居人下，见朝廷不信任，意欲收招海上精兵，发动举事，不意图之，继续利用海上优势与官府分庭抗礼。

在万历元年（1573）一月，活动于海上的盗寇林凤、林道乾、许俊美，乘着明军集中力量攻打吉康都，坐收渔利。他们在全省防卫空隙的沿海柘林、靖海、碣石、澄海等地方，连续发兵进犯，疯狂劫掠百姓财物。

张元勋当时接报，苦于吉康都战斗尚未结束，为不受敌欺诈干扰，没有动摇既定攻打吉康都山贼的作战目标，未曾半途而废去攻打林道乾、林凤、许俊美一伙海盗。

二月，吉康都战斗胜利结束，张元勋立即带领李诚立、陈璘各哨兵力并海巡官兵，准备海陆并进，彻底清剿林道乾等活跃在海上的各股海盗团伙。

万历元年四月十五日，张元勋亲督大军对林道乾、朱良保、林凤三伙海盗进剿。

林道乾、朱良宝、林凤三股海盗臭味相投，闻悉张元勋率明军前来进剿，果断合为一伙，形成合力，共同对抗明军的清剿。

张元勋派部将郑美设伏于出海口，敌我水军在南洋海面相遇，引发激战，双方水军使用船上大型火器互相轰击，顿时海面炮声隆隆，水柱冲天。

张元勋总兵与福建总兵共同率兵对海上敌寇夹击。"贼见两省舟师盛集"，"（林）凤知众心已散，已罪不赦，掣舡夜遁"。

林道乾、朱良宝、林凤、许俊美的海上兵团与陆上兵力，经此一战，大量有生力量被消灭，元气大伤。据《明神宗实录》记载："叛招出海，驾言奔投外国。"据《潮汕志·大事记》记载，林凤逃往吕宋（今菲律宾），林道乾逃往暹罗（今泰国）海外，只有在陆上的朱良宝，趁着明军主力在海上作战，带兵急攻湖头市、厚垄陆上的明守军。朱良保久攻未果后，无奈悻悻率兵退回澄海县南洋寨，妄图利用深沟固垒，防御张元勋率领官军前来清剿。

退回澄海南洋寨固守的朱良宝，系澄海莲上镇涂城乡人。农民出身，善勇好武，膂力过人。他原是张琏起义军的大将王伯宣（澄海苏湾人）的部属。王伯宣战亡后，他又与海上盗寇首领林道乾纠集在一起，互相呼应，是林道乾的同伙与下属。林道乾主要侧重于海上，而朱良宝在陆上的势力更强。朱良宝与林道乾一样，在隆庆年间，反复接受明官府招安又反复叛乱举事。他曾于隆庆三年（1569）八月二十一日夜，出兵帮助潮州知府侯必登去攻打蓝一清聚集在吉康都占园埔的五千多人的山贼；也曾率军帮助明官军攻打海上巨盗曾一本。隆庆五年（1571）后，他又反水，进而聚兵数万，公开与明官军为敌，多次大败官兵。朱良宝逐渐成了明朝粤东安定的最大隐患。

朱良保所在的澄海县，原隶属于潮州府，地处广东省东部潮汕平原韩江的出海口，这里是一个"海气昏昏水拍天"的海湾，后来才逐渐冲积凝聚成陆。其东南濒临南海，西北与潮州交界，西南毗邻现汕头，东北连接饶平县，东与南澳岛隔海相望。域内主要以平原为主，素有"一山一水八分地"之称。域内主要有莲花山、南峙山、虎丘山、西陵山等山脉。其中莲花山主峰海拔一百六十八丈六尺，为县域最高峰。域内有韩江的四条支流东里河、莲阳河、外砂河和新津河，诸河自北往南呈扇形散开流经全域，然后注入南海。内河与大海可直接通航，从港湾可深入内河腹地（如图十九）。

澄海县城，雅称凤城。相传凤凰山上有两只凤凰，不愿上天为王母充

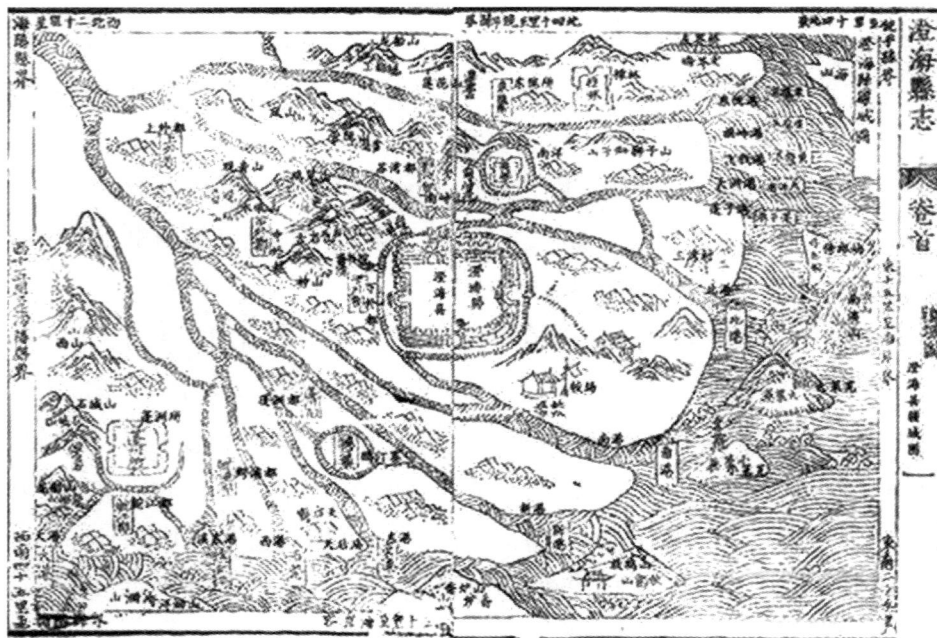

图十九、清嘉庆《澄海县志》之澄海县疆域图

当坐骑，却甘化小山锁住狂潮，让千万渔民安居乐业。其中一只凤凰化为孤岛称为"凤屿"；另一只凤凰化为山丘叫"凤岗"，而岗南村落叫凤岗里；岗西侧则成了县城，依此典故，县名雅称"凤城"。澄海建县后，为防盗寇，在县城四周筑起了七百多丈的石砌城墙，城墙设东、南、西、北四门，门上筑有月楼。城外有护城河，北门护城河直通北港入海口；西南角护城河与南港通海河道相连。西面紧依龟山、神山；东南方向冲积平原错落着几座山丘。县城周边不远有南洋寨、涂城寨、莲州城等处营垒。形成对澄海县多层护卫。

朱良宝在澄海的莲上涂城乡、莲下槐洋乡一带建有成片营垒南洋寨，至今涂城乡至蔡厝山一带的缚马峰、祭旗峰和皇帽石还留有朱良宝中军帐哨位，在溪南镇脚桶山下有朱良宝团伙的哨所……这些营垒互相联系、互相依存，构成南洋寨、涂城寨巩固根据地。

南洋寨又名南洋汛城（今属莲下镇槐东乡），在澄海县城北偏东十四里。其名因原属海阳县时，此地东南方向有一片汪洋而得名。南洋寨地处莲花山南麓，东有狮子山屏障，西有南峰山护卫。据饶宗颐《潮州志》大事记载："《澄海县志》记：城周围二百五十六丈，高一丈八尺，开东西两门。""环城皆水，直通海外，可泊战船，乃可战可守之地。""内有一池，周围二百一十丈，深一丈许。西北角设水关，水自南向西，转入水关，蓄水于池内，可停泊战船。池之右面为指挥司，左面为军营。"此为明军战略要地，明曾驻守备把总一名。这里被朱良宝占领后，则成敌的要塞。

苏湾都（今莲上镇）涂城寨（今涂城村），其东临黄厝草溪出海口，西倚南峙山岳，北看耸天莲花山，南望滚滚韩江水。涂城寨与南洋寨互为犄角，与澄海县城构成互相呼应的防卫体系。

在明万历年间，在澄海县蓬州都下辖的厦岭村，还设有蓬州守御千户所城。其城高一丈五尺，周长六里又百步，设东、西、南、北四处城门，城门上设有月楼，城上设有窝铺二十处，环城有护城河，可直通大海。故有"扼商彝出入之要冲"之谓，此处为潮州府之要塞。城内准四乡之居民入住，开兵民同住之格局。

万历元年（1573）四月十五日，朱良宝自碣石、靖海与明军海战失败后，从陆上直接逃回了澄海老巢固守。张元勋派副总兵李诚立、横海将军胡震、偏将董龙联合围攻朱良宝在澄海的营垒。由于攻打朱良宝的战场受地形所限，明官军列营于水田中，常以伏兵对朱良宝进行挑战，但均被朱良宝依托营垒，居高临下齐发箭矢、铳炮阻击。明军发起的多次进攻均无果而终。

李诚立对朱良宝营垒久攻不克，焦急万分。他带人策马杀向敌营，不幸战马被敌兵器击中，"坠马伤足"（《明史·列传·第一百》）。继之，朱良宝乘胜杀出营垒，对明军发起反击。朱良保手下战将石锋、铁锋骁勇异常，杀伤明军二百多人。张元勋部将李诚立首轮围剿朱良宝以失败收场。

此役失利，很伤明军脸面，被朝廷严加追责。据《明神宗皇帝实录·卷二十》记载："乙亥兵部奏广东海盗猖獗，多损官兵，请革潮州副总兵李诚立职，行巡按御史提问，降潮州按察史陈奎职二级改用，仍乞敕提督殷正茂严督各官克期诛剿，以靖地方，若必增募浙兵，亦听便宜，所在官兵不得阻执，上俱从之。"虽然李诚立在清剿吉康都叛军中功劳最大，但朝廷却不能原谅他在清剿朱良宝盗寇战斗中的失利。功归功，过归过，功不能掩过，李诚立将军还是被朝廷毫不留情革职。

朝廷对这次战斗失利追责，对张元勋比较宽容，只字未提张元勋应负的责任；但张元勋作为广东的总兵，李诚立又是他的部将，他感到有负朝廷对自己的信任，深为自责。他启蒙时读过孔子《论语》中的教诲："过，则勿惮改。"（《论语·学而》）"过而不改，是谓过矣。"（《论语·卫灵公》）他恪守先贤说的"以责人之心责己，则寡过；以恕己之心恕人，则全交"的待人接物的原则。他认真反思，深感这次战斗失利，存在着骄兵必败的因素。虽然问题发生在下面，但责任的根子在自己。部将李诚立因为在吉康都与蓝一清、赖元爵山贼作战中，是五路明军中打得最好、取得战果最辉煌的部队，后来李诚立的部队又受命赴岭东沿海清剿林道乾、林凤、朱良宝海寇，又取得了辉煌战果，再次取得大胜，歼灭了敌林道乾、林凤的大量有生力量，余寇被迫只能逃往海外躲避。紧接着，李诚立部在陆上又一路所向披靡，对朱良宝紧追不舍，使其狼狈地败退到涂城乡南洋寨老巢。李诚立接二连三取得的作战重大胜利，难免使他产生轻敌麻痹情绪。李诚立因为轻敌，部队未及时休整，又未集中可以集中的兵力，也未做好攻城器械准备，就贸然对退入坚固营垒的朱良宝发起进攻，以致造成惨重损失。作为总兵的张元勋，未能及时察觉部属问题，未予及时提醒告诫，显然是重大失误。

张元勋痛定思痛，暗下决心，一定要吃一堑长一智。在下次发动清剿朱良宝的战斗时，引以为戒，慎谨行事，决不能被胜利冲昏头脑，再也不能让朱良宝钻了空子便宜了他。

张元勋的部将陈璘在吉康都平叛战斗结束后，已奉命回师归善（惠阳）驻扎。当他知悉李诚立兵败朱良宝后，总兵张元勋要重新调动兵力攻打朱良宝位于澄海的老巢，战斗热情高涨，积极请战。他"投状军门，愿以三千兵平定之"，并信誓旦旦表示："若胜不得朱良宝贼寇，甘当军令。"

两广总督殷正茂、总兵张元勋十分欣赏陈璘永不服输的战斗激情。殷正茂、张元勋借着陈璘四十一岁生日，为壮其志，激励其英勇作战，再立新功，特以百金为陈璘庆寿。

张元勋虽十分钦佩陈璘的决心，但想起这次部将李诚立兵败朱良宝，而自己虽未被朝廷追责逃过一劫，但对陈璘提出以三千兵力平定朱良宝充满豪情壮志的方略，仍难免心有顾虑。他牢记"前车之辙，后车之鉴""前事不忘，后事之师"的古训。他觉得，身为总兵即使部属作战热情很高，决心很大，但在决策再次清剿朱良宝时，再也不能轻敌冒进。他按照古之兵法"兵之贵合也。合则势张，合则力强，合则气旺，合则心坚"的教诲，在筹划用兵之时，他坚持谨慎行事，绝不再犯轻敌麻痹之误。他身为总兵作出决策时，还是不能让陈璘冒险孤军清剿，不能轻信陈璘三千兵丁就能消灭朱良宝的豪言壮志。

张元勋本着谨慎用兵的原则，与制置使殷正茂重新调整兵力部署，令澄海、揭阳、东莞、顺德、归善、海阳、长乐、潮阳八县县令共同"调度庶务"。

张元勋为了防止爱将李诚立受朝廷处罚后自暴自弃，又登门找李诚立促膝谈心，让他放下包袱，接受教训，从哪里摔倒在哪里爬起来，继续留在军中，协助胡震、董龙指挥驻守澄海的明军坚守关隘，防敌逃逸，在全歼朱良宝的战斗中将功补过。

张元勋为保证攻打朱良宝顽匪有充足兵力，又令沈思学率部从海丰出发，屯兵在进攻澄海县苏湾都的要地。再令陈璘率部从归善（今惠阳）出发，向澄海南洋寨东面机动屯兵，做好清剿南洋寨朱良宝叛军的充分准备。

根据朱良宝所处营寨的地理地貌，让人不难发现：与朱良宝决战的战场与清剿恩平十三寨陈金莺以及海丰吉康都蓝一清、赖元爵营寨的地形地貌截然不同。朱良宝的营寨位于冲积平原地带，而陈金莺、蓝一清、赖元爵的营寨位于山川、峡谷之处。处于山谷地带的陈金莺敌营系依山而建，而平原地带的朱良保敌营则筑垒为寨。后者敌寇的营寨，可依托坚固的城堡防卫；而进攻的明军则处于无遮无掩的空旷地带，敌我防卫设施存在很大差异。敌寇据守的山寨营垒对没有防护的明军有很大杀伤力。因此，张元勋在考虑围剿朱良宝的具体方略上，决心采取集中兵力，以高制高，以火助攻，破城灭寇，彻底清剿，不留隐患的作战方针。

张元勋再三提醒参战部队，务必接受上次李诚立攻打朱良宝的教训。在这次战斗准备上，张元勋针对敌人占据城堡居高临下，明军处于平原开阔地的不利因素，积极创造以高制高的有利条件，削弱顽敌朱良宝占据城堡居高临下的作战优势。他令标下各部动员民众，砍伐树木，赶制"吕公车"百辆，为破城提供辎重保障。

所谓"吕公车"，据《明史·朱燮元传》曰："数十人拥物如舟，高丈许，长五十丈，楼数重，牛革蔽左右，置板如平地，一人披发仗剑，上载羽旗，中数百人挟机弩毒矢，旁翼两云楼，曳以牛，俯瞰城中，城中人皆哭。燮元曰：'此吕公车也。'"这是一种大型攻城器械，据说是周朝吕公发明的战车，其体形庞大可震慑敌人。更由于这种战车外裹皮革，能抵挡敌居高临下弓矢的射击，可出其不意将车内藏匿的士兵机动至城下，突然架设天桥攻城，非常实用，是军队攻城的利器，可大大增加攻城的胜算。

万历元年（1573）冬，张元勋指挥标下各参战明军，做好了攻打澄海南洋寨的各项战斗准备，完成了战场兵力集结。

张元勋凭借从小生活在南方农村，又曾在稻田放过鸭群，对南方农时规律一清二楚，知道秋季水稻收割后，水田成了旱地，田坂都是冬种苜蓿一类绿肥，农民为排水方便，田坂都做成一畦一畦的，每畦之间开凿的沟渠都有挖起的泥块。这些泥块整齐地排列在沟边，干燥坚固，又方正成形。张元勋命令各哨官兵进入阵地后，利用沟边泥块，构筑堡垒，"积草土与贼垒平"（明史·列传·第一百》）。

明军利用稻田泥块建起营寨后，敌在高处发射弓矢，也难对明军造成丝毫伤害。

为防朱良宝率部逃逸，张元勋又命令广东卫所的海巡舰船，汇集在韩江入海口，随时准备对朱良宝逃逸的舰船进行打击。

朱良宝得知张元勋这次大规模军事行动准备充分，系有备而来，心知此前"筑城为巢，险而坚，官军屡北"，但这次明军人多势众，来势汹汹，非其寨中兵马所能抵挡，故派人向张元勋提出乞抚。《张元勋墓志铭》对此有明确记载：朱良宝悉闻张元勋"奉命转征，贼大恐，募献万金乞抚"。

张元勋早已看透了朱良宝叛了降，降了叛，反复无常、毫无诚信的盗寇本质，更对朱良宝把部将李诚立挑在马下，致李诚立革职一事耿耿于怀，对其乞抚嗤之以鼻，根本不予采信。明韩世能《张元勋墓志铭》对此记叙："公让之曰：'汝为乱贼久，百姓重催惨毒，罪在不赦。吾今奉天讨，曷敢逋诛。'其以所纳金付有司饷士。"

朱良宝"狡狯勇悍"，乞抚不成，遂作困兽之斗。

张元勋"引兵攻之，贼致死拒战，我兵损伤过当"（《张元勋墓志铭》）。张元勋攻不下朱良宝城寨，朱良宝也逃脱不了张元勋的围剿，如此敌我双方战局处于胶着状态，彼此相持数月之久。

张元勋遂采用"先声夺人"攻心之计，令明官军挂出"有投降者免死"的大幅告示，"半月之间，无人应者"，都是"至死犹斗"，以至于时人感慨"议者谓田横之客，不是过也"（明代郭棐《粤大记·海岛澄波》）。朱良宝手下留着的都是山贼中的骨干分子，明军攻心计收效甚微。

万历二年（1574）二月，张元勋督造的吕公车正式入列，为攻城增加了强有力的武器。只是部队新招募的士兵，以前对吕公车未曾接触，不能熟练使用，只能将吕公车用来防御敌铳石、箭枪之击，但以吕公车作为攻城武器的功能却不能有效发挥。明军对敌进攻七日，敌营仍不拔。

张元勋看在眼里，急在心里。为了鼓励属下士兵从战争中学习作战方法，早日掌握手中新式武器，他觉得很有必要对属下大张旗鼓宣传贯彻"有功必赏，有罪必罚，则为善者日进，为恶者日止"（司马光《资治通鉴·陈纪》）。

张元勋这一招十分灵验，奖罚分明的练兵军令一下，标下立即掀起热火朝天的战前练兵运动。各部队能者为师，以老带新，以熟带生，各哨士兵很快掌握用吕公车攻城的技能。各哨将领又对使用吕公车的兵员具体职能进行了明确分工，各旗士兵各司其职，各行其能，部队很快形成了强大战斗力。

万历二年（1574）三月的一天晚上，张元勋抬头观察天象，结合农谚看到"太阳落山胭脂红，断定非雨便是风""太阳颜色黄，明日大风狂""日月有晕圈，无雨也风颠"。他从这些天象判断，明后天会起大风。

张元勋想起《孙子兵法·火攻篇》说的："行火必有因，烟火必素具。发火有时，起火有日。时者，天之燥也；日者，月在箕、壁、翼、轸也。凡此四宿者，风起之日也。""火攻上风，无攻下风。"他决心利用这两天大风天候来助明军实施火攻，遂下令各哨立即进入战时状态，做好随时火攻的战斗准备。

说来也巧，第二天正如张元勋对天候的判断，澄海地域开始劲吹东南风，很适合明军从上风以火攻城。张元勋不失时机举旗传令各部向涂城寨、南洋寨发起进攻。

顷刻间，澄海大地鼓声大作，铳炮轰鸣，旌旗飞舞，明军大小吕公车从土垒的营地出发，在畜力、人力的推拉下，缓缓向朱良宝的营寨门前移动，隐藏在车内的明军铳、箭手频频向城寨里的贼寇发射箭矢、铳石。

朱良宝手下的兵士，也以热兵器对明军的进攻猛烈阻击。

明军有了吕公车攻城利器，根本无惧敌箭、铳射击，敌的火力阻止不了明军吕公车向前移动的进攻步伐。

朱良宝的守城兵士苦于无力应对明军进攻，只能眼睁睁看着明军将士凭借吕公车的保护缓缓前行，逐渐逼近寨门。

明军将士逼近城门后，吕公车中火攻勇士乘势蹿出，将易燃草木堆放至城门点燃，立即引火烧门。立在吕公车上掩护烧门的明军将士居高望远，对朱良宝窃据的南洋寨看得真切，纷纷以弓矢带上火种，"嗖嗖"飞向朱良宝木栅构建的南洋营寨。这边的城门被烧塌，那边城里的木栅又着火。刹那间，火借风力，风助火势，朱良宝的南洋寨火光冲天，浓烟滚滚，顷刻被淹没在烟雾中。

张元勋怀着满腔怒火，立在阵前，指挥将士冲锋陷阵。陈璘言必信，行必果，一月不解甲，风餐露宿，鬓发为白，誓与朱良宝决一死战。他在张元勋的统一指挥下，以自制燕尾铁牌隐身进逼。

朱良宝确是"狡狯勇悍"之徒。他临阵不惧，一面指挥兵士灭火，一面手持大刀抗击明军进攻。他也深知"擒贼先擒王"之计，命令火铳、弓箭手集中对准张元勋总兵进行射击。

张元勋左右护卫见状，反应敏捷，立即手举盾牌，聚拢过来，奋力保护张元勋总兵。由于敌寇乱箭太密集，都一个劲儿往张元勋身上钻，张元勋不幸被敌飞铳射中左腕。

张元勋受伤后，把个人安危置之度外。仍然身先士卒，率军与朱良宝军血战。《张元勋墓志铭》对此有生动记述："有飞铳伤公左腕，公战益力，手剑刃数卒不用命者，一踊先登，诸将士从入，遂大破之，斩首千五百五十余级。"

这次战斗，朱良宝战死，敌在澄海全部营寨被铲除，澄海恢复了清平安宁。朝廷欣闻报捷，天子曰："恶寇荡平，尔张效有劳绩。其升禄职一级，赏白金四十两，文绮六。"

张元勋率兵消灭了朱良宝后，名声大振。在粤东、闽南沿海一带最后只剩下魏朝义等四个乱贼团伙。他们虽各拥众千人，但随着朱良宝劲敌被歼，这些残余贼寇的营寨已是风雨飘摇，岌岌可危，随时均有可能被张元勋率兵清剿歼灭。贼寇坐立不安，惶惶不可终日。

张元勋反复分析了魏朝义这些山贼团伙的心态，决定仿照《左传》中"军志有之，先人有夺人之心，后人有待其衰"的"先声夺人"之计，以实现《孙子兵法·谋攻》说的"不战而屈人之兵，善之善者也"的军事目的。他一面大张旗鼓宣传朝廷下达的征剿乱贼的圣旨，另一方面，则毫不迟疑付之于实际行动，调集兵力将魏朝义等四巢乱贼步步紧逼，团团包围。

魏朝义等团伙迫于明军大兵压境的形势，眼看蓝一清、赖元爵、林道乾、朱良宝等比自己力量强大数倍的团伙，也不是明军的对手，一个接一个都被张元勋率领的明军歼灭，而自己的力量远不如他们，若与明军对抗只能是死路一条。想到这些，魏朝义等首领就不寒而栗。魏朝义在朱良宝被歼后，就迫不及待派员向张元勋讨饶，要求放他们一条活路，情愿将部众遣散回家种地，再也不敢与朝廷为敌，专事偷鸡摸狗、打家劫舍的盗寇之举。

张元勋心里明白，粤东嚣张一时、不可一世的朱良宝等山贼均已平定，而魏朝义这些小贼，谅其也不敢与明军公然对抗。现在魏朝义等山贼要求招抚虽不一定真心，但实属为形势所迫使然。明军对山贼作战，其目的就是为了社稷永固、百姓平安，现在魏朝义等山贼为形势所迫愿意接受招抚也殊途同归，能使社会平安，遂应允了其接受招抚的请求。

魏朝义自缚走入张元勋军营，张元勋走下台阶，亲自为魏朝义松绑，伸手拉他到大堂坐好。魏朝义见张元勋如此厚待，更加诚服归降，并亲自前面带路，领明军进入自己山寨营垒受降。其属下见寨主归顺，也纷纷放下武器，望风而降，不曾厮杀一场。

张元勋为了防止魏朝义变卦，杜绝粤东动乱反弹，他"兵不厌诈"，在派兵接受魏朝义投降时，既逐一收缴了山贼各种兵器，又遣散了来自各地的山贼部众，还令属下各部彻底摧毁山贼营寨。

粤东余下其他三伙山贼，见张元勋兵临城下，魏朝义也已归降，遂心灰意冷，不愿继续抗衡再战，纷纷效仿魏朝义开寨投降。

至此，潮汕诏安一带沿海海盗倭寇山贼悉数平定。张元勋与配合其作战的福建明军胜利会师闽南诏安。张元勋欣喜之情溢于言表。遂在诏安悬钟果老山题词刻石，其曰："万历二年（1574）夏，予以镇守广东总兵都督同知，奉旨督剿海寇，会师于闽；重至玄钟，见旧种松树五百株长茂成林，偶有存棠之感，使后人无忘爱护，则此松可以阅千岁如一日矣。因刻石记之。天台东瀛张元勋书。"（见彩图十四）

朝廷闻报，张元勋不战而屈人之兵，能不废一枪一弹，却圆满招降粤东、闽南四千叛军，万历皇帝十分满意张元勋对魏朝义等四股残寇势力的招抚方略。为此，"钦赏白金四十两，文绮四"（《张元勋墓志铭》）。

张元勋在平定粤东林道乾、朱良宝、魏朝义等叛军的过程中，以大兵压境的强攻与用兵法谋略智取巧妙结合，将歼灭敌人与瓦解敌军谨慎取舍。在平定粤东乱贼的战斗中，灵活地运用了集中兵力，水陆并进，协同夹击的作战方略，先后歼灭海盗林道乾、许俊美、林凤三千五百三十余人；又以高制高，以吕公车攻城利器，借风火攻等军事手段，歼灭朱良宝部众千五百五十余级；还以强兵压境、先声夺人，不战屈人之兵瓦解招抚魏朝义等四股窜扰粤闽接合部的山贼四千多人。让人信服地看到，张元勋率军在粤东的大规模平乱中，以最小的代价换取了粤东全境安宁的最大胜利，其为朝廷所赞赏，为粤东百姓所称颂，自在情理之中。

第二十八章
阳江倭寇灭又生 领兵再战双鱼城

自隆庆末（1572）至万历初（1573），张元勋率领明军集中兵力在粤东连续作战，平定了横行粤东多年的海盗山贼，战后又强化了沿海卫所建设和各府县的乡兵整训，社会恢复了正常生产、生活秩序，百姓从此再也不用提心吊胆过日子，粤东出现多年未见的安居乐业的新气象，百姓额手称庆。

这时，以劫掠为生的外围倭寇、海盗看到明军主力转战粤东，广东东部地区社会管治力量明显加强，再也不敢在粤东地区犯恶。而此时，粤西社会管治力量却相对空虚，倭寇海盗遂与明军玩起了捉迷藏，又将劫掠方向从广东的东部移至广东西部的沿海地区。

万历二年（1574）倭寇相继侵犯广海、香山等地，官军得到警情报告疲于奔命应对。是年冬，倭寇又一次进犯明军驻守的孤立无援的广东阳西双鱼所城。

阳西的双鱼城（今阳江上洋镇双鱼村），距县城三十公里，坐落在龙高山西麓。双鱼城依山傍水，东有东门诸岭天然屏障，四周有护城河环卫，西南为白石海，飞舟过去可直抵双鱼城下。该城占地面积十二亩，城墙环抱，城堞呈梯形，外直内斜，城底宽三丈，上宽一丈八尺，城高一丈八尺，设有东、南、西、北四个城楼，城楼重檐庑殿，雕梁画栋，有吊桥一座。明军驻守时，每个城楼设大炮一门，内置发汛公署及寨署、哨捕、兵房、守险之制。有兵船十一只，官兵四百四十四名，左哨派守双鱼港内，通双鱼所城。港门两山对峙，铳台三座，复有东山官兵据险而守……右哨派守丰头港，与海朗寨接界。港内通织簧圩五里余，至太平驿。每年春秋两汛要派兵巡海。双鱼城因与龙高山山势绵延相连，又路通双鱼信海，其在粤西沿海边防中地位举足轻重。双鱼城与儒洞、神电卫共同组成了粤西沿海防寇缉盗的屏障。

此城与神电卫一样，因有坚固的防御工事，一旦落入敌寇掌中，反成了盗寇易守难攻的营垒。

双鱼城又位于濒临南海的大陆突出部，是一座孤城，一旦发生倭寇海盗侵扰，各处官兵很难前往救援。双鱼城守御的官兵在上次失守被明军重新夺回后，殷正茂、张元勋在转移阵地前夕，曾对守军再三嘱咐告诫，要其提高警惕，严防死守，不得有任何疏忽大意；但守御的官兵因近两年未受倭寇侵扰，思想逐渐产生麻痹，守备松弛。这次面对大批倭寇突然出现，顿时惊慌失措，乱作一团，坚守信心丧失殆尽，战斗意志脆弱。经不起倭寇几轮进攻，便城池失守，败下阵来，匆忙逃到他处避难。

据明韩世能《张元勋墓志铭》记述："忽一夕，公理戎政，见厥考前告曰：'儿亟发兵如岭西，毋缓！'公愕然惊怪，隐几少息，考又促之。公即遣裨将帅师限六日驰千百里至彼待寇，约亲率标兵为应。众莫能测。"古人在墓志铭中将倭寇再占双鱼城的事神化了，说张元勋被其父亲托梦告知倭寇入侵。不过，此从另一侧面反映了张元勋朝思暮想、魂牵梦萦关心广东海边防安危，真是日有所思，夜有所梦。他预感到明军平定了粤东寇盗后，倭寇、海盗将会转移方向，将从侵扰粤东改为侵扰粤西地区。而双鱼城所处粤西的地理位置又决定了其会首当其冲。

张元勋梦魇成真，时隔不久就接报，阳西双鱼城官兵城池失守。

张元勋闻讯万分震怒。他与殷正茂总督紧急商议，要贯彻"赏善罚恶，以立功立事"（黄石公《素书》），坚决惩治守城失职官员。另一方面，又本着惩前毖后，治病救人，对失职的官员不一棍子打死的精神，命原守城官员戴罪立功，以观后效。

对于怎样歼灭占领双鱼城的倭寇，他引用《孙子兵法》与殷正茂商议说："'善守者藏于九地之下，善攻者动于九天之上，故能自保而全胜也。'我军必须趁着倭寇占领双鱼城立足未稳，城池还未修整的机会，兵贵神速，事不宜迟，立即调集援兵，海陆并进，多路汇集，聚歼倭寇于双鱼城。"

殷正茂也认为，歼灭双鱼城的倭寇越快越好，迅速驰援双鱼城是必须的，但粤东澄海至粤西双鱼城，两地相距近两千里，要在六七天之内赶到双鱼城谈何容易！殷正茂反问张元勋："有何如你梦中要求的六七天内驰援双鱼城的妙计？"

张元勋胸有成竹地回答："我们一方面快马加鞭传令双鱼城邻近的四会、肇庆、阳江各部官军立即驰援双鱼城，先把双鱼城的倭寇合壁包围，不让逃逸，待我们大队人马到后围歼；另一方面，根据空中云层走势，近日广东沿海海面会刮东北风，可命令驻守粤东沿海各哨官兵，乘坐舰船，巧借风势，日夜扬帆快进，估计六天内可直抵双鱼城。由此明军海陆并进，形成对双鱼城海陆夹击，歼灭双鱼城倭寇指日可待。"

殷正茂对张元勋提出的海陆并进、协同夹击的作战方略十分赞同。殷正茂补充提出："根据双鱼城的地理位置，明军战船会齐双鱼城洋面，对敌发起进攻，倭寇要向海面逃窜则无路可遁。据此，倭寇只能向内陆逃窜，而双鱼城的东北面有龙高山诸石岭的天然屏障，儒洞则是其逃窜必择之地，若我们率兵在此设下埋伏，定可'以逸待劳'，大获全胜，全歼倭兵。"

张元勋说："总督说得甚是。《孙子兵法》说：'故知战之地，知战之日，则可千里而会战；不知战地，不知战日，则左不能救右，右不能救左，前不能救后，后不能救前，而况远者数十里，近者数里乎？'《孙子兵法》又提出：'善用兵者，避其锐气，击其惰归，此治气者也；以治待乱，以静待哗，此治心者也；以近待远，以逸待劳，以饱待饥，此治力者也。'《史记·管晏列传》云：'凡先处战地而待敌者佚，后处战地而趋战者劳，故善战者，致人而不致于人。兵书论敌，此为论势，则其旨非择地以待敌，而在以简驭繁，以不变应变，以小变应大变，以不动应动，以小动应大动，以枢应环也。'我们在隆庆五年十二月曾在这一带对倭作战，熟知这一带地形。若我们从海上集中舰炮火力对占领双鱼城的倭寇进行饱和攻击，倭寇必会弃巢而逃。碍于双鱼城东，有诸石岭天然屏障，在北面的不远处又有高山阻挡，倭寇不会轻易从这两个方向外逃，故敌最有可能如总督判断，会循沿海丘陵地带往西面的儒洞方向逃窜。由此敌寇被'调虎离山'，失去了双鱼城易守难攻的优势，我军则可扬长避短，提前将驻守新会、肇庆、阳江各哨支援双鱼城的官兵，布置在双鱼城至儒洞一线有利地段，设伏静候，守株待兔，只要倭寇如我们所料，经不住舰炮打击，从双鱼城败退出城，进入我军伏击地带，我们就可来一个关门捉贼、瓮中捉鳖，倭寇插翅难逃，这应是歼灭双鱼城倭寇甚佳的作战方略。"

张元勋指着手绘的阳江一带的军事地图进一步说："根据赶虎出穴、守株待兔、关门捉贼，在运动中歼灭敌人的作战方略，命令副使赵可怀从新会进军双鱼城外围蓝水；命令岭西参将刘志伊，金事石盤从肇庆进军双鱼城外围施（书）村；命令阳江参将梁守愚从阳江进军双鱼城，配合水兵攻打双鱼城池。张元勋要求各部队兵贵神速，日夜兼程，在六天内务必赶到战地，进入预设战场，做好伏击倭寇的战前准备。"（如图二十）

图二十、阳江双鱼老城图

张元勋筹划停当，立即分头传令新会赵可怀、肇庆刘志伊、阳江梁守愚，拔营从陆路快马加鞭向双鱼城战场机动。传令攻打南洋寨朱良宝后尚留在澄海的陈璘以及回海丰驻守的沈思学，就近乘坐带帆舰船，备上攻城吕公车，安排最佳掌舵扬帆的水手，日夜兼程，向粤西双鱼城洋面进发。

说来也巧，这些天的南海海面，正像张元勋神机妙算的那样，都是劲吹东北大风，海上洋流也是由东北向西南推波助澜。驻扎粤东沿海的明军官兵乘坐的舰船一路顺风顺水，不到六天就提前赶到双鱼城的洋面，应验了张元勋梦中寄语。正可谓老天有眼，惩恶扬善，使出了浑身解数，助明军取胜。

张元勋不顾长途奔袭的劳顿，亲督新会赵可怀部，扬鞭策马赶到双鱼城战场，又传令各哨舰船，在抵达双鱼城外海后，依次列阵在敌炮火射程外。传令陆路各哨明军：各就各位，占领有利地形。紧接着他遵循《孙子兵法·虚实篇》"能以众击寡者，则吾之所与战者约矣"，以及《孙子兵法·军形篇》"故胜兵若以镒称铢，败兵若以铢称镒"的用兵原则，按照《淮南子·兵略训》"夫五指之更弹，不若卷手之一挃"的教诲，命令标下贯彻"专一则成""合力则强"的作战思想。指令装备大型火炮的各哨舰船，全部集中一处，统一使用，集中炮击，充分发挥火炮集群的威力。

张元勋命令沈思学率部从洋面对双鱼城敌寇进行集中火力炮击，乘"敌有昏乱，可以乘而取之"。伺机率部登陆，迅速占领双鱼城右哨派守的丰头港，由此入城作战；命令陈璘炮击开始后，凭借对敌火力压制，率部登陆占领双鱼城两山对峙的左哨港门要塞，由此率兵入城拼杀。

一切部署完毕，张元勋果断下令，各舰船火炮集中向双鱼城城门抵近射击。

瞬间，各舰船的大口径火炮发出震耳欲聋的吼声，只见冒着炽烈火焰的铳石，朝着双鱼城同一方向集中倾泻，双鱼城地动山摇，顷刻淹没在火光浓烟中。

守城的倭寇遭到突如其来的猛烈炮火袭击，知道这次摊上大事了。心知如此猛烈的炮火一定是遇到明军主力围剿，双鱼城肯定难保，弟兄们的性命危在旦夕。

正当倭寇被明军炮火炸得晕头转向，是守是撤犹豫不决之时，只见炮火烟雾弥漫中，倭寇隐约发现陈璘已率部占领港门要塞，正利用舰船的掩护，用随船装载的吕公车，开始从双鱼城东南方向攻城。沈思学率部乘着舰炮打得守城倭寇抬不起头的机会，也已率部从双鱼城西南方向的丰头港逼近双鱼城中心，各哨官兵正在加紧架设吕公车，准备实施攻城。

倭首发现明军主力开始用吕公车强攻登城，急令守城倭寇在城头发射弓矢。怎奈吕公车庞然大物，刀枪不入，可有效抵御矢、石攻击。倭寇发射的弓矢，在吕公车面前溅落，成了一堆废物，敌的弓矢根本阻挡不了明军攻城的步伐。

明军将士在南洋寨战斗中，曾试验用吕公车攻城，由于初次使用，尚有生头摸脚之感，而现在这些经过吕公车登城实战锻炼的明军将士，在双鱼城再次使用吕公车攻城，已是熟能生巧、得心应手了。当吕公车接近双鱼城城墙时，只见立在吕公车顶层的明军弓、铳手，以高制高，向城头倭寇守兵密集射出弓、矢，打得倭寇守兵抬不起头来。只有消极应对的份，却没有反制的力。明军藏在吕公车内的架桥兵，瞅准倭寇躲身的机会，将吕公车内藏的天桥，立马伸向了双鱼城城头。那些藏在吕公车内早已跃跃欲试的明军刀、剑手，凭借天桥连接城头，随着喊"杀"的震天吼声，张元勋标下把总郭（葛）子明（浙江金华人）热血沸腾，全然忘却了个人安危，顾不得倭寇飞来的箭矢，一手拿盾，一手举刀，身先士卒，神勇无比，率军从吕公车内冲出，跨过吕公车架设的天桥，对着城头的倭寇冲杀过去。

明军把总郭子明"手刃三倭，左臂被贼砍伤几断，犹奋勇大呼，鼓众力战"（《阳江县志》）。

这批领头的倭寇都是久经沙场的亡命之徒，他们眼看明军在把总带领下，奋勇跃过天桥，以排山倒海之势冲杀过来，有的拉弓射箭，有的举刀拼死对抗。

明军看准反抗的倭寇，挥刀斩杀过去，顷刻污血喷涌，身首异处；倭寇营中的胁从者被明军气势所震慑，为保全性命，乖乖举手伏地乞求投降饶命。

倭首眼见大势已去，城池难保，指望保存实力，留得青山在，不怕没柴烧，有朝一日东山再起，遂当机立断率军且战且退弃城逃跑。由于双鱼城东北方向被高山峻岭所隔，南面是浩瀚大海，舰船又早被明军击沉，已无舰船可供逃逸，且明军主力从南面的东西两侧方向压将过来，想从东北、南面逃生，已无可能，唯一选择只能向西南儒洞方向逃窜。

张元勋料敌如神，料定倭寇兵败双鱼城后，必向西面的儒洞方向逃窜。战前，已部署从新会率军而来的赵可怀，设伏于双鱼城至儒洞的蓝水路段；又将从肇庆率军而来的刘志伊，设伏于双鱼城至儒洞路段的施（书）村；还将从阳江率军而来的梁守愚设伏于儒洞的出海口，以防倭寇兵败后抢劫民船从海上逃逸。如此层层设防，全方位包围，倭寇上天无路，入地无门，就是插翅也难逃失败的命运。

张元勋面对倭寇节节败退，按照《吴子兵法》说的："追贼者，贼有逃脱之机，势必死斗；若断其去路，则成擒矣！故小敌必困之，不能，放之可也！"他考虑，是役只要将倭寇驱离双鱼城，赶入预设伏击圈，就可瓮中捉鳖，全歼运动中倭敌。故让陈璘、沈思学各部追击倭寇不用追得太紧，防止倭寇陷入绝境后拼死反抗，在我军不利的地点拼杀，反而给我军带来不必要损失。

张元勋对攻打双鱼城的部队下达的任务，主要是将倭寇这只凶残的老虎调出双鱼城，赶进蓝水、施村伏击圈就达目的。因此，张元勋看到倭寇败退出城，再次授意陈璘、沈思学率部只要紧随倭寇不舍，驱虎离巢、赶鳖入瓮即可，用不着与倭寇逼近格斗。一旦那些残寇进入预设伏击圈，即可由设伏的明军给予歼灭。

倭寇不知是计，自以为只要摆脱攻打双鱼城的明军的追击，就能万事大吉，就是天大的幸运。这些从双鱼城逃出的倭寇，抱头鼠窜、争先恐后往儒洞方向退却。

当这伙倭寇逃至双鱼城至儒洞之间的蓝水，正在暗暗庆幸摆脱了明军追击之时，却闻前方火炮轰鸣。那些逃在前面的倭寇，突遭明军鸟铳火炮伏击，心中根本没有防备，还没有明白过来是怎么回事，就纷纷被设伏官兵的箭、铳击中倒地。

倭首情知战况有变，已中了明军设伏之计。但事到如今，倭寇只能面对后有明军大部队追击，侧有明军设伏，"其（倭）军惊骇。众寡不相救，贵贱不相待"。倭首已别无选择，只能厉声吆喝整合属下，立即列阵反击明军设伏，率兵拼死突出重围。这些倭寇犹如输红了眼的赌徒，号叫着向设伏的明军冲杀过来。

此时的蓝水战场，尘土飞扬，人嘶马叫，敌我双方短兵相接，混战在一起。双方拥有的热兵器一方面怕会自伤，另一方面也来不及装填弹药，已派不上用场。只见敌我刀剑发光晃动，发出叮叮当当清脆的金属撞击响声，同时混杂着震耳欲聋的敌我喊杀之声，以及伤亡者的哀鸣，战场惨烈的声音回荡在蓝水上空。血水不断浸染着战袍，头颅接连在荒野飞滚。赵可怀率领的明军越战越勇，锐不可当，倭寇死伤惨重。

这些被明军四面包围的倭寇，为了活命，拼死决斗。部分倭寇终于杀出了一条血路，继续向儒洞方向逃窜。

张元勋对"关门打狗""瓮中捉鳖"的战法，领会非常透彻。他领会吴子所言："会使一死贼，伏于旷野，千人追之，莫不俯视狼顾。何者？恐其暴起而害己也。是以一人投命，足惧千夫。"在敌被四面包围之中，必作困兽之挣扎，其爆发力特别强大。张元勋考虑一次设伏歼灭敌人可能带来己方将士付出高昂代价。因此，张元勋在这次战斗的兵力部署时，不作铁桶阵部署，而在兵力允许的情况下，采用多重设伏，多次关门打狗，多次在运动中给敌重创。这样既消灭了敌人又保存了自己，达到战争效益最大化。

张元勋这次设伏围歼双鱼城逃跑的倭寇，一方面将赵可怀部的官兵设伏于双鱼城至儒洞路上的蓝水一线，另一方面又在该路段的施村一线部署刘志伊部二次设伏。正当倭寇如释重负冲出蓝水伏击圈，继续向儒洞方向狼狈逃跑之时，没过一个时辰，又神不知鬼不觉地钻进了明军在施村的二次设伏圈。刘志伊率领的明军在施村军容严整，早就指望着倭寇进入伏击圈能杀敌立功。果不其然，倭寇又糊里糊涂进入施水设伏带。刘志伊指挥将士凭着占据的有利地形，充分利用鸟铳火炮等远程火器，首先对走在前面的倭寇实行火力封杀。

这些遭伏击的倭寇，本来在蓝水惨遭伏击后惊魂未定，现又突如其来遭到二次伏击，真令他们做梦也不会想到遭此厄运，况且这些散兵残寇，历经兵败双鱼城，又经蓝水伏击，已经死伤过半，队伍编制打乱，没有时间休整，现再遇此二次伏击，已不能组织有效突围。只有靠各人自身技能躲躲闪闪，各自为战。这些溃败的倭寇根本经不起阵法严谨的明军的猛烈攻击。几个回合下来，这些倭寇不举手投降的，大多葬送了性命。

据《明史·列传·第一百》记载："其冬，倭陷铜鼓石、双鱼城。元勋大破之儒洞，俘斩八百余级。进秩为真。"而明韩世能《张元勋墓志铭》亦记载："遂大破之，斩首千四百七十余级。天子曰：'倭寇突犯破城，尔张预应料兵，获此全捷。其升实授都督同知，赏白金五十两、文绮八。'"可见，皇帝对张元勋这次战绩十分赞赏，又一次给予丰厚奖励。

张元勋这次率军全歼双鱼城、儒洞倭寇的战斗，坚持因势定谋，以众击寡的军事原则不动摇。即使在倭寇只有两千多人的情况下，仍然坚持谨慎用兵，绝不麻痹轻敌，乘敌立足未稳之机，兵贵神速，调集一切可以调动的兵力，水陆并进，以镒称铢，以绝对优势的兵力，对侵占双鱼城的倭寇包围攻击。又运筹帷幄，对被困城内的倭寇，巧施"调虎离山""赶鳖入瓮"之计，设计逼倭寇弃城往儒洞方向逃窜，而后在敌逃跑的路上占据有利地形，"以逸待劳""守株待兔""双重设伏"，在运动中歼敌。此方略，既避免"关门打狗"致敌作困兽垂死之斗可能造成本军不必要的伤亡，又实现全歼倭寇，不使漏网。张元勋双鱼城歼灭倭寇之战，将歼灭敌人、保存自己的战争双重目标演绎得淋漓尽致。

第二十九章
决战罗旁平内乱　驰骋广东战绩辉

　　隆庆五年（1571）至万历三年（1575），南京兵部尚书兼两广总督殷正茂与总兵张元勋密切配合，两人不负重托，先后于隆庆五年冬歼灭神电卫、双鱼城、儒洞沿海一带倭寇；隆庆六年（1572）秋，平定恩平十三村等地山贼；隆庆六年冬，率兵在岭东吉康都一带平定蓝一清、赖元爵等叛军；万历元年（1573）四月，在碣石外海歼灭林道乾、林凤等海寇；万历二年（1574）三月，全歼盘踞澄海的朱良宝巨寇，瓦解魏朝义四千多山贼；再回师阳江沿海全歼新冒出来的倭寇。至此，广东除罗旁外的各地大规模盗寇活动基本平息，史书记载"寇盗略尽"，社会相对安定。

　　万历三年六月，殷正茂奉诏回南京改授户部尚书。从此告别了一线抗倭平叛的战斗生涯。朝廷命凌云翼接替殷正茂任两广总督一职。殷正茂任上已计划但尚未启动的平定罗旁瑶民动乱事宜，只能留待张元勋与凌云翼来合作完成。

　　凌云翼，字延年，名汝成，号洋山，江苏太仓州人。明嘉靖二十二年（1543）进士，授南京工部主事。隆庆中，累官右佥都御史，抚治郧阳（今湖北十堰市）。疏论卫所兵消耗之瘠，凡六事，义行。万历元年，进右副御史，巡抚江西。后任兵部左侍郎兼右佥都御史，提督两广军务，代殷正茂。云翼有干济才。

　　凌云翼、张元勋欲平定的叛乱的罗旁，系位于明德庆州上下江界、东西两山间，此特指的罗旁并非与今罗旁圩等同，而是泛指今云浮市所属罗定、郁南、云安、云城等地方，面积六千多平方公里。泛指的罗旁中心区在今郁南县境，连接东山（罗定境），西山（信宜境），泷水后山（云开山脉）一带，延袤七百里。又据《粤西丛载》第二十九卷载：其地东接新兴，南连阳春，西抵郁林（今广西玉林）、岑溪（今广西岑溪），北尽长江（即西江以北包括岭北湖南各地），与肇庆、德庆、封川（今封开县）、梧州仅隔一水。境内群山起伏，万山绵延。中心区郁南境内主要有同乐大山，山脉整体呈东北朝西南走向，该山脉的大历山海拔高两千四百三十九尺，胭脂顶海拔两千四百四十二尺，高洞顶海拔两千一百尺，均巍峨入云。境内西江循江东北部边境流过，流经郁南河段长一百二十八里。西江一级支流——南江下流河段穿过县境南部，流经郁南河段长二百二十四里。县内还有西江大小支流十二条，最长的支流为罗旁河（建城河），全长一百二十八里，其他支流有千官河、大方河、桂河、平台河、宝珠河、连滩河、黑河、守挂河、逍遥河、深步河、白石河等。罗旁区域的郁南属于山区双水网遍布的独特地理环境。

郁南以南的罗定，系由明泷水县升格为州名。泷水县析东部东山、黄姜垌等和德庆、高要、新兴部分地域建东安县；析泷水县西山、大垌等和德庆、封川部分地建西宁县（即今郁南县）。明万历四年（1576）前，罗定地域只设泷水县，辖今罗定及郁南、云安、云城、信宜、岑溪部分地区。罗定位于广东西部，西江之南，东有云雾山脉，西有云开山脉，全境形似东醇正南为边围，向东北开口的箕状盆地。西部有十座海拔超三百多丈的高山，最高峰为泷须顶，海拔高度为近四百丈尺，境内峰林耸立，山涧遍布。地表水汇集于罗定江（泷江），注入西江，在县境内全长一百六十二里。罗定南接高雷，西通桂、黔，系西江走廊的交通要冲，自古被视为门庭防卫、抚绥重地。

粤西广义的罗旁区域，正如郁南、罗定等地域一样，都是山峦重叠，溪涧遍布的地形地貌。这一带居住的瑶人，其祖先是长沙武陵蛮和五溪蛮，一直被称为蛮夷；至隋，因为常免徭役，称为"莫徭"，以后用"瑶"作为专用的族称。因为瑶人以耕作山地为主，族群大分散、小聚居，流动性较强，加上生活困苦，文化不高，常为生活出路铤而走险，历来难以管理。

瑶乱早期，据有关学者研究，认为当时瑶族上层首领与普通瑶民尚未形成阶级对立，瑶乱并不是针对上层瑶首；当时民族矛盾也不突出，也未存在民族压迫。但随着汉人迁移，以土地占有为标志的封建制度和生产方式在多民族聚居地区确立，除了军队屯农外，汉人也在一定范围内"立寨耕种"，土地矛盾成为主要矛盾，引发瑶汉冲突不断。瑶人自宋代由湘入粤，再由粤入桂后，在粤桂交界的广西大瑶山，广东的泷水、罗旁这一带经常发生动乱。据《宋史》、嘉庆《湖南通志》及《宋会要辑稿》等介绍，宋代共发生瑶乱三十六次，其中湖南二十四次，广西七次，广东五次。由于广西山区较多，经瑶人迁徙，故元代瑶汉冲突，广西升至二十八次，湖南发生十三次，广东发生十次。延至明代，特别是明中叶以来，广西的大瑶山（今藤县大藤峡附近）与广东的泷水之东山、西山，尤其以罗旁这里的瑶民因不满明汉人朝廷的统治与官府的掠夺与压榨，他们依托粤桂两省边界山岭崎岖，丛林密布的地理环境，多次揭竿而起，暴发大规模的武装叛乱，公开与朝廷为敌，多次发兵围攻官府，也有沦为盗匪，劫掠过往商旅，攻陷城堡村寨，荼毒良民百姓，造成生产破坏，交通梗阻，乡民背井离乡，哀鸿遍野，严重冲击着广东社会安定。《广东通志》称"罗旁二百余里蜂屯蚁聚，凭恃险阻，数出为寇，蚕食屯乡，横心劫掠，骚扰郡邑"。《明史》说及瑶汉冲突激烈程度达到"广东十府残破者六"（丘濬《两广事宜疏》）、"两广守臣皆待罪"（谷应泰《明史纪事本末·平藤峡盗》）的地步，令朝廷万分头痛。

面对这种社会乱象，德庆知州陆舜臣道出州、县官员肺腑之言："征而不能守，不如不征；守而不能守，不如不守。"他们认为，只有动员二十万大军征讨才能换取承平。此事惊动朝廷，万历皇帝再次下旨平定罗旁瑶乱。

凌云翼奉诏议征，众将领各抒己见。张元勋根据小时候所学《周易·讼》说的"君子作事谋始"，以及《六韬·三略》太公说的"先谋后事者昌，先事后谋者亡"，张元勋在会上提出："兵事当先定谋。"（《张元勋墓志铭》）为此，他力主此次平定罗旁叛军，先定谋。绝不能采取脚踩西瓜皮，滑到哪里算哪里的先事后谋的失败之道。

紧接着，张元勋回顾分析了清剿罗旁叛军的历史演变：罗旁的叛军这些年依仗崇山峻岭的有利地理环境，以高山为依托，以密林为掩护，与朝廷官兵巧妙周旋，捉起迷藏。令朝廷官兵进剿疲于奔命，各种办法用尽，总是无功而返。当地流传瑶谚云："官有万兵，我有万山；兵来我去，兵去我还。"如此循环往复，似已剿平，旋即扑起，猖獗如故，此起彼伏，连绵不绝，与明官府对抗愈演愈烈，战线愈来愈长，社会矛盾越来越深，已经无法通过绥靖弥合裂痕。

朝廷曾数次组织兵力清剿瑶乱，远的不说，小规模的不谈，在嘉靖二十四年（1545）有张岳率兵平封川瑶乱。嘉靖三十六年（1557）谈恺平广东大小罗山瑶乱。嘉靖四十四年（1565）时任广东总督的吴桂芳就曾筹划集中两广兵力彻底清剿罗旁瑶乱，还曾下令尽斩西江、肇庆至梧州江段南岸及泷水措江两岸的原始森林，并沿江布设重兵，营建寨堡，"且耕且守，扼其来往之冲，截其障碍，剪其羽翼，整个工程，岁约用银二万有奇"。已为日后大举讨伐做了前期准备。殷正茂接替吴桂芳任两广总督后，也将平定罗旁瑶乱列入整治广东的总体计划。万历二年（1574），殷正茂总督与张元勋就曾计议平定罗旁瑶乱的作战方略，因内忧外患严重，国力衰微，宦官横行，需按照轻重缓急，先易后难，而将平定罗旁瑶乱作为平定叛军的最后目标。后又因万历三年（1575）六月，殷正茂调回南京改授户部尚书，致平定瑶乱计划未能付诸实施。

张元勋身为广东都督同知兼总兵，始终牵挂着平定罗旁匪乱的方略。随着这几年他驰骋广东战场，对这里的山山水水进一步了解，以及对山区作战经验的不断积累，他的平定罗旁瑶乱作战方略不断充实、更臻完善，对夺取战役胜利更有把握。

张元勋总兵接着在凌云翼总督主持召开的罗旁平乱议战会议上，和盘托出放在心里多年、经过深思熟虑的平乱罗旁瑶乱的方略。张元勋首先针对"官有万兵，我有万山；兵来我去，兵去我还"的瑶谚作了分析，他认为：瑶寇凭着熟悉当地万山峻岭的有利自然条件，与明军周旋，打得赢就打，打不赢就走，让明官兵每次清剿都无功而返。明军这次能否彻底平定瑶乱，关键是能否创造条件将敌分割包围，不让山贼利用万山与我周旋。为此，张元勋按照《六韬·兵道》的作战思想，突出"凡兵之道，莫过于一。一者，能独往独来。黄帝曰：'一者，阶于道，几于神。'用之在于机，显之在于势，成之在于君"（《六韬·兵道》）。以及按《孙子兵法》说的"故形人而我无形，由我专而敌分。我专为一，敌分为十，是以十攻其一也。由我众敌寡。能以众击寡者，则吾之所与战者约矣"的作战原则，提出了这次清剿罗旁瑶乱的作战方略，概括起来就是：集中两广兵力，统一指挥调配；全域铁壁合围，锁敌罗定圈内；分区切割包围，限敌周旋往来；以众击寡施计，逐个灵活歼敌。

张元勋出示的"罗旁山川图及进兵方略，总督中丞凌云翼见之大喜，计议遂定"（《张元勋墓志铭》）（如图二十一）。

依该作战方略，奉皇命，以两广总督凌云翼为主帅，广东都督同知、总兵张元勋、广西总兵李锡为中军主将，统一指挥浙兵、土兵、狼兵在内的二十万明军兵将，集中征讨罗旁一带叛军。根据当时敌占据营寨的军事态势，明军兵分十哨（即十路）：其中罗旁哨，由都司朱珏率领，刘经纬担任监军；泷水哨，由都司刘天庆、游击章延廪先后率领，徐汝阳为监军；岑溪哨，由参将王瑞率领，秦舜翰、王原相先后任监军；阳春哨，由游击杨统率，周洁监军；新兴哨，由游击陈典率领，周浩任监军；德庆哨，由参将倪中化率领，沈子岗任监军；伏洞哨，由都司黄允中率领，李一迪任监军；南乡哨，由参将徐天麟率领，分巡岭西道刘志伊任监军；茂名哨，由参将侯熙

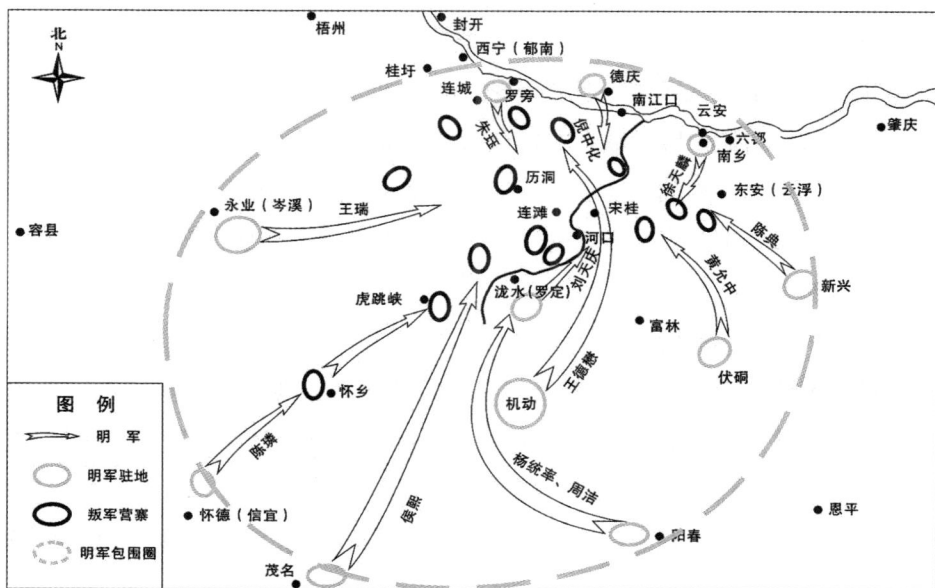

图二十一、张元勋率兵罗旁平乱作战示意图

率领，监军同新兴哨周浩出任；信宜哨，由高州参将陈璘率领，监军同南乡哨由分巡岭西道刘志伊出任。又令寻梧参将王德懋为机动作战领兵。

张元勋居中统率十路大军，将称为"洞穴延袤千里，旁连四省，挨山为城，堑谷为地，从来薮集亡命酿乱"（《张元勋墓志铭》）的罗旁大山团团分割包围。为防止割据势力北渡大江，西走桂境，张元勋又命令沿江南岸各哨派出重兵戍守江防，在广西边界一侧屯扎重兵。

万历四年（1576），张元勋奉诏精选良将，备足粮草，选择冬季晴天少雨，便于行军的季节发兵。定于当年十一月二十日，各哨正式举兵。

此次罗旁征剿瑶乱，明军兵马纵横千百里，气势吞山河，旌旗蔽天日，刀枪如竹林。

根据粤西一带地方民间传说，张元勋亲率一支浙兵，从南部宋桂穿越盲塘径进军白石途中，曾在罗旁腹地组织攻打金菊顶战斗。叛军首领曾仕龙凭借山高地险，树荫林密，以滚木滑石阻击张元勋的明军的进攻。

张元勋攻打金菊顶的战斗，按照《孙子兵法》"料敌制胜，计险厄远近，上将之道也"的作战原则，坚持亲临战场，细勘地势。他面对罗旁金菊顶山高地险，且两旁芒草丛生的战场地形，易设伏兵。他回到帐中，秉烛对照地图思索，认为此战不可硬攻，只能智取。遂按照《孙子兵法》："兵者，诡道也。故能而示之不能，用而示之不用，近而示之远，远而示之近……"他想方设法制造假象麻痹敌人。特意命令部属在山嶂驻地挂灯十里，笙歌鼓乐，大摆筵席，让众官兵推杯换盏，喝酒行令，吆喝呐喊，假装狂欢暴饮，制造一派歌舞升平，欢乐祥和的气氛，给外人感觉没有半点临战前紧张恐怖的氛围。

金菊顶的叛军见情后，急报寨主曾仕龙。寨主闻讯登高察看，果见山嶂俍人跳着禾楼舞，响着铜鼓芒锣声，不禁喜形于色。暗想，传闻张元勋率领浙兵军纪严谨，作战英勇，想不到也是无能之辈，何不趁明军思想麻痹、斗志松懈，连夜率兵下山劫营，全歼明军。

时至半夜，明军营中已偃旗息鼓，悄然无声。曾仕龙猜想明军已酒足饭饱进入梦境。

匪首曾仕龙披头散发，手提九环鬼头刀，异常亢奋，挥手召唤众喽啰共同下山劫营。

还未等叛军接近明军营寨，只见明军在张元勋亲自率领下，个个臂缠白布为记，手执兵器，军容整齐，呐喊着从四面树丛中冲杀出来，把曾仕龙团团包围。

曾仕龙眼看中计，回头欲带兵回寨，却又见山顶营寨燃起熊熊大火，映红了半边天际，不禁让他惊慌不已。他心知今晚已摊上大事，情况不妙，凶多吉少，自己打劫明军营寨未成，反被明军劫寨断了后路。

山顶燃起的熊熊大火，正是张元勋运筹帷幄，引蛇出洞，抄敌老窝总体谋略的一部分。张元勋料敌如神，早就料到在帐中制造狂欢暴饮，歌舞升平的景象，头脑简单的贼首曾仕龙肯定会前来劫营。他一面部署兵力设伏截击曾仕龙叛军，另一面则悄悄安排精兵从后山攀藤而上，乘虚潜入敌营，偷袭敌寨。

曾仕龙眼看偷鸡不成反蚀一把米，气急败坏，发疯似的号叫着率领喽啰誓与明军决一死战。他使出了浑身解数，动用不轻易动用的撒手锏，用足内功，突然向张元勋掷出九环鬼头刀。这把鬼头刀，犹如离弦之箭，以迅雷不及掩耳之势逼近张元勋。要是别人，定是穿胸而过，惨死刀下。

可是张元勋武艺高强，眼尖脚手快，看到鬼头刀飞来，身体急闪一侧，顺势发力以自己手持的大刀将飞来的鬼头刀狠命一挑，鬼头刀应声改变飞驰方向，转而飞向曾仕龙。

曾仕龙想不到张元勋刀功如此精湛，他飞刀出手后来不及防备张元勋"借刀杀人"的绝招，自己却反被飞回的鬼头刀破肚穿肠而过，他倒在血泊之中，白白送掉性命。

曾仕龙手下喽啰，眼见首领被歼，已是群龙无首，顷刻像泄了气的皮球，腿软手抖，越来越无招架之力，勉强再经几个回合决斗，金菊顶众敌悉数被歼。

张元勋在金菊顶战斗中完胜曾仕龙。至于清王植主修的《罗定州志》说："勋万历四年大征罗旁，卒于军上。民以有功地方，立庙祀之。"系旧时资讯闭塞，误将民间传说"张元勋在罗旁平叛中，率身垂范，英勇作战阵亡"以讹传讹。

张元勋在歼灭了金菊顶山寇后，又率军继续北进。他派出信宜哨的领兵陈璘为先头部队。当陈璘率兵抵达连城峒（今宝珠镇的沙洲，现蝴蝶山脚至稔岗桥头大峒）时，发现这里有一片方圆数十亩的开阔演武场。据当地民间口口相传，这片练武场是据守沙洲的当地苗王独女李小环操演练兵的地方。

李小环年方二十，生得天姿国色，闭月羞花，但性格乖戾凶狠，与其美貌极不相称。其平日不待闺中，却在练武场舞枪弄棒，两把鸳鸯剑已练得炉火纯青，不少江湖剑客都败于她的剑术，拜倒在她的石榴裙下。她目空一切，自诩为天下剑术第一，她与人交往，傲气十足，盛气凌人，根本不把别人放在眼里。她一直在这一带称王称霸，成为横行一方的寨主。

陈璘部队到了沙洲，与李小环部众不期而遇。双方战鼓齐鸣，拉开决战架势，展开一场攻防血战。只见陈璘领兵一声号令，弓箭手立住阵脚，拉弓搭箭，对着敌兵万箭齐发。

箭息，敌我双方进入短兵对决。陈璘身先士卒，单骑出阵，手握宝剑与李小环杀成一团。两厢交锋，铮铮有声，只见银光百丈，金花万朵，双方往来百招之多，却始终未分胜负。

眼看天色已晚，敌我双方又挑灯再战。只见场内号角冲天，杀声震野；直杀得天昏地暗，星月无光。双方兵将混战一场，尸积如山，连城河流淌的血浆，已是血水难分。两军兵马苦战三天三夜，始终难分胜败。

正当两军对峙难解难分之时，明军主帅张元勋率领大军赶到，将李小环兵马重重包围。瑶人虽勇，却无奈苦战三日，已是死伤惨重，且又是孤军作战，兵力越战越少；而官军却天降神兵，迎来了援军助阵，兵力充足，越战越多，胜利的天平顷刻向官军倾斜，叛军面临全军覆没之险。

李小环的贴身随从，名叫胡蝶，眼看明军激增，己方孤军，危如累卵。情急智生，赶紧向寨主李小环献策说："我们两人相貌相似，同样使剑，不如互换服装，我代你领兵鏖战，凭你寨主一身智勇，定可突出重围，设法去天马山梅映雪处搬兵，若能赶上趟，说不定还能保住营寨，有朝一日还能东山再起！"

李小环听罢胡蝶哭诉，心如刀绞。她怎能放下情同手足的姐妹！但面对军情紧急，别无良策，只得依胡蝶之计，火速收拾残局，趁着夜色，暗启寨门，换衣单骑杀向明军，突出重围，逃往西北天马山梅映雪寨主处搬运救兵。

沙洲寨相邻的天马山营寨，在信宜城西五里。天马山高二百丈，形如马鞍，山峰峻峭插天，自上而下有数级，每级有流水平台，山岗环抱，左右映带，山高林密。前哨阵地是罗旁，前营盘是梅花营（现在建城东一管理区的村名），由杨冲入口的龙盘则是大本营，后营设在天马山顶的云窝，寨主梅映雪凭借"一夫当关，万夫莫开"的天险与明军对抗，曾屡败明军。

张元勋运筹帷幄，料敌如神。他料定李小环逃出包围，必去相邻的天马山向梅映雪搬运救兵。梅映雪兔死狐悲，惺惺相惜，定会出兵相助。届时，天马山赶来的救兵，一直未曾参战，处于以逸待劳的状态，另加这些山贼为同伙报仇雪恨，其战斗力旺盛，需按兵法"避其锋芒，击其惰归"，因此，张元勋参战部队先撤出沙洲休整，不与梅映雪直接对阵决战。另一方面，张元勋分析认为，天马山寨主出兵，其营寨空虚，给明军乘虚而入提供了天赐良机。张元勋决定抓住这一千载难逢的战机，使用"暗度陈仓"之方略，命令王德懋趁天马山营寨空虚，率机动兵力，从侧后迂回，赶在天马山寨主回寨前，捣掉天马山敌老巢，占领敌营寨，让敌失巢无处落脚，进而前后夹攻，力求将李小环、梅映雪两股山贼一并全歼。

张元勋知悉沙洲寨主李小环飞驰天马山搬运救兵后，一面按兵法"兵贵胜，不贵久"的要诀，立即命令组织兵力，加强攻势，争取在援兵到来之前，歼灭敌军，解决战斗。

另一方面，张元勋为了给部将王德懋赢得时间，创造战机，千方百计迟滞梅映雪、李小环援兵。特安排精干灵活的小分队，不断袭扰梅映雪部众，让梅映雪瞻前顾后，走走停停，始终不能干脆利落脱身前行。此方略消磨了梅映雪不少精力、体力，陷标下兵卒疲于应对明军骚扰之中，也为王德懋率领的明军偷袭占领天马山瑶寨，提供了充足时间。

大战中的沙洲寨，本就岌岌可危，根本无法阻挡数倍于己的明军进攻；加上寨主离阵，军心涣散，战斗未几，寨破兵败，全军覆没，无一幸免。待李小环搬得梅映雪的救兵来到，沙洲寨早已时过境迁，遍野尽是尸体横陈，刀枪剑戟狼藉。而假扮李小环的胡蝶也背上中箭，怒目圆睁，半跪不倒而死。

明军的主力解决战斗后适时离场，回营养精蓄锐，休息待命，准备迎接新的战斗。

梅映雪救援未成，两位女寨主面对此情此景，气得捶胸顿足，禁不住泪雨横飞，泣血当场，边哭边处理同伙后事。只能悻悻率兵向天马山营寨撤退。

梅映雪未等回到老巢，却闻悉张元勋已派王德懋率兵占据了她的天马山营寨，不禁大惊失色。正在她犹豫应对之策的时候，又闻沙洲那边张元勋领兵回头杀了过来。梅映雪陷于进退维谷的艰难之境。她抽出部分兵马占据有利地形，应对张元勋杀回沙洲的兵将，而将大部兵力加紧向天马山营地撤退，企图夺回天马山营寨。待她率兵临近隘口，眼见明军旗帜遍野，情知隘口已被明军抢先一步占领，令她又急又气。她明知隘口"一夫当关，万夫莫开"，但她仍不甘心坐以待毙，依然怒吼着率兵向隘口冲去。

这个隘口对任何军队都一样公平，谁占领先机，胜利的天平就倾向谁。当明军占据隘口后，凭借山岩掩护，居高临下，发射的箭矢铳石如雨点般飞向梅映雪的队伍。而梅映雪的队伍，面对隘口被明军占领的实际，知道凶多吉少，早已心灰意冷，全无斗志，一来一去，几个回合下来，就被打得落花流水，溃不成军。

不一会儿，陈璘哨的官兵赶到，梅映雪队伍更成了陈璘与王德懋两部的"夹心饼干"，未经几个回合缠斗，梅映雪所率叛军就寡不敌众，败下阵来，全军覆没。

张元勋又部署指挥陈璘部队清剿信宜怀乡的山贼。信宜哨领兵陈璘参将、监军刘志伊遵命，派出勇悍著称的部将陈材，率军继续转战据守信宜怀乡的土匪首领肉翼大王。

山匪肉翼大王仍沿用"官有万兵，我有万山；兵来我去，兵去我还"的游击战术，他与陈璘率领的官军在崇山峻岭里周旋，凭借对地形熟悉，回旋有余，初时作战，屡屡得逞，气焰嚣张。

陈璘心中有底，明军各哨已将山贼分割包围，肉翼大王只能在他自己的地盘里转来转去，再也不可能招来各部落互相支援，互相接济。陈璘率部不惧周旋，紧随敌军不放。

肉翼大王被逼钻入长达十里，两岸峭壁如削，中间江水湍急的号称悬崖峡谷的高处山崖，据险固守。

信宜哨的明军兵将一时进退维谷，陷入被动。这时处于战地前沿的信宜哨领军陈璘，根据张元勋总兵平定罗旁作战会议提出的"将在外，军令有所不受"，各哨可因战制宜实施灵活机动的战略战术的总体要求，决定巧施拖刀计。他让主力部队在山峡两面预设伏兵，然后以小分队去攻打肉翼大王的营寨，再佯作久攻不下，悻悻退兵，顺江而返。

肉翼大王不知是计，率领同伙出寨追击佯败的明军，不知不觉钻进陈璘设伏的圈套。

陈璘眼看肉翼大王中计，甚为振奋。待对方全部兵马进入设伏圈，立即率兵迎上前去夹击。

肉翼大王发现中计，顿时惊呆，为了活命，强打精神迎战。瞬间刀光剑影，人嘶马叫。当肉翼大王遭伏击惊魂未定，尚未回过神来之时，陈璘瞅准机会，对着肉翼大王就是飞身一剑，瞬间砍下肉翼大王头颅。

其他山贼眼见首领被杀，已是群龙无首，众兵将犹如一群无头苍蝇，顷刻军心动荡，乱了阵法，漫无目的地左冲右突。明军乘机大力搏杀，肉翼大王标下兵将被全部歼灭。

信宜哨旗开得胜，军威大振，社会上广为称颂的陈璘将军大战虎跳峡，一剑定三罗，说的就是这次战斗。

陈璘歼灭肉翼大王寨主后，又率兵进攻屯扎在金子窝的南乡贼头。南乡贼头借助金子窝山高，有刀砍卷刃、兵进遇刺的勒竹丛丛防护，让陈璘部进攻受阻。

陈璘开始谋划智取的策略。他凭年轻时曾当过补鞋匠，有一手熟练的补鞋技艺，他命一个士兵跟其学补鞋，然后乔装打扮成补鞋匠进山，设计火烧勒竹后攻入金子窝。

南乡寨金子窝，山贼戒备森严，对外来人员进入，稽查极严。这次见补鞋匠入寨，碍于寨中有补鞋需求，且见入寨补鞋匠的补鞋手艺熟练也就未加多疑，准其入寨。

时间一久，补鞋匠渐与寨人相熟。他按陈璘事前所授妙计行事，对贼头说："你们的山寨勒竹虽然坚硬，但尚有空隙，外人还可以乘隙而入，若此山再种上鸡屎藤，由藤把勒竹团团缠住，就像铜墙铁壁，再无空隙，待到那时，可阻挡任何生人进入。"

南乡贼头觉得此话甚为有理，遂命人满山种上鸡屎藤。

想不到，鸡屎藤春荣冬枯，一到冬天，鸡屎藤全部干枯成了一片干柴。陈璘察看后心知火攻条件已具备，令所率将士对金子窝火攻。满山干柴一经点燃，漫山遍野火焰冲天，整个山寨弥漫在熊熊火海之中，山贼无处可躲，全被烧死。陈璘又用妙计智取一山寨。

陈璘用兵，凡是能用计智取的战斗一定使用计谋智取；对于必须强攻的战斗，他必身先士卒，悬崖履险，甘冒矢石。此番在张元勋中军节制指挥下，大破信宜一带九十支反叛之众，俘获三千余人，功居十哨之首。

其他各哨明军，按战前明确分工，发挥主观能动，各自为战，因地制宜，因战施计，创造条件，奋勇歼敌，各自完成了所负责区域的歼敌任务，也取得不俗的战果。

据《明史·凌云翼传》记载：是役，于万历五年（1577）春，历时四个多月，共攻陷叛军瑶寨据点五百六十四个，捕杀一万六千一百余人，招降两万三千一百五十一人。又据《张元勋墓志铭》记载："是役，斩首三万九千六百四十余级，拓地千八里，置州一，县二，增国赋岁以数万计。捷闻，天子曰：'积险盘据恃险，久抗王命，尔张不惮心力，谋猷成绩，其功可嘉。'特诏告，升右都督，改荫锦衣世袭，赏白金一百两、锦衣一袭、文绮四。"

这次战斗，明军集中大规模兵力，全面镇压了罗旁叛军，彻底平息了延续多年的泷水罗旁之骚乱，客观上扫除了地方封建割据势力，恢复了区域社会安定，赢得了粤西一带较长时间平安环境，并以此为转机，建立了以罗定为中心的地方政权。原德庆州辖的泷水县，改名罗定，以记平定罗旁之功，并升格为省隶州；另析罗定以北至西江为西宁县（今郁南县），析罗定以东、以南为求安县（今云浮市），统归罗定州管辖；同时，还建立了四个千户所，即罗镜所（今罗定县梦镜镇），南多所（今云浮市富霖镇），封门所（今郁南县通门镇），函口所（今罗定县分界镇），分别扼住通往德兴、新兴、广西、阳春、信宜要塞。随着地方行政政权的建立，结束了延续一百多年的地方封建割据与社会失序状况，挖掉了长达百年导致几代人流血战争的根基，恢复了社会安定，破碎的村庄、荒废的田园得到修补，严重破坏的社会生产力得以振兴。平定三罗，有利于社会经济发展，有利于百姓安居乐业，有利于国家长治久安。

张元勋在这场统率二十万大军征剿罗旁山寇的作战中，坚持集中兵力，统一指挥，铁壁合围，分割围歼，发挥各哨主观能动性，因地制宜，灵活施计，彻底打破了山寇沿用一百多年，行之有效的"官有万兵，我有万山；兵来我去，兵去我还"的游击战术。通过分割包围，让敌失去彼此机动回旋的空间，失去互相照应，互相掩护的条件，致各山寨叛军陷于孤立无援、被动挨打局面，以致最终被逐个歼灭，保证了罗旁战役全面胜利。张元勋担任此次大规模战役作战的总指挥，是他从军以来，组织指挥人数最多、涉及地域最广，面临协同作战最复杂的战斗。此役谱写了张元勋军事生涯最辉煌的一页，为张元勋登上正一品五军都督府都督的权力顶峰提供了基础，也为他保国安民戎马倥偬的光辉一生画上圆满的句号。

第三十章

官场倾轧心领会 褪下战袍把家回

张元勋自率兵征剿罗旁叛乱取得大胜后，深得万历皇帝的赞赏。万历五年（1577），张元勋擢升五军都督府右都督。届时领旨辞别广东同僚，赴京上任。

张元勋在嘉靖二十九年（1550），曾经去京城办理袭替，如今他再次踏入京城，已时过二十七年。此时此刻，难免触景生情，令他百感交集。他不是当年来到京城，尚未进入军营时，腿上沾满田间泥巴的"鸭司令"；今日的他，已是一位久经沙场，指挥数十万大军，威震岭南的大将军。虽然看到的紫禁城外貌依旧，但城内的主人，早已换过两茬，朝廷官员更是像走马灯似的变换了多遍。他长期征战在浙、闽、粤抗倭第一线，却没有在京城从政的经历。他在朝廷中熟悉的官员寥若晨星，说起来只有提携他成长的兵部尚书谭纶与他比较熟悉，而与他共同征战的戚继光、李超、胡守仁等战将此时正据守在蓟州边疆，日常不可能相见。初到京城里任职，住在都督府里，对于平时习惯与部属朝夕相处，在军营里热热闹闹过日子的张元勋来说，现在的日子，难免感到形孤影单。

一天，皇帝为张元勋入京任职举行御宴，朝廷文武百官亦被邀请同贺。席间，文武百官觥筹交错，推杯换盏，热闹非凡。有的文官对谭纶抱有成见，对他推荐提拔的官员看不顺眼，借着酒过三巡，菜过五味，一半清醒一半醉的时候，纷纷做诗颂圣。他们以为张元勋出身甲胄，未中进士，只会武功，不会诗文，故意作难，借口与他饮酒赋诗助乐，以便趁机对他讥笑奚落一番。

张元勋是个明白人，那些人虽言未出口，但张元勋已察知其意。幸亏张元勋在戎马倥偬之中不曾放下书卷，可谓是武皮文骨的儒将，既有武将之勇，又有文官之雅，当轮到张元勋出诗时，他沉思一会儿后应对道：

幼习干戈未下帷，今朝御宴苦拈髭。

江南风景人同乐，冀北烟尘我独悲。

断带接缰牵战马，擘衣抽线补旌旗。

貔貅百万临城日，可要诸公一首诗。

张元勋借诗抨击文官，一吐郁气，尽显武将的自尊。

座上支持张元勋的文武官员听后，不得不叹服。他们都为张元勋巧妙以诗回击迂腐官员而拍案叫绝。

那几个本想羞辱张元勋的文官自讨没趣。但他们不甘罢休，又作打油诗一首：

杨梅杨梅，孔子问颜回，

家无读书子，将相何处来？

张元勋闻之，不卑不亢，当即回答道：

杨梅杨梅，韩信问张良，

家无读书子，男儿当自强。

张元勋应对如流，那些作难张元勋的朝廷文职官员，又一次自讨没趣，再也不敢在张元勋面前放肆。

经过御宴的插曲，张元勋深深感到官场险恶真是名不虚传。自己只有举人背景，擢升都督凭的是"大小百十战，威名震岭南"（《明史·列传·第一百》）。怎奈朝廷满眼都是进士。往往国家有难时，武将担当保家卫国重任，驰骋沙场，尚有用武之地，在朝中地位突出；一旦动乱平定，武将就成了多余的摆设。文官一旦得势，武将难免遭受兔死狗烹，卸磨杀驴的可悲下场。张元勋由此触发了"公念盛满，亟戒知足"（《张元勋墓志铭》）的深思。

张元勋左思右想，思前忖后，辗转反侧，夜不能寐。他将步入官场三十来年的经历回忆了一遍。他知晓明朝武将多有不幸的经历。那些看到、听到的官场互相倾轧的事，更有着刻骨铭心永远抹不去的记忆。那些今天还是叱咤风云，指挥着千军万马的将领要员，说不定会在明天的哪一刻被人在背后告上一状，捅上一刀，顷刻成为阶下囚、凳上肉，身首异处。他是父亲抗倭牺牲后依规袭替，未曾获得进士资质，对满眼都是进士的朝廷官员来说，他成了朝中的另类。不过，他也是个饱读诗书的儒将，深知"峣峣者易缺，皎皎者易污。《阳春之曲》，和者必寡；盛名之下，其实难副"（《后汉书·黄琼传》）。他牢记"水满则盈，月满则亏，盛极总会有衰时"的古训。他在擢升正一品都督官职后，并未被高官厚禄所惑，始终保持了清醒头脑。官场上与他熟悉的要人的最后结局，不时在他脑海中浮现，让他总有高处不胜寒之感。

他想起：在嘉靖二十九年（1550），他还供职海门卫新河所百户世职的时候，他敬仰的浙江抗倭首领，时任巡抚的朱纨，曾亲巡海道、严保甲、捕奸民，执法坚决，强势豪绅无不恐惧。他率兵清剿双屿倭寇；讨伐平定覆鼎山叛贼；又打击佛郎机国人到诏安抢劫，派兵擒杀其头领李光头等九十六人。其戍边抗倭业绩功不可没。但朱纨因触犯了闽、浙豪绅势力，被这些人串通朝中大臣，以谣言中伤，诬朱纨所擒的盗寇都是良民，不是贼党，而被朱纨枉法擅自杀戮。由此，朱纨就被不明不白免去官职，还被兵科都给事中杜汝贞考察审问，致使朱纨慷慨流涕自作绝命词、书写墓志铭，含恨饮药而死。此案也牵连到柯乔、卢镗等一批跟随朱纨的抗倭名将。

朱纨死后，朝廷不设巡抚。两年后的嘉靖三十一年（1552）夏，不得不改派御史王忬提督浙江军务。王忬到任后，知人善任，不仅重用俞大猷、汤克宽等智略勇谋心腹，还上奏朝廷释放受朱纨案牵连下狱的柯乔、卢镗等抗倭将领。在王忬的统领下，明军将士激以忠义，皆愿效死。嘉靖三十二年（1553）春，王忬大破普陀倭贼，斩首一百多，擒获一百多，溺毙有两三千之多。此后，倭寇嚣张气焰受到压抑，逼得改变袭扰方式，只能在各地采用偷鸡摸狗的分散劫掠。为此，王忬又要求严格监察倭人行踪给予坚决打击。

但令人遗憾的是，他又被人歪曲真相上奏朝廷，诬说王忬"持兵登城，轮流守卫值勤扰民"。嘉靖帝也是高高在上，偏听偏信，不分青红皂白，不分是非曲直，将王忬调离降职。后来，王忬又仗义前去探望被严嵩打入牢狱的兵部同事杨继盛，冒犯了严嵩，被严嵩父子记恨在心。嘉靖三十八年（1559）春，以王忬守关失误为借口，被严嵩、严世藩父子两人以卖国之罪处死。

嘉靖三十三年（1554），在王忬离开浙江之后，改由张经总督直隶浙江、山东、两广、福建等处军务。次年五月，张经指挥总兵俞大猷、参将汤克宽、参将卢镗，水陆并进，取得石塘湾大捷，进而乘胜追击，攻破川沙洼倭巢，全面清剿王江泾倭贼，大败倭寇。是役，斩首敌一千九百余级，敌被焚溺致死者无数，取得明抗倭以来最大的胜利。张经被人视为"东南抗倭第一战功"。但令人遗憾的是，此时工部侍郎、当朝首辅严嵩的干儿子赵文华正被奉派到浙江督察沿海抗倭军务。赵文华自恃与严嵩父子的关系，根本不把张经放在眼里，时与张经意见不合。张经也心高气硬，不肯依附，对赵文华回以不敬，有事也不与赵文华商议。赵文华被张经气得七窍冒烟，遂心生毒计，上报朝廷，诬蔑张经养寇糜财，欲勾结倭寇敛财后逃窜。嘉靖皇帝也不调查分析，听了奸臣诳言，就信以为真，断言张经欺诳不忠，养寇不战，遂下旨将张经逮捕至京。张经于嘉靖三十四年（1555）十月被斩于西京。一代抗倭名将壮志未酬，却含冤身亡。

张经被杀后，朝廷要员胡宗宪在赵文华举荐下，擢升为兵部侍郎兼金都御史来到浙江，总督浙直闽军务。胡宗宪任上精忠报国、立志抗倭，又知人善任，敢于重用被贬的俞大猷、戚继光等抗倭名将。他自己满腹经纶，善用谋略，一直率兵在东南沿海征战倭寇，取得前所未有的胜利，渐次平息浙江倭患，并支持戚继光挺进福建剿灭倭寇。嘉靖三十八年（1559），他设计诱捕处斩倭寇最大头目王直。虽然他开始依仗与赵文华关系密切，擅于揣摩高层用意，看风使舵本领高超，在官场上还算顺风顺水，深得世宗皇帝宠信。嘉靖三十九年（1560），被晋兵部尚书，兼加少保。但是，官场环境险恶，好景不长，在嘉靖四十一年（1562）五月，严嵩父子被罢官下狱。在很多大臣眼里，胡宗宪是由严嵩义子赵文华举荐而屡屡升迁的，其属严党无可辩驳。在内阁新任首辅徐阶的授意下，南京给事中陆凤仪以贪污军饷、滥征税赋、党庇严嵩等十大罪名上疏弹劾胡宗宪。世宗既不细想，也不对胡宗宪全面评价，不管三七二十一，草率下令将胡宗宪一切职务悉数罢免，并将其逮捕押解至京。后虽有世宗一句"宗宪不是严嵩一党，自任职御史后都是朕升用他"总算网开一面给了他一条生路，但其仍于嘉靖四十二年（1563）春天被削职回到绩溪县龙川故里为民。其政敌还不肯就此善罢甘休，嘉靖四十四年（1565）三月，胡宗宪的政敌又以新证据证明他是严党，且以胡曾假拟圣旨为由，向皇帝上疏给予惩处。此让世宗大怒，再次对他降旨问罪。嘉靖四十四年十月，胡宗宪从龙川故里再次被押送至京都关押大牢。他在狱中，写下万言《辩诬疏》。可是此时，朝廷政治生态改变了，又有谁能听他的辩诬。嘉靖四十四年十一月三日，时年他仅五十四岁，本是为国大有作为的年龄，却含泪写下"宝剑埋冤狱，忠魂绕白云"的诗句后，自杀身亡。

嘉庆四十五年（1566）后，张元勋已远离浙江，奔赴闽粤抗倭，逐渐对浙江担任要职的官员鲜有接触，虽然对他们官场沉浮没有形成深刻印象，但以前浙江那些担任巡抚、总督的要员被罢，其属下跟着倒霉的往事，还是让张元勋记忆犹新，历历在目。

他想起李天宠，身为明嘉靖年间的进士，初任御史，后升任徐州兵备副使，嘉靖三十三年（1554），曾率兵在通州、如皋地区抗击倭寇入侵，数次击退敌人。同年六月，被提为右佥御史、浙江总督巡抚，协助总督张经剿倭灭寇。他在抗倭前线，不畏艰险，奋勇杀敌，有斩敌数百战绩，曾让明世宗皇帝听闻大喜，赏赐银两。在嘉靖三十四年（1555）五月，他又协助张经总督，于王江泾（今江苏吴江盛泽东南）大败倭寇徐海，歼灭敌人一千九百多，取得明抗倭以来最大胜利，被称为"战功第一"。但因赵文华奉旨督察沿海抗倭，而张经不肯依附，对赵不敬，张经遭赵暗算。李天宠被视为张经同伙，跟着被诬为"糜饷殃民，畏贼失机""嗜酒废事""丧师失城"，也难逃厄运。嘉靖三十四年十月，他也随张经一起被斩弃于西市。"京师震骇，罢市数日"，天下冤之。虽然，后随严嵩父子事发，其子育吾（万历年间进士）上疏为父申冤，朝臣也为李天宠执言申直，终于等来朝廷"追谥忠直，建祠本县，立坊于祠前"的平反决定，但李天宠人头早已落地，死者早已离开人世，化为尘土，是否平反对死者而言又有多大意义！

张元勋又想到自己的浙江同乡抗倭名将卢镗，其一直战斗在东南沿海抗倭第一线，虽然在浙江抗倭斗争中不是负总责，但命运总与负总责的将领息息相关，紧密联系在一起，彼此总是脱离不了干系。朱纨在浙江任巡抚时，被治死罪，含冤自杀，卢镗当时任福建镇都指挥佥事，只是随朱纨参加双屿等沿海抗倭，却也被连累，入狱革职，定成死罪。之后，虽由后任浙江总督张经保举，死里逃生，获保戴罪立功，免于一死，重新复职；但随着张经于嘉靖三十四年（1555）十月被斩，卢镗又再次被夺职戴罪。继任张经的胡宗宪任浙直闽总督，靠他知人善任，卢镗总算又逃过一劫，重新成为守卫江浙的副总兵，其后因军功卓著擢升都督佥事兼江南、浙江总兵官。胡宗宪又凭借他荡倭平寇功奏报朝廷给卢镗加俸，赐金帛作为奖赏。但随着嘉靖四十一年（1563）胡宗宪涉严党案，朝廷的政敌却以卢镗是因胡宗宪擢用并报功请赏的，他又被视为胡宗宪同党，进而被指抗倭督师不力、作战失利等八大罪状，被逮捕下狱。后虽再次死里逃生被免罪，但其多次随心仪主官的沉浮而遭劫，使他在官场黯然失色，逐渐消失于官场。这样的政治生态怎不令人生厌？

张元勋也想到老将俞大猷的经历。俞大猷福建泉州人，嘉靖十四年（1535）中武进士。他率部转战苏、浙、闽、粤之间，战功显赫。嘉靖三十一年（1552）四月，万余倭寇驾舰船千余艘，大举进犯浙江东南沿海，朝廷震惊，任命俞大猷为参将，带领水军赶赴浙江配合戚继光、邓城等将领抗倭。俞大猷不负众望，以福建楼船在浙江、苏南沿海大败倭寇，歼灭敌军五千多人，击沉敌船一百四十多艘。在倭寇势力最为强盛、猖獗的七八年间，他与倭寇作战大小数十次，参与平定了苏浙倭患，功勋卓著，抗倭有功，曾被提升为苏浙副总兵，后又出任浙江总兵兼署浙江都督同知。但他为官的经历也并不平坦，总在官场的政治旋涡中涉险度日。本来嘉靖三十七年（1558）舟山岑港久攻不下，乃因地势险恶、易守难攻之故，总督胡宗宪拟以招抚代替强攻。可皇帝怪罪下来，胡宗宪却推诿责任，怪罪俞大猷"防御不早，邀击不力，纵之南奔，播害闽广，失机殃民"，还被建议重治。真是欲加之罪，何患无辞？俞大猷因而被剥夺世荫，还被押解至京，下狱受罪。后虽经其上疏自辩，同僚施救，百姓申援，在各方共同努力下，获释出狱，总算免遭飞来横祸，但仍被遣往大同，"赎罪录用"。

这些官员都是他熟悉的军界上司，他们在官场中起落沉浮，让他耳濡目染，历历在目，令他印象深刻。这些年，朝廷中大臣如走马灯那样变换，他也时有所闻。只是当时他所敬仰的谭纶被皇帝器重，在朝廷任兵部尚书，掌握大权，让张元勋尚有大树底下有阴凉之感，才没有让张元勋痛下决心辞官为民。

可是，万历五年（1577）四月传来噩耗，兵部尚书谭纶在任上突然病逝。张元勋顿时感到昏天黑地，天要塌了下来。这无疑成了张元勋奏请引疾辞官的导火线。

张元勋的人生历程、官爵的升迁始终与谭纶联系在一起。嘉靖三十四年（1555）十月，谭纶受命任台州知府，他深入沿海卫所踏勘，在察看新河卫所时，因为传说张元勋吃了大黄鳝后，长得十分威武，特别引人注目，给谭纶留下了深刻印象。谭纶进一步了解了张元勋身世、才干、武功后，对他的印象更深刻了。从此，谭纶与张元勋相见相识，一直关注张元勋的成长；张元勋也对谭纶敬重有加。他又以自己在抗倭战斗中英勇善战的杰出表现，博得谭纶对他另眼相看。当谭纶在台州知府职上，经胡宗宪总督同意，从乡勇中挑选了千人组建抗倭的乡兵，又挑选张元勋等身有武功、腹有经纶的举人、进士培训新兵。谭纶夸张元勋"委部兵众，训练有法"（明·韩世能《张元勋墓志铭》）。谭纶与戚继光在浙江东南沿海率兵共同抗倭的斗争中，都有张元勋服从命令、英勇战斗的身影。特别是嘉靖三十五年（1556）十月的龙山战斗，明军误中敌人埋伏夹击后，许多参战部队纷纷退却逃跑，而只有谭、戚率领的张元勋等一批台州兵，死死顶住了敌人的夹击，始终没有退却，保住了阵地，夺得了最终战斗胜利。嘉靖三十七年（1558）闰七月，谭纶已调任浙江海道按察副使，常驻宁波。嘉靖三十八年（1559）四月初五日，谭纶与戚继光共同率兵从宁波出发，清剿台州倭寇，在五月上旬新河的抗倭战斗中，谭纶又亲眼见证了张元勋在自己家门口的战斗，积极发挥自己在新河土生土长，熟悉乡土民情的有利条件，以偃旗示弱迷惑敌人，而后大智大勇深入敌窟歼敌，其高超的军事才干得到淋漓尽致的体现。嘉靖四十年（1561）二月，谭纶改任福建参政，三月十九日父亡，请假回江西宜黄老家服丧守制。此时，广东程乡等地张琏、林朝曦等揭竿反对朝廷的起事乡兵进入江西弋阳，危及谭纶安全，时任松门卫的李超、新河所的张元勋担心谭纶遭受意外，特组织上百人的队伍一路尾随护卫，出其不意击败流入江西弋阳的叛乱乡兵，保护了谭纶的安全，也使江西一方乡土得到安宁，被江西巡抚胡松赞为"真义士也"。此救命之恩，让谭纶一直心存感激。是年九月，谭纶重新回到福建任上，邀戚继光率军援闽抗倭，张元勋随戚继光入闽作战。次年八月破横屿诸贼，九月取牛田、林墩大捷，谭纶向朝廷奏议，"中哨把总张元勋等俱身先士卒，手刃倭寇，虽其功次有差，均之骁勇足赖功当并论，而中哨各官奋勇直前成功神尤当优异者也"。嘉靖四十二年（1563）三月在谭纶、戚继光指挥下剿灭兴化、平海倭寇，连战连江、宁德、仙游之寇，斩首二百六十级，歼敌一千五百人。谭纶在奏议中又突出"张元勋率兵一齐冲进"，"逼近四面伏倭并起，各兵分投格杀血战，移时不能前进，本镇手刃退缩示众，各兵悚惧相持。张元勋独马当先，部下官兵恐致有失，一齐冲进。贼遂披靡大败"。还强调，"蔡丕岭之战，既冒险而歼敌，复伐谋而得危城，冲锋决胜，则张元勋之功居多。""把总张元勋杖马棰以先人义，不避死率雁行而赴敌，勇可冠军，功当首论者也。"张元勋在援闽抗倭的战斗中，被谭纶一再奏议表彰，短短两年里，职务被多次提升，进福建指挥佥事，升福建游击将军，擢福建副总兵。这固然是张元勋智勇双全，名冠三军的结果，也与谭纶的提携密不可分。嘉靖四十三年（1564）十二月，谭纶迁陕西督抚，次年十二月又改调四川，不久又以兵部右侍郎兼右佥都御史，总督两广军务，张元勋又被檄总兵官进剿从闽逃往广东南澳、诏安、饶平、柘林等地倭寇海盗，战功卓著。隆庆二年（1568）三月，谭纶调任蓟辽总督，与张元勋有短暂的分离。

隆庆五年（1571）八月，谭纶升任兵部尚书。同年，张元勋受荐任广东都督佥事代行总兵官。次年春，张元勋破高州、雷州、化州、电白诸城贼寇，斩敌一千零七十五级；秋，大破藤洞十三巢叛贼，斩敌两千四百六十级；冬，大征岭东路积寇，破大小敌巢穴三百多处，斩敌一万两千两百八十级。万历元年（1573），张元勋受举荐，天子诏告："倭寇延据郡国，为地方害久，今兹荡平，推尔张功。其升署都督同知，荫一子副千户。"万历二年

（1574），张元勋发兵千里，大败铜鼓石、双鱼城的倭寇，功升实授都督同知。万历四年（1576），张元勋率兵进剿盘石罗旁山贼，共歼敌一万六千一百零四级，招降山贼无数，天子闻捷曰："积寇盘踞恃险，久抗王命，尔张不惮心力，谋猷成绩，其功可嘉。"特诏告："升右都督，改荫锦衣世袭。"此时，谭纶仍在朝廷任兵部尚书，张元勋的升迁，自与谭纶举荐相关。若没有谭纶对张元勋称赞与举荐，张元勋的人生历史肯定会被重写。

万万没有想到，万历五年（1577）四月，谭纶年仅五十七岁，在没有任何征兆的情况下，在职上突然病逝，张元勋顷刻失去了一位提携他成长的好上司。在封建社会的官场里，失去了靠山，就预示着危机潜伏，以及宦海生命的终止。张元勋阅历广博，经纶满腹，他不会不知道这一不成文的潜规则。就在谭纶兵部尚书任上病逝后，"而会有求公不遂者，飞语中公"（《张元勋墓志铭》）。官场险恶的政治生态已显端倪。谭纶的不幸去世，无疑直接导致张元勋辞官为民的念头。

当时同与谭纶关系密切的戚继光的遭遇，完全印证了张元勋的忧虑并非空穴来风。戚继光在当时朝廷中，最上层有当朝皇帝的帝师、太傅、内阁首辅张居正的倚重信任，又有直接上司、多年共事的老朋友谭纶总督（后升为兵部尚书）的关怀与支持，手下还有一直跟随他的东路协守副总兵胡守仁、西路协守副总兵李超的爱戴与拥护。应该说，戚继光任蓟辽总督同知，总理蓟、昌、保定练兵事务，协同谭纶戎政，当时处境是顺风顺水、称心如意的。但是随着时光流逝，北方边防不断巩固，他反而逐日势衰。他的胞弟戚继美，以及情同手足的部属李超、胡守仁也不明不白被相继调离了蓟镇不被重用；文武兼济与他多年共事的汪道昆于万历三年（1575）也辞官回乡。从此，戚继光的上上下下失去了帮手。万历四年正月，蓟辽总督杨兆奏请给戚继光加秩，对"戚继光宜特赐殊宠"，朝廷却不允。更有甚者，在时年六月，土蛮内犯，参将苑宗儒和汤克宽追敌战死，戚继光竟被朝廷怪罪夺俸。朝廷兵科都给事中裴应章进而以此提出"训练南兵全无实用，废时玩寇"，全盘否定戚继光总理蓟、昌、保定练兵事务，借机要给戚继光治以重罪。戚继光接连受到沉重打击，陷入人生低谷。万历五年四月，兵部尚书谭纶的病逝，接替谭纶兵部尚书之职的王崇古虽也是巩固边防的有功之臣，但毕竟戚继光与王崇古不像与谭纶那样推心置腹。戚继光在悼念谭纶的祭文中，历数与谭纶共事和受到提携，不禁为谭纶离世而无限悲伤。他在祭文中感慨道："惟并起艰虞，浟浟然逮有今日，则知公者某，成某者惟公，不能不哀而述之。"（《止止堂集·横槊稿下·祭大司马谭公》）戚继光后来的命运可想而知，不但不受朝廷重用，反而节节滑坡。

在明朝廷中，还有一位在浙江抗倭时与谭纶、戚继光建立起深厚友谊的"友义之重唯称管鲍"的老将俞大猷，对谭纶的去世，也是刻骨铭心的悲痛。他在悼念谭纶的祭文中说："呜呼！公乎，胡忽收百虑奄然而长逝乎？今日、昨日变不可知，裂我肝肠，摧我心志，含言哽咽，挥涕流离。哀哉！痛哉！乃使我至于此极哉！古称人之相知贵相知心。自从交道以来，如公之知猷有几哉？"（《正气堂续集·祭谭二华文》）他一字一泪地叙述了与谭纶的友谊，感慨"纸有尽而情无穷"。俞大猷在谭纶去世后，也再无意继续从事公职，再三以年老有病为由向朝廷请求辞官离职。

对于谭纶去世及与谭纶相关的宦海波澜消息通过各种途径不断传入张元勋在京华五军都督府的府第。他辗转床席，前思后想，终于看破了官场的红尘，明白人生哲理，"视世之操权位不退，或以祸累终，相去径庭矣"（明·韩世能《张元勋墓志铭》）。他心无旁骛，遂下定决心激流勇退。历经三次疏请辞官为民，于万历八年（1580），"天子念公暴露于外久，特准会卫"（《张元勋墓志铭》）。张元勋实现了辞官回乡的愿望。

张元勋辞官回乡的消息一经传出，"广父老攀辕泣留，又纷然诣两院乞代奏留公，公皆慰之曰：'元勋结发从戎，赖主上威灵，获建微功，皆由将士用命，诸大夫协谋，元勋何功之有，乃劳苦父老！'出黄冠野服视之，曰：'吾制此久，所为未去，以疆场未靖也。'公报国力殚竭，从此逝决矣。父老留不得，哭声震原野，遂肖像祀之"（《张元勋墓志铭》）。此情此景，是广东百姓对张元勋驻广东平定倭寇、保一方平安功绩的肯定，也是广大人民群众对张元勋无限崇敬的真实感情流露。张元勋对广东父老乡亲所作的回应，充分揭示了他殚精竭虑，精忠报国，以国家利益为重的崇高胸怀，以及他坚持"满招损，谦受益"（《尚书·大禹谟》）居功不傲，把功劳归于将士，归于他人的谦让精神。广东百姓与张元勋难舍难分的感人送别情景，为张元勋宦海生涯画上了圆满句号。

世事难料，就在张元勋辞官回家仅两年后的万历十年（1582）六月，内阁首辅张居正也病逝。他于隆庆元年（1567）入阁，任吏部左侍郎兼东阁大学士，后迁任内阁次辅，为吏部尚书，建极殿大学士。万历皇帝即位后任首辅。当时，明神宗皇帝朱翊钧年幼，一切军政大权均由张居正主持裁决。张居正任内阁首辅十年中，实行了一系列改革措施。财政上清丈田地，推行"一条鞭法"税役皆以银缴；军事上重用谭纶、戚继光等抗倭名将镇戍北疆；吏治上实行综核名实，采用"考成法"考核各级官吏，"虽万里外，朝下而夕奉行"，政体为之肃然。该时期，大明帝国政治、经济、军事有了转机，达到了正统以来最好时期。但他的改革措施，也触犯了朝中部分权贵利益。在他逝世后不久，就遭到了一些人的攻击，说他"贪滥僭奢，招权树党，忘亲欺君，蔽主殃民"（《明神宗实录·卷一百三十一》），是一个不忠不孝、祸国殃民的罪人。

万历十一年（1583），张居正被追夺荣衔，追夺谥号，其子原荫锦衣卫指挥被除名；万历十二年（1584）四月更籍没了张居正之家产，其子敬修被追赃至自缢而死。

对张居正的清算也牵连到受张居正生前重用尚在职的戚继光。戚继光被划为张居正同党，朝中政敌欲置戚继光于死地而后快。戚继光进而被降格使用，贬至广东任总兵官，因广东倭寇平息，总兵成了不能管政事的闲职。戚继光的亲属与部下也受牵连，其弟戚继美被罢贵州总兵官，任浙江总兵官的原部属胡守仁也受弹劾革职。

张元勋辞官后政坛上发生的一系列变故，更加证明了张元勋见好就收、引疾乞身，辞官为民是英明决策。这使他保全了精忠报国、英勇抗倭的名节。事实证明，张元勋不但是英勇善战的骁将，更不愧为料事如神、把握人生命运的战略家。

第三十一章
回归故里心在民 谨慎逍遥思生平

张元勋功成名就，人生历史画上了圆满句号。他卸任后，开始远离官场政治旋涡，不用再防范人生道路上有什么羁绊，再也不用担心有人嫉妒，有人争权夺利，有人恶意中伤，有人背后捅刀。此时此刻，他犹如卸下了千斤枷锁，浑身感到从未有过的轻松。但当他真要告别军营，结束军人生涯，离开生死与共二三十年的战友，即使最坚强的军人心里仍不免有些惆怅。想着从此以后，各居一方，南北相隔，可能再也见不到了，真有点难舍难分，可以说，在他告老还乡前，心情是复杂的，可谓五味杂陈。

他回想起三十年中曾历经南征北战百多次，从浙江出发，入江西，奔福建，驻广东，在刀光剑影中度过不平凡的岁月，展望日后乡野平静养老生涯，显得落差太大，但也不得不努力去适应。他不禁吟诵起宋朝廖行之《沁园春·和苏宣教韵》的一首词：

> 直下承当，本来能解，莫遣干休。算如今蹉过，峥嵘岁月，分阴可惜，一日三秋。闹里偷声，日中逃影，用尽机关无少留。争知道，是沤生即水，水外无沤。
>
> 世人等是悠悠，谁著个工夫里求。但掩耳窃钟，将泥洗块，觅花空里，舐蜜刀头。何以忙中，尸舆浸假，邀取三彭同载游。真如界，向毗卢顶上，荐取无忧。

他觉得有必要趁着这次从广东返程浙江故里，重温一下当年战斗岁月，借机了却自己原来忙于应战，一直无暇到各个战场祭拜为国捐躯战友亡灵的心愿。他想借此告老还乡的返程机会，重返昔日的战场看望曾经与自己一起浴血奋战的官兵们，以表自己怀念他们之情，让他们在九泉之下也能感知到，张元勋是重情重义的人，永远不会忘记共同战斗的弟兄，永远不会忘记他们这些为国捐躯的英雄！

张元勋夜宿日行，走了十多天，来到了曾经多次战斗过的诏安。

张元勋歇脚的诏安县，在宋、元时属漳浦县，直至明嘉靖九年（1530），漳浦县析出二都、三都、四都、五都等四个都，方建诏安县，治所设南诏镇，隶属漳州府。置县时，仅有两千八百八十六户，人口仅两万零八百三十六人，地域面积四千多平方里，地理位置得天独厚，气候温暖，冬无严寒，夏无酷暑，雨量充沛，物产丰富，物华民阜。

到了这里，他触景生情，想到诏安是广东、福建两省的接合部，西邻饶平、潮安；东接云霄、漳浦，面南就是东山岛、南澳岛，自己在这一带驻扎时间最长，自嘉靖四十四年（1565）春至诏安征剿吴平。后又奉命征剿曾一本一伙倭寇海盗，直至隆庆五年（1571）春擢升广东总兵官后离开闽南诏安等地，先后有六七年时间在这里度过。这里留下了张元勋多次率兵征战的足迹。并且在任广东总兵官后，又在万历二年率兵征剿朱良宝盗寇，粤闽两军会师于诏安。在此抗倭战斗次数最多，属下官兵为保国安民付出代价也最大。他对诏安感情最深！当地百姓都知道张元勋在这一带抗倭的丰功伟绩，也对他充满着无限的深情。他知道自己解甲归田回乡后，恐怕难有机会再到这里，务必抓住这次解甲归田回乡路过这里的难得机会，隆重祭奠在粤闽抗倭牺牲的官兵。他主意已定，就立即吩咐随从付诸行动。

当地官员闻讯五军都督府都督、抗倭名将张元勋路过这里，欲故地重游，忙不迭出门相迎。

闽南是好客之乡，诏安乡风淳朴，民众待人厚道。当地知县将张元勋迎进府里，寒暄了一阵，便设宴款待张元勋一行。席间，诏安知县如数家珍谈起张元勋在闽南、粤东抗倭的往事，高度称赞张元勋抗倭克寇的丰功伟绩。

张元勋连忙摆手说："过奖！过奖！不敢当！不敢当！"又一次重复了离别广东时对送行百姓说的话："元勋结发从戎，赖主上威灵，获建微功，皆由将士用命，诸大夫协谋，元勋何功之有，乃劳苦父老！"

当地作陪的官员听后又继续对他连声赞美："不愧为不傲才以骄人，不以宠而作威的英雄豪杰！"

张元勋立起双手抱拳致谢："惭愧！惭愧！谢谢诸位惦记着抗倭的往事！"

诏安当地官员告诉张元勋："将军的功绩彪炳史册，我们怎能不记着，当年你率兵在诏安抗倭，曾为阵亡士兵种下一片松树，现在已长大成林。"

张元勋听着当地官员说的，接上话茬说："我这次告老还乡，一路上的确惦记着这些在粤东、闽南热土上抗倭阵亡的官兵。随着我年龄增加，体衰力减，以后很难再有机会来这里看望他们，现我有意趁着这次返乡路过这里的机会，备上香烛福礼，按闽南的风俗对在这里浴血战斗牺牲的抗倭将领进行祭奠，不知当地父母官肯否出力相助？"

这些官员拼命奉承说："将军不忘为国捐躯的部属，真是有情有义。祭奠牺牲将士，本是我们地方官民应尽之责。我们听从将军吩咐，只等都督定下黄道吉日，卑职等定尽力而为，一切由本职帮助操办，无须将军操心。"

张元勋一字一顿告诉作陪官员："这次祭奠是我个人之意，无须当地破费，所买香烛福礼的银两全由我本人积蓄支出。只要你们代劳帮助操办就是了！"

在座这些官员简直不敢相信自己的耳朵，以前只听说当官的假公济私，想着法子占公家便宜，哪有为公办事却由私人掏腰包的。他们听后不知道说什么好。脑子灵活的听后反应过来，回应说："我们诏安是富庶之邑，这点银两我们能承担。况且我们百姓都心存感谢抗倭烈士之恩，还是让我们县府承担资费吧！"

张元勋正色道："这可不是我张元勋为人处世的原则。这次祭奠所需资费由我支出，毋庸置辩。以后，你们诏安百姓要祭奠抗倭英雄，届时我也难以亲临，有劳你们出力并负责支付资费吧！"

当地官员知道将军说一不二的脾气，也不敢继续执拗，只得一切听从将军安排。

选定凡事无忌的祭祀那天，在英烈长眠的诏安果老山松树林里，按闽南的风俗，顶上供桌摆放清素斋品、五谷、水果，下桌摆放着五牲荤食，还有鲜花，桌上点燃香烛。

典礼前，司礼者提前就位。场外，赞生、礼生、乐生、主祭者、陪祭者按典礼要求，依序候令，准备入场。

典礼先传令赞生、礼生、乐生入场列班。然后司礼者宣布祭礼开始，"大众端身肃立""击鼓三通""鼓初严""鼓再严""鼓三严"（击鼓时伴随钟声、乐鸣）；请执事者就位、监理官就位、陪祭者就位、主祭者就位。

紧接着，司礼宣布启扉、鸣炮、迎神（乐队奏咸和之曲），主祭与陪祭者列队至场外，三鞠躬迎神；迎神者捧写着烈士的牌位返，礼生接牌位，依次立于供桌上。

司礼者宣布请英烈升位受祭，众人同行鞠躬礼。

祭礼传……乐奏宁和之曲，请主祭者献馔，由礼生呈馔，交由主祭摆上供桌。又传请陪祭者献馔，由礼生呈馔，交由陪祭摆上供桌。

司礼又宣布行三跪九叩首礼。

而后，司礼宣布由张元勋恭读祭文。

张元勋出列走向台前，以充满着对逝者思念深情，用缓慢沉重的语调宣读：

惟万历八年，岁次庚辰，序在金秋，值天高气爽、花果飘香时节，回乡路过诏安县邑，追忆抗倭岁月，缅怀捐躯英烈，邀诏安县令，当地乡民，以至诚之心，崇敬之情，肃立英烈墓前，谨备香烛纸钱，供奉三牲五谷，恭祭英烈在天之灵。

泱泱中华，炎黄承袭；素称大邦，东方雄踞。

天有不测，国临式微；硝烟烽起，倭寇侵袭。

生灵涂炭，腥风血雨；哀鸿遍野，满目疮痍。

赤地千里，民族危机；民生凋敝，华夏饮泣。

不屈儿女，振臂而起；血肉之躯，抵御外敌。

挥戈跃马，英勇无比；气吞山河，撼天动地。

左冲右杀，勇擒顽匪；驱赶鞑虏，前仆后继。

除尽恶魔，血染战旗；不惜牺牲，可歌可泣。

沙场裹革，长眠诏邑；绿水长歌，苍松挺立。

浩然正气，回荡大地；死得其所，丰碑耸立。

英雄精神，彪炳万世；卓然不朽，永为范式。

阴阳相隔，非能换替；抚恤遗族，吾辈铭记。

先烈遗泽，犹如春雨；滋润民心，同心协力。

施民以德，克己复礼；天人合一，中道不倚。

读书明理，见利思义；励精图治，壮我国力。

五谷盈丰，芳草绿堤；天下平安，强国有期。

大明军队，猎猎战旗；试看中华，谁敢再欺？

伏维尚飨！

张元勋读完祭文，将祭文交由礼生接下。祭礼击亚献鼓，乐奏安和之曲。

司礼接着又宣布主祭者献帛、陪祭者献帛，主祭者、陪祭者再行三跪九叩首礼。司礼再宣布焚烧纸钱。而后，司礼宣布送神，乐队奏华夏乐曲德平之章，鸣礼炮三响，下位撤班，整个祭祀活动结束。

祭礼完成，张元勋在当地官员陪同下，察看了自己三次在悬钟古城的果老山上的题词、题诗，一声不响若有所思地浏览了一遍又一遍，久久不愿离开。他又环绕昔日生死与共的战友的坟茔转了一圈又一圈，难舍难分之情，尽在不言之中。他感叹日后再难有机会来此看望英烈，心里不免惆怅。他深情地向当地知县嘱咐："要把代表英烈精神的苍松翠柏养护好。"

当地知县听闻张元勋的嘱托，表示一定不会辜负张元勋期望，让子孙后代不忘抗倭英烈，照看好他们的坟茔，养护好这片松林。此时，张元勋了却了心愿，如释重负。

张元勋夜以继日继续顺着海岸线，由南往北不停地走。每临战斗过的地方，都要深情地看上几眼，给牺牲的战友行一个礼，以寄托他的哀思。他还不忘每到一地与随从说上一段波澜壮阔的抗倭故事，让晚辈能够领略中国军人敢打必胜的气魄，感受中国军人英勇不屈的精神，体会中国军人精忠报国的灵魂。因为他已在闽粤交界处遂了祭奠英烈的心愿，后来他路过各州府，尽量不打扰当地政府官员。只是路过泉州时，他知道这里是昔日与他一起战斗的上司、战友俞大猷的故里。又听闻俞大猷也在万历七年（1579）乞归故里……他知道俞大猷年已七十六岁高龄，来日不多，作为晚辈路过府地，理应登门拜访，感谢多年来知遇之恩以及疆场的协作配合。

张元勋备上手信礼物，前往俞府拜访。只见俞府门口贴着一副"浩气长存留海宇，英灵永在护江山"的白对联，一种不祥的预感袭上心来。果不出所料，他在入府后知悉，俞大猷在张元勋来府前夕，不幸因病仙逝。

张元勋为俞大猷如今仙逝，彼此阴阳相隔、音容莫亲而悲痛不已。他含泪提笔仿潘岳《悼亡诗》，写下了出自肺腑悼念俞大猷的诗句：荏苒光阴谢，岁月逐流易。将军归九泉，阴阳相隔离。府上思故人，运筹目中历。报国穷尽力，厚德终有识。深情何能忘，沉忧日盈积。他将自己对俞大猷的敬仰之情发于笔端，将自己对俞大猷的无限哀思跃然纸上。

俞大猷的去世，对张元勋刺激很大，他接连两三天不思饮食，夜不能寐。随从只怕把张元勋身体搞垮了，千方百计劝解张元勋说："故人已逝，不能生还，你已堂前哀悼，情厚义重，勿再思虑，保重自己身体要紧！"

张元勋历经两个多月的旅途劳顿，从广东府第回到阔别多年的故里——浙江省太平县新河城。

那些住在陶家里、马家里、沈家里的发小，闻悉阔别二十多年的张元勋荣归故里，纷纷赶到他家叙旧。张元勋拉着从小在一起玩耍的发小的手，久久不愿放开。张元勋说："想死你们了！不知道你们耳朵孔痒不痒？"（当地诙谐说法，被人想念，耳朵会发痒。）

新河的发小们说："可把你盼回来了！我们还以为你官当大了！把我们给忘了！"

张元勋反问道："我是这样的人吗？我襁褓失慈，是新河的母亲共同哺育了我。这个恩情比山高，比海深，我张元勋永远不会忘记！我生是新河的人，死是新河的鬼！"

"我们都知道你是重情重义的人，都断定你会回来的！没想到今天就回来！"当地的同龄人七嘴八舌地说，"怪不得这两天喜鹊拼命在树上叫，知道定有贵客到。"

张元勋纠正道："我是新河人，我可不是贵客！"

"那敢情好！我们以后又可在一起叙叙旧，摆摆龙门阵，做点有益于百姓的事了！"也分不清是谁说的。

张元勋接着说："新河的百姓对我恩重如山，我回到新河，要把这些年微薄积蓄回馈新河百姓，愿为新河做点公益事，听听大家有什么好的建议。"

大家搔搔头，思考着建议张元勋为新河做点什么有意义的事。

有的说："原来给你喂过奶汁的沈阿婆生活困难，接济点钱给她，让她安度晚年。"有的提出："新河的千年古刹崇国寺前两年被火烧了要重建，不妨乐助种点福田。"又有人提出："新河被金清港相隔，南北两岸百姓靠渡船通行，甚为不便，你带头捐资，并利用你影响力呼吁发动百姓集资建桥，可造福桑梓，荫及后世。"

张元勋对各人提出的建议，听后都点头赞同，表示逐个照办，尽力而为。

张元勋在听了各种建议后，又在乡民面前和盘托出自己酝酿已久的想法。他说："我南征北战，到过不少府邑，遍见各地城池建有宝塔。塔能涵盖中国文化内涵，体现中国文化特色，反映所城文化底蕴，是所城文化象征。塔能堪山理水，装点所城风光，补地势风水之不足；可引瑞气，可倡淳朴民风民俗；可振文运昌盛，人才辈出；可镇煞压邪，禳灾解祸，保一方百姓平安，可促风调雨顺，五谷丰登。我们应该在新河造座塔？"

众乡邻异口同声支持张元勋在新河造塔。

张元勋将塔址选在新河城东南角的锦鸡山上。按堪舆学家之说，东南洼而地轻，地气外溢而难出人才，建塔以补之，万事皆利。东南方位系八卦的"巽"位，处于东方震位与南方离位之间，即雷与火之间，合兴旺之意。塔建其位，利士子科名，是最吉利方位。至于建在山丘的高处，是根据《阳宅三要》云：凡都省、府庭、州县、场市，文人不利，不发科甲者，宜于甲、巽、丙、丁四字上立一文笔峰，只要高过别山，即发科甲。或山上立文笔，或平修高塔，皆为文笔。且文笔塔一般修得细长，似毛笔插入云霄，似乎要在苍天上书写什么。新河文笔塔上匾额所题"文运天开"即与此意一脉相承，同为祈求新河振兴文运，多中科举，多出人才。文笔塔寄托了张元勋对家乡人民的一片深情。

张元勋是儒将，铭记南北朝颜之推《颜氏家训》中说的："无多言，多言多败；无多事，多事多患。"又懂得春秋战国时老子说的"慎终如始，则无败事"之道。他在居家的日子里，除了"里居为人解纷周急，造塔建庵，卜地为终焉计"外，就是"日徜徉山水间，种竹养鱼"，"士大夫相过，击鲜为乐"。他每天安闲自在踱步在新河秀色可餐的山水之间，做一些乡里的公益事业，过着修身养性的修道日子，正像他自己封自己为"逍遥道人"一样。

这两年朝廷政治生态起了翻天覆地的变化，提携他成长的兵部尚书谭纶已作古，而重用谭纶的张居正首辅，虽然是大明唯一在生前被授予太傅、太师称号，开辟了万历新政，但因为他辅佐年仅十岁万历皇帝时，少不了对小皇帝朱翊钧厉声吆喝，想不到成长起来的神宗皇帝为显示皇威，岂肯让君权倾斜。功高震主是历朝皇帝的忌讳。神宗皇帝皇位巩固后，功高的张居正也逃脱不了抄家被贬的命运。那些被视为张居正派系的官员跟着逐个被清洗、被降级。曾与张元勋共同战斗、亦师亦友的戚继光，以及张元勋的军门同事胡守仁、戚继光的弟弟戚继美均难逃厄运。张元勋早早辞官归田，其未被累及实属大幸。况且在政治生态不顺之时，欲加之罪，何患无辞！即使杀敌也可能被诬为罪责。每当他想起浙江总督朱纨、张经、王忬、胡宗宪等人遭遇，就不寒而栗。这些经历与现世政治局面，他归里不敢"言兵"、不敢议政自在情理之中。他只能将对国家安危的思念暗暗埋藏在心底。

他虽千方百计为避祸而远离政治，在乡里严格遵守"既归，口不言兵"（《张元勋墓志铭》）。但作为一个曾经历大小百余次战斗的兵家来说，并不是不想言兵；作为一个官至都督归隐的官员而言，并不是无政事可谈；他坚守"口不言兵"，这是与他"视世之操权位不退，或以祸累终，相去径庭矣"（《张元勋墓志铭》）的想法如出一辙。他是怕祸从口出，以慎言防祸累终。而其在灵魂深处，仍初心不改，充满着消灭鞑虏的豪情壮志。他回家后徜徉当地的山山水水，也曾去临海金鳌山游览。这里曾是南宋高宗皇帝赵构南逃躲避金军驻泊的地方，也是文天祥带着南宋最后一个皇帝赵昺南逃时避难之处。此情此景又让他百感交集。他写下《金鳌感怀》二首七绝明志：

（一）

黄云漠漠暗神州，汹汹江山日月愁。

一自銮舆南渡后，至今草木尚含羞。

（二）

计平闽粤赋归田，再上金鳌忆守年。

若使吾生受长剑，肯教胡虏一生还。

张元勋虽然为了避祸，对人坚守"口不言兵"的信条；但作为戎马倥偬一生的军人，在任何时候都除不去兵家情结。他时不时拿出所著的《镇粤疏稿》《闲暇堂集》二册书稿，做些斟酌、修改，力求更臻完美。他想以自己的经验、教训，用文字形式留在世上告诫后人，为社会做最后的贡献。

可见，张元勋居里的晚年生活，说起来犹如"逍遥"道人那样"逍遥"，其实并不逍遥。他的灵魂深处充满了矛盾，他的内心充满着压抑。特别是时不时从各种途径传来一同在沙场拼搏的战友去世或被撤职、抄家、下狱的消息，这些人的命运不得不牵着他的心，扰乱着他的思绪，让他不得安宁，让他郁郁寡欢，让他心里总不是滋味甚至是痛苦万分。俗话说："病与情连。"多年的心理压抑，让张元勋真正病倒了！

他发现自己"呕血疾发"，体力逐日不支，"预言考终之期"，阎王正在向他招手，可能不久于人世之时，他看着书稿，回忆自己的经历，心感自己已为国尽责，为民尽力，人生问心无愧。作为军人，习惯了与死亡交臂而过，早已将生死置之度外，他对死亡平静对待，趁着还能走动，考虑自己最后的归宿之地。"卜地为终焉计"（《张元勋墓志铭》）。

他对新河地形地貌十分了解，每个山丘都能熟记在胸。他特别钟爱位于金清大河边上形似长龙俯卧的小屿山，认为这是一处左有青龙、右有白虎、前有案山、后有靠山、中有明堂、水流曲折、山灵水秀、卧虎藏龙的风水宝地。心想此地能藏风聚气，令生人纳福纳财、富贵无比；可致后代鹏程万里、福禄延绵、百世其昌。他选择此处为自己长眠的坟穴。

他为了证实自己的判断，又请名声在外的江西省籍客居太平的看风水先生同来查勘决断。

据传，这位名声在外的江西籍看风水先生眼见小屿山这块风水宝地，不觉眼前一亮，心底里也认定这是一块自己堪舆以来从未见过的、不可多得的风水宝地。

当时张元勋及其同去的家人与风水先生一起立在卜地的小屿山最高处。张元勋询问风水先生具体把墓穴落在何处。

风水先生根据小屿山地势，左瞧瞧，右看看，又用随身带着的罗盘摆弄了一番，口中念念有词，说了一大套理据，最后用十分肯定的口气答道："一线之地。"由于江西省的看风水先生乡音浓重，加上那天风大，"一线"与"一箭"在风声中分辨不清。

同去堪舆的张元勋后人将风水先生说的"一线之地"听成了"一箭之地"。张元勋的子女站在小屿山最高处，张弓搭箭，箭所落处就成了张元勋的墓室。张元勋后代声名不显，并无如元勋伟绩，有人责怪是将"一线之地"搞成"一箭之地"，错之毫厘，失之千里是也！这只是民间传说而已，不必当真。

张元勋临终前，"遗戒诸子，葬礼无遗制，惓惓以仕者委身报国，学者身体力行为后人训"（《张元勋墓志铭》）。万历庚寅（1590）七月十六日，张元勋临终时，手书他荣归故里后重登临海金鳌山旧地而作的《金鳌感怀》"黄云漠漠暗神州，汹汹江山日月愁。一自銮舆南渡后，至今草木尚含羞。""讨平闽粤赋归田，再上金鳌忆守年。若使吾生受长剑，肯教胡虏一生还！"二首七绝而逝，一代将星溘然陨落。享年五十有八。

"讣闻，天子震悼，赐祭赐葬，恩数甚厚。呜呼，可谓其美善终矣，岂非不愧其先，追古名将功名史册者哉！""敕建新阡，公所自择吉壤也。配杨氏，累封一品夫人。"（《张元勋墓志铭》）

癸巳万历二十一年（1593年）腊月吉日葬新河小屿山。

张元勋的一生，是保国为民，英勇善战的一生。他水上克倭，陆上平寇，"大小百十战，威名震岭南"，"首功甚盛，殊勋盖世"，是明朝历史上为数不多的能够善终的抗倭名将，是一位值得世代崇敬的民族英雄，将永远彪炳史册。

第三十二章
青史彪炳伟绩记 万民感恩庙宇立

张元勋一生抗击倭寇，历经三十余年，南征北战，戎马倥偬，出生入死。他为了国家的安宁、民族的富强、百姓的幸福，付出了毕生的精力，人民永远感恩，青史永远铭记。

张元勋病故后，由赐进士出身、嘉议大夫、礼部左侍郎兼翰林侍读学士、前编修、修撰、侍讲、春坊谕德、国子祭酒、南礼部侍郎、经筵日讲官长洲韩世能为其撰写墓志铭；由赐进士出身、中大夫、按察司佥事经筵官临海王亮书。他们深切缅怀张元勋抗倭光辉历程，如实记叙了张元勋抗倭一生的不朽功绩，曰：

> 明五军都督府右都督、特进光禄大夫、上柱国东瀛张公墓志铭（题）。
>
> 赐进士出身、嘉议大夫、礼部左侍郎兼翰林侍读学士、前编修、修撰、侍讲、春坊谕德、国子祭酒、南礼部侍郎、经筵日讲官长洲韩世能顿首撰
>
> 赐进士出身、中大夫、苑马寺卿、前奉敕整理陕西靖虏兵粮、四川驿传盐茶水利、湖广衡永兵备学校提刑、按察司佥事、兵科佥、经筵官临海王亮顿首书
>
> 赐进士出身、中宪大夫、四川按察司副使、奉敕提督川东兵务致仕，临海金立爱顿首篆
>
> 国朝建都幽燕，边防视前代为棘，而转饷属东南，故直浙为国外府，而闽广沿海奥区时虞寇窥。国初设备甚密，自岛寇内讧，嘉隆间东南大被荼毒，卒赖其时名将如戚太保继光、俞总戎大猷及今

都督张公元勋力殄绝之。余昔事史馆，迹往事，深有慨焉。夫令甲非军功不侯，张公水平倭，陆平寇，为时虎臣，受国恩赉郅隆矣，然恶睹所谓军功而侯者哉！昔李广叹数奇不封，假令广生今时，岂得言数奇？顷西北急创房而东南复策备倭，圣主拊髀思良将，安得如张公者起而任干城，计殳宁哉！余不识公而识其子金吾光烈君，泣奉状以志铭请，余谨按而书之：

公名元勋，字世臣，浙之海门卫新河所人，出晋司空华裔，六世祖德山居顺天之东安，元末为别驾，善天文，望见白下王气，曰："真主出矣。"遂弃绶聚土兵，部从太祖，历战有功，授锦衣副千户。陈友谅围南昌，德山死焉，庙祀南昌十三忠臣间，赠锦衣指挥佥事。子二，长陆，次升。陆袭职。靖难师起，陆□职山西镇武卫百户，升以才德授官江西参政。陆无嗣。升子二：曰贵，曰荣。贵袭百户，荣举乡进士而卒。宣德八年，贵疏改复南京锦衣百户。正统八年，始调今卫所。贵生清，历官都司，配杨氏。清生恺、怀。恺袭职，即公父也，配朱氏。恺为人慷慨忠义。嘉靖己酉，倭犯台州，恺奋曰："吾家世受国恩，誓歼此贼以报。"遂散资率所统力战，斩首十数。贼众援绝，死之，死时犹尸行七步而仆。自贵至恺，皆以公贵累赠光禄大夫，王、杨、朱皆一品夫人。

朱夫人娠公，梦日光入怀，既而公生，风雨昼晦，有青龙见屋角。生十日而母卒，育于继母雷。七岁入传舍，每画兵甲车马山谷如行军状。与群儿戏，辄为阵法，以果实行赏罚。十岁涉书史。初，倭寇台州新河，公上总督李公诗，众诵而奇之。十五试督学入彀。寻遭父变，痛至几绝者三，喟然曰："父死国，子死父，男儿生不万户封，死即马革裹尸葬耳！"誓杀万贼，以泄父愤。嘉靖庚戌，任百户事。尝夜行，有鼓吹声拥灯来，意上官仪从也。忽闻言粤大将军至，辄避之，从间道去，公心知其神。又十年，有绍兴倅吴成器者，见公伟之，曰："此封侯相也，异日当悬玉佩。"大将□符荐之备兵使者谭公纶，因委部兵众，训练有法。会倭犯长沙，斩首二级。冬，从征江西弋阳，斩首三十五级。明年秋，从征福建，剿倭之陷宁德者，斩首百五级。明年剿倭之陷兴化、陷平海者，亲擒五人，部斩二百六十级，始受赐锩。冬，剿倭之陷仙游者，擒斩千五百级，明年，剿倭之犯漳浦、仓平者，斩首三百七级。是役也，公部兵三百伏截，贼以千众围公于小山三昼夜。会天大雨，公进部卒谓之曰："今乘雨突围，出贼不意，则生，否则俱死，若属能安死乎？"众咸奋，无不一当百。公单骑跃马，声如霹雳下空中。溃围出，贼披靡败，卒成是功，擢都指挥。守卫福建北路。明年夏，复剿倭之寇福安者，斩首二百三十余级，论功复赐锩，世授海门卫指挥使。明年冬，授福建游击将军，而公之威名，大震南服矣。

隆庆丁卯，巨寇曾一本乱广福，战舰千艘，进逼海上诸郡，退保沙岛□，官军战屡却。公策之曰："贼势炽，请毋以小北罪诸将，毋以多议挠军法，某独当破之。"当事者唯唯听。认凡六战，擒斩千七百余级，获战舰三百六十余艘，悉就沉溺。贼平，钦赏白金三十两，擢福建南路参将。己巳春，倭犯云盖、龙赤，擒斩百二十级，钦赏白金十五两，升禄职一级，都指挥佥事，擢福建副总兵。冬，击倭之犯漳浦东洋地者，擒斩四十余级，受赐锩。辛未，岭南盗黄高鹰、唐亚六等倡乱从化、龙门间，公以荐受镇守广东总兵都督佥事之命，往大征之，擒斩千百九十余级，钦赏白金三十两、文绮四。明年春，倭破化州、电白诸城，擒斩千七十五级，钦赏白金三十两及一品服、文绮四。秋，破藤洞等十三巢，擒斩二千四百六十余级，钦赏白金三十两、文绮四。冬，奉敕大征岭东路积寇，荡平之，所攻破大小巢穴三百处，生擒渠魁蓝一清、赖元爵等十人，斩首万二千二百八十余级，卤获□是。先是，蓝一清率盗匪公行，官军莫敢诘，延据近地州县，城外贼垒相望，当事漠然，百姓不聊生二十余年。至是诣（以上第一石）□□□状，天子□□□遂命总督大中丞殷公正茂暨公往，兴师十万，画地而战，五阅月而□□，时万历元年春也。捷闻，天子诏告□□□丞曰："倭寇延据郡国，为地方害久，今兹荡平，推尔张功。其升署都督同知，荫一子副千户，仍赏白金八十两，大红飞鱼衣世袭，文绮八。"冬，破海贼林道乾、许俊美、林凤等，擒斩三千五百三十余级，获战舰二百八十余艘，钦赏白金三十两、文绮四。

其明年春，又破劲贼朱良宝。良宝狡狯勇悍，数为漳、潮患。筑城为巢，险而坚，官军屡北。时公为兵海上，奉命转征，贼大恐，募献万金乞抚。公让之曰："汝为乱贼久，百姓重催惨毒，罪在不赦。吾今奉天讨，曷敢逭诛！"其以所纳金付有司饷士。引兵攻之，贼致死拒战，我兵损伤过当。相拒数月，公制车可避铳石箭枪之击者数百辆以进攻之，七日不拔。有飞铳伤公左腕，公战益力，手剑刃数卒不用命者，一踊先登，诸将士从入，遂大破之，斩首千五百五十余级，地方悉平。天子曰："恶寇荡平，尔张效有劳绩。其升禄职一级，赏白金四十两、文绮六。"秋，潮州抚贼魏朝义等四人，各拥众千余称乱。公逆揣情形，传檄宣谕，旋麾兵出其不意，急围之。贼罗拜求生，愿散归农，悉焚其巢，事闻，钦赏白金四十两、文绮四。忽一夕，公理戎政，见厥考前告曰："儿亟发兵如岭西，毋缓！"公愕然惊怪，隐几少息，考又促之。公即遣裨将帅师限六日驰千百里至彼待寇，约亲率标兵为应。众莫能测。比及境，则倭已破双鱼城，前兵击未克，标兵继至，遂大破之，斩首千四百七十余级。天子曰："倭寇突犯破城，尔张预应料兵，获此全捷。其升实受都督同知，赏白金五十两、文绮八。"

明年冬，有罗旁之役。罗旁者，古盘瓠种也。其洞穴延袤千里，旁连四省，挨山为城，堑谷为池，从来薮集亡命酿乱。奉诏议征，诸将人持二三。公曰："兵事当先定谋。"因出罗旁山川图及进兵方略，总督中丞凌公云翼见之大喜，计议遂定。是役也，带甲四十万，十道并进，破巢穴五百七十四处，斩首三万九千六百四十余级，拓地千八百里，置州一、县二，增国赋岁以数万计。捷闻，天子曰："积寇盘踞恃险，久抗王命，尔张不惮心力，谋猷成绩，其功可嘉。"特诏告庙，升右都督，改荫锦衣世袭，赏白金一百两、锦衣一袭、文绮四。是役也，公先入破巢，发其大墓数丈，出石铭曰："东海蓬瀛，一凤飞鸣。千百年后，发我兹茔。"又王文成尝画安，兹上疏曰："夷楼图恶，皮肤之疾，罗旁内附，腹心之患，是□摇动。克此者须得元勋之将可也。"元勋，公名；东瀛，公号也，实符其兆云。

公念盛满，亟戒止足，三疏引疾乞身，上不报。而会有求公不遂者，飞语中公。天子念公暴露于外久，特准会卫。广父老攀辕泣留，又纷然诣两院乞代奏留公，公皆慰之曰："元勋结发从戎，赖主上威灵，获建微功，皆由将士用命，诸大夫协谋，元勋何功之有，乃劳苦父老！"出黄冠野服视之，曰："吾制此久，所为未去，以疆场未靖也。"公报国力殚竭，从此逝决矣。父老留不得，哭声震原野，遂肖像祀之。识者谓公此行，仿佛班定远归西域故事云。

公虽起家甲胄，□然雅好读书，习左氏、汉唐名家诗、王右军字，鸣琴投壶，有儒将风。治兵纪律严明，秋毫无犯。先计后战，战无不克，条陈十二边事，皆凿凿可行。所至折节下儒生，或推食助之。既归，口不言兵，号"逍遥道人"，徜徉山水间，种竹养鱼。士大夫相过，击鲜为乐，洒然也。视世之操权位不退，或以祸累终，相去径庭矣。里居为人解纷周急，造塔建庵，卜地为终焉计。如是者十年，呕血疾发。自知不可疗，预言考终之期，遗戒诸子，葬礼无逾制，惓惓以仕者委身报国，学者身体力行为后人训。所著有《镇粤疏稿》《闲暇堂集》。临命犹手书二绝而逝。身长七尺，广额修眉，面如紫烟，髯长一尺六寸，电目钟声，人望而威之，不敢欺以伪。决机若神，尽瘁为国，其天性然也。讣闻，天子震悼，赐祭赐葬，恩数甚厚。呜呼，可谓其美善终矣，岂非不愧其先，追古名将功名史册者哉！

公爵历五军都督府都督、特进光禄大夫、上柱国。生于嘉靖癸巳四月初十日，终于万历庚寅七月十六日，享年五十有八。癸巳腊月吉日葬小屿山，敕建新阡，公所自择吉壤也。配杨氏，累封一品夫人。子四：长光烈，锦衣卫指挥佥事，娶金氏，封恭人；次光显，海门卫指挥使，娶冯氏，继王氏，封淑人；次光祖，郡庠生，聘戴氏；次光□，国子生，聘颜氏。女三：长适都司兵建袁，次适国子生金以平，次适春元□立程。□□□□女□，长许字□苑马卿亮子□，次许字赵□□成妻子志行，余尚幼，俱光烈出。养男一，□海门卫指挥佥事，娶李氏，封恭人。孙二：长□□，□生，娶王氏；次志□。孙女许字擢指挥使□□子万契。铭曰：

有堂□□，有剑有弓。天子封之，曰□报功。考以□□，□以□□。纪德□□，将军万年。

临海陈□□摹朱，大陈应□刻石。（以上第二石）

（注：此志分刻二石，石高宽各八十厘米。文各四十五行，行除抬头不计外，各四十八字，字径一厘米。1972年出长屿乡屿干村小屿山东，此据温岭县文管会拓本及录文校录。因第二石蚀泐过甚，某些字勉强辨认，恐有不确。□为缺字。）

明朝廷以及社会各界对张元勋亦是褒扬有加。明朝自1368年至1644年的二百七十六年中，共历经十二世十六帝，被列入明史各类人物列传的有不少人，而列入的抗倭英雄人数并不多，张元勋却是其中之一，被载入《明史·列传》第一百，与俞大猷、戚继光、刘显、李锡同处，可见其在明史中的地位。据明史人物《列传》记载：

张元勋，字世臣，浙江太平人。嗣世职为海门卫新河所百户。沉毅有谋。值倭警，隶戚继光麾下。有功，进千户。从破横屿诸贼，屡进署都指挥佥事，充福建游击将军。隆庆初，破倭福安，改南路参将。从李锡破曾一本，进副总兵。

五年春，擢署都督佥事，代郭成为总兵官，镇守广东。惠州河源贼唐亚六、广州从化贼万尚钦、韶州英德贼张廷光劫掠郡县，莫能制。明年，元勋进剿。斩馘六百有奇，亚六等授首，余党悉平。肇庆恩平十三村贼陈金莺等，与邻邑苔村三巢贼罗绍清、林翠兰、谭权伯，藤洞、九泾十寨贼黄飞莺、丘胜富、黄高晖、诸可行、黄朝富等，相煽为乱。故事：两粤惟大征得叙功，雕剿不叙，故诸将不乐雕剿。总督殷正茂与元勋计，令雕剿得论功，诸军争奋。正茂又密遣副将梁守愚、游击王瑞等屯恩平，若常戍者，掩不备，斩翠兰等，生擒绍清、权伯以献。其诸路雕剿者，效首功二千四百有奇，还被掠子女千三百余人，生得金莺，惟高晖等亡去。元勋逐北至藤洞，又生获胜富、可行、朝富等八十人。部将邓子龙等亦获高晖、飞莺。三巢、十寨、十三村诸贼尽平，余悉就抚。

惠、潮地相接，山险木深。贼首蓝一清、赖元爵与其党马祖冒、黄民太、曾廷凤、黄鸣时、曾万璋、李仲山、卓子望、叶景清、曾仕龙等各据险结寨，连地八百余里，党数万人。正茂议大征。会金莺等已灭，诸贼颇惧。廷凤、万璋并遣子入学，祖冒、景清亦佯乞降。正茂知其诈，征兵四万，令参将李诚立、沈思学、王诏，游击王瑞等分将之，元勋居中节制，监司陈奎、唐九德、顾养谦、吴一介监其军，数道并进。贼败，乃凭险自守。官军遍搜深菁邃谷间。而元勋偕九德，追亡至南岭。一日夜驰至养谦所，击破李坑，生得子望等。明年破乌禽嶂。仕龙阻高山，元勋佯饮酒高会，忽进兵击擒之。先后获大贼首六十一人，次贼首六百余人，破大小巢七百余所，擒斩一万二千有奇。帝为宣捷，告郊庙，进元勋署都督同知，世荫百户。元勋复讨斩余贼千三百有奇，抚定降者。巨寇皆靖。

潮州贼林道乾之党朱良宝既抚复叛，袭杀官军，掠六百人入海。再犯阳江，败走。乃据潮故巢，居高山巅，不出战。官军营淤泥中。副将李诚立挑战，坠马伤足，死者二百人。贼出掠而败，走巢固守。元勋积草土与贼垒平，用火攻之，斩首千一百余级。时万历二年三月也。捷闻，进世荫一级。遗孽魏朝义等四巢亦降。寻与胡守仁共平良宝党林凤。惠、潮遂无贼。其冬，倭陷铜鼓石、双鱼城。元勋大破之儒洞，俘斩八百余级。进秩为真。五年，从总督凌云翼大征罗旁贼，斩首万六千余级。进都督，改荫锦衣。寻以疾致仕，卒于家。

元勋起小校。大小百十战，威名震岭南。与广西李锡并称良将。

赞曰：世宗朝，老成宿将以俞大猷为称首，而数奇屡踬。以内外诸臣攘敚，而掩遏其功者众也。戚继光用兵，威名震寰宇。然当张居正、谭纶任国事则成，厥后张鼎思、张希皋等居言路则废。任将之道，亦可知矣。刘显平蛮引疾，而以有司阻挠为辞，有以夫！

李锡、张元勋首功甚盛，而不蒙殊赏，武功所由不竞也。

在张元勋生活战斗过的地方，广大平民百姓，世代铭记着他的丰功伟绩，始终对他存有感恩之情。在广东云浮等地区，广大百姓一直铭记张元勋万历三年任广东总兵时，亲自指挥二十万大军浩浩荡荡开进三罗地区，十路大军北渡西江，西走桂境，重兵戍守江防及两广边界，自己亲率主力精兵从南部深入，辗转于腹地之中，全力对叛乱的部族进行围剿的壮举。传颂着他攻打金菊顶时，不畏匪首曾仕龙据守山高地险、树荫林密、易守难攻的巢垒的风险；机智地施用迷魂阵，故意在嶂炫耀，挂灯十里，大摆筵席，让众官兵故作狂欢暴饮，伪装歌舞升平的太平盛世之景。暗中却派把总率兵从后山攀藤而上，捣毁叛匪巢穴，歼杀众敌，生擒匪首的光辉战绩。百姓也传颂着张元勋率兵二十多万，从罗定州向北推进直下岭南，计征南蛮，凭着他宝刀在手，万夫莫敌之勇，箭无虚发之能，鞭山赶石、连续苦战，杀得天昏地暗，星月无光，血流成河，横尸遍野，终于平定部族骚乱之功勋。

张元勋在抗击倭寇侵略，平定海寇山贼动乱，维护社会发展安定，保障民众安居乐业的斗争中作出了不可磨灭的贡献。毋庸讳言，元勋心中有百姓，百姓心中亦有元勋。俎豆千秋，馨香不绝。广东罗定县、东安县、西宁县民众为感谢张元勋平定叛乱、恢复安宁开州有功，在万历六年（1578），聚资在云浮郁南连滩，为张元勋建成了气势恢宏的张公庙。

据《西宁县志》载："积年蚕食之土宇悉归版图，累世被戮之官民尽偿冤惨……山城如画，行者歌，居者宁，此皆张公之力也。土民永怀恩德，念念不忘……土民感其泽立祠祀焉。"张公庙门口二重檐三开间的彩色牌楼，上书"功奠三邑""流芳百世"之词，可见三邑百姓对张元勋敬仰之情。主建筑有前殿、正殿、四角亭、配殿、回廊、东西辕门；前后院有戏台、炮台、六角亭、花园等附属建筑。现存前殿、正殿、配殿和四角亭、屋廊、月门、厢房、东西辕门等建筑，庙宇大门前设两根花岗岩石柱承托下饰飞头，上覆以绿色琉璃瓦，正殿设有六根格木圆柱，柱础为石质鼓形，柱纵横成行，排列规整，形成三进深、二开门。整座建筑墙壁上刻画着各种人物、鸟兽相关彩画及诗词，雕梁画栋，富丽堂皇。更值得欣赏的是多副楹联："千古英雄留宝帐，三罗俎豆拜将军"；"四面青山皆宝嶂，一溪绿水尽恩波"；"息荡群氛声威百粤，维屏王国绩炳三罗"；"擎天撑云柱石奇材显灵赫，顶天立地庙廊大任足担当"；"督府竖龙旗赫赫英灵荡倭寇，将军登虎帐堂堂正气镇乾坤"。这一副副楹联，或直抒胸臆，或寓情于景，充满了对张元勋的礼赞。整座建筑的驼峰、斗拱、檐板等构件形制具有浓厚的岭西地方特色和风格，至今对研究民族文化（特别是对研究瑶族史）和当地民间习俗有着重要历史价值与艺术文化价值。

在张公庙中，立有张公元勋碑记，也详细记叙了张元勋的丰功伟绩。

张公庙中至今还珍藏着一方古老的印制本庙符箓的模板，其印制的"符箓"（如图二十二）形似令牌。

图二十二、张公庙符箓

该符箓上部呈椭圆的祥云状，下部有方形的框，构成"天圆地方"的天地自然；上部雨字头，下部左边为"英"，右边上为"令"下为"口"字组成讳字代表张元勋大将军天神的隐讳名谓及特有印记。道教很多讳字均使用雨字头，寓意天上、天像、天神；中间的八卦图形代表中国道家文化的除凶避灾的至高无上的法力，下部"长命富贵"是指符箓要执行的神圣使命。在广大信众看来，张元勋神明通灵，玄功广博，法威强大，能驱鬼魅，除妖气，役神将，其代表英雄神灵宣示的符令，能给信众带来佑福禳灾、平安吉祥、长命富贵的美好生活。因而许多信众出于对张元勋的信仰崇敬，祈求获得一纸符箓成了拜谒张公庙的心愿。

据传，自从1578年郁南连滩建成张公庙起，虽然西宁县城战事频发，形势混乱，屡遭明清两军反反复复占领；但地处罗定、东宁、西宁三县中心的连滩，却一直未受历次军事冲突的影响。此处成为乱世中的太平之地。当地老百姓将此归功于庙中张元勋神灵的庇护。

当地民间还流传张元勋在平定罗旁之时，曾在当地的大墓中挖出一块石碑，上面写着："东海蓬瀛，一凤飞鸣。千百年后，发我兹茔。"该段文字在《张元勋墓志铭》中也有记述。东瀛正是张元勋之号，当地父老乡亲以此认为：这就是符兆应验了。此后，"每遇地方不靖，神必示警保护治安"（《旧西宁县志·卷三十三》），化险为夷，百姓更是坚信元勋冥冥显灵，累次护佑。民间传说，越说越神，在三罗一带，甚至珠三角等地的善男信女，也闻讯接踵前来连滩张公庙虔诚参拜。张元勋越来越被神化，张公庙的香火鼎盛与日俱增。在当地，对张元勋的英雄崇拜逐渐演绎成祈求英雄神灵庇护的独特民俗文化。

现连滩定农历正月十五至二十为张公庙庙诞，定农历八月十六为秋祭。届时，云浮、德庆、广西毗邻各县市数以十万计群众不怕路途遥远，纷至沓来，会聚张公庙，参加庙诞祭拜与抬神巡游活动。据清代《旧西宁县志》记载："张公庙祀明总兵官张元勋……明万历六年（1578）建……神极显应，香火极盛。"延续至今已四百四十年，仍香火鼎盛绵延不绝，连滩张公庙因之成为人们四时祭拜祈求神佑圣地。庙会的烦琐的祭旗仪式中，首先是祭神，而祭祀的第一个神灵就是"护国爱民、英勇都督府大将军张元勋"。按照当地民俗，新娘花轿遇到大官、状元都无须下轿避让，而唯独新娘经过张公庙时，必须下轿步行，以示虔诚。

在云浮、罗浮、郁南等州县聚众唱山歌时，开场首先要唱《张元勋赞歌》和《十哨歌》，唱过后才能进入正式赛歌环节。本文摘录了叶旭明、邱钧彦所著《三罗传奇》一书中载录的《张元勋赞歌》及《十哨歌》。

《张元勋赞歌》唱道：

万民共乐齐歌唱，　　欢呼四千年古国，
诸君听过福绵长，　　锦秀河山得佢扶，
长城依赖都督府，　　驱逐倭寇征战苦，
万民赋，　　　　　　擂战鼓，
军威壮如虎，　　　　平击贼袭罟，
安宁朝野尽欢呼。　　十里峡谷旌旗护。

护助齐家救国难，　　江山从此得太平，
要做忠良斩徒奸，　　财盈年丰岁岁盛，
计智双全写赞歌，　　多感张公爷显灵，
拒敌犯，　　　　　　治四境，
河清兼海晏，　　　　鸡犬也无惊，
运筹收复旧江山。　　有财有贵又添丁。

三罗连滩《十哨歌》的歌词为：

男：一哨营官扎罗旁，朱钰参将上歌堂，
　　左右前后会同党，代表马粮支十方。
女：都城罗旁近大江，代表马粮支十方，
　　大历山头占高亢，兵丁高扎远遥望。
男：二哨营官扎泷水，请刘天庆早些来，
　　香烛天江宝十对，领纳各样分派开。

女：大王山上兵粮催，领纳各样分派开，
　　罗镜泗伦金滩水，兼牛山思同伴来。

男：三哨营官所岑溪，王端即要举步递，
　　来领黄豆青菜米，代表主家分到齐。

女：簕竹广平近广西，代表主家分到齐，
　　苍梧藤县昭平抵，兼理梧州分界位。

男：四哨营官扎阳春，杨瑄推伴大将军，
　　恭祝千秋敬上禀，黄豆青菜米金银。

女：合水阳江镇海神，黄豆青菜米金银，
　　高雷琼崖徐州讯，十八县场一大军。

男：五哨营官扎新兴，陈典戎装早起程，
　　三罗元勋大神圣，时逢今夜支粮兵。

女：华表石山守卡营，时逢今夜支粮兵，
　　镇守阳关近肇庆，同齐领饷到歌庭。

男：六哨营兵扎德庆，倪中化保村太平，
　　摆开各物诚心敬，黄豆青菜米三升。

女：开建南丰与悦城，黄豆青菜米三升，
　　马村玉村左右境，香山顶塔保安宁。

男：七哨营官扎伏峒，李迪一与黄允中，
　　带领军队来领俸，下马貔貅兵将雄。

女：扫平瑶蛮大有功，下马貔貅兵将雄，
　　四会英雄清远众，齐同领饷念歌风。

男：八哨营官扎南乡，数请徐天麟驾上，
　　东西南北来购饷，支齐四角同中央。

女：云浮六都圩市场，支齐四角同中央，
　　宋桂茅坡白石帐，请埋小姐晚姑娘。

男：九哨营兵扎茂名，侯熙又同参将兵，
　　摆开各样诚心敬，支足马粮炮连声。

女：从化龙门潮州兵，支足马粮炮连声，

　　　　香港澳门三峡境，粮饷军官开太平。
男：十哨营官扎信宜，陈璘兵马领周知，
　　　　点着十对天江纸，主会经理早预备。
女：铜锣山上扎岗基，主会经理早预备，
　　　　马粮现家支落尾，恭迎师驾上歌期。

　　三罗连滩张公庙每年举行的山歌大会，其赞颂张元勋的唱词曰：

宋桂张爷庙近街，　　　　飞仙渡南水念恩，
中秋踊跃炮期大，　　　　铭感领航张元勋，
两广会集行动快，　　　　浙江奉命来解困，
从各界，　　　　　　　　破釜奋，
对功臣崇拜，　　　　　　沉舟直前进，
捷足先登队伍排。　　　　疆场浴血甚艰辛。

还炮唱歌总会行，　　　　名扬中外入史篇，
各演文才拥到光，　　　　钦旨歌功颂永年，
颂扬张公辟泷江，　　　　树碑立传表贡献，
伟业创，　　　　　　　　楷模见，
硕果世无双，　　　　　　为后眷树典，
浩气长存永流芳。　　　　万历兴炮建庙殿。

勤快从命把福滔，　　　　辛勤家富国强盛，
有求必应好事造，　　　　功奠三邑民安定，
人凭神力如春草，　　　　上下为公好将领，
步步高，　　　　　　　　人钦敬，
千祥云集到，　　　　　　精忠为百姓，
太阳正照曙光露。　　　　封当元帅远扬名。

排并乡民人大班，　　　殿宇生辉驻英魂，
宋桂涌动到连滩，　　　敕封护国庇万民，
四面八方来贺旦，　　　保佑城乡远共近，
老习惯，　　　　　　　张元勋，
十五六两晚，　　　　　李锡与陈璘，
白天巡乡夜唱还。　　　护航张姐献殷勤。

芳名永生居圣地，　　　露雨滋润福如东，
钟灵毓秀佐威旗，　　　欣然美景胜花丛，
坐高望开滔瑞气，　　　锦乡前程吉星拱，
赐鸿禧，　　　　　　　永兴隆，
人民前景美，　　　　　富贵双全共，
百业拓展乘风飞。　　　家家万紫庆千红。

由这些唱词可见当地民众对张元勋崇敬之情。

每年张公庙庙诞日，连滩更成了临时集市，各种摊档鳞次栉比，有卖香烛鞭炮的，有卖风味食品的，有民间技艺表演的，还有数百人化装巡游，热闹非凡，场面壮观，盛况空前（见前彩图十六、十七）。

张公庙袅袅升起的一缕缕香烟，体现了广大民众以社会化、世俗化、民俗化的特殊方式，诉说着对抗倭平叛英雄张元勋的敬仰与崇拜，寄托着他们对太平盛世、民族复兴、国家繁荣的美好向往。

福建诏安，曾是张元勋多次领兵作战过的地方。明隆庆元年（1567），广东曾一本勾结倭寇战舰千艘进逼福建，官兵屡战屡败。张元勋主动请战，六次交锋获全胜，击沉敌舰船三百余艘，擢副总兵。据《诏安县志》记载："隆庆二年（1568），曾一本劫掠广东饶平和诏安。副总兵张元勋领兵由陆路截杀于盐埕，斩首三百余级；继又大败曾一本于大牙澳，斩首三百余级。"在诏安的梅岭镇的南门村，明朝抗击倭寇的军事要塞、著名的悬钟古城的后山上，有一处被称为果老山。在这里，有张元勋战后回到闽南主战场诏安驻地，心情舒畅，雅兴大发，在诏安悬钟景区留下的摩崖石刻，其曰："闽之南实为要害，往遭寇虐，殆无宁日。予视师海上，不逾年而氛侵全销，遂成荡平之绩。即新署居之，暇则登是山而纵览，碧天无际，巨浸汪洋，奇呈秀发，气象万千，具在目中矣。功以时而树，兴以景而豪，其诸先劳后逸者乎！后之事於斯者，当思所以先劳而后逸之。隆庆庚午年春三月天台山人东瀛张元勋书。"（如图二十三）

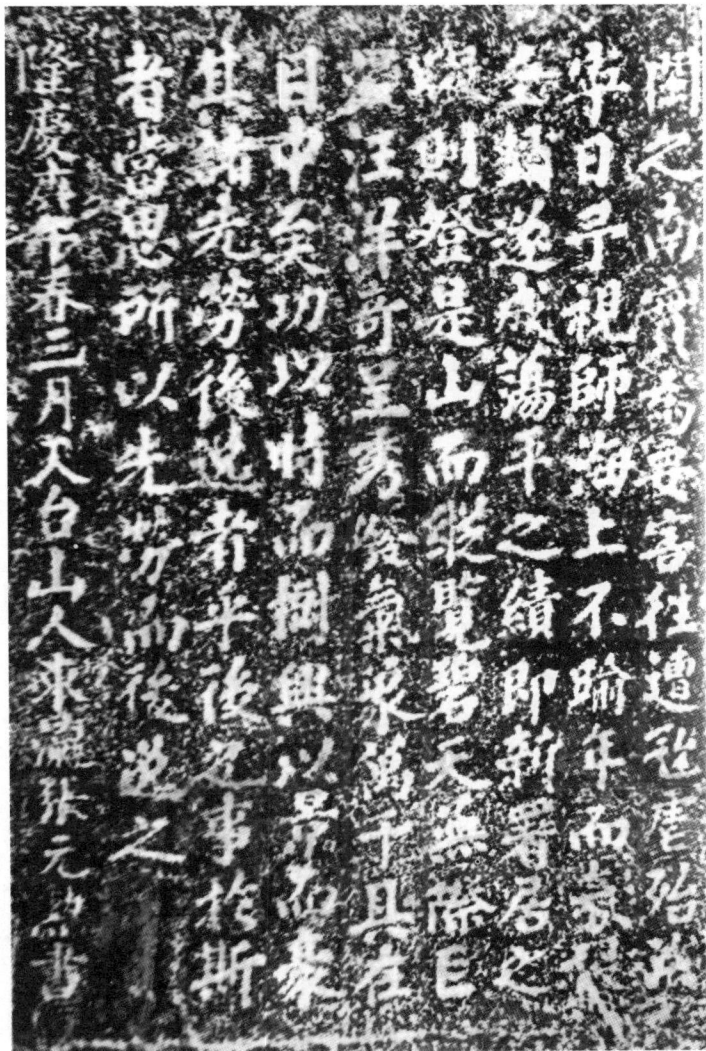

图二十三、张元勋摩崖手迹

这里又镌刻着隆庆四年（1570）仲秋，张元勋"奉和西泉罗老先生题捍海三雄镇元倡"诗作二首：（如图二十四）

其一
鼎足重关势，星罗仰受成。
华夷严界限，海宇见清平。

其二
东南巨镇是谁开？万里风烟向此赊。
天与苍生留倚重，却教海上驾山来。
（隆庆四年仲秋既望浙江天台东瀛张元勋书。）

这里还题刻着张元勋剿寇胜利会师诏安时题写的"万历二年（1574），

图二十四、张元勋摩崖手迹

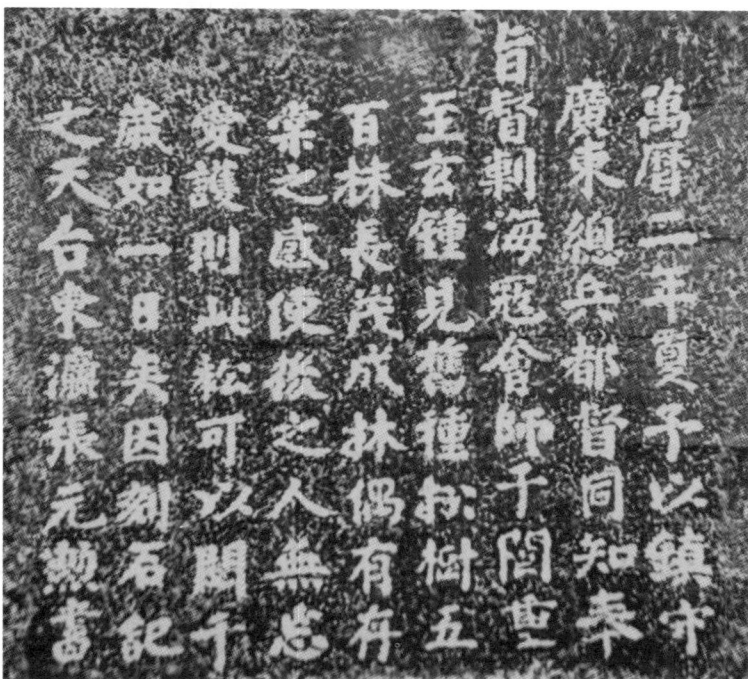

图二十五、张元勋摩崖手迹

予以镇守广东总兵都督同知，奉旨督剿海寇会师于闽，重至悬钟，见旧种松树五百株长茂见林，偶有存棠之感，使后人无忘爱护，则此松可以阅千岁如一日矣。因刻石记之。天台东瀛张元勋书"（如图二十五）。

这些摩崖石刻，是至今唯一能见到的张元勋书法遗迹，弥足珍贵。在果老山石刻碑林中，还有其他一些明代驻守海防要塞的武将、文士所作的诗词题刻，从不同角度吟咏悬钟城的险要，记述明代官兵打击倭寇海盗的伟绩。站在这些摩崖石刻面前，仿佛看到那些叱咤风云的将领，荡寇于此，雅兴大发，挥毫疾书，留下了这些千古诗篇。光阴似箭，如今狼烟不再，这些英雄豪杰也已寿终正寝，但这些石刻却让后人感慨万千！诏安县人民已将果老山开辟为抗倭历史遗迹公园，将碑林作为历史文物妥善保护，以此作为对抗倭英雄的永恒纪念。

诏安县文化部门为使果老山的摩崖石刻真迹永世长存，不因岁月流逝，使石刻受到风吹雨打侵蚀，而采取得力措施，花大力将摩岩石刻拓印珍藏。从此张元勋等抗倭英雄的真迹将确保永世长存无虞，此乃彰显他们对抗倭英雄的敬仰以及对文物保护的重视！

在张元勋的故乡温岭市新河镇，广大民众对当地诞生了这样一位抗倭英雄而自豪。几百年来，百姓口口相传着张元勋的抗倭壮举，妥善保护着张元勋驻守新河抗击倭寇战斗过的城墙、烽火墩、兵器以及他故居的一砖一瓦，一草一木。当地政府和人民群众集资维修保护张元勋抗倭使用的烽火墩，以及张元勋出资修建的宝塔、佛寺（见彩图八）。新河人民将此作为对张元勋的永恒纪念。

在张元勋亲修的文笔塔下，有一所全国乡村名校——新河中学（见彩图九、十、十一、十二）。校园内有一座锦鸡山，与锦鸡山连成一体的有一段明朝张元勋驻守新河抗倭的旧城墙，山上屹立的文笔塔，据《嘉庆太平县志》记载："山上塔，明都督张东瀛（张元勋）建。"塔为阁楼式五层六面密檐中空砖塔，高十二米半，底层塔径约一米半。台基与底层塔身开塔门，塔门拱形。每层每面开券门一扇，五层北向有匾额一方，题"文运天开"四字，楷书，黄底黑字，端庄大气。塔顶六角攒尖，飞檐翘角，如凤翥龙翔。覆筒瓦，以葫芦覆钟结顶。塔取"有韵者文，无韵者笔"而命名为"文笔塔"。

清《嘉庆太平县志》称："……龙山书院向之，俨文笔卓于巽维矣。""巽"为八卦东南方向，"巽"位处于东方震位与南方离位之间，即雷与火之间，蕴含兴旺之意。文笔立于"巽"位东南方向，被认为"塔建其位，利士子科名"。其位被谓最吉利方位。张元勋将文笔塔建于与自家府第遥相呼应的新河城东南，倾注他的一片深情，旨在企盼天降大任，文运勃兴，振兴家乡文风，祈求新河多出人才。新河中学的学子没有辜负抗倭英雄张元勋的厚望，学校"文运天开"，培育出了一名中科院院士，两名中科院候选院士，一位研究中国画史魁首，一位中国经济学翘楚，一位中国语言学巨擘，如林的博士，成名成家者不计其数，新河中学成了令人羡慕的省一级重点中学，被《人民日报》等中央媒体誉为省一级普通高中特色示范学校、全国乡村名校。

如今，新河人民将张元勋捐资建造的文笔塔与当地人才辈出联系在一起。他们以文化鼎兴践行张元勋建塔对新河"文运天开"的希冀，以多出人才的实际行动报答张元勋保护新河人民免遭倭寇涂炭的恩德，也以此作为对张元勋的不朽纪念。

文笔塔、明城墙、烽火堠维系着抗倭名将张元勋与新河的密切渊源，记叙着张元勋浴血荡寇的丰功伟绩。温岭的人民群众，世代敬仰从当地成长起来的抗倭名将张元勋，永远纪念从战场浴血成就的民族英雄张元勋。他们将遗存四个多世纪的"文笔塔""明城墙"赋予新的历史内涵，建成"文笔书天""明城一页"的景点，旨在借文笔塔与明城墙的深厚历史文化积淀，以史为鉴，以人为镜，通古今，若亲目，缅怀抗倭英雄，对广大人民群众进行直观的爱国主义与革命英雄主义教育。抗倭英雄张元勋永远活在家乡人民群众的心中！

如今在张元勋的故乡，已经成立了历史文化研究会、儒学学会、抗倭文化研究会，组织专人系统研究明朝温岭（旧称太平县）抗倭的历史，特别是以张元勋为代表在温岭涌现的一大批抗倭名将的历史。当地的政府和广大人民群众，为了礼赞英雄，为历史存正气，为世人弘美德，积极行动起来，筹集资金建造抗倭英雄纪念馆，举行抗倭英雄业绩研讨会、报告会。这些为国家统一、民族团结、社会安宁、人民幸福而不惜牺牲、积极投身抗倭剿寇的民族英雄，将永垂中华民族抵御外来侵略的光荣史册，他们高尚的爱国主义精神和坚贞不屈的民族气节永远激励中华民族的后人！中华炎黄子孙将永远铭记不辱使命、抵御外敌的抗倭英雄！抗倭英雄张元勋永垂青史！

后　记

明朝嘉靖年间，地处浙东南沿海的台州地区是抗击倭寇的主战场，也是抗倭将军辈出的地方。张元勋，就是被明史列传的台州籍著名抗倭将领。他生在台州府太平县新河所（即今温岭市新河镇），落叶归根又葬在新河。当地百姓至今口口相传着张元勋大量的抗倭逸事。但近五百年来，却缺少一本全面介绍张元勋抗倭生平及英雄业绩的书作，不能不说是一种遗憾！

当今社会，习近平总书记大力倡导传承、弘扬中华优秀传统文化，号召文化界"歌唱祖国、礼赞英雄""为历史存正气，为世人弘美德"，深入挖掘抗倭史实，激发广大民众的爱国主义精神。我们受此感召，不约而同地想到要为同乡抗倭英雄张元勋撰写传记，系统介绍张元勋戎马倥偬、保国为民、鞠躬尽瘁、殊勋盖世的生平。虽然我们才疏学浅，为历史人物作传困难不少，但我们坚守为英雄立传的初心，知难而进，义无反顾提笔，走上为张元勋作传历程。

因张元勋亲自撰写的《镇粤疏稿》与《闲暇堂集》能反映他生平的两件书稿已失传，现有记述张元勋生平的书面资料实在太少，仅能见到《张元勋墓志铭》《明史·列传第一百·张元勋传》两件史料。素材的短缺，写作难度徒增，我们只能借用兵法中"正面进攻"不行，就施之以"迂回包抄"的战术。循着张元勋当年平倭的足迹，从各省县地方志中探寻、从与其同伍将领的资料中拾零、从张氏家谱中考证、从各种疏章奏请中钩沉、从民间传说中吸收有用成分、借文物古迹来佐证，经三年多对相关资料的广泛搜寻、反复推敲、认真论证、合理判断、不断去粗取精、去伪存真，积少成多、集腋成裘，英雄张元勋生平逐渐清晰，英雄业绩不断增厚。终于以时间为经、以事件为纬，以史书为依据，辅之以合理推测，写就《抗倭英雄张元勋》一书。

《抗倭英雄张元勋》的成书，得到了原空军第十二军首长与战友们的热切关爱与帮助；得到了温岭市宣传部、新河镇人民政府、市文化局、市社科联、市历史文化研究会、市儒学学会的热情鼓励与支持；温岭市图书馆、博物馆、文物保护中心等单位提供了搜集资料的方便；湖南省临澧县档案局又热情伸出援手，帮助查找新安《张氏金鉴堂族谱》；广东省云浮市郁南县有关单位、福建省诏安县梅岭镇人民政府、温岭市旅游局、温岭市新河中学均尽力提供了相关资料。周学军、李树清、于广明、蒋祖白、李友焱、干宇鹏、钟志锋、邱小春等摄影师分别提供拍摄的影像作品为本书增光添彩。浙江省诗词楹联学会常务理事、《新河镇志》主编林崇增先生无私奉献了有关历史资料，并帮助审阅了全部书稿；黄道元、王政、林明行、张晓红等老师，均不辞劳苦拨冗参加书稿的修改订正；浙江省历史研究翘楚、省社科院副院长陈野又欣然提笔为本书作序……他们为书作付出的辛劳令人感激不尽！现借此书作出版发行之际，对所有关心支持本书出版的单位与各界朋友表示衷心感谢！

由于作者文学水平不济，对明代历史了解肤浅，对古代战争，特别是对古代兵法研究不深，加之资料搜集困难，是次为抗倭英雄张元勋作传，虽竭尽所能，但仍难免不尽如人意，甚至存在不少错误，敬请广大读者不吝赐教指正。

李椒良

二〇一八年八月廿八日

附录一 张元勋家族世系图

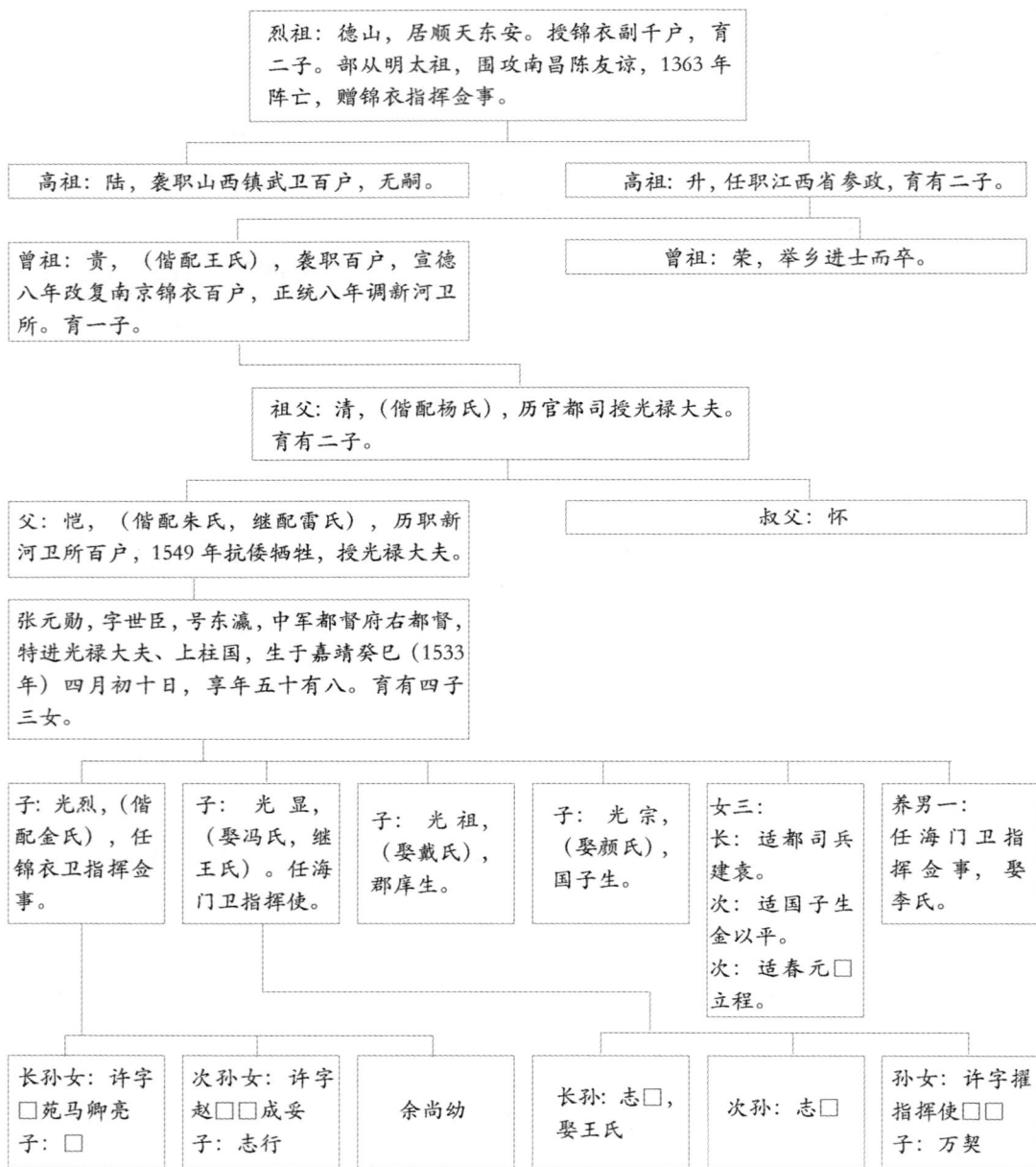

烈祖: 德山, 居顺天东安。授锦衣副千户, 育二子。部从明太祖, 围攻南昌陈友谅, 1363 年阵亡, 赠锦衣指挥佥事。

高祖: 陆, 袭职山西镇武卫百户, 无嗣。

高祖: 升, 任职江西省参政, 育有二子。

曾祖: 贵, (偕配王氏), 袭职百户, 宣德八年改复南京锦衣百户, 正统八年调新河卫所。育一子。

曾祖: 荣, 举乡进士而卒。

祖父: 清, (偕配杨氏), 历官都司授光禄大夫。育有二子。

父: 恺, (偕配朱氏, 继配雷氏), 历职新河卫所百户, 1549 年抗倭牺牲, 授光禄大夫。

叔父: 怀

张元勋, 字世臣, 号东瀛, 中军都督府右都督, 特进光禄大夫、上柱国, 生于嘉靖癸巳 (1533 年) 四月初十日, 享年五十有八。育有四子三女。

子: 光烈, (偕配金氏), 任锦衣卫指挥佥事。

子: 光显, (娶冯氏, 继娶王氏)。任海门卫指挥使。

子: 光祖, (娶戴氏), 郡庠生。

子: 光宗, (娶颜氏), 国子生。

女三:
长: 适都司兵建衮。
次: 适国子生金以平。
次: 适春元□立程。

养男一: 任海门卫指挥佥事, 娶李氏。

长孙女: 许字□苑马卿亮子: □

次孙女: 许字赵□□成妥子: 志行

余尚幼

长孙: 志□, 娶王氏

次孙: 志□

孙女: 许字擢指挥使□□子: 万契

注: □为缺字。

附录二 张元勋生平大事年表

公元	年号	年龄	张元勋纪事
1533	嘉靖十二年	1	四月初十日出生于浙江省太平县（今温岭市）新河。父张恺，母朱氏。出生后十日，慈母朱氏病故。父继配雷氏。
1534	嘉靖十三年	2	住新河东门张家故居，继母雷氏养育。
1535	嘉靖十四年	3	居家接受家教。
1536	嘉靖十五年	4	居家接受家教。
1537	嘉靖十六年	5	居家接受家教。
1538	嘉靖十七年	6	居家接受家教。
1539	嘉靖十八年	7	入传舍，每画兵甲车马山谷如行军状。与群儿戏，辄为阵法，以果实行赏罚。
1540	嘉靖十九年	8	新河龙山书院开办，入龙山书院就读。
1541	嘉靖二十年	9	学习之余，在父亲指导下练武。
1542	嘉靖二十一年	10	涉四书五经，所作诗文，令人称奇。
1543	嘉靖二十二年	11	继续在龙山书院就读。

1544	嘉靖二十三年	12	入卫所接受武学训导。
1545	嘉靖二十四年	13	兼为人放鸭，抓获荷花池中大黄鳝，食后力大无穷。
1546	嘉靖二十五年	14	报名参加乡试。
1547	嘉靖二十六年	15	二月，乡试中举。
1548	嘉靖二十七年	16	四月，朱纨率军清剿双屿倭寇。张元勋送父亲张恺参加双屿剿倭战斗，迎父凯旋。
1549	嘉靖二十八年	17	秋七月，海盗王直、陈东与倭勾结，劫掠浙东沿海，倭患大炽。倭寇进犯台州，元勋父张恺力战牺牲，张元勋发誓："父死国，子死父，男儿生不万户封，死即马革裹尸葬耳！"
1550	嘉靖二十九年	18	张元勋依规去京办理袭替手续，袭世职海门卫新河所百户。
1551	嘉靖三十年	19	新官上任三把火，整顿卫所，训练士兵。
1552	嘉靖三十一年	20	倭寇在王直勾引下，进犯浙江，势甚猖獗。七月，王忬提督浙江，兼管福、兴、漳、泉地方军务。坚持屯军、屯农两不误。
1553	嘉靖三十二年	21	倭寇大掠浙江。攻新河，张元勋率军民联防坚守，确保新河城从未陷落的不败纪录。
1554	嘉靖三十三年	22	倭寇仍劫掠不断。六月，李天宠代王忬巡抚浙、闽。七月，明廷命张经管理南直隶、浙、鲁、两广、福建军务，率兵抗倭。新河所抗倭不败战绩名扬台州府。
1555	嘉靖三十四年	23	六月，胡宗宪代李天宠为浙江巡抚。十月，谭纶任台州知府，视察新河所。张元勋整治卫所成绩斐然，开始受到谭纶的关注。
1556	嘉靖三十五年	24	七月，戚继光升任宁绍台参将，张元勋接受谭纶、戚继光统一指挥。八月，参加龙山战斗，令行禁止，英勇抗击倭寇反扑，保证了明军稳住阵脚。

1557	嘉靖三十六年	25	年初，接受谭纶、戚继光对卫所视察考评。张元勋给戚继光留下了深刻印象。
1558	嘉靖三十七年	26	闰七月，谭纶升浙江海道副使。台州新任知府黄大节，对倭绥靖，倭更加肆无忌惮袭扰浙、闽沿海各地。张元勋随戚继光战岑港，二御温州。由于明军战斗力脆弱，岑港久攻方克，引发朝廷不满。
1559	嘉靖三十八年	27	五月初五日，倭从海门挽舟袭扰新河，初九至新河金清港，张元勋在谭、戚指挥下，示敌以假象，"以利动之，以卒待之"，击毁倭双桅大船三十二艘，斩获倭首十六级，焚溺倭众千余，生擒倭寇两人，取得新河保卫战的胜利。
1560	嘉靖三十九年	28	戚继光因擒王直有功复职，任新设台、金、严参将。张元勋协助戚继光在灵江边训练从义乌新招戚家军。
1561	嘉靖四十年	29	四月二十一日，张元勋守海门，奉戚继光令急驰新河抗倭，二十六日，歼灭侵犯新河之敌。五月十日，取得藤岭战斗胜利，五月廿日，进军长沙，五月廿六日临顽阻击逃倭。九月，驰援江西弋阳平乱，十二月底，返回台州。有功，进千户。
1562	嘉靖四十一年	30	七月，随戚继光援闽抗倭。八月，破横屿诸贼进署都指挥佥事。九月，在牛田、林墩等地，率中军连破倭贼，充福建游击将军。十一月，班师回浙轮休。
1563	嘉靖四十二年	31	重返福建。四月，取得平海卫大捷，亲手擒斩倭寇五人，率部斩倭二百六十级。五月，连捷于连江马鼻岭和宁德石岭。后又参加十二月的仙游之战，攻取倭寇东巢，后与杨文等人率领的右翼协同，荡平许家村之敌，解仙游之围，歼敌一千五百人。
1564	嘉靖四十三年	32	二月，随戚家军歼寇一百七十七人于同安的王仓坪。因求胜心切，在蔡丕岭遭伏击，一马当先冲杀，反败为胜。被谭纶疏奏誉为"勇可冠军，功当首论者也"。晋升福建都指挥佥事。
1565	嘉靖四十四年	33	二月，随戚家军进剿吴平，吴逃往南澳。九月，渡海登陆南澳歼吴平盗寇一千五百余人，解救百姓一千八百人。
1566	嘉靖四十五年	34	六月，汪道昆被罢官，涂泽民任福建巡抚。九月二十日，戚继光改为专管福建的总兵官。十月，谭纶任兵部右侍郎，总督两广军务。张元勋驻守南澳、诏安，继续在闽粤沿海打击盗寇。

1567	隆庆元年	35	夏,复剿福安倭寇,斩敌二百三十余级。回师,驻守诏安、南澳,任南澳副总兵官,并在潮州与漳州一带,与曾一本盗寇周旋作战。
1568	隆庆二年	36	谭、戚调往北疆后,张元勋率浙兵成了粤闽沿海抗倭主力。十月,率兵由陆路截杀曾一本于盐埕,斩首三百余级,继败曾一本于大牙澳等地,又斩首三百余。冬,授福建游击将军。
1569	隆庆三年	37	年初,刘焘出任闽广总督,四月,抵闽。五月中旬,攻铜山曾一本盗寇。六月初,转战悬钟澳。张元勋率兵六战六捷,共斩敌一千七百余级,获战舰三百六十余艘,升都指挥金事、福建副总兵。
1570	隆庆四年	38	倭上年底出没粤西部沿海州县,年初陷广海卫(广州府台山)。广东省各地叛乱频生。张元勋率兵驻闽南防盗寇袭扰,在悬钟题词、作诗,抒发战胜盗寇的雄心壮志。此时,朝廷正在考虑调张元勋任广东总兵官,配合新任广东总督殷正茂整治广东社会动荡。
1571	隆庆五年	39	春,被擢署都督指挥金事,代郭成为广东总兵官。十月,对广州附近叛军进行打击。十二月初二,率兵攻打电白神电卫盗寇。取胜后佯撤回广州过春节。
1572	隆庆六年	40	三月,率兵杀回神电卫,全歼犯城倭寇,破双鱼城、化州、电白诸城,擒斩盗寇一千一百七十五级。秋,破藤洞等十三巢,擒斩山贼两千四百六十余级。冬,奉旨大征岭东盗寇。
1573	万历元年	41	于岭东吉康都一带,集中三十营四万员兵力,历时三个多月苦战,耗饷五万六千多,俘斩敌蓝一清之众一万两千两百八十六名,清除据点七百余所。四月十五日出兵进剿海盗林道乾,歼敌三千五百三十余。冬,攻打据守南洋寨朱良宝之众,久攻不下,令部队造吕公车攻城。
1574	万历二年	42	擢升镇守广东总兵都督同知。奉旨督剿海寇。三月,吕公车入列,以高制高,借助火攻,全歼朱良宝南洋寨守军一千五百五十余人。逼魏朝义等四股小贼四千余人接受招抚,遣散部众,烧毁寨垒。复会师于闽诏安,自此,岭东恢复宁静。冬,转战阳江双鱼所、铜鼓石,斩贼一千四百七十余级。升实都督同知。
1575	万历三年	43	十二月,率兵四十万,十哨并进罗旁。

1576	万历四年	44	历经四个多月清剿。破敌巢穴五百七十四处，斩首一万六千一百零四级，招降山贼无数，拓地一千八百里，置一州二县，增国赋税数以万计。
1577	万历五年	45	升五军都督府右都督，特进光禄大夫、上柱国。官至正一品。四月，兵部尚书谭纶在职上突然病逝。
1578	万历六年	46	"公念盛满，亟戒知足"，一疏因病辞官。
1579	万历七年	47	二疏因疾辞官。
1580	万历八年	48	三疏因疾辞官，"天子念公暴露于外久，特准会卫"。动身返乡，告别广东父老。经诏安，公祭抗倭烈士英灵，题字保护烈士陵园的苍松。返家路过俞大猷府第，登门祭奠。
1581	万历九年	49	到家会晤发小，共商造塔建庵公益之事，史载文笔塔为张元勋建造。
1582	万历十年	50	徜徉山水，种竹养鱼，击鲜为乐，为人解纷救急，整理《镇粤疏稿》《闲暇堂集》书稿。
1583	万历十一年	51	九月，张佳胤为蓟辽总督。调戚继光任广东总兵。部属吴惟忠、陈文良、吴大绩同往。九月，戚继美被罢官。
1584	万历十二年	52	四月，籍没张居正家。十一月，因兵科给事中张希皋弹劾而罢戚继光总兵官职。张元勋闻之沉默无语。
1585	万历十三年	53	十月，戚继光回故乡蓬莱。张元勋口不言兵。
1586	万历十四年	54	每天继续徜徉山水，种竹养鱼，击鲜为乐，为人解纷救急，整理书稿，号称"逍遥道人"。
1587	万历十五年	55	每天种竹养鱼，整理书稿。

1588	万历十六年	56	重游金鳌山,作七绝二首。
1589	万历十七年	57	呕血疾发,病重,为身后建墓卜地。
1590	万历十八年	58	七月十六病逝于新河东门张家故里。
1593	万历二十一年		腊月,朝廷赐祭赐葬于小屿山麓。

附录三　参考文献

1. 张廷玉等《明史》中华书局1974年1月第1版

2. 《明世宗实录》中国社会科学网

3. 《明穆宗实录》中国社会科学网

4. 《明神宗实录》中国社会科学网

5. （明）郑若曾著，李致忠点校《筹海图编》，中华书局2007年6月第1版

6. 陈懋恒著《明代倭寇考略》，人民出版社1957年8月第1版

7. 黎光明著《嘉靖御倭江浙主客军考》，知识产权出版社2014年9月第1版

8. （明）谭纶著《谭襄敏公奏议》，明万历二十八年刻本

9. （明）采九德著《倭变事略》，神州国光社1951年1月第1版

10. 李克，郝教苏点校《戚少保年谱耆编》，中华书局2003年6月第1版

11. （明）戚继光撰，曹文明、吕颖慧校释《纪效新书》，中华书局2001年1月第1版

12. （明）戚继光著，印心田校释《练兵实纪》，中华书局2001年1月第1版

13. （明）戚继光撰，张德信校释《戚少保奏议》，中华书局2001年1月第1版

14. 李光璧著《明代御倭战争》，上海人民出版社1956年11月出版

15. 范中义著《戚继光传》，中华书局2003年4月第1版

16. 胡长春著《谭纶评传》，江西人民出版社2007年9月第1版

17. 曾纪森著《大明雄风——俞大猷传》，九洲出版社2005年9月第1版

18. 卞利著《胡宗宪传》，安徽大学出版社2013年1月第1版

19. 黄学佳著《抗倭英雄陈璘》，广东人民出版社2010年11月第1版

20. （清）顾祖禹著《读史方舆纪要》，中华书局2016年8月第1版

21. （周）太公望、（西汉）黄石公著，张伊宁评注《六韬·三略》，北京联合出版公司2017年1月第1版

22. （春秋）孙武著、臧宪柱译《孙子兵法》，北京联合出版公司2015年7月第1版

23. 陈云金、陆保生编著《孙子兵法鉴赏》武汉大学出版社2006年2月第1版

24. 银雀山汉墓竹简整编小组编《孙膑兵法》，北京文物出版社1975年2月第1版

25. 张洁译《战国策》，北京联合出版公司2015年7月第1版

26. （战国）鬼谷子著、贾立芳译《鬼谷子》，北京联合出版公司2015年7月第1版

27. （明）刘基著，（民国）蔡锷辑《百战奇略·曾胡治兵语录》，北方文艺出版社2014年12月第1版

28. 戴龙海注释《兵经百字·唐李问对》，中州古籍出版社2014年12月第1版

29. （明）无名氏著，刘军保注释《草庐经略》，中州古籍出版社2006年7月第1版

30. （战国）尉缭《尉缭子》，北方文艺出版社2015年9月

31. （春秋）吴起《吴子》，北方文艺出版社2015年9月

32. （明）曾才汉等修编《太平县古志三种》，中华书局1997年10月第1版

33. 林崇增主编《新河镇志》，中华书局2016年9月第1版

34. （宋）陈耆卿纂，徐三见点校《嘉定赤城志》，中国文史出版社2004年9月第1版

35. （清）谭瑄集编修《弋阳县志》，成文出版社1984年版

36. 王赞、蔡芳编《弘治温州府志》，上海科学出版社2006年9月出版

37. （清）徐景熹编《福州府志乾隆本》，成文出版社1967年12月

38. （明）周瑛、黄仲昭著，蔡金耀点校《重刊兴化府志》，福建人民出版社2007年8月
    第1版

39. （清）汪大经等修、廖必琦等纂《兴化府莆田县志》，民国十五年重印

40. （清）胡启植、王椿、任本仁修、叶和侃纂，清乾隆版《仙游县志》，成文出版社
    1975年1月

41. （清）饶安鼎、邵应龙主修，（清）林昂、李修卿同纂《福清县志》，福建地图出版社
    1989年11月

42. 方荣和主编《漳浦县志》，方志出版社1998年出版

43. （清）沈定均修《漳州府志》，中华书局2011年4月出版

44. 周跃红、陈宝钧主编《诏安县志》，方志出版社1999年12月出版

45. 同安地方志编纂委员会《同安县志》，中华书局2000年10月第1版

46. 南澳县地方志编纂委员会《南澳县志》，中华书局2000年10月第1版

47. 林泽民主编海丰县志编委会《海丰明清三志》，中州古籍出版社2003年11月一版一印

48. （清）吴颖纂修《潮州府志》，广东人民出版社1996年12月一版一印

49. 潮阳县地方志编委会《潮阳县志》，广东人民出版社1997年10月

50. 阳江市地方志编委会《阳江县志》，广东人民出版社2000年11月一版一印

51. （清）李沄等修、区启科等纂《阳江县志》，道光二年刊本

52. 电白县地方志编纂委员会《电白县志》，中华书局2000年6月一版一印

53. （清）章鸿等修、邵咏等纂《电白县志》，道光六年刊本

54. （民）余丕承修、桂玷纂《恩平县志》，民国二十三年排印本

55. 周学士修、马呈图纂《罗定县志》，民国二十四年排印本

56. （清）戴肇辰、史澄等纂《广州府志》，清光绪五年刊本

57. （清）杨霁修、陈兰彬等纂《高州府志》，成文出版社1967年1月

58. 蔡瑞霞撰《明代倭寇研究》浙江学刊2010

59. 包建永《明抗倭中台州硬汉》，台州时报

60. 王宝仁《兴化抗倭之战》莆田文化网2012年6月

61. （明）彭希周撰《吉康都治乱记》钞本

62. 叶旭明、邱钧彦著《三罗传奇》国家文化出版社2013年5月第1版

附录四　明朝嘉靖年间主要官员职级设置方框图

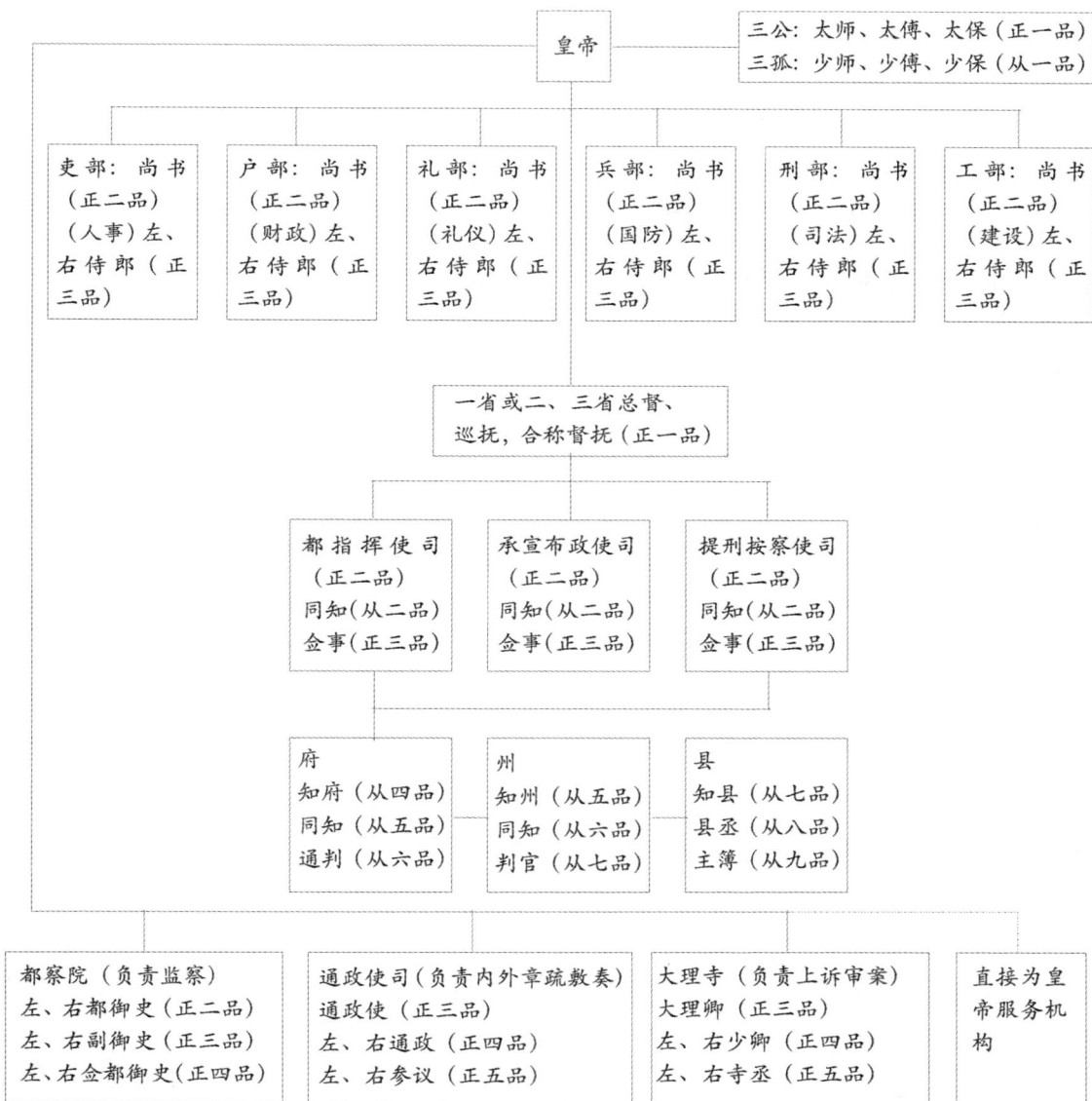

```
                              皇帝              三公: 太师、太傅、太保(正一品)
                                              三孤: 少师、少傅、少保(从一品)
```

| 吏部: 尚书
(正二品)
(人事)左、
右侍郎(正三品) | 户部: 尚书
(正二品)
(财政)左、
右侍郎(正三品) | 礼部: 尚书
(正二品)
(礼仪)左、
右侍郎(正三品) | 兵部: 尚书
(正二品)
(国防)左、
右侍郎(正三品) | 刑部: 尚书
(正二品)
(司法)左、
右侍郎(正三品) | 工部: 尚书
(正二品)
(建设)左、
右侍郎(正三品) |

```
              一省或二、三省总督、
              巡抚,合称督抚(正一品)
```

| 都指挥使司
(正二品)
同知(从二品)
金事(正三品) | 承宣布政使司
(正二品)
同知(从二品)
金事(正三品) | 提刑按察使司
(正二品)
同知(从二品)
金事(正三品) |

| 府
知府(从四品)
同知(从五品)
通判(从六品) | 州
知州(从五品)
同知(从六品)
判官(从七品) | 县
知县(从七品)
县丞(从八品)
主簿(从九品) |

| 都察院(负责监察)
左、右都御史(正二品)
左、右副御史(正三品)
左、右金都御史(正四品) | 通政使司(负责内外章疏敷奏)
通政使(正三品)
左、右通政(正四品)
左、右参议(正五品) | 大理寺(负责上诉审案)
大理卿(正三品)
左、右少卿(正四品)
左、右寺丞(正五品) | 直接为皇帝服务机构 |

附录五　明朝嘉靖年间军队职级方框图

```
                          ┌─────────┐
                          │  皇帝   │
                          └────┬────┘
          ┌────────────────────┼────────────────────────┐
┌─────────────────────┐ ┌─────────────────┐ ┌──────────────────────────────────────────┐
│ 京卫指挥使司        │ │ 留守司          │ │ 五军都督府（左、右、前、后、中军）        │
│ 指挥使（正三品）    │ │ 正留守（正二品）│ │ 左军都督府：浙江、辽东、山东              │
│ 指挥同知（从三品）  │ │ 副留守（正三品）│ │ 右军都督府：云南、贵州、四川、陕西、广西  │
│ 指挥金事（正四品）  │ │ 指挥同知（从三品）│ 中军都督府：中部、河南                   │
└─────────────────────┘ └─────────────────┘ │ 前军都督府：湖广、福建、江西、广东        │
                                             │ 后军都督府：北平、山西、大宁              │
                                             │ 各设左、右都督（正一品）                  │
                                             └──────────────────┬───────────────────────┘
                                             ┌──────────────────┴───────────────────────┐
                                             │ 都指挥使司                                │
                                             │ 都指挥使（正二品）                        │
                                             │ 都指挥同知（从二品）                      │
                                             │ 都指挥金事（正三品）                      │
                                             └──────────────────┬───────────────────────┘
                                             ┌──────────────────┴───────────────────────┐
                                             │ 卫指挥使司                                │
                                             │ 指挥使（正三品）                          │
                                             │ 指挥同知（从三品）                        │
                                             │ 指挥金事（正四品）                        │
                                             │ 镇抚　（从五品）                          │
                                             └──────────────────┬───────────────────────┘
                                             ┌──────────────────┴───────────────────────┐
                                             │ 所                                        │
                                             │ 正千户（正五品）辖一千一百二十人          │
                                             │ 副千户（从五品）                          │
                                             │ 百户（正六品）辖一百二十人                │
                                             │ 镇抚（从六品）                            │
                                             └──────────────────┬───────────────────────┘
                                                   ┌────────────┴─────────────┐
                                                   │ 总旗                     │
                                                   │ 五十人设一旗             │
                                                   └────────────┬─────────────┘
                                                   ┌────────────┴─────────────┐
                                                   │ 小旗                     │
                                                   │ 十人设小旗               │
                                                   └──────────────────────────┘
```